中華學術叢書

歸義軍史研究

唐宋時代敦煌歷史考索

榮新江 著

圖書在版編目(CIP)數據

歸義軍史研究：唐宋時代敦煌歷史考索 / 榮新江著
. —上海：上海古籍出版社，2024. 8（2025. 7 重印）
（中華學術叢書）
ISBN 978-7-5732-1153-8

Ⅰ. ①歸…　Ⅱ. ①榮…　Ⅲ. ①地方政府—研究—敦煌
—唐代　Ⅳ. ①D691. 2

中國國家版本館 CIP 數據核字(2024)第 088105 號

中華學術叢書

歸義軍史研究

——唐宋時代敦煌歷史考索

榮新江　著

上海古籍出版社出版發行

（上海市閔行區號景路 159 弄 1-5 號 A 座 5F　郵政編碼 201101）

（1）網址：www. guji. com. cn

（2）E-mail：guji1@guji. com. cn

（3）易文網網址：www. ewen. co

商務印書館上海印刷有限公司印刷

開本 890×1240　1/32　印張 13. 75　插頁 10　字數 300,000

2024 年 8 月第 1 版　2025 年 7 月第 2 次印刷

ISBN 978-7-5732-1153-8

K·3598　精裝定價：98. 00 元

如有質量問題，請與承印公司聯繫

作者2013年9月在聖彼得堡

作者简介

榮新江，1960年生，1978年考入北京大學歷史系，1985年留校任教，現爲北大歷史系暨中國古代史研究中心教授、博雅講席教授、教育部“長江學者”特聘教授、中國敦煌吐魯番學會會長。主要研究領域爲隋唐史、敦煌學、中外關係史，著有《歸義軍史研究》《敦煌學十八講》《敦煌學新論》《中古中國與外來文明》《中國中古史研究十論》《隋唐長安：性别、記憶及其他》《辨僞與存真——敦煌學論集》《學術訓練與學術規範》《中古中國與粟特文明》等，合著《于闐史叢考》《于闐與敦煌》等，主編《唐代宗教信仰與社會》《中外關係史：新史料與新問題》《粟特人在中國》《新獲吐魯番出土文獻》及《唐研究》（1—23卷）等。

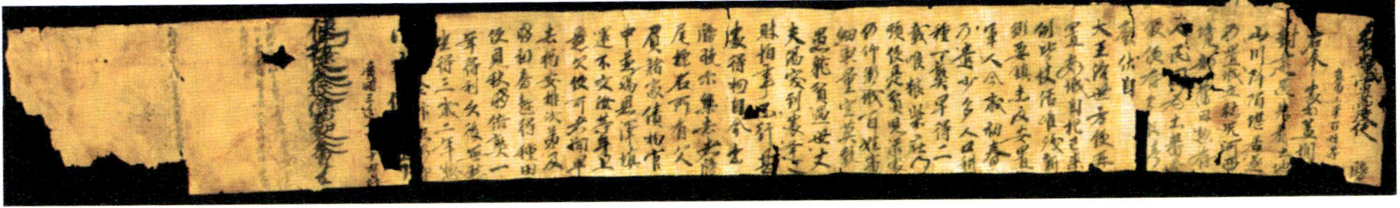

圖一　S.8516A+C《曹元忠牓》（第25頁）

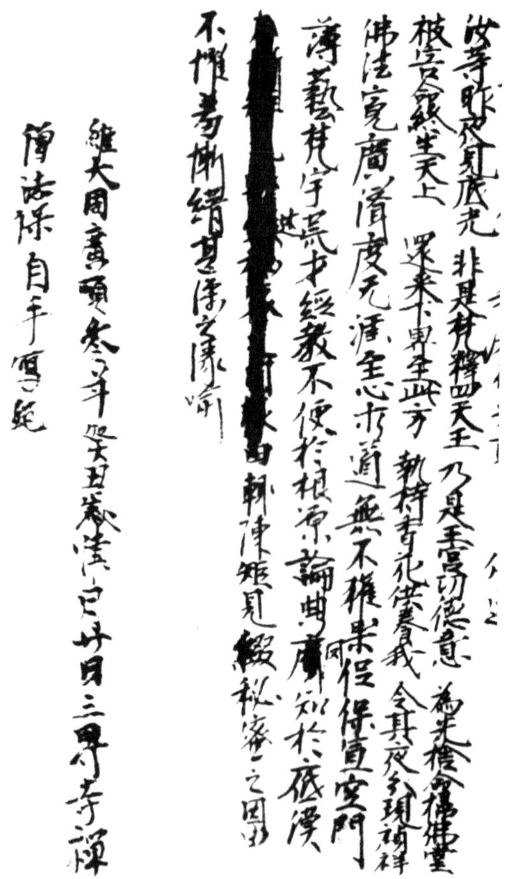

圖二　P.3051《頻婆娑羅王后宮綵女功德意供養塔生天因緣變》（第118頁）

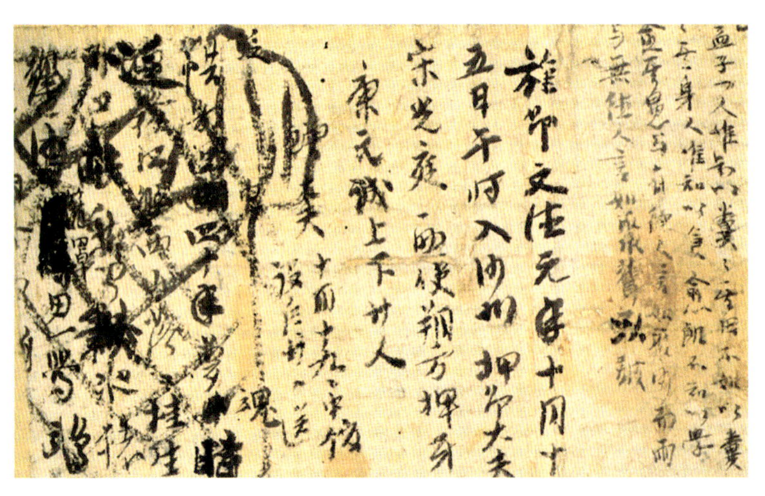

旌節文德元年十月十
五日午時入沙州 押節大夫
宋光庭 副使朔方押牙
康元誠上下廿人

圖三　京都有鄰館藏《唐文德元年授張淮深旌節雜記》（第191頁）

圖四　莫高窟第 220 窟新樣文殊圖（第252頁）

圖五　P.4049 新樣文殊白畫（第254頁）

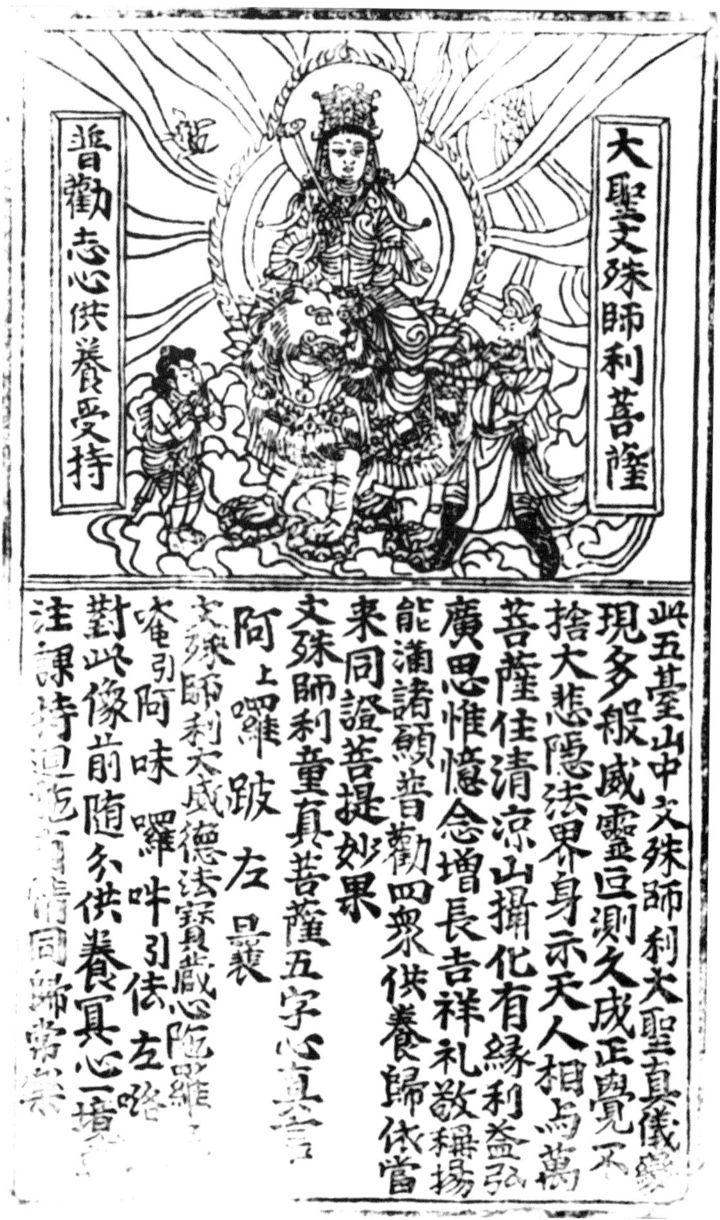

圖六　敦煌新樣文殊版畫（第255頁）

圖七　京都清涼寺藏新樣文殊版畫（第256頁）

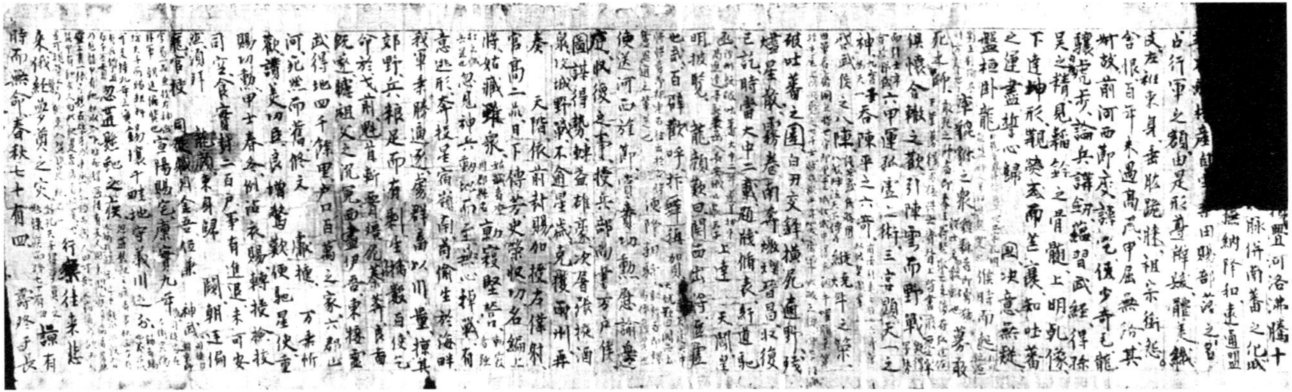

圖八　S.3329V+S.11564《張淮深碑》綴合圖（第399頁）

出版説明

自 1991 年王永興先生的《唐勾檢制研究》、柳存仁先生的《和風堂文集》與項楚先生的《敦煌文學叢考》出版以來，《中華學術叢書》至今已走過了十五個年頭，已刊與將出的名家研究著作，也已接近二十種，並在海内外學界赢得了高度的贊譽。當前民族文化的復興已成爲國家的文化戰略，而學術昌隆，正本清源，更是文化復興的前提，爲此，本社決心花大力氣，通過相應的調整，來加强本叢書的出版力度。

《中華學術叢書》定位爲海内外漢學界高端論著交流的平臺，以及時薈萃一流漢學研究著作爲己任。她與集成性整理性質的《中華要籍集釋叢書》並列，將成爲本社古籍整理與古籍研究的兩個核心品牌。

《中華學術叢書》將不限於原初以傳統漢學研究爲主的格局；凡學殖豐厚，思理深刻，卓有創見的漢學研究，無論其方法是傳統的還是新潮的，其視角是單一學科的還是跨學科的，都將進入編者的視野。

《中華學術叢書》的作者，將由原來以大陸老一輩專家爲主，而擴展爲朝向一切術業有專攻的學者，她既爲名家大師一生著作的集粹，也可以成爲中青年俊彦頭角初露的温牀；她對於大陸、港澳臺乃至各國漢學家的優秀著作一視同仁，因此部分漢譯著作，也將適當采納。

《中華學術叢書》的形式，以專著、專史、專題論集爲主，也適當地采用“文存”的形態，如果有既合乎基本學術規範，而形式更有創新的著作，也不妨嘗試。

我們感謝已進入本叢書的各位專家的奉獻，感謝本叢書各個方面的熱誠讀者；我們更衷心地期盼與更廣大的作者羣通力合作，共同打造好《中華學術叢書》這一知名品牌——爲了中華文化的偉大復興。

上海古籍出版社

二〇〇六年十一月

目　録

序

東方文化,範圍至廣。我們今天研究東方文化,不可能面面俱到,處處深入,而必須抓住重點。同時,我還考慮到,闡釋東方文化與弘揚中華文化,實是相輔相成,互爲表裏;二者不可缺一。根據這些考慮,我們研究東方文化,在全面照顧的情況下,必須有所偏重,必須有重點,而重點應當放在國家與國家、民族與民族之間的文化交流上,似乎是順理成章之事。敦煌吐魯番學實應爲這樣的文化交流的重點。無論是從歷史上來考慮,還是從地理上來考慮,這似乎是順理成章之事了。必能爲海内外方家學者所贊同。

談到敦煌學,我不禁想到先師陳寅恪先生的一段話:

> 或曰,敦煌者,吾國學術之傷心史也。其發見之佳品,不流入於異國,即秘藏於私家。兹國有之八千餘軸,概當時唾棄之賸餘,精華已去,糟粕空存,則此殘篇故紙,未必實有繫於學術之輕重者在。

寅恪先生不同意這個看法。他列舉了很多例子來説明中國收藏的敦煌卷子的重要性。他最後的結論是:

> 但此僅就寅恪所曾讀者而言,其爲數尚不及全部寫本百分之一,而世所未見之奇書佚籍已若是之衆,儻綜合

> 並世所存敦煌寫本,取質量二者相與互較,而平均通計之,則吾國有之八千餘軸,比於異國及私家之所藏,又何多讓焉(《金明館叢稿二編》)。

寅恪先生的話是非常有道理的。

但是,若從另一個角度來看,敦煌學又確曾是我國學術之傷心史。在同一篇文章中,寅恪先生再三强調學術預流問題,他説:

> 敦煌學者,今日世界學術之新潮流也。自發見以來,二十餘年間,東起日本,西迄法英,諸國學人,各就其治學範圍,先後咸有所貢獻。吾國學者,其撰述得列於世界敦煌學著作之林者,僅三數人而已。

在寅恪先生寫此文以後的幾十年中,這種情況基本未變。難道這還不算是"傷心史"嗎?日本、西歐於此道確有成績,我們決不否認。我們自己則由於種種原因,望塵莫及,致遭國外同行的白眼,這也是咎由自取,怪不得别人。

最近十幾年以來,特别是中國敦煌吐魯番學會成立以來,由於領導的重視和全國同行們的努力,情況逐漸有了改變。老一代的學者壯心不已,成績斐然。中年學者,不甘落後,各就自己的研究領域,刻苦鑽研,鍥而不捨,開後學之先路,作中流之砥柱;俯不怍於後,仰不愧於前。如郭在貽、姜伯勤、項楚、李正宇、陳國燦、張廣達等等教授,皆是也。項楚先生最近出版的《敦煌變文選注》,得到了老一代學者吕叔湘等先生的高度贊揚,説"校釋精詳","是蔣禮鴻先生《敦煌變文字義通釋》之後,又一部研究變文語言文字的重要著作","稱得上是一部不可多得的很有建樹的好書"。學術前輩的欣喜之情,躍然紙上。

青年學者脱穎而出，急起直追。他們對學術表現出非凡的熱情，開電燈以繼晷，恒兀兀以窮年，名篇佳作，層出不窮，神州騰譽，海外名播，真如長江後浪推前浪，敦煌之學，頓呈百花鬥豔之勢。這樣的青年學者，頗可以舉出一些來，如榮新江、盧向前、張涌泉、黄征、王素、趙和平、鄧文寬、郝春文等等皆是也。

榮新江，最近若干年來，專根據敦煌寫卷以及其他史料，治西北民族關係史和歸義軍史，已在國内外著名雜誌上發表了一系列的論文，多有創見。英年如此，前途正未可限量。我對他所研究的範圍，無多通解，不敢贊一辭。我只知道，他用力極勤，搜羅資料，巨細不遺，想在他手下漏網，難如登天。他取得這樣的成績，決非偶然。

我年届耄耋，成了一個“世故老人”。我國現代學術之興衰、榮辱，皆所親歷。有時感到，一腔熱血，報國無門。現在看到這一批英姿勃發的中青年敦煌學者，雪學術之國恥，著預流之先鞭，中心喜慰，不可言傳。前見古人，後見來者；以吾老朽，尚何所求？是爲序。

季羨林

一九九〇年七月二十七日

前　言

本書題爲"歸義軍史研究",副題爲"唐宋時代敦煌歷史考索",確切地講是對九世紀後半期至十一世紀前期將近二百年間的以敦煌爲中心的西北歷史的研究。從中原王朝的分期來講,歸義軍跨越了晚唐、五代、宋初三個時段;從地域上來説,其領地涉及河西與西域。正是由於歸義軍處在中原王朝之"王命所不及"的西北一隅,所以在偏重記載中原歷史的傳統史料中對其語焉不詳,《新唐書》和兩《五代史》將之附在《吐蕃傳》中,《宋會要》和《宋史》則列入《蕃夷》和《外國傳》,所記皆極爲簡單。1900 年,在敦煌莫高窟發現了大約 1002 年以後不久所封閉的藏經洞,洞中出土了數以萬計的佛典、四部書和公私文書,年代雖説是從五世紀初到十一世紀初,但各個時代寫本的多少比重不同,時間越晚,材料越多;而且文書的内涵也因時代不同而多少不等,時間越後,世俗文書越多,换句話説,就是有關歸義軍的史料最多。

敦煌文書的發現,爲歸義軍史的研究提供了史料基礎,但從傳統的歷史學觀點來看,歸義軍研究這一課題似乎過於狹窄。我之所以選擇這樣一個主題來加以討論,是基於以下幾點考慮。

舊史家爲國史的研究提供了豐富的史料,這是我們常常引以爲自豪的事情。但與之俱來的一個缺點是,今天的歷史研究方向和結論,往往受到舊史家的影響,因爲我們所依據的材料主要是出自官僚士大夫的手筆。敦煌文書提供了一批未經任何史家所竄改的原始資料,我們常常可以通過一個事件發生的當時所遺留下來的材料看這件事情本身,這就可以揭開舊史所掩蓋的一些歷史真相。如歸義軍初期,唐朝所留下的史料較多地渲染張議潮的歸降和獻款,而通過敦煌文書,我們可以清楚地看出張議潮乃至張淮深與唐朝明爭暗鬥的情形,從而可以更深刻地理解歸義軍作爲晚唐的一個藩鎮與中央朝廷之間若即若離的關係。

歸義軍在唐朝是一個邊遠的藩鎮,五代、宋初則成爲實際的外邦,這是歸義軍在中國歷史上的特性之一。傳統的史書都是以中央王朝爲主線而加以記録的,所記多是帝王將相的事迹。敦煌文書中的歸義軍史料,提供給我們研究唐代地方史的多方面資料,而且,從節度使到一般民衆,都有豐富多彩的文獻可供研究。歸義軍時期的敦煌文書,包括許多傳世史料所没有的胡語文書,還記録了當地和周邊的各民族的情況,更爲珍貴。可以説,歸義軍史料提供了我們做歷史研究的一個新的出發點,也提供給我們研究歷史的新視角,本書揭示的歸義軍與甘州迴鶻、西州迴鶻之間的戰爭和文化交往史事,就是傳統史料所不及的地方。

在中國歷史的發展中,歸義軍在某些方面有其不可磨滅的歷史地位。敦煌自漢代以來就是中原王朝的邊陲重鎮,特别是經營西域的最重要基地。與此同時,敦煌又是中原戰亂時部分世家大族的避難地。魏晉以來,敦煌保存了許多漢文化的精華,並爲隋唐制度、文化的形成作出了貢獻。經過唐朝一百多年的統治，這種漢文化更加根深蒂固。然而，自 786 年開始，吐蕃王朝在敦煌統治了六十多年，改變了原來的政治經濟體制，也使當地民衆的語言習俗有了較大的變化。歸義軍成立後，規復唐制，强化漢文化的教育，並不斷吸收中原文化的營養成分，使得漢文化在敦煌乃至河西部分地區鞏固下來。相反，從南北朝到隋唐時代的高昌，雖然也有着强大的漢文化基礎，但經過此後西州迴鶻的長期統治，已經和中原文化基本脱節了。

敦煌不論從地理範圍還是從州縣等級來説，都不能算大，但它位於絲綢之路上的咽喉地段，自漢代以來就是"華戎所交，一都會也"。這裏既是東西方貿易中心和商品中轉站，又是中國文化西傳的基地和西方文化東來的最初漸染地。自漢至唐，敦煌這個國際都會的興與衰是和這一地區和平還是戰亂緊密相關的。唐朝所創造的和平環境，爲敦煌多姿多彩的文化的繁榮提供了保證。在經過吐蕃征服和統治後，歸義軍維持了敦煌地區近二百年的社會穩定而不受戰爭摧殘（短命的金山國除外），使當地的文化得以保存，得以發展。佛教繼續盛行，敦煌莫高窟迎來了一個新的造窟高潮；在中國其他地區基本絶迹的祆教，仍在敦煌進行着賽神活動；這裏的景教徒可以與西州迴鶻的景教牧師自由往來；甚至摩尼教的經典也還完整地保存在寺院的藏書中。藏經洞中保存的那些彙聚各種文化的典籍，也可以説是敦煌保持了一個國際都市面貌的完整體現。這是歸義軍對中國歷史的另一個貢獻。相反，原本較敦煌更具規模的國際大都會涼州，卻就是在這兩百年間衰落下去，戰亂頻仍，不復昔日之盛。

然而，敦煌文書大多殘缺不全，與傳世史籍性質不同。因此,研究歸義軍史與研究斷代史不同。中國古代斷代史的研究,幾乎都有各代正史、編年史、别史或其他史料可依,大致的脈絡是清楚的。歸義軍史則完全没有詳實的史書可言,敦煌所遺留下來的公私殘文書,數量雖多,但大多是作爲佛典的附屬品而保存下來的,所以雜亂無章;而且,文書發現以後又分散收藏在英、法、俄、日、中等國的公私收藏者手中,數萬件寫本没有分類地與佛經、道典、四部書混在一起,研究者要像處理最原始的檔案一樣,首先做文字校録,將殘文書整理成可讀的文獻,然後纔能參互對比,進行研究工作。

歸義軍史的研究是隨着藏經洞的發現而開始的,而且一直是和對於文書的整理工作同步進行的。如羅振玉《補唐書張議潮傳》和《瓜沙曹氏年表》,輯録了傳世史料和部分敦煌文書中的歸義軍記載;王重民《金山國墜事零拾》録出了有關金山國的最基本的文書材料;向達《羅叔言〈補唐書張議潮傳〉補正》大量引用了莫高、榆林兩所窟羣中的供養人題記;唐長孺《關於歸義軍節度的幾種資料跋》考訂了新公佈的倫敦藏卷中最重要的一些歸義軍史料,雖然所見文書不多,但篳路藍縷,厥功至偉。但由於敦煌文書散在四方,前輩學者不免受到時代的局限。即如研究條件遠較中國學者優越的日本京都大學藤枝晃教授,從四十年代以來就撰寫了《沙州歸義軍節度使始末》、《敦煌的僧尼籍》、《敦煌千佛洞的中興》、《敦煌曆日譜》等一系列與歸義軍史相關的長篇論文,但最終也未能全部檢索包含世俗文書最多的伯希和所獲文書。自七十年代末巴黎公佈這批文書後,加之此前早已公佈的倫敦藏斯坦因文書和北京圖書館藏卷,我們今天可以看到最主要的三家敦煌收集品,因此,近十年來有關歸義軍的研究論著層出不窮,雖説成果斐然，但玉石混雜。

我上大學二年級時，恰好巴黎、倫敦、北京所藏敦煌寫本縮微膠卷購入北大圖書館，課下按編號順序檢索寫卷時，就已留意歸義軍史料。1982年上研究生後，在導師張廣達先生的指導下，以“歸義軍及其與周邊民族的關係”爲研究課題，開始系統閱讀前人研究成果，並廣泛收集有關歸義軍的各種史料，包括節度使文書、各官府衙門文書、寺院文書、發願文、文學作品、寫經題記、契約等等，本着六經皆史，四庫皆史的精神，抄録各種文書和史籍資料。1985年，有機會走訪了英、法等國，抄録了一些縮微膠卷上看不清楚的文書，但所見有限。1986年在《敦煌學輯刊》上發表的《歸義軍及其與周邊民族的關係初探》，即是初步研究的成果。以後又以此文爲基礎，重新考慮並系統地研究歸義軍史，陸續撰寫了一些有關的論文。1990—1991年，我又有機會走訪查閱英、法、日、俄四國所藏敦煌文書，見到S.6980以下數千號未刊文書和部分俄藏未刊重要文書，在日本公私藏品中，也有一些新的發現。在此基礎上，對已發表的論文做了全面的修訂，並新撰了一些論文，形成本書的基本結構。

本書重點是探討歸義軍的政治史和對外關係史，大體按其歷史發展的脈絡展開討論。考慮到前人所做的成績，本書並非平鋪直敘地寫歸義軍史，因此每一章節字數不求一致，而以揭示史實爲主要目的。第一章用大事年表的形式，給讀者一個我們目前所知的歸義軍主要史事的全貌，並就歸義軍的改元年代一一做了考證。第二章詳細研究歷任節度使的在位年代和其所用稱號的年代界限，目的是建立歸義軍史的年代體系，同時希望用稱號所涉及的大量文書，來確定歸義軍時期敦煌寫本的年代學。第三至七章是對歸義軍政治史中比較混亂的一些問題的專題研究,從張議潮、張淮深與唐中央朝廷的關係,張、索、李三家政爭,金山國的建國年代,以及曹氏歸義軍首任節度使是誰等等問題,提出了自己的看法。至於曹元德以後的歸義軍,其政治史的脈絡比較清楚,不煩詳述,故此第八章討論曹氏時期的歸義軍與中原的文化交往問題。第九章研究在歸義軍史上不容忽視的佛教教團,重點考察其佛教教學活動和民俗佛教的發展,並就河西都僧統的年代做了考證。第十、十一兩章全面探討了歸義軍與東西方兩支迴鶻勢力的關係,既有戰事,又有文化交往。本書各章節大多曾在學術刊物或論文集中發表(參看第一章第一節後所附參考文獻目録),收入本書時,文章的基本結構不變,但做了全面的補充修訂。附録中的文章,是對有關張氏歸義軍的最重要史料的整理研究,可視作對原始文書加以整理的一個例子。書中所引文書,凡前人有録文者,選取較佳者注出,但大多經過筆者校對,有些是據原件核定的。書後編製本書所引敦煌文獻編號索引,以便學人參考。

對於歸義軍史的研究,本書只是一些初步的工作,許多課題有待深入探討;而書中所論,也難免有錯,敬希方家教正。

最後,謹向爲本書作序的季羡林先生和引導我做此項研究的業師張廣達先生表示衷心感謝;也向爲本書出版付出勞動的李偉國、府憲展、蔣維崧先生深表謝意,特別是蔣維崧先生以認真負責的態度,核對了全書引文和編號,改正筆者原稿的一些錯誤,應當銘記於此。

榮新江

一九九三年十二月二十一日北大中關園

第一章　歸義軍大事紀年及相關問題

由於本書以下各章並非全面敍述歸義軍史，而是對歸義軍史事中的重要問題或一些尚未解明的事件的專題研究，所以，本章第一節用編年的體裁，將本書和前人研究成果作簡要的繫年，以給讀者一個目前所知的歸義軍歷史的全貌。迄今爲止，尚没有一部完整的歸義軍史或歸義軍編年發表，我們所做的歸義軍史編年工作，是一種初步的嘗試，雖然我們盡可能地將傳世史籍和敦煌文書中所記載的大事編入年表，但仍不免遺漏，敬希讀者補正。歸義軍奉中原王朝正朔，故此以中原年號標示年代；但敦煌遠離中原，往往不能及時得知改元消息，敦煌文書所標的年號時限，常較中原爲長。因爲歸義軍的改元年代問題與大事繫年問題關係密切，且牽涉歸義軍與中原王朝的交往等問題，而改元的具體年份只能從現存文書中排比出來，故第二節做了專門的考證。

第一節　歸義軍大事紀年

本節所編歸義軍大事紀年表，需要説明以下幾種情況：

（一）本表按敦煌的改元年代繫年，記前一年號至敦煌地區不用爲止，同時並列新改的年號；入宋以後，敦煌亦兼事遼朝，凡記有關遼朝史事的年代，並列遼朝紀年。

（二）本表所據主要是殘缺不全的敦煌文書，所記史實也不免詳略不一。我們所寫的許多條目，雖然根據的是敦煌文書，但並非文書原文，而是我們的總結考證的結果。限於篇幅，無法將所據原文一一注出，讀者可據本書後的敦煌史料索引，在本書以下各章找到主要文獻的出處。

（三）每條紀事後，括附所據傳世史料和敦煌文書的編號，史料全稱和有關敦煌文書的主要研究成果，見本節後附參考文獻目録。

大中二年戊辰（848）

沙州土豪張議潮率衆起義，趕走吐蕃守將，收復瓜、沙二州。議潮自領州務，遣高進達等赴唐朝京師長安報捷。（S. 6161＋S. 3329＋S. 11564＋S. 6973＋P. 2762，以下簡稱張淮深碑）

大中三年己巳（849）

二月，吐蕃秦、原、安樂三州及七關降唐。八月，唐宣宗下詔，安置三州、七關事宜。（通鑑二四八，舊唐書一八下、一九六下，新唐書八，册府元龜二〇、一六五、一七〇）張議潮率軍攻占甘、肅二州。（張淮深碑）

大中四年庚午（850）

沙州恢復唐制，重建鄉里城坊，且令各户申報人口。（有鄰館藏文書 51）

張議潮率軍收復伊州，移沙州民户居之。（P. 2854，S. 367）

吐蕃鄯州節度使尚婢婢敗於洛門川討擊使論恐熱，留部將拓跋懷光守鄯州，自率部落三千移至甘州西。論恐熱大

掠鄯、廓等八州。（通鑑二四六—二四九）

大中五年辛未（851）

五月，沙州都法律洪辯遣弟子悟真入朝，唐宣宗以洪辯爲河西都僧統，悟真爲都法師。長安左右街高僧有詩贊美瓜沙僧獻款。（P. 3720—4）

七月，張議潮又遣兄議潭奉瓜、沙、伊、西、肅、甘、蘭、鄯、河、岷、廓十一州圖籍入獻唐朝。十一月，唐朝於沙州設歸義軍，以張議潮爲節度使，十一州觀察使，檢校吏部尚書。授沙州入朝專使吴安正等官，又加沙州僧正慧菀臨壇大德。唐朝且授與沙州俱來之西州迴鶻使節官。（唐會要七一，舊唐書一八下，新唐書八、四〇、六七、二一六下，册府元龜二〇，樊川文集二〇）

大中六年壬申（852）

沙州官府清整土地，編製户狀，確定各户賦役負擔。（P. 3394，S. 6235 B，羅振玉舊藏卷，P. 3254 V，Дх. 2163，Дх. 2393）

大中七年癸酉（853）

張議潭入長安爲質不歸，其子淮深繼爲沙州刺史。（張淮深碑，P. 2913—2）

張議潮與洪辯共同清理寺院財産。（S. 1947 V）

大中九年乙亥（855）

三月，三藏法師法成在沙州開元寺始講《瑜伽師地論》，隨聽者有智慧山、一真、恒安、明照、談迅、福慧、洪真、法鏡、法海等弟子。（哥本哈根皇家圖書館藏卷 12，上圖 131，S. 5309，S. 3927，北圖閏 98 等）

沙州義學都法師悟真作《德政及祥瑞五更轉兼十二時》，爲

節度使張議潮頌德。(P. 3554 V)

大中十年丙子(856)

四月,唐朝授悟真爲沙州都僧録。(P. 3720—1)

六月,張議潮率軍征討伊州納職城一帶迴鶻與吐谷渾部。(P. 2962)

西遷迴鶻十五部首領龐特勤率衆在安西,稱可汗。十月,迴鶻使入貢,於靈州遇唐朝出使安西使臣,一同還朝。十一月,唐朝派王端章等充使册龐特勤爲懷建可汗。使者在伊州一帶被劫。(通鑑二四九,舊唐書一八下,P. 2962)

大中十一年丁丑(857)

八月,迴鶻五百餘帳由翟都督率領至伊州側近。(P. 2962)

九月,吐蕃酋長尚延心以河、渭二州部落降唐。(通鑑二四九)

立河西都僧統司,管轄境内僧尼大衆。(S. 1947 V)

大中十二年戊寅(858)

二月,梁僧政卒。(P. 4660—29)

八月二日,張議潮率大軍啓程,遠征涼州吐蕃。四日,上磧東行。(北圖菜 25)

大中十三年己卯(859)

正月,龍興寺沙門明照於賀跋堂,爲出征在外之府主祈願:"當道節度,願無災障,早開河路,得對聖顔。"(書道博物館藏卷)

八月七日,唐宣宗崩。十三日,懿宗即位。

大中十四年/咸通元年庚辰(860)

張議潮在出征途中。

十一月,改元咸通。

咸通二年辛巳(861)

張議潮率蕃漢兵七千人攻克涼州,派兵駐守。議潮因功轉授檢校司空。(新唐書九、二一六下,通鑑二五〇,S.6342,張淮深碑)張氏於莫高窟開大窟(156窟),繪節度使出行圖以慶功。(156窟題記)

其時,歸義軍轄境東抵靈州,西達伊吾,控瓜、沙、甘、肅、伊、涼六州之地,勢力達到極盛。

咸通三年壬午(862)

六月,河西都僧統洪辯卒,副僧統翟法榮繼任,悟真升任副僧統。(P.3720—1)洪辯在世時,曾修建七佛堂(365窟)與吴和尚窟(16窟)。既逝,門徒追仰道風,以吴和尚窟之耳室(17窟)爲其影堂,立洪辯塑像以供觀瞻。(16,17窟題記及塑像)

翟氏始修翟家窟(85窟),以慶其升任河西僧衆領袖。(P.4640—4,85窟題記)

吐蕃奴部散在河隴者甚衆,稱嗢末,本年始向唐朝進貢。(通鑑二五〇)

咸通四年癸未(863)

正月,唐朝動工築涼州城,置涼州節度使,領涼、洮、西、鄯、河、臨六州,治涼州,並調鄆州天平軍二千五百人戍守。(通鑑二五〇,新唐書六七,舊唐書三八,新五代史七四,S.4397)張議潮上書,奏請經營涼州,朝廷不許。然涼州仍在歸義軍治下。(S.6342,P.3720—5,P.2482—1)

三月,涼州僧法信入唐,進獻釋乘恩撰《百法論疏》等。(宋高僧傳六)

咸通五年甲申(864)

三月，法律大德凝公卒。（P. 4660—26）

左馬步都押衙陰文通卒。文通爲張議潮心腹戰將，稱"司空半子"。（P. 4660—27）

四月，敦煌縣尉翟神慶卒。（P. 4660—28）

譯經三藏法師法成卒。法成爲吐蕃佛教大師，漢人俗稱吴和尚。張議潮曾從其學習，故吐蕃退走之際，法成應議潮之請，留在敦煌講經。（P. 4660—25）

咸通六年乙酉（865）

節度使令都僧政法鏡點檢吴和尚法成所遺經論，將靈圖寺藏論及文疏歸入本藏。（北圖新 876）

張議潮將部分依附寺院之寺户放良，判入鄉管，給予地水存活，並使之承擔賦役。（P. 2222 B—1）

張議潮於莫高窟創建大窟一所，由侄男淮深續修而成，窟内書《莫高窟記》。（156 窟題記，P. 3720 V）

咸通七年丙戌（866）

二月，北庭迴鶻僕固俊克西州、北庭、輪臺、清鎮等城，遣使米懷玉入唐朝報捷。（通鑑二五〇，册府元龜九七三，新唐書二一七）

鄯州拓跋懷光引兵擊破論恐熱於廓州。（通鑑二五〇考異引實録）

七月，張議潮遣使入唐，進甘峻山青骹鷹四聯、延慶節馬二匹、吐蕃女子二人。僧曇延進《大乘百法明門論》等。（舊唐書一九上，册府元龜一六九）

咸通八年丁亥（867）

張議潭卒於長安。（P. 3425—2）二月，張議潮應召入長安，官授右神武統軍兼司徒；河西軍務悉委侄男淮深。（通鑑二五〇，張淮深碑，新唐書二一六下）淮深自稱河西節度，遣使入唐求受旌節，唐朝不予，仍以議潮遥領歸義軍。（S. 1156，S. 10602）

社官朱再清等於莫高窟修窟一所，龍興寺僧明照爲撰《功德記》。（192 窟題記）

三月，法成弟子僧政曹法鏡於沙州開元寺，繼法成講筵，爲徒衆講《淨名經關中疏》。（散 0544）

六月，敦煌唱導法將兼毗尼藏主宋律伯卒。（P. 4660—24）

法榮修翟家窟成，悟真爲撰《翟家碑》以紀其功德。（P. 4640—4）

咸通九年戊子（868）

張淮深重修莫高窟北大像（96 窟），又於其北鐫窟一所（94 窟），三載而成。（94 窟題記，張淮深碑，P. 3720—7，S. 5630）

咸通十年己丑（869）

八月，法榮卒，張淮深奏請唐朝，以悟真爲河西都僧統。（P. 4660—19，P. 3720—2）

西遷迴鶻散衆進犯瓜州，張淮深擊之，捕獲甚衆，表上朝廷。唐朝遣使沙州，敕書褒奬，且令盡放被擒之迴鶻部衆。（P. 2709，P. 3451）

都法律索義辯卒於金光明寺。其生前曾在莫高窟鐫窟一所（12 窟），悟真爲撰《沙州釋門索法律窟銘》。（P. 4660—21，P. 4640—3，S. 530）

咸通十一年庚寅（870）

七月，索法律智岳卒。（P. 4660—18）

迴鶻散衆再次進犯沙州，張淮深於西桐海畔大敗之。（P. 3451）

咸通十二年辛卯(871)

三月,節度押衙兼敦煌郡耆壽張禄卒。(P. 4660—16)

咸通十三年壬辰(872)

正月,曹和尚法鏡於開元寺講《維摩經》,爲城隍禳災。(P. 2079)

八月,張議潮卒於長安,詔贈太保。(通鑑二五二,張淮深碑)

咸通十四年癸巳(873)

七月二十日,懿宗崩,僖宗即位。

咸通十五年/乾符元年甲午(874)

十一月,改元乾符。

迴鶻屢求册命,唐遣册立使郗宗莒詣其國。會迴鶻爲吐谷渾、嗢末所破,逃遁不知所之,使人還京師。(通鑑二五二)

咸通十六年/乾符二年乙未(875)

正月,歸義軍於西同擊敗來犯之迴鶻。(P. 2570 V)

乾符三年丙申(876)

二月,張僧政卒。(P. 4660—13)

四月,西州迴鶻攻占歸義軍屬下之伊州。(P. 5007)

乾符四年丁酉(877)

十二月,張淮深遣陰信均等入朝賀正,兼請旌節。(P. 3547)

乾符五年戊戌(878)

四月,賀正專使陰信均等一行離長安回敦煌,此行仍未求得節度使旌節。(P. 3547)

乾符六年己亥(879)

九月,沙州都押衙張興信卒。(P. 4660—9)

廣明元年庚子(880)

正月一日,改元廣明。

四月,押衙兼馬步都知兵馬使令狐公卒。令狐氏曾助收河隴,入京奏事,爲歸義軍元戎戰將。(P. 4660—8)

六月,陰法律卒。(P. 4660—7)

廣明二年/中和元年辛丑(881)

七月十一日,改元中和。

十一月,歸義軍押衙甘州删丹鎮遏使充涼州西界游奕採訪營田都知兵馬使康通信卒。甘、涼漸慚不爲歸義軍所守。(P. 4660—5)通信生前建窟一所(54窟)。(54窟題記)

中和二年壬寅(882)

四月八日,沙州軍民立都僧統悟真所撰《敕河西節度兵部尚書張公德政之碑》,爲張淮深紀功。至五月十二日畢,淮深大悦,賞都僧統以下四人鞍馬縑細。(P. 3126,北圖芥91,張淮深碑)

中和三年癸卯(883)

三、四月間,法鏡續講《淨名經關中疏》卷下。(北圖新293)

五月,入京講論大德兼管内都僧政曹和尚法鏡卒。(P. 4660—4)

中和四年甲辰(884)

管内都僧政兼勾當三窟曹公卒。(P. 4660—3,P. 2838)

沙州淮詮郎君等從長安歸,被党項劫持,由邠州節度使收贖,擬隨嗢末使西歸未果。宋輸略等人從邠州經河州到涼州,有迴鶻使同行。十月十八日,遊奕使白永吉、陰清兒到嘉麟,因涼州鬧亂,未能東行。

據守甘州之吐蕃、退渾、龍家等十五家,共迴鶻和斷未定,迴鶻二百人在甘州一帶抄掠。十一月一日，吐蕃三百及隨從五百，退渾王及隨從等退入本國。龍家代表十五家殘部與迴鶻議和，又求救於涼州嗢末，均未成。

十二月六日，肅州軍將索仁安往東，與迴鶻王相會。九日，甘州已無糧用，龍家率殘部退入肅州。（S. 389，S. 2589）

中和五年/光啓元年乙巳（885）

三月十四日，唐朝大赦，改元光啓。《車駕還京師大赦詔》亦頒至沙州。（P. 2696）

十二月，靈州安慰使嗣大夫至沙州，節度參謀張大慶因抄得《沙州伊州地志》一卷。（S. 367）

光啓二年丙午（886）

張淮深遣高再晟進京求節。三月，高再晟一行過涼州。（P. 3068）

十二月，張淮深續遣朱閏盈、張文徹率兩般專使入唐求請旌節。（S. 1156）

光啓三年丁未（887）

二月十七日，沙州專使宋閏盈等同到興元駕前。三月一日，沙州使者隨至鳳翔，入奏求節，未得要領。七日，唐朝授張淮深子延綬左千牛備身兼御史中丞，而節度使旌節終不與淮深，沙州求節專使亦發生内哄。（P. 2568，S. 1156）

三、四月間，西州迴鶻使三十五人訪敦煌。璨微使六人至敦煌。涼州使曹萬成、涼州嗢末及肅州使亦至敦煌。（P. 3569 V）

五月，文坊巷社四十二家創修佛塔一座。（P. 4044 V）

十一月，甘州迴鶻使至敦煌。又有肅州使氾建立離敦煌。（P. 2937 pièce 1）

光啓四年/文德元年戊申(888)

二月十日,唐朝改元文德。三月,僖宗崩,昭宗即位。

十月,唐朝遣中使宋光廷等入沙州,授張淮深歸義軍節度使旌節。(有鄰館藏文書)

文德二年/龍紀元年己酉(889)

正月一日,唐朝改元龍紀。

六月,金光明寺索法律卒。(P. 4660—2)

龍紀二年/大順元年庚戌(890)

正月一日,唐朝改元大順。

二月二十二日,節度使張淮深及夫人、六子同時被害。(P. 2913—2)張淮鼎繼任歸義軍節度使。(李氏再修功德記)

七月十六日,節度押衙涼州司馬李明振卒。明振生前,重修莫高窟李家窟(148窟)。(李氏再修功德記)

大順三年/景福元年壬子(892)

正月二十一日,唐朝改元景福。

九月,張淮鼎卒,托孤子張承奉於索勳。勳乃自立爲節度使,且獲唐朝頒詔承認。沙州立《大唐河西道歸義軍節度索公紀德之碑》以頌之。(西陲石刻録,李氏再修功德記)

景福三年/乾寧元年甲寅(894)

正月一日,唐朝赦天下,改元乾寧。

都法律何□智建何法師窟(196窟)。(196窟題記)

張議潮第十四女、李明振妻張氏率諸子滅索勳,扶張承奉爲節度使,而李氏諸子實掌歸義政權,唐朝遣内常侍康王裕等到沙州宣旨。張氏續修李家窟,立《唐宗子隴西李氏再修功德記》碑。(沙州文録,西陲石刻録,隴右金石録,伯

希和敦煌石窟筆記)

乾寧二年乙卯(895)

李弘願兄弟以長史、司馬銜,處理歸義軍政務,張承奉之節度使形同虚設。(S. 4470 V,P. 3167 V)

河西都僧統悟真卒,康賢照繼任。(P. 2856)

歸義軍璨微界内使張良真遭璨微人劫掠,鄯善一帶離亂。(P. 2803)

李弘願獨攬歸義軍大權,引起瓜沙大族不滿。(Дх. 1435,S. 2263)

乾寧三年丙辰(896)

二月,差平康鄉百姓馮文達入京奏事。(P. 2825 V)

四月,龍興寺上座馬德勝於莫高窟北大像南側修窟一所(97窟)。(S. 2113 V)

五月,張承奉奪回實權,張氏得以重掌歸義軍政柄。節度押衙兼參謀守州學博士張忠賢撰《葬録序》,爲節度使歌功頌德。(S. 2263)

乾寧五年/光化元年戊午(898)

八月二十七日,唐朝改元光化。

甘州迴鶻天睦可汗及宰相等進貢唐朝,昭宗詔内文思院計值回賜絲絹等物,兼許降嫁公主。(S. 8444,P. 3931—10)

光化二年己未(899)

七月,肅州使至敦煌。(P. 4640 V)

十月,北地使梁景儒來沙州。沙州遣使入奏朔方。(P. 4640 V)

甘州迴鶻日漸强盛,肅州已非歸義軍所有,而瓜沙亦受威脅。設新城、邕歸、壽昌、紫亭、玉門、懸泉六鎮,以鎮使、

副使、監使率兵鎮守，重在控遏東南邊境，以防甘州進犯。(P. 4640 V)

光化三年庚申(900)

三月，押衙宋彦暉出使甘州。(P. 4640 V)

八月，唐朝正式授予張承奉爲檢校左散騎常侍兼沙州刺史御史大夫充歸義軍節度瓜沙伊西等州觀察處置押蕃落等使。(舊唐書二〇上)

十一月，押衙張西豹出使甘州。(P. 4640 V)

光化四年/天復元年辛酉(901)

正月，肅州僧來敦煌。(P. 4640 V)

三月，唐朝使臣來到沙州，頒賜詔命，朔方麻大夫同至。押衙王保安出使甘州。于闐使梁明明等一行來沙州，敦煌文人作《謁金門・開于闐》以稱頌此舉。押衙張良真出使于闐。璨微使僧亦至敦煌。(P. 4640 V, S. 4359 V)

四月二十五日，唐朝改元天復。

六月，璨微使鈋悉甫、潘寧等二人來至沙州。(P. 4640 V)

甘州迴鶻進犯敦煌，燒毁莫高窟窟閣(44 窟)，金光明寺僧衆同心再建。(S. 3905)

僧海晏於莫高窟建陰家窟(138 窟)。(138 窟題記)

天復二年壬戌(902)

正月二十三日，張承奉寫《大佛頂如來放光悉怛多大神力都攝一切咒王陀羅尼經》，貯入傘中供養。(Дx. 566)

四月，節度使張承奉、河西都僧統賢照下帖，令僧尼徒衆依時燃燈念經。(S. 1604)

都僧統賢照卒，氾福高繼任。(S. 1604, P. 3556—1)

天復四年/天祐元年甲子(904)

閏四月,朱全忠迫昭宗東遷洛陽。十一日,改元天祐。八月十日,昭宗被弒。十四日,昭宣帝即位。

天復五年/天祐二年乙丑(905)

正月一日,張承奉致祭風伯。(S. 5747)

天復七年/天祐四年/開平元年丁卯(907)

四月二十二日,朱全忠廢昭宣帝自立,國號大梁,改元開平。

天復十年/開平四年庚午(910)

秋,張承奉知唐朝已亡,建西漢金山國,號白衣帝。(舊五代史一三八,P. 3633 V—1)金山國新立,鋭意恢復歸義軍舊地,國相羅通達率一千精兵,討鄯善之璨微部落,開通于闐道路,回劍北征伊吾,無功而還。(P. 2594+P. 2864,S. 4654)甘州迴鶻乘機進攻沙州,金山國皇帝張承奉率軍出戰,擊退來犯之敵,然内臣左神策引駕押衙兼大内支度使張安左陣亡。(P. 3633 V—2)

辛未年/開平五年/乾化元年(911)

五月一日,後梁改元乾化。金山國未及改元而用甲子紀年。社人平詘子等十一人於宕泉建窟一所(147 窟),頭廳大宰相張公爲撰《功德記》,内云:"建窟之歲,正遇艱難;造窟之年,兵戎未息。於是資家爲國,創建此龕。"(P. 2991 V)

甘州迴鶻數侵敦煌,金山國大將陰仁貴、羅通達、張西豹等率軍擊退。(P. 3633 V—1)然終於不敵,派羅通達入南蕃求救。救兵未至,七月二十六日,迴鶻可汗子狄銀領兵至城下,金山國降,派大宰相、僧中大德、敦煌貴族耆壽往甘州,上迴鶻大聖天可汗狀,兼設盟誓曰:可汗是父,天子是

子。(P. 3633)

甲戌年/乾化四年(914)

張承奉自敗於迴鶻,不常親政,五月,方以西漢敦煌國聖文神武王名義,准鄧傳嗣女出家。(S. 1563)

曹仁貴代張承奉掌瓜沙政權,去敦煌國號,稱歸義軍節度留後使。仁貴字議金,常以字行。

七月,曹議金遣兵馬使李吉順、康奴子出使甘州迴鶻,以通盟好。(北大圖書館 102)

十月,曹議金授屬下官職,以確立曹氏政權基礎。(P. 3239)

乙亥年/乾化五年/貞明元年(915)

七月,釋門法律勝明於莫高窟修窟一所(166 窟)。(166 窟題記)

十一月九日,後梁改元貞明,然敦煌不知改元,仍用甲子紀年。

丙子年/貞明二年(916)

曹議金娶甘州迴鶻天睦可汗女爲妻,號聖天公主。(P. 3262,P. 3781)八月,議金因與甘州結爲姻親,故得可汗旨准,首次遣使入貢中原朝廷,且修書致靈州令公,以期引薦入朝。使者進至涼州,爲嗢末剽劫,未達而還。(P. 2945,P. 4638)

丁丑年/貞明三年(917)

河西都僧統福高卒,陳法嚴繼任。(P. 3556—2,S. 474 V)

涼州僕射遣使至敦煌。(P. 2945—8)

貞明四年戊寅(918)

曹議金遣使與涼州西來使臣一道東行,經涼州僕射、靈州相公引薦,得達梁廷。梁朝遣使西至沙州,授議金節度使

職。議金遣押衙張進誠入朝回報。(P. 2945)

曹議金於莫高窟創建大窟一所(98 窟),以慶中朝授節,新恩降塞。(P. 3262,P. 3781)

貞明五年己卯(919)

九月,僧政張喜首卒。喜首與張議潮同族,生前執掌都僧統司十年。(P. 3718—8)

貞明六年庚辰(920)

五月,沙州抄寫《大佛名經》百餘部,爲府主祈福。(S. 4240 等)

甘州迴鶻天睦可汗年老,子狄銀與仁美鬥亂爭權,迴鶻勢衰。(S. 5139 V)

貞明七年/龍德元年辛巳(921)

五月一日,後梁改元龍德。

貞明九年/龍德三年/同光元年癸未(923)

三月,王悉多敦出使伊州。四月,張修造出使西州。(北圖殷 41)

四月二十五日,李存勗即皇帝位,國號大唐,改元同光。

五月,都僧政兼毗尼藏主閻會恩卒。(P. 3630+P. 3718)

龍德四年/同光二年甲申(924)

三月,鄜州開元寺觀音院主智儼往西天取經,巡禮沙州聖迹。(S. 5981)

甘州天睦可汗卒,子仁美即位,稱權知可汗。四月,遣使入貢於唐。(舊五代史一三八)

曹議金亦遣使入唐朝貢,靈武節度使韓洙保薦。五月,後唐授議金歸義軍節度使檢校司空。(舊五代史三二、一三八,新五代史七四,册府元龜九七二、九七〇、九八〇)六

月，後唐命鄭續、何延嗣持節往甘州，册仁美爲英義可汗。（舊五代史三二、一三八，新五代史五、七四，五代會要二八）

定州開元寺僧歸文等往西天取經，抵達敦煌。（S. 529）

七月，索律公卒。（P. 3718—13）

十一月，甘州迴鶻可汗仁美卒，其弟狄銀主國事，遣使入貢於唐。（舊五代史三二、一三八，新五代史七四）

同光三年乙酉(925)

二至四月間，于闐使來沙州，做佛事功德。（鋼和泰藏卷）

三月，押衙守隨軍參謀翟奉達於家窟（220 窟）内，繪新樣文殊一鋪。（220 窟題記）

六月，曹議金功德窟（98 窟）落成，窟内繪歸義軍僧官大德、文武官僚及與曹氏通婚眷屬，以示曹氏政權基業穩固。（98 窟題記）

曹議金乘甘州迴鶻汗位交替之機，親率軍征甘州，經苦戰，使之屈服。河西老道開通，沙州使人張保山等入貢於唐，涼州故吏劉少晏得以上書沙州使府，請求援助。（P. 3518 V—3，S. 5139 V 等）押衙兼右二將頭渾子盈亡於征甘州之役。（S. 5448）

同光四年/天成元年丙戌(926)

正月，甘州迴鶻可汗狄銀卒，阿咄欲立，娶曹議金女爲妻，作議金子，遣使入貢於唐。（P. 3500 V，新五代史七四）

曹議金亦遣使入唐，謝賜旌節。二月，又進貢和市馬等。（册府元龜一六九）

四月二十八日，後唐明宗即位，改元天成。

河西都僧統法嚴卒，陰海晏繼任。（P. 3556—3，S. 6417）

押衙張明集卒。(P. 3718—1)

天成二年丁亥(927)

十月,釋門僧政馬靈信卒。(P. 3718—7)

天成三年戊子(928)

二月,有賊騎侵擾歸義軍東境常樂、瓜州,軍民警備提防。(P. 2814)

甘州迴鶻可汗阿咄欲卒,仁裕即位,稱權知可汗,遣使入貢於唐。後唐命使册封爲順化可汗。(舊五代史三九、一三八,新五代史六、七四,五代會要二八,册府元龜九七二)後唐加沙州節度使曹議金爵邑。(舊五代史三九)

三月,法律劉慶力卒。(P. 3718—6)

九月,押衙兼當府都宅務知樂營使張公於當居創建佛刹一所。(P. 3490—3)

天成四年己丑(929)

正月,右馬步都押衙閻子悦卒。(P. 3718—4)

二月,押衙知應管内外都牢城使張良真卒。(P. 3718—3)

六日,都僧統海晏、副僧統龍辯牓,設方等道場。三月十五日,令公曹議金親詣道場祈願。十七日以後,發露、問想、祈光、甄别、過狀兼判、受戒諸事漸次而畢。(S. 2575)

沙州傳舍進奏院官李延範編集《敦煌新録》,敘張議潮本末及敦煌風物甚詳。(直齋書録解題七)

天成五年/長興元年庚寅(930)

二月二十一日,後唐改元長興。

西州使僧至沙州。(P. 2049 V—2)

曹議金至甘州,與順化可汗共商兩國社稷大事,議定同遣使者入貢於唐。十二月,甘、沙使者至洛陽,仁裕進貢馬八

十四、玉一團；曹議金貢馬四百匹、玉一團。（P. 2992 V—3，舊五代史一三八，新五代史六）

長興二年辛卯（931）

正月，後唐以曹議金兼中書令。（舊五代史四二）議金已自稱托（或拓）西大王。（S. 1181，P. 3720—5）

僧政范海印出使于闐，歸途亡歿。（P. 3718—2）

五月，後唐使臣與沙州入貢使還至甘州。順化可汗遣宎律欣往沙州通報。六月十二日，使者至敦煌。曹議金遣都頭賈榮實等往甘州謝賀。（P. 2992V—3）

九月，沙州百姓董善通、張善保入京。（P. 3448 V）

押衙氾潤寧、武達兒、陰員住等充使往于闐。武達兒弟出使西州。（P. 4638—13）

長興三年壬辰（932）

正月，沙州入貢後唐馬七十五匹、玉三十六團。迴鶻、吐蕃亦遣使入朝。（册府元龜九七二）

長興四年癸巳（933）

河西都僧統海晏卒，王僧統繼任。二月，王僧統於莫高窟造龕一所（143 窟），稱王家窟。（143 窟題記）

十月，于闐宰相來沙州，（P. 2704）雇工於莫高窟繪佛像以爲功德。（P. 2812）

長興五年/應順元年/清泰元年甲午（934）

正月七日，後唐改元應順。

沙州、瓜州遣牙將唐進、梁行通入唐朝貢。甘州迴鶻可汗仁裕卒，仁美繼位，遣使獻前可汗遺物。閏正月，後唐授瓜沙使臣官。（册府元龜三九七、九七二、九七六）

四月十六日，後唐改元清泰。

六月，三界寺僧道真，見當寺經論部帙不全，尋訪諸家函藏古壞經文收入寺中，修補頭尾，流傳後世。（敦煌研究院藏卷 345）

七月，後唐授瓜州刺史慕容歸盈尚書左僕射。（册府元龜九六五、九七二）

迴鶻入貢後唐使多爲河西雜虜剽劫，末帝詔邠州節度使康福與將軍牛知柔隨便討之，且援送迴鶻使至靈武。（册府元龜九八七）九月，朔方節度使張希崇派兵援接，並致書甘州迴鶻可汗，請甘州應接。（P. 2992 V—2）

康氏重修莫高窟之家窟（387 窟）。（387 窟題記）

清泰二年乙未（935）

正月，沙州靈圖寺僧善友出使西州。（S. 4504V—6）

曹議金長兄都指揮使知都押衙曹仁裕卒。（P. 2638，P. 4638—9）

二月十日，節度使曹議金卒，其子曹元德繼位，稱司空。（P. 2638，S. 4291，P. 3556 V—2）

三月，王僧統卒，龍辯繼任河西都僧統。（S. 6417）

押衙龍弘子出使西州。（S. 4504V—5）

四月，左馬步都虞候梁幸德出使後唐，歸途在張掖被殺。幸德在世時，曾於莫高窟修窟一所（36 窟），未竟而亡，子僧願清續修而成，並有《功德記》紀之。（P. 3718—12，P. 2638，P. 3564）

六月，押衙索勝全出使于闐。（Дx. 2143）

七月，沙州曹議金、瓜州慕容歸盈、涼州李文謙及甘州迴鶻所遣獻馬使抵後唐京城。先是，唐於六月詔邠、涇、鄜、耀四州出兵應接。（册府元龜九七二，舊五代史一三八）時

議金已逝，不久沙州使人在甘州被劫，兩地交往斷絶。(P. 4638—13)

敦煌社衆重修佛龕一所(38 窟)。(P. 3276 V—1)

清泰三年/天福元年丙申(936)

正月，曹元德請大衆轉經五日祈福。(P. 3556—11)

曹議金夫人宋氏卒。(P. 4638—5)其迴鶻夫人聖天公主號國母，於莫高窟修窟一所，稱天公主窟(100 窟)，有《功德記》紀之。(100 窟題記，S. 4245)

十一月十四日，契丹立石敬瑭爲大晉皇帝，改元天福。

于闐僧來沙州。(P. 2638)

左馬步都押衙張保山卒。保山生前曾在莫高窟修窟一所(329 窟)。(P. 3518 V—3，329 窟題記)

清泰四年/天福二年/遼天顯十二年丁酉(937)

八月，内親從都頭守常樂縣令陰善雄卒。(P. 2482—1)

十月一日，遼太后永寧節，晉及迴鶻、敦煌諸國遣使入遼朝賀。(遼史三)

十一月，甘州迴鶻阻斷河西舊路，曹元德率軍巡歷邊陲，試圖開通。(P. 4638—19)

清泰五年/天福三年戊戌(938)

九月，于闐使馬繼榮等入貢於晉。(舊五代史七七)十月，後晉册封于闐國王李聖天爲大寶于闐國王。册封使張匡鄴、高居誨等一行出發。(册府元龜九六五，舊五代史七七)

天福四年/遼會同二年己亥(939)

衙前都押衙張懷慶於莫高窟建窟一所，人稱張都衙窟(108 窟)。懷慶娶曹議金第十六女爲妻，故窟内列曹氏一門供養像。(108 窟題記)

三月，甘州迴鶻使入貢於晉，晉命邢德昭持節册仁美爲奉化可汗。（舊五代史七八、一三八，册府元龜九七二）

四月，沙州索僧政往西州。（S. 5937）

八月，孔目官閻物成寫《漢八年楚滅漢興王陵變一鋪》。（P. 3627—1） 時變文講唱流行敦煌民間，歸義軍孔目官及諸寺僧衆頗預其流。

曹元德患病不起，後晉册封于闐使至敦煌，弟沙州刺史曹元深郊迎。（P. 2032 V，新五代史七四）不久，元德卒。元深繼任節度使，稱司空。（P. 2032 V，P. 2692）元德生前，在榆林窟開窟一所。（16 窟題記）

十一月，沙州遣使入貢於遼。（遼史四）

天福五年/遼會同三年庚子(940)

二月，後晉始獲曹議金去世消息，追贈議金爲太師，以元德襲任節度使，檢校太保。時元德亦已下世。（舊五代史七九、一三八，新五代史七四，册府元龜四三六，P. 4065—1）

五月五日端午節，沙州與迴鶻入貢遼國使於遼廷作本俗舞，俾諸國使觀之。（遼史四、五四）

天福六年辛丑(941)

二月，都頭守常樂縣令薛善通卒。（P. 3718—16）

十月，押衙賈彦昌出使西州。（P. 3453）

天福七年壬寅(942)

四月，班首都頭知管内都牢城使閻勝全卒。（P. 3718—15）

五月，押衙知敦煌鄉務李潤晟卒。潤晟爲李明振孫。（P. 3718—17）

十一月，後晉使臣張匡鄴等與于闐使都督劉再昇至敦煌，沙州曹元深、瓜州曹元忠皆遣使與之一同歸朝。曹元深請僧念經三日，祈求沙州專使得達中朝。(P. 4046)劉再昇將隨身所帶于闐文《法華經綱要》、《陀羅尼咒》留在敦煌。(P. 2782，P. 5535)

十二月，後晉及于闐、沙州使抵晉廷。(舊五代史八一，新五代史九)

天福八年癸卯(943)

正月，後晉以曹元深爲檢校太傅充歸義軍使，(舊五代史八一)遣使授節。二月，曹元深致書甘州迴鶻衆宰相，希望放天使及沙州入京使西來，並遣僧政慶福、都頭王通信等出使甘州，結歡通好。(P. 2992 V—1)後晉旌節官告國信使等一行終抵達沙州，元深上表謝之。(P. 4065—1，2)

九月，内外諸司馬步軍都指揮使羅盈達卒。(P. 2482—3，2)

天福九年/開運元年甲辰(944)

正月，僧政善光請往西天巡禮。(S. 4537 V)

慕容氏重修莫高窟一龕(205 窟)。(205 窟題記)

三月，曹元深卒，弟元忠繼任歸義軍節度使，稱僕射。(P. 2032 V，P. 3388，P. 2187)元深生前於莫高窟造窟一所(22 窟)。(22 窟題記)

七月一日，後晉改元開運。

十一月，居淨土寺沙門願榮寫《降魔變文》，爲府主曹元忠頌德。(P. 2187)時中原或西川僧來敦煌者，多將變文、詞曲、偈頌、畫樣攜入，爲僧俗官吏大衆普遍喜聞樂見。

孔僧統(龍辯?)亡，氾僧統繼任河西都僧統。(P. 2032 V，P. 2040 V，S. 3879)

天福十年/開運二年乙巳(945)

正月，釋門法律張和尚卒。（P. 3792 V）

二月，左班都頭張安信卒。（P. 3390—3）

開運三年丙午（946）

正月，沙州洪潤鄉百姓宋蟲□出使西州。（P. 2652 V）

三月，晉以曹元忠爲沙州留後，（舊五代史八四）然元忠已由司徒進稱太保。（P. 3257，P. 3388）

十二月，左班都頭知節院軍使閻海員卒。（P. 2482—4）

開運四年/天福十二年丁未（947）

二月十五日，劉知遠即皇帝位，國號漢，改開運四年爲天福十二年。

六月，于闐使至沙州，于闐太子及歸義軍官府設宴款待。（P. 2641）使者東行，入漢朝貢。（新五代史一〇）

龍家來納馬。又有龍家及雍歸家來自瓜州。（P. 2641）

七月十五日，曹元忠稱太傅，命雕板押衙雷延美印行《觀世音像》、《毗沙門天王像》等，廣爲流通，以爲功德。（S. P. 9，P. 4514 等）

天福十三年/乾祐元年戊申（948）

正月五日，後漢改元乾祐。

四月，兵馬使徐留通出使西州。（P. 3472）

七月，于闐商人亡於敦煌，官府處理其財務訴訟案。（Pelliot Ouigour 2）

三界寺觀音院主道真等修莫高窟南大像（130 窟）北古窟。（P. 2641）

天福十四年/乾祐二年己酉（949）

五月十五日，曹元忠命雷延美雕印《金剛經》流通，以爲功德。（P. 4514，P. 4516 等）

曹元忠自稱節度留後檢校司空，遣步軍教練使梁再通入貢於漢。(S. 4398)

乾祐三年庚戌(950)

四月，押衙張盈潤繼叔僧未竟之業，造浮圖一所，並撰《孟受上祖莊上浮圖功德記》。(P. 3390—2)

五月，道真等從節度使曹元忠遊三危山聖王寺。(108 窟題記)

曹元忠稱太保，(P. 3390—2)於莫高窟建文殊堂(61 窟)。(61 窟題記)

乾祐四年/廣順元年辛亥(951)

正月五日，郭威即皇帝位，國號周，改元廣順。

四月，押衙康幸全出使伊州。(P. 2504 pièce 2)

六月，于闐使至沙州，歸義軍官府供頓。又有天使至敦煌。(P. 3160 V)

廣順二年壬子(952)

漢大師智清自京來敦煌，沙州僧人抄其所攜來之《禪源諸詮集都序》。(臺北中央圖書館藏卷 004720)

十月，沙州僧興齊入朝於周。(册府元龜九八〇)

廣順三年癸丑(953)

四月，三界寺禪僧法保手寫《頻婆娑羅王后宫綵女功德意供養塔生天因緣變》，爲府主頌德。(P. 3051)

八月，曹元忠於莫高窟造二千仁齋。(469 窟題記)

十二月，節度使曹元忠牓示，置新鄉鎮，徵樂去者前往鎮守，官府代還債務。(S. 8516A＋C)又新設會稽鎮，形成歸義軍八鎮規模，以加强東路防務。(P. 3727—2)

廣順四年/顯德元年甲寅(954)

正月一日，改元顯德。

三月,沙州大德於京城内,請長白山人李琬抄《讚皇帝歸依三寶》十首、《左街僧録圓鑒大師雲辯十慈悲偈》等。(S.4472)

九月,前右馬步都押衙索公妻張氏卒。張氏,張淮深之女也。(P.3556—10)

廣順五年/顯德二年乙卯(955)

二、三月間,于闐使、于闐博士逗留敦煌。又有西州迴鶻、甘州迴鶻、南山諸部使者來訪。(S.3728)

五月,曹元忠及子延敬各遣使入貢於周。後周世宗以元忠爲歸義軍節度使檢校太保,延敬爲瓜州團練使,各鑄印賜之。(舊五代史一一五、一三八,新五代史七四,册府元龜一七〇,延敬原作延恭,諱改。)

顯德三年丙辰(956)

三月,三界寺僧法寶出使西州。法寶爲講經僧,所攜物品中有變文寫卷。(P.3051V)

七月七日,都頭索子全出使于闐,八月二十二日抵達,朝見于闐國皇帝。十一月,還至敦煌。(P.3016V)

八月,僧政張福慶卒。(S.5405)

顯德五年戊午(958)

二月,京城左街洪範大師奉詔西來,至會稽,狀上沙州使主。(S.196)

沙州康員奴出使伊州。(P.3501V—7)都頭索子全再度出使于闐,五月五日還至敦煌。(P.3016V)

六月十六日,兵馬使康員進出使西州。(P.3501V—9)二十六日,氾富住等往于闐,七月二十三日抵達。八月十一日,朝見于闐國皇帝。(P.3016V)

七月，又有西川善興大寺西院法主僧法宗往西天取經，暫住敦煌。（北圖冬 62）

沙州曹保定入奏後周，亡於甘州。（P. 3556—12）

顯德六年己未（959）

沙州經學博士翟奉達撰《具注曆》進上。翟氏爲敦煌曆學專家，此前數十年之具注曆日，皆出其手。（P. 2623，S. 2404，P. 3247 V＋羅振玉舊藏，S. 276，P. 2591，S. 95）

顯德七年/建隆元年庚申（960）

正月五日，趙匡胤即皇帝位，國號宋，改元建隆。

七月十五日，于闐公主在沙州建花樹、臺子等。（P. 3111）

建隆二年辛酉（961）

二月，滄州僧道圓自天竺回至于闐，爲沙彌授戒。（S. 6264）隨後與于闐使偕行至敦煌。（P. 2893）

十一月，曹元忠稱太傅，與子瓜州刺史延敬同遣使入貢於宋。（宋會要蕃夷五，長編二）

十二月，甘州迴鶻可汗景瓊遣使朝獻於宋。（長編二，宋史四九〇）

建隆三年壬戌（962）

正月，宋朝制封曹元忠爲檢校太傅兼中書令歸義軍節度使沙州刺史；延敬爲本州防禦使，賜名延恭。（宋會要蕃夷五，長編三，宋史四九〇）元忠於莫高窟建窟一所（55 窟）。（55 窟題記）又於榆林窟開窟一所。（19 窟題記）

五月二十七日及六月四日，有迴鶻偷劫雍歸鎮人畜。曹元忠致書甘州迴鶻可汗，希望查問。（P. 2155V—2）

建隆四年/乾德元年癸亥（963）

二月，甘州使至敦煌，迴鶻可汗答書元忠：令宰相密六往肅

州,與各部設盟立誓,不許侵擾歸義軍境界。又報有賊人自歸義軍境入甘、肅二州偷劫。(P.3272V)

十一月十一日,宋朝改元乾德。

乾德二年甲子(964)

正月,有甘州走來胡,留住敦煌至八月。又有西州迴鶻使至敦煌,四月返國。又有于闐羅尚書等一行來沙州,停居至六月。三月,甘州使來沙州,至八月方回。四至六月間,有南山部落使者來敦煌。五月,又有伊州使至敦煌。諸使均由歸義軍官府供頓。(敦煌研究院藏卷001+董希文舊藏+P.2629)

六月,押衙吴成子出使于闐。(P.2629)

七月一日,于闐使至敦煌,太子出迎。五日,南山使至沙州,衙内看望。八日離去。十八日,甘州使來沙州,衙内看望甘州、于闐使。(P.2629)

八月七日,于闐太子三人來沙州,於佛堂内供養諸佛。(P.3184V)

九月,南山使至沙州。十月,伊州使來沙州。(P.2629)

乾德三年乙丑(965)

十一月,道圓與于闐使同至宋廷。十二月,道圓表獻貝葉梵經四十二夾,太祖召問所歷山川道里。(長編六,宋會要道釋二)甘州迴鶻、瓜、沙州亦遣使入宋貢方物。(宋會要蕃夷七,長編六)

乾德四年丙寅(966)

二月,于闐王李聖天遣子從德入宋貢方物。(長編七)

三月,宋太祖遣僧行勤等一百五十七人遊西域取經。(長編七,宋會要道釋二)

五月一日，監軍使曹延晟寫《大般若經》一帙，並錦帙施入顯德寺。（龍谷大學藏橘 2）

九日，曹元忠及夫人巡禮莫高窟，於大王窟（98 窟）内，請僧抄寫《大佛名經》，沙州十七大寺，每寺施捨一部；又一部，遣使送至西州，補充其大藏所闕。又興功修北大像彌勒（96 窟），至六月二日畢，四日回城。（Ch. 00207）

歸義軍入貢宋朝使臣在涼州界内被劫。（P. 3272 V）

乾德五年丁卯（967）

正月，歸義軍遣孔目官閻物成出使甘州，曹元忠致書甘州迴鶻可汗，告知近來西州離亂，有惡弱之人往甘、肅境内偷劫，已命諸處小鎮嚴加捉禁。此係答元年甘州迴鶻來書所問。信中兼請甘州可汗代爲查詢去年沙州入京使在涼州被劫事。（P. 3272 V）

乾德六年/開寶元年戊辰（968）

二月，宋朝西天取經僧繼從經敦煌，抄《妙法蓮華經讚文》，呈大王曹元忠。（北圖新 2，P. 3023）

五月，節度行軍司馬曹延清繪觀音像。（緣督廬日記）

十一月二十四日，改元開寶。

乾德七年/開寶二年己巳（969）

十一月，迴鶻、于闐皆入貢於宋，迴鶻使經靈州被縶，自是數年不入貢。（長編一〇，宋史一）歸義軍亦中斷與宋朝往來。

乾德八年/開寶三年庚午（970）

正月，于闐王尉遲輸羅（Viśa Śūra）致書其舅敦煌大王曹元忠，告出征黑韓王朝獲勝，俘獲甚衆，且請求沙州援助。（P. 5538）

王氏於莫高窟重修窟檐落成。(427 窟題記)

比丘福惠等十六人於莫高窟造窟一所(449 窟)。(S. 3540, 449 窟題記)

開寶四年辛未(971)

于闐僧吉祥以其國王書來上宋廷,言破疏勒黑韓王朝,得舞象一,欲以爲貢。(宋史四九〇)

四月,歸義軍押衙梁保德出使甘州迴鶻。(S. 4884)

五月,瓜州衙推氾願長上書,請安置故慕容府君神位。(P. 2943)

六月,沙州塑匠馬報達在伊州作客。(北圖新 1013)

開寶五年壬申(972)

五月,甘州迴鶻使至敦煌。(S. 5728)

開寶六年癸酉(973)

三月,宋朝右衙都知兵馬使丁守勳乞求早歸,其來沙州已逾年。(P. 2804 V)

開寶七年甲戌(974)

六月六日,曹元忠卒,子延恭繼任節度使,稱太保;延禄任副使。(S. 5973,P. 3827+P. 3660 V)

元忠生前,於莫高窟建窟一所(25 窟)。

開寶九年/太平興國元年丙子(976)

正月,敦煌僧團於莫高窟建窟檐一座(444 窟)。

曹延恭於莫高窟修建功德窟(454 窟)。七月,延恭卒,弟延禄繼任節度使,稱太保,續修延恭所開之窟(454 窟)。(454 窟題記,S. 3978,P. 3827+P,3660 V)

十月二十一日,宋太宗即位。十二月二十二日,改元太平興國。

太平興國二年丁丑(977)

宋遣殿直張璨賚詔諭甘、沙州、迴鶻可汗,賜以器幣,招致名馬美玉,以備車騎琮璜之用。(宋史四九〇)

太平興國三年戊寅(978)

三月,開寶寺僧繼從自西天取經還至中原,獻梵夾經。(宋會要道釋二,佛祖統紀四三)

曹延禄遣使入宋貢玉盆寶氈。(宋會要蕃夷七引玉海)

五月,南山部族掠紫亭鎮官私羣牧。(P. 3835 V—7)

太平興國四年己卯(979)

四月,曹延禄遣使上表宋朝,報告父死兄亡,自任節度留後。(P. 3827＋P. 3660 V)

十一月,沙州使者出使于闐。(S. 2474,P. 3878)

太平興國五年庚辰(980)

二月,紫亭縣令閻員清於莫高窟重修窟龕一所並建窟檐(431 窟)。(431 窟題記)

于闐使、于闐僧來敦煌,至閏三月離去。三月,甘、肅州僧來敦煌。(S. 2474)

閏三月,曹延禄遣使入宋,貢玉器、波斯寶氈、安西細氈等。(宋會要蕃夷五、蕃夷七,長編二一)

四月,宋太宗下詔,贈曹元忠爲敦煌郡王;制封曹延禄爲檢校太保歸義軍節度使,其弟延晟爲檢校司徒瓜州刺史,延瑞爲衙内都虞候,母封秦國太夫人,妻封隴西郡夫人。(宋會要蕃夷五,長編二一,宋史四九〇)然延禄已在境内號稱太傅。(莫高窟 431、61 窟題記)

西州、伊州使至沙州,並巡禮莫高窟。(S. 1366)

太平興國六年辛巳(981)

十月，迴鶻、達怛與肅州家相合，就大雲寺對佛設誓，擬向西行兵。瓜州都頭安再勝、都衙趙再成等具狀上報。(P. 3412)

甘州使、狄寅及使來沙州並巡禮莫高窟。波斯僧亦自甘州來敦煌，納藥於官府。(S. 1366)

于闐羅闍梨病故於敦煌。又有于闐使、于闐僧、婆羅門僧、涼州僧逗留沙州。(S. 1366)

太平興國七年壬午(982)

正月，沙州遣使赴西州。(S. 6452—2)

五月，于闐使至沙州。(P. 2998 V)

十二月，于闐使張金山來沙州，造塔做功德。(Ch. I. 0021a)

太平興國八年癸未(983)

沙州遣都頭令狐願德入貢。(宋會要蕃夷五)

太平興國九年/雍熙元年甲申(984)

二月二十一日，曹延禄自稱太師令公敦煌王，於百尺池畔祭諸神。(S. 4400)三月二十二日，又祭宅舍之神。(P. 2649)

十一月二十一日，宋朝改元雍熙。

敦煌王曹延禄與夫人于闐聖天公主建天王堂於鳴沙山。(莫高窟天王堂題記)

雍熙二年乙酉(985)

沙州百姓吴保住等出使西州，路上遭劫，被俘至伊州界内。十一月，方由沙州使臣安都知一行贖回。(P. 3579)

北天竺僧施護與法賢同詣中國，經敦煌，敦煌王曹延禄固留不遣。數月後，施護等棄錫杖瓶鉢，惟持梵夾入宋。(宋會要道釋二)

雍熙三年丙戌(986)

瓜州刺史曹延瑞於大雲寺禮佛。（P. 4622）

雍熙五年/端拱元年戊子（988）

正月十七日，宋朝改元端拱。

三月，沙州押衙令狐住延於榆林窟畫副監使窟（20 窟），至五月畢。（20 窟題記）

端拱二年己丑（989）

二月，于闐使入朝於遼。（遼史一二）

九月，宋朝往西天取戒僧志堅經過敦煌。（S. 3462）

十一月，于闐使張文寶入貢於遼。（遼史一二）

端拱三年/淳化元年庚寅（990）

正月一日，宋朝改元淳化。

十月，沙州住兒自西州還。（P. 3156 pièce 4）

淳化二年辛卯（991）

沙州僧惠崇等四人，以良玉舍利獻之宋廷。宋賜紫方袍，館於太平興國寺。（宋會要蕃夷五）

淳化三年壬辰（992）

七月，迴鶻入常樂縣殺掠人馬。（P. 2938 V）

淳化四年癸巳（993）

八月，沙州使人赴于闐。（P. 2737）

九月，都頭令狐願德出使西州。（P. 2737—4）

至道元年乙未（995）

正月一日，宋朝改元至道。

瓜州曹延瑞布施百姓種子麥五車。（S. 374）

三月，曹延禄遣使入貢於宋，制加特進檢校太尉。五月，延禄又遣使入宋貢方物，乞賜生藥、臘茶、供帳什物、弓箭、鐃鈸、佛經及賜僧圓通紫衣，宋朝並從之。（宋會要蕃

夷五）

十月，延禄遣使上表於宋，請以聖朝新譯諸經降賜本道，宋朝從之。（宋會要蕃夷五、道釋二）

十一月，宋朝奉宣往西天取經僧道猷至敦煌，寄住靈圖寺。（北圖收 4）

咸平二年己亥（999）

二月，曹延禄遣使進貢美玉良馬於宋。（宋會要蕃夷五）

咸平四年辛丑（1001）

正月十五日，宋朝進封曹延禄爲譙郡王。（宋會要蕃夷五，長編四八，宋史四九〇）

咸平五年壬寅（1002）

瓜沙軍民不滿曹延禄之政，延禄族子宗壽率衆内外合勢，圍攻軍府，延禄、延瑞等自盡。宗壽權知歸義軍節度兵馬留後，差弟宗久權知瓜州。（宋會要蕃夷五，長編五二，皇宋十朝綱要三，宋史四九〇）

五月十五日，曹宗壽稱敦煌王，與夫人氾氏同發心願，命匠人編造帙子及添寫卷軸，施入報恩寺經藏。七月十五日，又造帙子及添寫新舊經律論等，施入報恩寺。（Φ. 32B、C）

八月，宗壽遣牙校陰會遷入貢於宋，且報沙州政變情形。宋朝乃授宗壽金紫光禄大夫檢校太保使持節沙州刺史兼御史大夫歸義軍節度使瓜沙等州觀察處置押蕃落等使，封譙郡開國侯；宗久檢校尚書左僕射御史大夫知瓜州軍州事；宗壽子賢順爲檢校兵部尚書衙内都指揮使；妻封濟北郡夫人。（宋會要蕃夷五，長編五二，宋史四九〇）

景德元年甲辰（1004）

四月，曹宗壽遣使入宋，貢良玉名馬。且爲本州僧惠藏乞賜師號，又龍興、靈圖二寺修像所需金箔，願賜之。又乞鑄鍾匠及漢人之善藏珠者，至當道傳授其術。宋真宗詔賜惠藏師號，量給金箔，餘不許。（宋會要蕃夷五，長編五六）

五月，曹宗壽又遣使入貢於宋。（長編五六）

景德三年/遼統和二十四年丙午（1006）

八月，敦煌王曹宗壽遣使入遼，進大食國馬及美玉，遼以對衣、銀器等物賜之。（遼史一四）

十月，宋封趙德明爲定難軍節度使西平王；又録德明誓表，令渭州遣人賫至西涼府，曉諭諸蕃，並轉告甘、沙州首領。（長編六四）

景德四年丁未（1007）

四月，曹宗壽遣節度上司孔目官陰會遷等三十五人入宋，進貢玉團、乳香、名馬等，宋賜錦袍、金帶、器幣，酬其值，並下敕書示諭，所乞藥物金箔，量賜之。（宋會要蕃夷五，長編六五）

閏五月，沙州僧政會請入宋廷，以節度使表，乞賜金字經一藏。真宗詔益州寫金銀字經一藏賜之。（宋會要蕃夷五，長編六五）

大中祥符七年/遼開泰三年甲寅（1014）

曹宗壽卒，其子賢順繼任節度留後。四月，遣使入貢於宋，宋以賢順爲本軍節度使；弟賢惠爲檢校刑部尚書知瓜州、歸義軍掌書記。賢順又表乞金字藏經及茶藥金箔，詔賜之。（宋會要蕃夷五，長編八二，皇朝事實類苑七五引東齋記事，宋史四九〇）

同月，曹賢順遣使入貢於遼，遼回賜衣幣。（遼史一五、七〇）

天禧元年/開泰六年丁巳（1017）

六月，遼遣夷離堇阿魯勃送沙州節度使曹賢順還，授于越。（遼史一二繫在統和六年，此據羅振玉瓜沙曹氏年表校改。）

天禧三年/開泰八年己未（1019）

正月，遼封曹賢順爲敦煌郡王。（遼史一六，全遼文卷六遼宣徽南院使韓椅墓誌銘）

社官永安寺法律興受、社老龍興寺法律定慧、録事金光明寺法律福榮等二十六人，共造佛塔一所。（隴右金石録補）

天禧四年/開泰九年庚申（1020）

七月，遼遣使郎君老出使沙州，賜敦煌王曹賢順衣物。（遼史一六、七〇）

九月，曹賢順遣使入貢於遼。（遼史一六）

天聖元年癸亥（1023）

閏九月，曹賢順遣翟來著等入宋，貢方物、乳香、硇砂、玉團等，謝賜旌節。（宋會要蕃夷五，東齋記事，宋史四九〇）

天聖八年庚午（1030）

十一月，沙州遣使入宋，貢玉器、真珠、乳香、花蕊布等。（宋會要蕃夷七）

天聖九年辛未（1031）

正月，沙州遣使米興、僧法輪等入宋，貢珠玉名馬。（宋會要蕃夷七）

景祐三年丙子（1036）

西夏占領沙州。

主要參考文獻及縮寫語

一、原始資料

敦煌文書：

P. ＝法國巴黎國立圖書館藏伯希和所獲敦煌文獻；

S. /Ch. ＝英國圖書館藏斯坦因所獲敦煌文獻；

北圖千字文編號/北圖新＝北京圖書館藏敦煌文獻；

Φ. /Дx. ＝俄國聖彼得堡東方研究所藏奧登堡所獲敦煌文獻。

敦煌莫高窟、榆林窟題記：

敦煌研究院編《敦煌莫高窟供養人題記》，北京文物出版社，1986 年；

P. Pelliot, *Grottes de Touen-houang carnet de notes de Paul Pelliot*，Ⅰ-Ⅵ. Paris 1981—1992；耿昇、唐健賓譯《伯希和敦煌石窟筆記》，甘肅人民出版社，1993 年；

謝稚柳《敦煌藝術敍録》，上海古典文學出版社，1957 年。

中原史籍：

《樊川文集》，〔唐〕杜牧著，上海古籍出版社，1987 年；

《舊唐書》，〔後晉〕劉昫等撰，北京中華書局，1975 年；

《新唐書》，〔宋〕歐陽修、宋祁撰，北京中華書局，1975 年；

《宋本册府元龜》，〔宋〕王欽若等編，北京中華書局，1989 年；

《册府元龜》，〔宋〕王欽若等編，北京中華書局，1960 年；

《唐會要》，〔宋〕王溥撰，上海古籍出版社，1991 年；

《舊五代史》，〔宋〕薛居正等撰，北京中華書局，1976 年；

《新五代史》，〔宋〕歐陽修撰，北京中華書局，1974 年；

《五代會要》，〔宋〕王溥撰，上海古籍出版社，1978 年；

《通鑑》＝《資治通鑑》，〔宋〕司馬光等撰，北京中華書局，1956 年；

《宋會要》，《永樂大典》卷五七七〇引《宋會要》瓜沙二州條，中華書局，1986 年版第三册；其他部分用《宋會要輯稿》，〔清〕徐松輯，北京中華書局，1957 年；

《宋高僧傳》,〔宋〕贊寧撰,北京中華書局,1987 年;
《長編》=《續資治通鑑長編》,〔宋〕李燾著,北京中華書局,1979 年;
《東齋記事》,〔宋〕范鎮撰,北京中華書局,1980 年;
《直齋書録解題》,〔宋〕陳振孫撰,上海古籍出版社,1987 年;
《宋史》,〔元〕脱脱等撰,北京中華書局,1977 年;
《遼史》,〔元〕脱脱等撰,北京中華書局,1974 年。

二、研究論著

陳國燦《唐五代瓜沙歸義軍軍鎮的演變》,《敦煌吐魯番文書初探二編》,武漢大學出版社,1990 年,555—580 頁;
陳祚龍《敦煌文物隨筆》,臺北商務印書館,1979 年;
陳祚龍《敦煌簡策訂存》,臺北商務印書館,1983 年;
陳祚龍《敦煌學園零拾》,臺北商務印書館,1986 年;
池田温《中國古代籍帳研究》,東京大學出版會,1979 年;
池田温《中國古代寫本識語集録》,東京大學東洋文化研究所,1990 年;
鄧文寬《張淮深平定甘州迴鶻史事鈎沉》,《北京大學學報》1986 年第 5 期,86—98 頁;
賀世哲《從供養人題記看莫高窟部分洞窟的營建年代》,《敦煌莫高窟供養人題記》,194—236 頁;
賀世哲《試論曹仁貴即曹議金》,《西北師大學報》1990 年第 3 期,40—46 頁;
姜伯勤《唐五代敦煌寺户制度》,北京中華書局,1987 年;
姜亮夫《唐五代瓜沙張曹兩世家考》,《中華文史論叢》1979 年第 3 輯,37—57 頁;
姜亮夫《莫高窟年表》,上海古籍出版社,1985 年;
蔣斧《沙州文録》,羅振玉編《敦煌石室遺書》本,誦芬室,1909 年;
金維諾《敦煌窟龕名數考》,《中國美術史論集》,北京人民美術出版

社,1981 年,326—340 頁;

李永寧《豎牛作孽,君主見欺——談張淮深之死及唐末歸義軍執政者之更迭》,《敦煌研究》1986 年第 2 期,15—20 頁;

李正宇《關於金山國和敦煌國建國的幾個問題》,《西北史地》1987 年第 2 期,63—75 頁;

李正宇《歸義軍曹氏"表文三件"考釋》,《文獻》1988 年第 3 期,3—14 頁;

李正宇《曹仁貴歸奉後梁的一組新資料》,《魏晉南北朝隋唐史資料》第 11 期《唐長孺教授八十大壽紀念專輯》,武漢大學出版社,1991 年,274—281 頁;

李正宇《曹仁貴名實論——曹氏歸義軍創始及附梁史探》,《第二届敦煌學國際研討會論文集》,臺北漢學研究中心,1991 年,551—569 頁;

盧向前《關於歸義軍時期一份布紙破用曆的研究》,《敦煌吐魯番文獻研究論集》第 3 輯,北京大學出版社,1986 年,396—466 頁;

盧向前《金山國立國之我見》,《敦煌學輯刊》1990 年第 2 期,14—26 頁;

羅振玉《西陲石刻録》,京都羅氏東山僑舍,1914 年;

羅振玉《補唐書張議潮傳》,《永豐鄉人雜著》,1922 年;

羅振玉輯,何廣棪校點《新印校點本瓜沙曹氏年表》,香港里仁書局,1984 年;

馬德《都僧統之"家窟"及其營建》,《敦煌研究》1989 年第 4 期,54—59 頁;

馬德《曹氏三大窟營建的社會背景》,《敦煌研究》1991 年第 1 期,19—24 頁;

馬德《10 世紀中期的莫高窟崖面概觀》,《1987 年敦煌石窟國際討論會文集石窟考古編》,遼寧美術出版社,1990 年,40—51 頁;

饒宗頤《燉煌曲》,巴黎法國科研中心出版社,1971 年;

饒宗頤《敦煌書法叢刊》,29 卷,東京二玄社,1984 年;
饒宗頤編《敦煌邈真讚校録並研究》,臺北新文豐出版公司,1994 年;
榮新江《敦煌卷子札記四則》,《敦煌吐魯番文獻研究論集》第 2 輯,北京大學出版社,1983 年,631—673 頁;
榮新江《歸義軍及其與周邊民族的關係初探》,《敦煌學輯刊》1986 年第 2 期,24—44 頁;
榮新江《敦煌文獻和繪畫反映的五代宋初中原與西北地區的文化交往》,《北京大學學報》1988 年第 2 期,55—62 頁;
榮新江《晚唐歸義軍李氏家族執政史探微》,《文獻》1989 年第 3 期,87—100 頁;
榮新江《〈唐刺史考〉補遺》,《文獻》1990 年第 2 期,80—94 頁;
榮新江《關於沙州歸義軍都僧統年代的幾個問題》,《敦煌研究》1989 年第 4 期,70—78 頁;
榮新江《沙州張淮深與唐中央朝廷之關係》,《敦煌學輯刊》1990 年第 2 期,1—13 頁;
榮新江《曹議金征甘州迴鶻史事表微》,《敦煌研究》1991 年第 2 期,1—12 頁;
榮新江《公元十世紀沙州歸義軍與西州迴鶻的文化交往》,《第二屆敦煌學國際研討會論文集》,臺北漢學研究中心,1991 年,583—603 頁;
榮新江《敦煌文獻所見晚唐五代宋初的中印文化交往》,《季羨林教授八十華誕紀念論文集》,江西人民出版社,1991 年,955—968 頁;
榮新江《沙州歸義軍歷任節度使稱號研究(修訂稿)》,《敦煌學》第 19 輯,1992 年,15—67 頁;
榮新江《金山國史辨正》,《中華文史論叢》第 50 輯,1992 年,73—85 頁;
榮新江《張氏歸義軍與西州迴鶻的關係》,《1990 年敦煌學國際研討會文集》,遼寧美術出版社,1992 年;

榮新江《敦煌寫本〈敕河西節度兵部尚書張公德政之碑〉校考》,《周一良先生八十生日紀念論文集》,北京中國社會科學出版社,1993 年,206—216 頁;
榮新江《關於曹氏歸義軍首任節度使的幾個問題》,《敦煌研究》1993 年第 2 期,46—53 頁;
榮新江《甘州迴鶻成立史論》,《歷史研究》1993 年第 5 期,32—39 頁;
榮新江《初期沙州歸義軍與唐中央朝廷之關係》,黄約瑟、劉健明編《隋唐史論集》,香港大學亞洲研究中心,1993 年,106—117 頁;
榮新江《甘州迴鶻與曹氏歸義軍》,《西北民族研究》1993 年第 2 期,60—72 頁;
榮新江《九、十世紀歸義軍時代的敦煌佛教》,《清華漢學研究》創刊號,1994 年,88—101 頁;
榮新江《歸義軍改元考》,《文史》第 38 輯,1994 年,45—53 頁;
上山大峻《敦煌佛教の研究》,京都法藏館,1990 年;
施萍亭《本所藏〈酒帳〉研究》,《敦煌研究》創刊號,1983 年,142—155 頁;
史葦湘《敦煌莫高窟大事年表》(四)、(五),《中國石窟　敦煌莫高窟》第四、五册,北京文物出版社,1987 年,237—241,236—244 頁;
蘇瑩輝《瓜沙史事繫年》,《敦煌論集》,臺北學生書局,1983 年,263—282 頁;
蘇瑩輝《瓜沙史事叢考》,臺灣商務印書館,1983 年;
孫楷第《敦煌寫本張議潮變文跋》,《圖書季刊》第 3 卷第 3 期,1936 年;此據《敦煌變文論文録》下,713—722 頁;
孫楷第《敦煌寫本張淮深變文跋》,《史語所集刊》第 7 本第 3 分,1937 年,此據《敦煌變文論文録》下,723—749 頁;
譚蟬雪《曹元德曹元深卒年考》,《敦煌研究》1988 年第 1 期,52—57 頁;

唐耕耦、陸宏基編《敦煌社會經濟文獻真蹟釋録》第(一)—(五)輯，北京書目文獻出版社、全國圖書館文獻縮微複製中心，1986—1990 年；

唐長孺《關於歸義軍節度的幾種資料跋》，《中華文史論叢》第 1 輯，1962 年，275—298 頁；

藤枝晃《沙州歸義軍節度使始末》(一)至(四)，《東方學報》(京都)第 12 本第 3,4 分，第 13 本第 1,2 分，1942—1943 年；

藤枝晃《敦煌千佛洞の中興》，《東方學報》(京都)第 35 册，1964 年，9—139 頁；

藤枝晃《敦煌曆日譜》，《東方學報》(京都)第 45 册，1973 年，377—441 頁；

土肥義和《歸義軍(唐後期・五代・宋初)時代》，《敦煌の歷史》，東京，1980 年，235—296 頁；

土肥義和《敦煌發見唐・迴鶻間交易關係漢文文書斷簡考》，《中國古代の法と社會・栗原益男先生古稀記念論集》，東京汲古書院，1988 年，399—436 頁；

王重民《金山國墜事零拾》，《國立北平圖書館館刊》第 9 卷第 6 號，1935 年，5—32 頁；

向達《羅叔言〈補唐書張議潮傳〉補正》，《唐代長安與西域文明》，北京三聯書店，1957 年，417—428 頁；

張廣達、榮新江《關於敦煌出土于闐文獻的年代及其相關問題》，北京大學中國中古史研究中心編《紀念陳寅恪先生誕辰百年學術論文集》，北京大學出版社，1989 年，284—306 頁；

張維《隴右金石録》，甘肅省文獻徵集委員會，1943 年；

鄭炳林《敦煌碑銘讚輯釋》，甘肅人民出版社，1992 年；

竺沙雅章《中國佛教社會史研究》後編《敦煌佛教教團の研究》，京都同朋舍，1982 年；

Bailey, H. W. “The Staël-Holstein Miscellany”, *Asia Major*, *n. s.*, Ⅱ. 1, pp. 1-45；

Bailey, H. W. "Śri Viśa' Śūra and the Ta-Uang", *Asia Major*, *n.s.*, XI. 1, 1964, pp. 1—26;

Bailey, H. W. *Sad-dharma-puṇḍarīka-sūtra, the summary in Khotan Saka*. Canberra 1971;

Chen Tsu-lung, *La vie et les oeuvres de Wou-tchen* (816—895), Paris 1966;

Demiéville, P. *Le concile de Lhasa*, I. Paris 1952;

Giles, L. *Descriptive Catalogue of the Chinese Manuscripts from Tunhuang in the British Museum*, London 1957;

Hamilton, J. *Les Ouighours à l'époque des Cinq Dynasties*, Paris 1955;

Pulleyblank, E. G. "The Date of the Staël-Holstein Roll", *Asia Major*, *n. s.*, IV. 4, 1954, pp. 90-97;

Waley, A. *A Catalogue of Paintings recovered from Tunhuang by Sir Aurel Stein*, London 1931;

Yamamoto, T. and O. Ikeda, *Tun-huang and Turfan Documents concerning Social and Economic History*. III. Contracts(A)(B), Tokyo 1987.

第二節　敦煌地區的改元與紀年

近年來,隨着各國收藏的敦煌寫本和繪畫品的大量公佈,我們可以掌握較前輩學者更多的材料,因而可以探討一些歸義軍史上的基本問題。本節就是在通檢已公佈的敦煌文書、絹畫、洞窟題記、傳世史料及近年走訪英、法、日、俄等國收藏品所獲資料的基礎上,就歸義軍使用中原王朝年號問題,做系統的研究。

沙州歸義軍是大中五年(851)唐宣宗敕命設置的一個地方軍政集團,但史稱“宣、懿德微,不暇疆理,惟名存有司而已。”(《新唐書》卷四〇《地理志》)五代宋初,曹氏歸義軍政權已然獨立,其節度使又稱大王。然而,除金山國的幾年時間外,不論是張、索、李氏,還是曹氏子孫數代,歷任歸義軍節度使都堅持奉中原王朝之正朔,這是因爲歸義軍處在多民族聚居的西北地區,對於周邊諸民族來説,奉中原正朔的歸義軍政權,無疑有中原王朝的代表的意義,因此,不論中原王朝如何更迭,歸義軍始終堅持這一做法。

一般來講,一個地方政權既奉中原王朝正朔,就無所謂改元,但歸義軍與中原王朝之間,先後有吐蕃、迴鶻、党項等敵對政權隔絶雙方來往,歸義軍無法及時得到中原改元的消息,其所用新年號往往不是從元年開始。弄清新舊年號的交替時間,一方面可以據之了解沙州歸義軍和中原王朝之間的往來情況,因爲改元的消息往往是由使者或游方僧人傳到沙州的,敦煌地區使用新年號的時間距改元時間的長短,透露了雙方交往的疏密情況;另一方面,明確了敦煌地區改用新年號的時間,可以比較容易地判斷出敦煌文書中哪些是當時寫的,哪些是後來寫的,哪些是當地寫的,哪些是外地寫的。如 P. 2913(2)《張淮深墓誌銘》云:“公以大順元年二月廿二日殞斃於本郡。”[1]檢同時其他敦煌文書,均仍用龍紀年號,知此《墓誌銘》應是後來補寫的,這大概是因爲張淮深一家被滿門殺害的緣故。又如 P. 2603《讚普滿偈》題記云:“開運二年正月日,相國寺主上座賜紫弘演正言當講左街僧録圓鑒。”因此時前後之敦煌文書仍用天福十年,知該寫本是開運二年正月寫於開封,後來纔傳入敦煌的。歸義軍時期敦煌文書所記改元年份的考訂,不僅可以澄清歸義軍史上的一些問題,而且對於敦煌文書的整理和利用有極大的幫助。

早在1973年,日本京都大學藤枝晃教授就意識到這項研究的重要,在所著《敦煌曆日譜》中,就當時所能看到的材料,對改元年份做了考證。[2]但那時大部分敦煌資料尚未公佈,今日看來,有些結論已然過時。本文正是在《曆日譜》的基礎上,進一步的考證結果。除了改元年份的考訂外,與此相關的一些問題,本文將提出自己的看法。

以下按年代順序加以考訂。

大中二年(848)張議潮帥衆起義時,尚不知唐朝年號,目前所見最早的有大中年號的敦煌文書是P. 2825《太公家教》題記:“大中四年庚午正月十五日,學生宋文顯讀,安文德寫。”此時沙州入朝奏報的使者尚未到達長安,大中年號的消息不知從何而來,《曆日譜》對此條材料表示懷疑,因其不是官府文書,只是學生題記。目前對大中年號的來源尚不得而知,但據有鄰館51號《大中四年十月令狐進達申報户口牒》、[3]S. 1350《□(大)中五年二月十三日僧光鏡負儭布買釧契》、S. 705《開蒙要訓》大中五年三月廿三日題記等,大中五年十一月設立歸義軍之前,沙州已知有大中年號無疑。

P. 2208 V《大中十三年(859)八月廿日歷經手抄記》,是所見最晚的大中年號紀年文書。按宣宗以大中十三年八月七日崩,十三日懿宗即位,至翌年十一月二日方改元咸通。P. 3643斷片15《咸通二年三月八日齊像奴出租地契》,是敦煌最早的咸通紀年文書,時距改元僅四月餘,大概因爲此時張議潮正率軍東征涼州吐蕃,[4]比較容易得到東路消息,沙州很快就使用了咸通新紀元。

咸通十四年(873)七月二十日,懿宗崩,僖宗即位,翌年十一月五日,改元乾符。沙州不知改元,P. 2570 V(《毛詩》寫本背)有"咸通拾陸年正月十五日"記載,爲最遲之例。P. 3486 V 有習書云:"乾符貳年歲次乙未三月十一日,敦煌縣徒衆至方等道場爲記",知已改用乾符。

乾符紀年文書最遲者爲 S. 5731《乾符六年十二月十日牒》。翌年(880)正月一日改元廣明,S. 4397《觀世音經》題記:"廣明元年肆月拾陸日,天平軍涼州第五般防戍都右廂廂兵馬使梁矩,緣身戍深蕃,發願寫此經。"《曆日譜》舉此爲廣明最早之例。此件雖出自敦煌,但卻是當時西戍涼州的唐朝軍將所書,不宜作爲歸義軍已改廣明之證。P. 4660(8)《前河西節度都押衙兼馬步都知兵馬使令狐公邈真讚》題"廣明元年庚子孟夏蓂生十一日題記",纔是沙州所用廣明年號的最早例證。

廣明元年十二月十三日,黄巢在長安稱帝,國號大齊,改元金統。天津藝術博物館藏《四分戒本》題記:"金統二年五月比丘靜法寫記。"[5]又日本京都國立博物館藏《佛説長者女菴提遮師子吼了義經》題記:"金統三年五月二日,信士女吴惠如供養經。"[6]這兩件寫有金統年號的經卷均出於來歷不明的散卷,其本身或題記部分的真實性很值得懷疑,[7]即使是真,也不會是在敦煌所寫,因爲此時其他敦煌文書均用廣明、中和紀年。

廣明紀年較短,敦煌文書中亦不多見,P. 4660(6)《河西都僧統悟真邈真讚》題:"廣明元年歲次困頓律中夷則蓂生七葉(七月七日)題記。"此後未見。廣明二年七月十一日,改元中和,不到四個月就傳到敦煌,見 P. 4660(5)《大唐前河西節度押衙甘州删丹鎮遏充涼州西界遊奕防採(採訪)營田都知兵馬使康通信邈真讚》題:“大唐中和元年歲次辛丑仲冬蓂生五葉(十一月五日)。”

中和五年三月十四日改元光啓,同日,僖宗發佈《車駕還京師大赦詔》,該詔書殘本存於敦煌文書 P. 2696,但這件詔書首尾俱殘,不知有無改元部分,[8]文書中的中和年號一直用到本年五月,見北圖潛字 100 號《首楞嚴經》題記:“大佛頂陀羅尼經有十卷,咒在第七卷内,弟子張球手自寫咒,終身頂戴,乞願加備。中和五年五月十八日寫訖。”光啓年號最早見於 S. 367《沙州伊州地志》題記:“光啓元年十二月廿五日,張大慶因靈州安尉(慰)使嗣大夫等來至州,於嗣使邊寫得此文書記。”由此看來,沙州得知改元光啓,正是靈州使者到來的結果。

光啓四年(888)二月十日,改元文德。三月六日,僖宗逝,昭宗立。沙州歸義軍未獲消息,S. 1824《受十戒文》題記:“光啓肆年戊申五月八日,三界寺比丘僧法信,於城東索使君佛堂頭寫記。”又過五個月,沙州纔有文德紀年文書,見 Дx. 1369 佛典題記:“文德元年十月十日僧善惠。”應當聲明的是 P. 3783《論語》尾所題“文德元年正月十三日敦煌郡學士張圓通書”,《曆日譜》指出文德元年無正月,“元年”爲“二年”之誤,其説至確。筆者最近發現有鄰館文書中有關文德元年十月十五日授予張淮深歸義軍節度使旌節的唐朝押節使臣到達沙州的記載,[9]推測文德年號當是先期到沙州報告授節消息的沙州使者傳來的。

據 P. 4660(2)《金光明寺故索法律邈真讚》題記“於時文德二年歲次己酉六月廿五日”,知本年中仍用文德紀年,實則自正月初一就改元龍紀了。北圖新 1005《靈驗加句佛頂尊勝陀羅尼》題記云:“龍紀初祀太歲作噩學(季)夏六月蓂生七業(葉)奉命而爲禄(録)之。”[10]因筆者未見原件或照片,整理者的録文又多誤字,無法辨其真僞,故不敢舉此爲龍紀初見之例。斯坦因敦煌所獲 Ch. xviii. 002《般若心經及四大天王像》繪卷題記云:“時當龍紀二載二月十八日,弟子將仕郎守左神武軍長使兼御史中丞上柱國賜緋魚袋張延鍔,敬心寫畫此經一册,此皆是我本尊經法及四大天王六神將等威力,得受憲銜,兼賜章服,永爲供養記。表兄喜首同心勘校。”[11]張延鍔是歸義軍節度使張淮深第四子,至遲到龍紀二年(890)二月中旬,沙州已用龍紀紀年。

實際上,就在同一年正月初一,唐朝又改元爲大順,但據 S. 6161 V+S. 3329 V 殘詩文題“龍紀二年二月廿二日未時”、P. 4986+P. 4660(1)《鉅鹿索公故妻京兆杜氏邈真讚》尾題“於時龍紀二年庚戌二月蓂落柒葉(廿二日)記”、P. 2510《論語鄭註》卷二題記“維龍紀二年二月敦煌縣(下缺)”、P. 4615 V《隴西李明振墓誌銘》所記“當龍紀二祀七月十有六日”等敦煌文書記載,直到七月中旬,沙州仍用龍紀年號。本文前言處曾指出《張淮深墓誌銘》所記“大順元年二月廿二日”的日期,可以説明《墓誌》是後來補作的。同樣,羅福萇《沙州文録補》刊佈的羅振玉舊藏《大順元年正月沙州百姓索咄兒等狀》也值得懷疑,如果文書寫於該年正月,似應書“龍紀二年”,而不應寫“大順元年”,這件文書目前下落不明,也從無圖版發表,無法校對録文是否正確,疑“大順元年”爲“大順二年”之誤,因爲 P. 3384+羅振玉舊藏另一文書,是《大順二年正月一日沙州百姓翟明明等户口受田簿》,[12]《索咄兒等狀》的内容正是向官府請地,兩件文書所記實爲一事。目前所見最早的大順紀年是

S. 3880 V 題“大順元年十一月十七日張一”。

大順三年(892)正月二十一日改元景福,同年秋冬之末就傳到敦煌,現存敦煌市博物館的《大唐河西道歸義軍節度索公(勳)紀德之碑》中,有“於時景福元祀白藏無射之末,公特奉絲綸,就加(下缺)”的文句,[13]可知當時有唐朝賜節的使臣到達沙州。明年初,P. 3425(1)《本居宅西壁建龕功德銘》題“於時景福二祀正月十五日畢功記,釋靈俊文,學士張崇信書”,知官府之外也用景福紀年。但寫於上件文書次日的 P. 3711《大順四年正月瓜州營田使武安君牒》仍用大順紀年,《曆日譜》正確地指出是因爲沙州雖已知改元,但瓜州尚不知道的緣故。而Дx. 599a 上的“大順四年癸丑正月廿八日靈圖寺僧慈光寫記”,則應視爲沙州個别僧人的消息閉塞了。又 P. 3434 V 有“大順四歲次十月六日”、“大順四年壬子正月十三日”、“大順四年壬子歲”等雜寫,筆迹出自同一人之手,第一條文字有誤,對照後兩條,似應爲“大順四年壬子歲十月六日”。按壬子係大順三年,因此,不能把它當作大順最遲之例。

敦煌地區的景福年號一直用到“景福三年甲寅歲(894)五月十日”,見 P. 3989 該日所寫《敦煌義族社約》。實際上,本年正月初一就改元乾寧了。現存於敦煌莫高窟第 148 窟中的《唐宗子隴西李氏再修功德記》的紀年爲“□□□□□□元年歲次甲寅十月庚申朔伍日甲子”,《曆日譜》所據舊録文没有録出“元”字,因此不敢確定這是否是乾寧初見之例。李永寧《敦煌莫高窟碑文録及有關問題(一)》一文,據原碑録出“元”字,[14]解決了這一疑問。“元”字之前所缺文字,似應補“於時大唐乾寧”六字。碑文最後講到“於是豐年大稔,星使西臨,親抵敦煌,頒宣聖旨”,改元的消息應當就是這批唐朝使者帶到沙州的。

乾寧五年(898)八月二十七日改元光化。《曆日譜》舉 S. 4478《聖胄集》注記"自永平十年教至此土,至今大唐光化二年己未歲,得九百三十八年矣"一句,指爲光化年號的初見。按《聖胄集》全名《玄門聖胄集》,是光化年間華岳玄偉禪師編撰的一部禪宗燈史,[15]其中光化二年云云,不能作爲敦煌當時的實際情況看待。筆者所見光化紀年的最早文獻,是1991年初在日本京都大學羽田亨記念館保存的敦煌文書照片中看到的《修禪要決》題記:"於時大唐光化二年四月日□押衙兼參謀守州學博士張忠賢記。"此卷原本今不知所在,但其真實性似不可懷疑,因爲張忠賢一名難以僞造,他是 S. 2263 乾寧三年五月所寫《葬録》的作者,其署銜正與此處同;而且,據 P. 4640 V《己未至辛酉年(899—901)歸義軍軍資庫司布紙破用曆》第123行所記"〔己未年十一月〕廿七日,支與押衙張忠賢造曆日細紙叁帖",張忠賢正是此時歸義軍掌管曆日之人,[16]他最先得知改元的消息是理所當然的。還應指出的是,P. 4044(1)是《乾寧六年十月廿日使檢校吏部尚書兼御史大夫曹帖》,學界一般認爲是曹仁貴所下帖文,[17]但是,在張承奉任歸義軍節度使的乾寧六年,曹仁貴是不可能同時爲歸義軍節度兵馬留後使的。現在從敦煌文書的改元時間來看,這條材料的紀年是值得懷疑的。細檢原卷,P. 4044 號寫本已下依次抄有《某年處分甘州使頭帖》、《光啓三年(887)五月十日文坊巷社創修私佛塔功德記》、《目連救母變文》等,可知是一件不按年份順序的雜抄卷,《乾寧六年帖》内容是授"某甲"官的帖文,未舉出人名,知是草稿,從以上情形來看,《乾寧六年帖》似不是乾寧六年時的産物,而是後來人所抄的,其年代當有訛誤。

我們所見的光化最遲之例是 P. 4597 雜寫“光化四年九月十五日靈圖寺法□”。同年四月二十五日已改元天復,P. 3115《佛説續命經》題記:“天復元年五月十六日,母氾辰、女弘相病患,資福喜命,計寫《續命經》一本,靈圖寺律師法晏寫記。”可知沙州不到一個月就得知改元消息,實屬迅速。

天復四年閏四月十一日,朱全忠迫昭宗東遷洛陽,改元天祐。八月十日,昭宗被殺。十四日,昭宣帝即位,年十三,不改元。沙州初不知改元天祐,S. 5747《天復五年(905)正月三日歸義軍節度使張承奉祭風伯文》仍用天復紀年。S. 5444 題:“天祐二年歲次乙丑(905)四月廿三日,八十二老人手寫此經,流傳信士。”據此知這位老人在天祐二年三、四月間得知改元消息,使用了天祐年號,到天祐三年四月以後又停止不用了。按 Дx. 1414 爲《天復陸年丙寅歲拾壹月押衙劉石慶換舍契》。P. 3214 V 爲《天復柒年丁卯歲三月十一日敦煌洪池鄉百姓高加盈等租地充欠價契》。P. 2094(1)《持誦金剛經靈驗功德記》題記:“於唐天復八載歲在戊辰四月九日,布衣翟奉達寫此經。”斯坦因敦煌所獲絹畫《觀音像》題記:“時天復拾載庚午歲七月十五日畢功記。”[18]《暦日譜》已經指出,天祐年號僅見於老人題記,而同時的敦煌文書一直用天復,這些文書應當比那老人的題記更能代表敦煌當時的情況。如何解釋年號上的這一並用現象,我們推測昭宗改元天祐的消息是二年三、四月間傳到敦煌的,老人用之,但沙州歸義軍官府與當時的河東、西川一樣,以天祐爲朱全忠所改,不可稱,仍用天復;[19]迨天祐三年四月以後,沙州得知昭宗被殺,昭宣帝不過是十三歲幼童,社稷已非唐有,老人也不再用天祐年號了。從沙州使用天復到十年七月中旬來看,此後不久張承奉纔建立金山國。[20] 金山國用甲子紀年,如《辛未年(911)七月沙州耆壽百姓等一萬人上迴鶻天可汗狀》、《甲戌年五月十四日西漢金山國聖文神武王敕》等。天祐四年四月,朱全忠廢昭宣帝自立,國號大梁,改元開平,沙州並不知曉,S. 5613《書儀》夾寫之題記:“開平己巳歲七月七日開題,德深記之。”《曆日譜》指出此本係中原傳入。

由於金山國與甘州迴鶻爲敵,東路斷絶,敦煌不僅不知開平年號,也不知開平五年五月一日改元乾化。乾化五年十一月九日所改貞明年號,到了貞明四年末纔見於敦煌文書。S. 3054《觀世音經》題記:“時貞明叁(四)年歲次戊寅十一月廿八日,報恩寺僧海滿發心敬寫此經一卷。”[21] 此時已是曹氏掌握歸義軍政權。

貞明七年(921)五月一日改元龍德,龍德三年(923)四月二十五日,李存勗即皇帝位,國號大唐,年號同光。沙州不知,羅振玉舊藏《論語集解》題“貞明九年癸未歲(923)六月一日莫高鄉”,[22] 仍用貞明紀年。有趣的是 S. 1897《龍德肆年甲申歲(924)二月一日敦煌鄉百姓張氏雇陰某契》,説明在改元同光以前離開中原的使人把龍德年號傳到敦煌。S. 5981《同光貳年三月九日智嚴巡禮聖迹留後記》始用同光年號紀年。

同光四年四月二十八日改元天成,S. 6230《閻羅王授記經》題記:“同光肆年丙戌歲六月六日寫記之耳。”仍用同光紀年,同年十二月所寫的 P. 5004《天成元年歸義軍節度使授官牒》,始用天成。P. 3716 V《新集吉凶書儀》題記:“天成五年庚寅歲五月十五日敦煌伎術院禮生張儒通。”爲所見天成最晚之例,其實同年二月二十一日已改元長興。《册府元龜》卷九七二“外臣部·朝貢五”記長興元年“九月，沙州曹議金進馬四百匹、玉一團。”這批使者可以很快地將改元的消息帶回敦煌，P. 3718(2)《范和尚寫真讚》即題“長興二年辛卯歲正月十三日題記”。長興五年正月七日改元應順，《新五代史》卷七《唐愍帝紀》記當時正好有沙州使者來朝貢，使者應當把改元的消息傳到敦煌。但同年四月十六日就又改元清泰，P. 2384《大元帥啓請》題記：“應順元年六(四)月改爲清泰元年，時當歲次甲午，天旱，故記之耳，比丘志勤。”《曆日譜》舉 S. 548、北圖潛 80《佛本行集經變文》“長興伍年甲午歲八月十九日”題記爲長興最遲之例，指出敦煌並不知道應順改元事，P. 2384 題記是後來所寫。其説大致不誤，應順改元時在後唐朝貢的沙州使人大概四月中旬以後方離中原，他們帶回的改元消息是清泰，而不是應順。S. 5373《佛説天地八陽神咒經》題記：“清泰元年甲午歲九月日寫。”爲清泰始見之例。但北圖柰字 27 號《禮懺文》題“長興五年甲午歲十月二十五日，淨土寺沙彌手寫之耳”，仍用長興，大概是這位小沙彌尚不知改元之故。

清泰三年十一月十四日，契丹立石敬瑭爲大晉皇帝，改其所用之長興七年爲天福元年(936)。但 S. 4291《歸義軍節度使曹元德牒》仍署“清泰伍年二月拾日”。P. 3720 V 有雜寫云“維大唐天福叁年歲次寅朔二月十日都頭知内親從”，是初見天福的寫本，但此條僅是雜寫，文字又有遺漏，可能是後人所寫，因爲 P. 2014(2)《敦煌縣令吕某狀》仍署“清泰五年五月廿五日”。P. 3931 雜書狀末朱筆題“天福叁年戊戌歲七月日記”，可視爲真正的天福初見之例。天福九年七月一日改元開運，向達所刊敦煌寫本《壽昌縣地境》題“天福十年乙巳歲六月九日”，[23]時尚不知改元。同年末，纔始用新年號，見 P. 3257《開運二年十二月歸義軍左馬步都押衙王文通牒》。

開運四年二月十五日，劉知遠即皇帝位，自言未忍改晉，又惡開運之名，更稱天福十二年(947)。S. 2687《歸義軍節度使曹元忠夫婦施物疏》署“於時大漢天福十二年丁未歲十一月壬子朔十九日庚午畢功記”，已改用天福。S. 1907(2)《大般若波羅蜜多經》題記“開運三年丁未歲十二月廿七日，報恩寺僧”，可見初用天福時，寺中僧人尚不知曉。翌年正月五日，改元乾祐，但敦煌仍用天福年號，值得注意的是敦煌天福十三、十四兩年的文書題記，均誤寫作天福十四、十五年，與所用甲子不同，如 P. 4515《金剛經》刻本題記“弟子歸義軍節度使特進檢校太傅兼御史大夫譙郡開國侯曹元忠普施受持，天福十五年己酉歲五月十五日記”。己酉實爲天福十四年。S. 4300《佛名禮懺文》、同卷《歸依三寶文》、P. 3175《納音甲子占人姓行法》、莫高窟 108 窟窟檐南壁、[24] P. 2721 V《舜子至孝變文》等題記，均同此誤，連歸義軍節度使也犯錯，當是消息來源有誤。莫高窟 108 窟窟檐南壁外側張盈潤題記署“乾祐二年六月廿三日”，[25] 爲乾祐最早之例。

乾祐四年(951)正月五日，郭威即位，國號周，改元廣順。P. 2963《淨土五會念佛誦經觀行儀》卷下題“時乾祐四年歲次辛亥蕤賓之月蓂彫十三葉(五月廿七日)於宕泉大聖先(仙)巖寺講堂後彌勒院寫故記”，仍用乾祐，Дх. 2954 a《廣順二年壬子歲正月一日沙州户口田地簿》，始用廣順。[26] S. 4472 左街僧録圓鑒《讚皇帝歸依三寶文》等所題“時廣順元年六月十八日”，“顯德元年季春月蓂開三葉”，係寫於京城，不可爲例。顯德元年正月一日改元，S. 4689《功德司願德算會狀》即題“顯德元年甲寅歲正月壹日”,《曆日譜》以爲稀見之例,但由於 P. 3556(10)《周故南陽郡娘子張氏墓誌銘》、莫高窟 166 窟題記、P. 3727(2)《廣順五年正月歸義軍都知兵馬使吕富延等狀》均用廣順,知 S. 4689 的顯德元年必爲後來算會時所寫,而且,《曆日譜》提到的 Дx. 529《陀羅尼》題記“僧悟寶顯德元年甲寅之歲二月丙午寫”,恐怕是件外地文書。日本書道博物館藏《禮懺文》題記“顯德二年乙卯歲四月廿二日,大雲寺僧辛願進記”,[27]應是顯德之初見。而北圖冬 62 背所寫:“大周廣順捌年歲次七月十一日,西川善興大寺西院法主大師法宗往於西天取經,流(留)爲郡主太傅。”則出自遊方僧人之手,不代表敦煌的情況。

顯德七年(960)正月五日,趙宋建立,改元建隆。但顯德年號仍見於同年七月一日所寫 P. 3886《書儀》卷末,S. 2974《沙州歸義軍節度使曹元忠爲父忌辰設供疏》方署“建隆二年二月”。建隆四年十一月十一日改元乾德,P. 3216 pièce 2《乾德二年(964)正月十日投社人何清清狀》,距改元僅三月,已可謂迅速。乾德六年十一月二十四日改元開寶,但“乾德八年正月廿六日”仍見於莫高窟 427 窟窟檐題記[28]和 P. 3604《十二時》題記,S. 2973《開寶三年八月節度押衙馬文斌牒》始用開寶紀年。開寶九年(976)十二月二十二日改元太平興國,P. 2841《小乘三科》有“太平興國二年丁丑歲二月廿九日”題記,知這次改元消息也很快傳到敦煌。《曆日譜》舉 S. 5651《禮懺一本》題記“維大宋開寶玖年己卯歲次三月十九日”,以爲己卯係開寶十二年,故此爲開寶最晚之例。但敦煌文書中並非所有的甲子紀年都比數字紀年正確,因爲此前兩年中有不少太平興國紀年文書,S. 5651 題記中之“開寶玖年”應當不誤,此件亦非開寶最遲之例。太平興國九年(984)十一月十一日改元雍熙,S. 4125是《雍熙二年乙酉歲(985)正月一日沙州百姓鄧永興等户口受田簿》,距改元不到二月,也可謂神速。P. 3579《雍熙五年戊子歲(988)十一月敦煌神沙鄉百姓吴保住牒》爲雍熙最遲例,實際上本年正月十七日已改元端拱,P. 3576《端拱二年三月歸義軍節度使曹延禄疏》即用端拱紀年。淳化元年(990)正月一日改元,同年七月所寫P. 2726 V《報恩寺藏内現在經數目》,仍用端拱。S. 86《淳化二年辛卯歲(991)四月廿八日馬醜女迴施疏》,始用淳化。至道元年(995)正月戊申朔改元,同日頒佈的《改至道元年在京降流罪以下德音》載在《宋大詔令集》卷二。P. 3290+S. 4172《沙州人户陳殘祐等户受田簿》署“至道元年乙未歲正月一日”,據池田温先生教示,該官文書爲後來的抄件,至道年號爲抄録時改寫的。咸平元年(998)正月一日改元,甘肅省博物館藏121號《大般若波羅蜜多經》卷九九題記:“咸平元年四月八日,濟法寺法度沙門普惠敬造《大般若波羅蜜多經》卷,拔濟有緣,願一切衆生,咸蒙斯福。”濟法寺名不見於敦煌文書,即使此題不是後人僞造,[29]也不能作爲敦煌文書之證。實際上,咸平二年二月就有沙州使者入貢於宋,[30]所以,改元咸平的消息應在此後不久傳到敦煌。

以上按中原王朝改元順序,考訂出敦煌文獻中該年號的始見和終止時間、藉以得知沙州歸義軍改用中原年號時限,其結果比二十年前藤枝晃《敦煌曆日譜》有了很大的進步。弄清了歸義軍改元的時間,我們由此進一步指出一些文書的真僞、寫成地點和時間等情况,這對於正確地使用敦煌文書材料是至關重要的問題。另外,歸義軍改元的時間距中原王朝改元時間的長短，反映了雙方交往的親疏。大體來説，歸義軍初期與中原的交往比較密切，而唐朝末葉到貞明四年，敦煌幾乎得不到任何中原的消息。五代時期，中原戰亂頻仍，沙州仍與梁唐晉漢周五朝保有時斷時續的關係。入宋以後，雙方交往頻繁，改元消息很快就可以傳到敦煌。

注釋

[1] 本節所引文書材料較多，凡英、法、中、俄所藏已公佈圖版、目録者，恕不一一注明出處。

[2] 載《東方學報》(京都)第45册，1973年，377—441頁。以下簡稱《曆日譜》。

[3] 池田温《中國古代籍帳研究》，東京，1979年，566頁。

[4] 參看拙稿《初期沙州歸義軍與唐中央朝廷之關係》，《隋唐史論集》，香港大學亞洲研究中心，1993年，107頁。

[5] 文物編輯委員會編《文物考古工作三十年(1949—1979)》，北京，1979年，33頁。

[6] 京都國立博物館編《守屋孝藏氏蒐集古經圖録》，京都，1964年，93頁。

[7] 池田温《出土文物による最近の唐代史研究》，唐代史研究會編《中國歷史學界の新動向》，東京，1982年，151頁。

[8] 參看蔡治淮《敦煌寫本唐僖宗中和五年三月車駕還京師大赦詔校釋》，北京大學中國中古史研究中心編《敦煌吐魯番文獻研究論集》，北京，1982年，650—659頁。

[9] 同注[4]拙稿114頁。

[10] 北京圖書館善本組編《敦煌劫餘録續編》，北京，1981年，146b頁。

[11] Arthur Waley, *A Catalogue of Paintings Recovered from Tun-huang by Sir Aurel Stein*, London, 1931, p. 261, No.

CDXXXI.

［12］《中國古代籍帳研究》,589—590 頁。

［13］徐松《西域水道記》;羅振玉《西陲石刻録》,1921 年;陳萬里《西行日記》,北京樸社,1925 年;張維《隴右金石録》,1938 年;林天蔚《論索勳紀德碑及其史事之探討》,《漢學研究》第 4 卷第 2 期,1986 年,483 —485 頁。

［14］徐松《西域水道記》;羅振玉《西陲石刻録》,1921 年;張維《隴右金石録》,1938 年;《敦煌研究》試刊第 1 期,1981 年,68 頁;Paul Pelliot, *Grottes de Touen-houang carnet de notes de Paul Pelliot*, I, Paris 1981,p. 32。

［15］惟白《大藏經綱目指要録》卷八,見《昭和法寶總目録》卷二,770 頁。參看田中良昭《敦煌禪宗文獻の研究》,第一章第四節《聖胄集》,東京,1983 年,121—134 頁。

［16］見拙稿《晚唐歸義軍李氏家族執政史探微》,《文獻》1989 年第 3 期,96—97 頁。

［17］唐耕耦《曹仁貴節度沙州歸義軍始末》,《敦煌研究》1987 年第 2 期,14—15 頁。

［18］Waley 上引書,26—28 頁,No. XIV。

［19］《資治通鑑》卷二六六天祐四年四月戊辰條。

［20］關於金山國的建立年代問題,詳參拙稿《金山國史辨正》,《中華文史論叢》第 50 輯,1992 年,73—85 頁。

［21］據甲子紀年,"叁年"當是"四年"之誤。

［22］羅振玉《貞松堂藏西陲秘籍叢殘》上。

［23］《唐代長安與西域文明》,北京,1957 年,442 頁。

［24］敦煌研究院編《敦煌莫高窟供養人題記》,北京,1986 年,54 頁。

［25］同上。

［26］見 T. Yamamoto & Y. Dohi co-ed., *Tun-huang and*

Turfan Documents concerning Social and Economic History, II (A), Tokyo 1985, p. 108.

［27］池田温《中國古代寫本識語集録》，東京，1990年，492—493頁，No. 2348。

［28］《敦煌莫高窟供養人題記》，160頁。

［29］池田温《中國古代寫本識語集録》561頁疑僞。

［30］《宋會要輯稿》蕃夷五瓜沙二州條。

第二章　歸義軍歷任節度使的卒立世系與稱號

唐宣宗大中五年(851)在沙州設立的歸義軍，除五代初一度號金山國外，一直是一個以節度使爲最高統治者的地方政權。前期的歸義軍(851—910)，作爲唐朝的一個方鎮，與中原的一些藩鎮有某些共同的性格；後期(914—1036?)，逐漸成爲一個奉中原王朝正朔的地方王國。由於中原王朝記録下來的有關史料較少，對於歸義軍史的真正研究，開始於本世紀初敦煌藏經洞文獻的發現和公佈。經過八十多年來許多學者的努力，目前已經基本弄清了歸義軍歷任節度使的卒立世系及其大致年代，而且對歸義軍史的一些專題，有了相當深入的研究。但是，與豐富的紙本文書和壁畫、絹畫題記所提供的原始資料相比，歸義軍史的研究還不夠深入細緻。目前還需要在兩個方面繼續努力，一方面是要對雜亂無章的原始文書進行系統地整理；另一方面是要把歸義軍史的研究放入唐宋之際中國歷史的複雜背景中去考察。基於上述認識，本章從一個新的角度，即以歸義軍歷任節度使的稱號爲線索，一方面系統地整理一遍有關歸義軍史的基本文獻，另一方面則根據唐宋官制來考察歸義軍政治史中的一些重要問題。而且，對於歸義軍節度使所用稱號的年代的確定，將有助於一些没有年代的寫本的斷代工作。同時可以對前人考訂的節度使卒立世系加以補證。

從唐朝中葉開始，隨着府兵向募兵、行軍向鎮軍的轉變，領兵之將也從中央十六衛大將軍變成常駐地方的差遣使職，有節度、採訪、觀察、防禦、團練、經略、招討等名目。其中，節度使最終成爲專有一方的最高軍政長官，而且往往兼有其他使職和地方行政職務，集軍、政、財權於一身。節度使屬於差遣官，本身没有品秩，所以都加檢校官銜，以表示官資的高低崇卑。一般的進階順序是御史中丞或諸寺卿→御史大夫或散騎常侍→各部尚書或左右僕射→三公→三師。[1]關於三師三公的順序，唐朝自武德、貞觀以來，從高到低依次爲：太師、太傅、太保，太尉、司徒、司空。至晚唐時，由於地方節度使尚武，起源於秦朝主兵之任的太尉這一武職稱號日益受到尊重，逐漸升到太保、太傅之上。五代宋初，節度使都是由檢校太傅遷太尉，由太尉遷太師。[2]

一位節度使初次加官的高低也有一個發展變化。洪邁《容齋三筆》卷七"節度使稱太尉"條有一段比較簡明的概括：

> 唐節度使帶檢校官，其初只左右散騎常侍，如李愬在唐、鄧時所稱者也。後乃轉尚書及僕射、司空、司徒，能至此者蓋少。僖、昭以降，藩鎮盛强，武夫得志，纔建節鉞，其資級已高，於是復升太保、太傅、太尉，其上惟有太師，故將帥悉稱太尉。[3]

中原王朝給予歸義軍節度使的稱號也是從較低的開始，但歸義軍節度使往往在朝命下達之前就自封爲某種較高的官銜了，特别是五代宋初幾位曹氏執政者，雖然政權組織仍是節度一級，但卻在檢校太師兼中書令之上，號稱大王。儘管某些節度使自封的稱號很高,但仍是按官品等級由低向高升進的,只是往往比中原王朝給予的職稱高一個級别。對於節度使的檢校官、加官、兼官、贈官及“大王”類的稱號,本文統一稱之爲稱號。

弄清歸義軍歷任節度使在不同時期所使用的稱號具有重要的意義。第一,它大大豐富了歸義軍政治史的内容,如歷任節度使的事迹,特别是沙州政權權力的升降、轉移情況,並能通過對比歸義軍使用的稱號和中原王朝給予的稱號之不同,加深對二者相互關係的認識。第二,因爲這些稱號見於大多數有關歸義軍史的基本文獻,所以,對於這些稱號使用年代的系統整理,有助於判斷一大批基本文獻的確切年代,從而把許多有價值的文書放入比較準確的年代界限中去説明歸義軍史,同時還可以檢驗前人對有關史料所做解説的某些結論。第三,因爲沙州的民衆和當時西北地區迴鶻、于闐等地的使臣,在指稱歸義軍節度使時,都是用他的稱號,而不能直稱其名,也不會用中原王朝承認的名位。因此,對這些稱號年代的確定,有助於判斷一些没有確切年代,但卻出現了這些稱號的漢文、藏文、于闐文、迴鶻文文書年代,爲敦煌文獻的斷代提供一件新的工具。

第一節　張議潮(851—867)

大中二年(848),張議潮率領沙州百姓,推翻吐蕃統治,掌握了政權。對於議潮一生的加官記載最全的材料,是 S. 6161＋S. 3329＋S. 11564＋S. 6973＋P. 2762 五件寫本拼合的《敕河西節度兵部尚書張公德政之碑》(以下簡稱《張淮深碑》),現將有關部分録下：

敦煌、晉昌收復已訖，時當大中二載。題箋修表，紆道馳函，上達天聞。皇明披覽，龍顔嘆曰："關西出將，豈虚也哉！"百辟歡呼，抃舞稱賀。便降駔騎，使送河西旌節，賞賚功勳，慰諭邊庭收復之事，授兵部尚書萬户侯。圖謀得勢，轉益雄豪，次屠張掖、酒泉，攻城野戰，不逾星歲，克獲兩州。再奏天階，依前封賜，加授左僕射。官高二品，日下傳芳，史策收功，名編上將。姑臧雖衆，勍寇堅營，忽見神兵，動地而至，無心掉戰，有意逃形，奔投星宿嶺南，苟偷生於海畔。我軍乘勝逼逐，虜羣畜以川量；掠其郊野，兵糧足而有剩；生擒數百，使乞命於戈前；魁首斬腰，僵屍染於蓁莽。良圖既遂，攄祖父之沉冤。西盡伊吾，東接靈武，得地四千餘里，户口百萬之家，六郡山河，宛然而舊。修文獻捷，萬乘忻歡，讚美功臣，良增驚嘆。便馳星使，重賜功勳；甲士冬春，例沾衣賜。轉授檢校司空，食實封二百户。事有進退，未可安然，須拜龍顔，束身歸闕。朝庭偏寵，官授司徒，職列金吾，位兼神武。（司徒自到京師，官高一品，兼授左神武統軍，朝庭偏獎也。）宣陽賜宅，廪實九年之儲；（司徒宅在左街宣陽坊，天子所賜糧料，可支持九年之實。）錫壤千畦，地守義川之分。忽遘懸蛇之疾，行樂往而悲來；俄驚夢奠之災，諒有時而無命。春秋七十有四，壽終於長安萬年縣宣陽坊之私第也。詔贈太保，敕葬於素滻南原之禮。[4]

關於某些加官的確切年代，碑文没有明確的交待。現結合其他史料，加以確定如下：（一）文中明記，兵部尚書銜是大中二年（848）收復瓜沙二州以後，由唐朝遣使，與河西節度使旌節一同授予的。（二）承上文的"不逾星歲，克獲兩州"，應是指大中三年收復甘、肅二州,然後奏上朝廷,得到比兵部尚書高二品的僕射官,加官的時間應在大中三、四年。(三)司空銜是張議潮率軍攻占河西重鎮涼州以後,朝廷遣使封贈的。據《新唐書》卷二一六《吐蕃傳》和 S. 6342《張議潮奏文》,收復涼州是在咸通二年(861)[5]因此可知司空的稱號始於 861 年。(四)據《新唐書・吐蕃傳》、《資治通鑑》卷二五〇,張議潮是咸通八年(867)二月入朝的,則碑中所記由此而得的司徒銜始於 867 年。(五)據《資治通鑑》卷二五二,議潮是咸通十三年(872)八月死於長安,應即在此時詔贈太保。這樣,碑文所記議潮的加官進程是:849/850—861 年稱僕射,861—867 年稱司空,867—872 年稱司徒,872 年以後稱太保。

然而,這篇《張淮深碑》是張淮深執政的乾符至中和年間(874—884)寫成的,其所列舉的張議潮加官,應視爲當時歸義軍官府的看法,它們和議潮在世時的自稱或朝廷的實際封贈是否相合,還需要一一做對證。

《資治通鑑》卷二四九記:

> 大中五年春正(二)月壬戌,天德軍奏攝沙州刺史張義潮遣使來降。……以義潮爲沙州防禦使。

據此,大中五年(851)二月沙州報捷使人初次抵達唐朝都城時,還没有建立歸義軍,所以只授予張議潮沙州防禦使。碑文所記議潮在大中二、三年就由尚書而加僕射,只能是他在境内的自封或撰碑人的附會。

《唐會要》卷七一"州縣改置下隴右道沙州"條記載:

> 大中五年七月,刺史張義潮遣兄義潭將天寶隴西道圖經、户籍來獻,舉州歸順。至十一月,除義潮檢校吏部尚書兼金吾大將軍,充歸義節度,河、沙、甘、肅、伊、西等

十一州管内觀察使，仍許於京中置邸舍。[6]

這是唐朝正式設立歸義軍，授議潮節度使的記録。其檢校官吏部尚書與碑文所記大中二年授兵部尚書再轉左僕射不合。按吏、兵二部雖然都是前行，但官品升遷仍是以吏部爲高，如果議潮大中二年自稱兵部尚書，至大中五年應改稱吏部尚書，因爲史部尚書銜確實爲議潮接受，所以碑文所説大中三、四年加僕射就更值得懷疑了。P. 2854 號寫本至少包括九種彼此有關的文獻。第一、二種是《國忌行香文》和《先聖皇帝遠忌文》，其中都提到"河西節度使臣張議潮"、"節度使臣張議潮"，表明是張議潮時期的一組文書。第五種《豎幢傘文》第一中提到"當今大中皇帝"，應指唐宣宗；第二中有"則我釋門教授和上爰及郡首都督等，奉爲尚書北征，保無災難之所爲也，……士馬無傷，旋還本郡"，其中的"尚書"，應指張議潮。[7]第七種《行城文》，依次提到"大唐大中皇帝"、"我河西節度吏部尚書"、"我副使安公"。河西節度吏部尚書顯然是指張議潮，與《會要》所記正合；副使安公應當就是《資治通鑑》卷二四九《考異》引《實録》所記大中五年與張議潮同時上表請降的"安景旻"，説明上文的年代應在大中五年及其後不久。綜合以上資料來看，很有可能議潮在大中二年初掌兵權時自稱兵部尚書，至大中五年由唐廷任命爲節度使檢校吏部尚書，而張淮深造碑時又把議潮的僕射銜提前到大中三年，因此就把檢校吏部尚書事略而不談了，但事實上，張議潮自稱僕射也並非在大中三年，以下文書表明，在大中十二年以前，議潮一直被稱作尚書。

P. 3281 V《正月部落使閻英達狀》，其中有"亦取尚書，請以析決"的話；又 P. 3410《沙州僧崇恩析産遺囑》中記有"上尚書剥草馬壹匹、墜銅尺五、面悉羅壹”，其署名作證的人中有“表弟大將閻英達”，此名還見於同文書的25行。[8]以上兩件文書均無年代，但其中提到的部落使大將閻英達，應當就是上述《通鑑考異》引《實録》所記與張議潮、安景旻同時上表請降的“部落使閻英達”。兩件文書的年代應在大中五年前後，其中的“尚書”應指張議潮。

S. 6235 B《大唐大中六年（852）四月沙州都營田李安定牒》記有“伏願尚書，請乞處分”。[9]沙州都營田使的上司尚書，顯然是當時的節度使張議潮。

P. 3554 V有悟真撰《五更轉兼十二時序》，有關文字如下：

> 謹上河西道節度公德政及祥瑞五更轉兼十二時共一十七首并序
>
> 敕授沙州釋門義學都法師兼攝京城臨壇供奉大德賜紫悟真謹〔撰〕
>
> ……總六合以〔爲〕家，籠八荒而建國，……則我當今大中皇帝之有天〔下〕也。既有非常之主，必有非常之臣，善政猶傳，君臣同德，劬勞百載，經營四方。爭亡吐蕃，終基漢室者，則我尚書之美也。伏惟我尚書涯洼龍種，丹穴鳳鶵，稟氣精靈，生便（辨）五色。討憑陵而開一道，奉獻明王；封秘策而通二庭，安西來貢。天驕舊族，輒（讋）伏而歸，吐谷羌渾，自投戮力。誓爲肱股，討伐犬戎，請拔沉埋，引通唐化。尚書量同海〔闊〕，智等江深，遂申一統之圖，兼奏九戎之使。既徹天聽，聖主忻歡，……遷任尚書河西節度，揀擇專使，計日星奔，令向沙州，殷勤宣賜者，則我尚書之德政也。[10]

文中提到“當今大中皇帝”，故“尚書河西節度”必爲張議潮無疑。據 P. 3720《悟真文書集》所收第一、二件告身，悟真是大中五年入朝時，被唐朝封爲沙州義學都法師京城臨壇大德並賜紫衣的，至大中十年(856)四月二十二日，又在“大德”之上加“供奉”二字，並充任沙州都僧録。[11]本序悟真銜中有“供奉”二字而無“都僧録”，我們懷疑“供奉”二字可能是妄加的，以提高自己的名望，而都僧録則是無法冒稱的實際職名。因此，該序完成的確切年代是在 851—856 年之間，這和序文内容恰相符合。文中的尚書應是張議潮在此期間的稱號。

北圖菜 25 背記：

> 大中十二年八月二日，尚書大軍發，討蕃開路。四日上磧。[12]

這裏的尚書即張議潮。這是有確切年份的最晚一件稱議潮爲尚書的文書，表明在此之前，議潮一直以尚書爲最高加官。《張淮深碑》關於大中三、四年便加左僕射的説法，與議潮時的實際情況不符，似乎是後人的誇耀之詞。

張議潮的僕射稱號似僅見於 P. 2962《變文》殘卷。這是當地文士寫的一篇頌揚本道節度使功績的通俗文學作品，通篇没有道出主人公的姓名，而是用僕射來稱呼他。因爲所記三件事中有兩件的年代是大中十年(856)六月六日和大中十一年八月五日，[13]所以，自孫楷第先生把僕射比定爲張議潮而稱本卷爲《張議潮變文》以來，[14]學界大多遵從其説。由此看來，張議潮加僕射確有其事，但並不像《張淮深碑》所説的是在大中三、四年，從上舉菜字 25 號文書的大中十二年尚書銜來看，稱僕射至少在大中十二年以後，《變文》所記最晚是大中十一年八月事，又稱議潮爲僕射，則成文應在大中十二年八月以後，但上限是否就在大中十二年還有待明證。

總之,《張淮深碑》所記張議潮加尚書、僕射的情況與實際情況有出入,這大概和碑文後面所記張淮深本人自稱的加官年代有關,張淮深爲了把自己的職銜提高,也必須把前任張議潮的某些稱號提前。因此,其所記議潮尚書、僕射的年代不足憑信。至於司空、司徒、太保的年代,碑文卻爲我們整理其他史料提供了正確的指南。

莫高窟第156窟主室南壁有如下兩則壁畫題記:

> 河西節度使檢校司空兼御史大夫張議潮統軍□(掃)除吐蕃收復河西一道行圖。
>
> 司空夫人宋氏行李車馬。[15]

結合《張淮深碑》、S. 6342《張議潮奏文》等史料,咸通二年(861)張議潮攻克涼州以後,纔真正可以説是掃除吐蕃,收復河西一道,因此有檢校司空的稱號。題記的內容和稱號都和《張淮深碑》相符,表明這兩幅出行圖應是咸通二年或其後不久,爲慶祝攻克涼州而繪製的,[16]這反過來也爲碑文所記議潮在收復涼州後授司空一事提供了佐證。因此可以肯定,張議潮由僕射遷司空的年份是咸通二年。

目前所見張議潮的司空稱號還有以下幾件文書。S. 1947 V《咸通四年(863)五月沙州僧明照氈定數抄録》記載:

> 大唐咸通四年歲次癸未,河西釋門都僧統緣敦煌管內一十六所寺及三所禪窟,自司空、吴僧統酉年算會後,至丑年分都司已來,從酉至未一十一年。[17]

前人已經指出,這裏的司空指張議潮,吴僧統指洪辯,酉年即大中七年(853)。文書回顧説節度使張議潮和都僧統吴洪辯一起進行了一次寺院財産調查,時在大中七年。[18]這裏不稱議潮爲尚書而稱司空,是因爲文書寫於咸通四年的緣故。

斯坦因所獲敦煌繪畫品 Ch. 1v. 0023《四觀音像》題記：

> 一爲當今皇帝，二爲本使司空，三爲先亡父母及合家長幼，無諸災障。咸通五年(後缺)[19]

咸通五年時，本使即歸義軍節度使，司空指張議潮無疑。

P. 4660(25)《大唐沙州譯經三藏大德吴和尚邈真讚》，題“軍事判官將仕郎守監察御史上柱國張球撰”，其中的讚詞稱“自通唐化，薦福明時。司空奉國，固請我師”。[20]按，同號第(26)《大唐河西道沙州故釋門法律大德凝公邈真讚》和第(28)《大唐河西道沙州敦煌郡將仕郎守敦煌縣尉翟公諱神慶邈真讚》，也都是“軍事判官將仕郎守監察御史上柱國張球撰”。這兩篇《邈真讚》標有年代，分别爲咸通五年(864)三月十日和同年四月二十五日。[21]因此可以推測，《吴和尚讚》也應撰於咸通五年前後，文中的司空指張議潮。

P. 2222B(1)《咸通六年(865)正月沙州敦煌鄉百姓張祇三等狀》中云：“右祇三等司空准敕，矜判入鄉管，未請地水。”[22]又 P. 2066(1)《咸通六年二月僧福威牒》中云：“伏望司空仁明照察。”[23]兩文書有確切年代，司空指議潮無疑。

莫高窟第 192 窟有敦煌龍興寺沙門明照撰《發願功德文并序》，其中稱：

> 奉爲當今皇帝御宇，金鏡常懸，國祚永隆。又願我河西節度使萬户侯檢校司空張公，命同劫石，壽等江海，延年千載。……於時大唐咸通八年歲次丁亥二月壬申朔廿六日辛酉題記之耳。[24]

據《通鑑》和《新唐書·吐蕃傳》，咸通八年(867)二月，張議潮入朝。《張淮深碑》稱議潮入朝後，由司空改授司徒。這篇文字正好寫於議潮入朝的同時，司空張公顯然是張議潮,[25]表明此時尚未改官。其作者明照應即上引 S. 1947 咸通四年文書中的僧明照。

P. 4660(27)《河西節度故左馬步都押衙陰文通邈真讚》稱他是“司空半子”。[26]讚文題“京城内外臨壇供奉大德釋門都僧録兼河西道副僧統賜紫沙門悟真撰”,據 P. 3720(1)《悟真文書集》所收第二、三件告身,悟真於咸通三年(862)六月二十八日升任副僧統,十年(869)十二月二十五日任都僧統。[27]可知此讚作於 862—869 年之間,司空應指張議潮。

P. 4640(6)《沙州釋門索法律窟銘》題“唐和尚作”。其中記索法律亡兄二子的事迹云:

> 次子押衙忠顗,用(勇)冠三軍,射穿七札,助收六郡,毗贊司空,爲前茅之爪牙,作後殿之耳目。[28]

索法律即索義辯,唐和尚即悟真。這篇銘文完成於張議潮入朝後不久,從内容看,其中的司空顯然指張議潮。

羅振玉舊藏的《春秋後語》寫本背面雜記有唱詞云:“我司空兮紋沙塞,義氣雄兮是天配。……家兄親事入長安,龍颜對面極情歡。”另一處提到“咸通皇帝判官王文瑀”。[29]這裏講的正是張議潮、張議潭弟兄的事迹,時間在咸通二至八年議潮稱司空時。

S. 6405 有《僧恒安謝司空賜匹段狀》,年月已殘,其中有“伏蒙司空”云云。按恒安本是上引 P. 4660(25)所記沙州譯經僧吴和尚法成的弟子,橘瑞超所得敦煌文書《瑜伽師地論》卷二三題記云:“大中十年十一月廿四日,苾蒭恒安隨聽抄記。”[30]以後,他又成爲一個供職軍門的僧人,北圖裳 18《金光明最勝王經》題記有“河西節度門徒兼攝沙州釋門法師沙門恒安”之名。[31]另外,P. 4660(25)《吴和尚邈真讚》就是“法學弟子比丘恒安題"録的。據此,恒安上狀所謝的司空應是張議潮。

總之,從上述文書來看,張議潮稱司空是在咸通二年至八年(861—867)間,這和《張淮深碑》所記張議潮的年代相符,因此可以看作是比較肯定的結論。

關於張議潮的司徒稱號,莫高窟第94窟甬道北壁第一身供養人像題記稱:

> 叔前河西一十一州節度管内觀察處置等使金紫光禄大夫檢校吏部尚書兼御史大夫河西萬户侯賜紫金魚袋右神武統軍南陽郡開國公食邑二千户實封二百户司徒諱議□(潮)。[32]

從窟内供養人的相互稱呼來看,此窟是張淮深所修無疑;而且,張淮深爲修建此窟所寫的《造窟功德記》抄本,還殘存在P. 3720(7)和S. 5630中。至於修窟年代,藤枝晃氏認爲在咸通八年至十三年(867—872)間。[33]按《造窟記》中稱張淮深"纔拜貂蟬之秩,續加曳履之榮,五稔三遷,增封萬户"。下節將論證,所謂"五稔三遷",應是指《張淮深碑》所記淮深在咸通八年之後五年内,由御史中丞遷散騎常侍兼御史大夫,再遷户部尚書的事,再結合張議潮司徒的稱號,我們認爲藤枝氏的説法是正確的。這樣,這條題記爲《張淮深碑》所記議潮咸通八年至十三年間稱司徒提供了佐證。

P. 3451《張淮深變文》抄本最後,有對抄本進行校改的人補寫的幾首七言絶句,其第一首云:

> 自從司徒歸闕後,有我尚書獨進奏。持節河西理五州,德化恩霑及飛走。[34]

孫楷第先生最早把司徒比定爲議潮,尚書比定爲淮深。[35]大多數學者均遵從其説。[36]詩句是對變文内容的總結,説的正是議潮入朝但還未去世時的情況,司徒指議潮與上面確定的使用年限恰好相符。因此可以説,867—872年間,張議潮稱司徒。

據《資治通鑑》卷二五二,張議潮以咸通十三年(872)八月卒,《張淮深碑》稱"詔贈太保",此後的敦煌文書在提到張議潮時,都用太保來稱呼他,現將有關材料羅列如下,並加簡要的説明。

P. 4640(8)《住三窟禪師伯沙門法心讚》記:

> 禪伯,即談廣之仲父也。本自軒門,久隨籏旆。三秋獮獵,陪太保以南征;萬里横戈,執刀鋋於瀚海。即平神烏,克復河湟。[37]

神烏是涼州的代稱,率軍東征涼州的太保指張議潮無疑。

P. 4638(3)有《索中丞守使持節瓜州刺史交割印文狀》,其中稱:

> 太保應五百之間生,宣宗盛垂衣之美化。[38]

太保與宣宗對稱,顯然只能指張議潮。

P. 2838《中和四年(884)正月沙州上座比丘尼體圓等斛斗破除見在牒》記:

> 麥兩碩貳斗、粟叁斗,太保解齋日用。……麥兩碩、油壹斗壹升、粟叁斗,太保解齋用。[39]

這是沙州尼衆爲故去的太保設齋的記録,而中和四年時沙州只能有一位已故的太保,就是張議潮。

P. 2187(3)《河西都僧統悟真處分常住榜》中記載:

> 除先故太保諸使等世上給狀放出外,餘者人口,在寺所管資莊、水磑、油梁,便同往日執掌任持。[40]

結合上引P. 2222B(1)《張祇三等狀》,學者們均認爲這裏的太保係指張議潮,該文書或許成文於索勳時期。[41]

P. 4615V張球撰《唐故河西節度涼州司馬隴西李府君(明振)墓誌銘》記:

夫人(中缺)拜左神武統軍兼司徒贈太保(下缺)[42]

李明振係張議潮女婿,卒於龍紀二年(890)七月十六日。這裏所引是關於他的夫人的記載,可以參照下引的《唐宗子隴西李氏再修功德記》碑復原爲:"夫人南陽張氏,即前河西節度拜左神武統軍兼司徒贈太保諱議潮之十四女也。"這條材料進一步證明了議潮入朝後兼司徒,卒後贈太保的情況。

羅振玉舊藏《大順元年(890)正月沙州百姓索咄兒等狀》稱:

從太保合户以來,早經四十年餘。[43]

由大順元年上推四十多年,即大中四年(850)張議潮剛剛控制瓜沙甘肅,且耕且戰的時候,"合户"是張議潮在境内實行的新政之一,太保即指議潮。

P. 3666V有雜寫數則,其中兩處有"文德元年(888)"、"大順元年(890)"的紀年,其中《莫高鄉百姓袁文信狀》的開頭稱:

右文信祖父先伏事故太保阿郎。[44]

如果把袁文信看作是888—890年前後的人,則其祖父伏事的太保阿郎,只能是指張議潮。阿郎意爲主人,是歸義軍治下的百姓對歸義軍節度使的敬稱。

P. 2913(3)《大唐敦煌譯經三藏吴和尚邈真讚》題"弟子節度判官朝議郎檢校尚書主客員外郎柱國賜緋魚袋張球撰",其中稱:

> 自歸唐化，溥福王畿。太保欽奉，薦爲國師。[45]

最後有“唐咸通十年歲次乙丑七月廿八日題記”。戴密微教授早就指出，本讚文和上引 P. 4660(25)《吴和尚邈真讚》實是一篇讚文的兩種文本，太保和司空均指張議潮。[46]但是，這篇讚文明確標有咸通十年(869)的紀年，而上述資料表明當時議潮以司徒見稱，是否可以據此認爲張議潮早在去世前已號稱太保了呢？我們的看法是否定的。比較上引 P. 4660 中的幾件文書所記張球的結銜，本讚文中張球的結銜比咸通五年的結銜要高，大概是咸通十年的情況。所以，這篇讚文應是張球在咸通十年對自己的舊稿(P. 4660—25)的修訂稿。不應忽視的是，這篇改訂稿抄在 P. 2913(2)《張淮深墓誌銘》後，而且二者的筆迹相同。因此，可以肯定這篇讚文的抄寫時間不早於張淮深被殺的大順元年(890)二月。這樣，張球改訂稿的原文應是“司徒”二字，當後人在大順以後抄寫該讚文時，就用當時慣用的議潮封號太保，代替了文中的司徒。這裏的太保應代表着大順元年以後的用法。

現存於敦煌市博物館的張景球撰《大唐河西道歸義軍節度索公(勳)紀德之碑》中説：

> 宣宗啓運，乃睠西顧；太保東歸，□乎□義。……公則河西節度張太保之子婿也。[47]

索勳是張議潮的女婿之一。碑建於景福元年(892)，其中的太保指張議潮無疑。

P. 3720(1)《悟真文書集自序》云：

> 河西都僧統京城内外臨壇供奉大德兼僧録闡揚三教大法師賜紫沙門悟真，……將蒙前河西節度故太保隨軍驅使，長爲耳目。修表題書，大中五年，入京奏事，面對

玉階。[48]

這是 869—895 年任都僧統的悟真對自己在張議潮時期活動的追憶。

現存於莫高窟第 148 窟前室的《唐宗子隴西李氏再修功德記》,是李明振夫人張議潮第十四女於乾寧元年(894)以明振口氣撰刻的,其中記録了這位夫人的出身和滅索勳的事迹:

> 夫人南陽郡君張氏,即河西萬户侯太保張公第十四之女。……所賴太保神靈,辜恩剿斃,重光嗣子,再整遺孫。……間生神異,成太保之徽猷:雖處閨門,實謂丈夫之女。[49]

文中的太保,顯指張議潮。

P. 3633《辛未年(911)七月沙州百姓等一萬人上迴鶻大聖天可汗狀》中稱:

> 至大中三(二)年,本使太保起敦煌甲□(族),□(破)卻吐蕃,再有收復。爾來七十餘年,朝貢不斷,太保功成事遂,仗節歸唐,累拜高官,出入殿庭。……且太保棄蕃歸化,當爾之時,見有吐蕃節兒鎮守沙州。太保見南蕃離亂,乘勢共沙州百姓同心同意,穴白(冗迫)趁卻節兒,卻着漢家衣冠,永拋蕃醜。太保與百姓重立咒誓,不着吐蕃。百姓等感荷太保,今爲神主,日別求賽,立廟見在城東。[50]

從所講事迹看,太保指張議潮無疑。

以上明確標有年代或可以大致指明年代的文書,都説明張氏時期的文書中,太保一詞一直是指張議潮。

莫高窟第 98 窟甬道北壁供養人第一身題記作:

> 故外王父前河西一十一州節度管内觀察處置押蕃落支度營田等使金紫光禄大夫檢校司空食邑□(二)□(千)

户實□(封)伍佰户……節(?)授右神武將軍太保河西萬户侯賜紫金魚袋上柱國南陽郡張議潮一心供養。[51]

據考,該窟是曹議金同光年間(923—925)修的功德窟。[52]如果録文不誤的話,這條資料就是曹議金時仍稱張議潮爲太保的證據。

S. 5139 V《乙酉年(925)六月涼州節院使押衙劉少晏狀》稱:

自從張太保幕上政直,河西道路安泰。……後便值太保阿郎政直,開以河西老道。……伏乞太保阿郎仁恩照察,涼府先郡之人,賜乞(乞賜)帴糧、帖兵及餘二色,不敢不申,伏請公憑裁下處分。[53]

唐長孺先生早已指出,乙酉年即925年,張太保指張議潮,而太保阿郎則指925年時任節度使的曹議金。[54]這些比定和文書所記的稱號與史實相符,可以補充的是,第一,張太保與太保阿郎對稱,表明後者不是張姓之人,從下引材料可以看出,曹氏時期文書常用"張太保"一詞來指稱議潮,而不是像上引張氏時期的文書那樣,僅用"太保"來指稱議潮,表明文書寫於曹氏時期。太保阿郎則是與張氏有别的曹氏主人。第二,下文所列曹議金的稱號表明,925年前後,他恰好號稱太保,與本文書相符合。第三,所謂"開以河西老道",是指曹議金在同光二年(925)首次遣使經河西舊路前往中原,[55]這是自曹議金執政以來與中原王朝的首次直接交往。結合前人從河西歷史背景所作的論述,我們認爲唐先生的結論是正確的。

P. 3718(17)《晉故歸義軍節度押衙知敦煌郡(鄉)務隴西李府君邈真讚并序》云:

> 府君諱紹宗，字繼祖，即前河西一十一州節度使張太保孫使持節墨釐軍諸軍事守瓜州刺史銀青光禄大夫檢校左散騎常侍兼御□（史）大夫李公之長子矣。[56]

李紹宗的父親即上引《隴西李氏再修功德記》中提到的李明振之“次子使持節瓜州刺史墨離軍押蕃落等使兼御史大夫弘定”。弘定母即張議潮女，弘定本人即議潮外孫，此處稱孫。因此，張太保指議潮無疑。

P. 3556(8)《大周故普光寺法律尼臨壇大德沙門清淨戒邈真讚并序》云：

> 法律闍梨者，即前河西一十一州節度使張太保之貴孫矣。[57]

張太保的結銜與《李紹宗邈真讚》完全相同，當指張議潮。

P. 3556(9)《周故敦煌郡靈修寺闍梨尼臨壇大德沙門張氏香號戒珠邈真讚并序》云：

> 闍梨者，即前河西隴右一十一州張太保之貴侄也。父墨釐軍諸軍使（事）守瓜州刺史金紫光禄大夫檢校工部尚書兼御史大夫上柱國張公之的子矣。

對比上述兩條資料，這裏的張太保也應指張議潮。據讚文，戒珠是議潮的侄女，也即張議潭的女兒。據《張淮深碑》，議潭卒贈工部尚書，與本文書合。但議潭大中七年（853）既入朝爲質，其是否曾任墨離軍使守瓜州刺史一職没有史料佐證。而且，如果戒珠果爲議潭之女，至後周時年齡當在百歲左右。所以，讚文中的議潭結銜或許有誤，輩份記載也難以肯定，但張太保指議潮當無疑義。

P. 3556(10)《周故南陽郡娘子張氏墓誌銘并序》云：

> 伯祖皇諱議潮，河西一十一州節度使檢校太保右神

武統軍兼御史大夫伊西庭樓蘭金滿等州節度觀察處置支度營田押蕃落等使特進檢校太保。[58]

據墓誌下文,張氏爲張淮深之女。這裏因標出張氏,所以“太保”上未加“張”字。值得指出的是,作者把“伊西庭樓蘭金滿等州節度”這種曹氏時期的稱法加在議潮銜中,致使節度、太保等詞重出,説明後人的附會是難免的。這條晚到後周的材料確切證明,張議潮死後,一直被稱爲太保。

通過對以上材料的分析,我們認爲張議潮生前所用的稱號依次是:從大中二年(848)推翻吐蕃統治,到大中五年(851)設立歸義軍,自稱兵部尚書。大中五年由唐朝任命爲歸義軍節度使檢校吏部尚書。大中十二年(858)或以後不久,又自稱僕射。咸通二年(861)攻克涼州,進稱司空。咸通八年(867)入朝,授司徒。議潮入朝後,唐朝仍讓他遥領歸義軍節度使,但實權已爲張淮深掌握。咸通十三年(872)去世,詔贈太保。此後,在張氏歸義軍時期,一直被稱爲太保。在曹氏歸義軍時期,因爲要區别於曹議金等人的太保稱號,一般稱議潮爲張太保,稱當時的節度使爲太保。

第二節　張淮深(867—890)

上節開頭引用的《張淮深碑》關於淮深的加官記載如下:

公則故太保之貴侄也。芝蘭異馥,美徽窗聞。詔令承父之任,充沙州刺史、左驍衛大將軍。初日桃蹊,三端繼政,琴臺舊曲,一調新聲。嫡嗣延英,承光累及,筌修貴秩,忠懇益彰,加授御史中丞。河西創復,猶雜蕃渾,言音不同,羌龍嗢末,雷威懾伏,訓以華風,咸會馴良,軌俗一變,加授左散騎常侍,兼御史大夫。太保咸通八年歸闕之日,河西軍務,封章陳款,總委侄男淮深,令守藩垣。靡獲同邁,則秣馬三危,横行六郡。屯戍塞天驕飛走,計定郊陲;斥候絶突騎窺窬,邊城緩帶。兵雄隴上,守地平原,姦宄屏除,塵清一道,加授户部尚書,充河西節度。心機與宫商遞運,量達共智水壺圓。坐籌帷幄之中,決勝千里之外。四方獷悍,卻通好而求和;八表來賓,列階前而拜舞。北方獫狁,穎少駿之駃蹄;南土蕃渾,獻崑崗之白璧。九功惟敍,黎人不失於寒耕;七政調和,秋收有豐於歲稔,加授兵部尚書。恩被三朝,官遷五級。

這篇碑文是淮深在世時所寫,其所記五次遷官雖然不是淮深稱號的全部,但卻揭示了該碑成文時淮深在沙州自稱官銜的情況。其所記每次遷官的年代不夠明確,下面先將 P. 2913(2)中保存的《張淮深墓誌銘》揭出,再做討論。

〔歸義軍〕節度使檢校司徒南陽張府君墓誌銘

節度掌書記兼御史中丞柱國賜緋魚袋張景球撰

府君諱淮深,字禄伯,敦煌信義人也。……祖曰謙逸,工部尚書。考曰議潭,贈散騎常侍。並修禮樂,文武盛材,俱事我唐,光榮帝里。府君伯大中七載便任敦煌太守,理人以道,布六條而土鼓求音;三事銘心,避四知而寬弘得衆。乾符之政,以功再建節旄,特降皇華,親臨紫塞,中使曰宋光廷。公之異化,績效難窮,備之碑石。公以大順元年二月廿二日殞斃於本郡,時年五十有九。葬於漠高鄉漠高里之南原,禮也。兼夫人潁川郡陳氏,六子:長曰延暉,次延禮,次延壽,次延鍔,次延信,次延武等,並連墳一塋,以防陵谷之變。[59]

這篇淮深死後寫的《墓誌銘》,要比《張淮深碑》平實可靠,兩相對比,並參考其他材料,可以部分恢復碑文所記淮深遷官的年代,同時也可以看出碑文的附會之處。(一)《墓誌》稱“大中七載便任敦煌太守”,這也就是碑中所説的“承父之任,充沙州刺史、左驍衛大將軍”的年代。(二)碑稱咸通八年前後,淮深由御史中丞遷左散騎常侍兼御史大夫,再遷户部尚書兼河西節度。上節提到咸通八年至十三年間修莫高窟第 94 窟時所撰《造窟記》(P. 3720—7)中,有“五稔三遷”的説法,所指即由御史中丞至户部尚書的三遷,也就是説這三遷應發生在咸通八至十三年的五年之内,而不是碑文所説的咸通八年前後,而且,碑文所記三遷的年代在《墓誌》中没有任何佐證。因此,除了《造窟記》所提供的年代線索外,還應根據咸通八年前後實際應用的文書,來推斷三遷的實際年份。(三)碑文中所説淮深“恩被三朝,官遷五級”。前人已經指出,三朝指宣、懿、僖三朝。碑文稱加授户部尚書充河西節度是在懿宗咸通八年太保歸朝後不久,那麽餘下的最後一級兵部尚書的加授,只能是在僖宗之世(874—887)。《墓誌》所記“乾符之政,以功再建節旄”一事,應與碑文所記加兵部尚書銜有關。但“再建節旄”之意,應是指自張議潮入朝後,淮深再次被唐朝册封爲歸義軍節度使,這和碑文所説咸通八年以後便充河西節度相牴牾。因爲乾符以前淮深的節度稱呼很可能是他本人在境内的自封,朝廷並不承認,甚至在歸義軍内部也有不同意見,因此有碑文和《墓誌》在授節年代上的矛盾。這裏透露的信息是,僖宗乾符年間(874—879)應有一次加官,只不過在朝廷看來是賜節,而已自封爲節度使的淮深則借機加兵部尚書的頭銜。《墓誌》還明確記載了淮深死於大順元年

(890)二月二十二日。

對於《張淮深碑》所記稱號,還應對照各段時期實際應用的文書來判斷其確切的年代。莫高窟第156窟甬道南壁第一、二身供養人像題名:

> 窟主河西節度使金紫光禄大夫……尚書……
>
> 侄男銀青光禄大夫檢校太子賓客上柱國〔左驍衛〕大將軍使持節〔沙州〕諸軍〔事沙州刺史〕賜紫金魚袋淮深一心供養。[60]

從侄男淮深的稱呼看,第一身是窟主張議潮的題名。上節已經弄清,議潮稱尚書是在大中二至十二年(848—858),則此甬道供養人像應繪於這段時間,考慮到淮深大中七年始任沙州刺史左驍衛大將軍,還可以把年代縮小到大中七年至十二年(853—858)。這條材料證明碑文關於淮深稱左驍衛大將軍的説法不誤。

P. 2222 B(1)《咸通六年(865)正月沙州敦煌鄉百姓張祇三等狀》中稱:

> 伏望將軍仁明鑒照,矜賜上件地,乞垂處分。[61]

此處之將軍係指沙州首腦張淮深,證明865年初,淮深仍以將軍見稱。

P. 3425(2)《金光明變相一鋪銘并序》,題"將仕郎攝沙州軍事判官守監察御史張球撰上"。其中稱:

> 清信弟子使持節沙州刺史充歸義軍兵馬留後當管營田等使守左驍衛大將軍賜紫金魚袋清河張某……今者所丹繪前件功德,奉爲亡考常侍,惟願承兹法棹,生就蓮宫。[62]

本文張球的題銜與上節引用的咸通五年《凝公邈真讚》和《翟

神慶邈真讚》所記相同,年代應相距不遠,文中的節度留後張某應指淮深。亡考常侍也和《張淮深碑》所記“皇考諱議潭,前沙州刺史金紫光禄大夫檢校鴻臚大卿守左散騎常侍賜紫金魚袋”及《張淮深墓誌銘》所記“考曰議潭,贈散騎常侍”的最終結銜相符合。這裏淮深以沙州刺史左驍衛大將軍,兼任歸義軍兵馬留後,時間應在咸通八年議潮入朝之後不久。據下引P. 3720(2)《悟真告身》,至遲在咸通十年,淮深已是御史中丞,對比上節引用的P. 2913(3)所列咸通十年張球的官銜,本文書之撰不遲於咸通十年;從留後的稱呼看,很可能就在咸通八年初。這篇銘文是淮深爲身先入質的父親去世所做功德而寫的,如果議潭死在咸通七年末或咸通八年初,那麼這大概正是議潮咸通八年二月束身歸闕,繼續作人質的緣故吧。以上文書證明,淮深在咸通八年之前一直稱將軍,《張淮深碑》稱他在此之前已由御史中丞加授左散騎常侍兼御史大夫的説法似難成立。

P. 3720(2)《悟真文書集》第四件告身全文如下:

> 河西副僧統京城内外臨壇大德都僧録三學傳教大法師賜紫僧悟真:右河西道沙州諸軍事兼沙州刺使(史)御史中丞張淮深奏白:“當道先有敕授河西管内都僧統賜紫僧法榮,前件僧去八月拾肆日染疾身死。悟真見在當州。切以河西風俗,人皆臻敬空王,僧徒累阡,大行經教。悟真深開闡論,動迹微言,勸導戎域,寔憑海辨。今請替亡僧法榮,便充河西都僧統,裨臣弊政。謹具如前。”中書門下牒沙州。牒奉敕,宜依。牒至准敕,故牒。咸通十年十二月廿五日牒。[63]

這件完整的唐朝官文書抄件表明,咸通十年底,唐朝中央政府所承認的淮深職銜只是“沙州諸军事兼沙州刺史御史中丞”，這一方面表明《張淮深碑》所記加授御史中丞確有其事，但時間不應在咸通八年之前，而應在咸通八年至十年間；另一方面則説明，在張議潮入朝後，唐朝並未馬上把節度使的職位給予淮深，碑文所説咸通八年後不久就充河西節度，顯然是淮深在境内的自稱。

被稱作《張淮深變文》的 P. 3451 残卷，無年代，記主人公“尚書”討伐迴鶻事。原卷有朱筆句讀和墨筆更改處，文末又有别筆抄寫的六首七言絶句，筆迹與變文中墨筆更改字相同，應是更改者補加的。[64]孫楷第先生最早将文中的尚書比定爲張淮深，並定名爲《張淮深變文》。[65]大多數學者均從此説，只有藤枝晃先生謹慎地認爲尚書是指張議潮還是指張淮深尚難確定。[66]按上節曾指出，該變文末第一首七絶中的“自從司徒歸闕後，有我尚書獨進奏”，唱的正是司徒張議潮和尚書張淮深的事，從絶句爲變文修訂者所補寫的情况看，變文中的尚書也指淮深無疑。關於變文的年代，過去人們大多定在乾符、中和年間(874—884)，[67]但並未舉出確鑿的證據。據上節對文末絶句中司徒一稱的考訂，變文成文的時間應在議潮入朝的咸通八年至十三年(867—872)間，所描寫的事情也應發生在這段時間内或其前後不久。孫楷第先生關於文中“拜貂蟬”係指加授侍中或中書令的看法，早經唐長孺先生指出其誤。[68]變文中“詔命貂蟬加九錫，虎旗龍節曜雙旌”兩句，分别是説淮深加散騎常侍加被賜予旌節兩事，二者連稱，時間應相差不遠。《張淮深碑》稱加散騎常侍和賜河西旌節是在咸通八年前後，上舉文書證明只能在八年以後，而不能是以前。變文正好也證明這兩件事發生在張議潮稱司徒的咸通八年至十三年間。變文應是咸通十三年前不久由沙州文人寫成的，它記録的内容與碑文無異，但因寫於當時，比後來成文的《張淮深碑》所記加官的年代要明確得多。應當指出的是，變文中"尚書即擒迴鶻"句的"尚書"二字旁，有"僕射"二字，應是光啓以後人們用此本講唱時所加，並不代表變文的原貌。

通過對上述文書的去僞存真，綜合考察，似可做出這樣的推斷：自大中七年(853)以後，張淮深一直任沙州刺史、左驍衛大將軍。至咸通八年(867)張議潮入朝，淮深始自稱節度兵馬留後，並很快得到朝廷授予的御史中丞銜。不久，淮深更進一步自稱左散騎常侍兼御史大夫，甚至在咸通十三年(872)議潮卒於長安之前，就迫不及待地自稱户部尚書，充河西節度了。這一推斷正好符合 P. 3720(7)《造窟記》中"五稔三遷"的説法，從咸通八年至十三年(867—872)間，由御史中丞加左散騎常侍兼御史大夫，進稱户部尚書、河西節度，正好是五年内的三次升遷。雖然唐朝仍想讓入朝的張議潮遥領歸義軍，但自 867 年以後，實權已掌握在淮深手中。

P. 2222B(2)《咸通末年沙州僧張智燈狀稿》稱：

> 右智燈叔侄等，先蒙尚書恩造，令將鮑壁渠地迴入玉關鄉趙黑子絶户地，永爲口分，承料役次。[69]

本稿寫在上引《咸通六年張祗三等狀》後，表明應寫成於其後不久，即咸通末年，尚書應指張淮深。

P. 3126 顔之推《還寃記》寫本上端頁邊有小字題記云：

> 中和二年四月八日下手鐫碑，五月十二日畢手。索中丞已下三女夫，作設於西牙(衙)碑畢之會。尚書其日大悦，兼賞設僧統已下四人，皆沾鞍馬縑細，故記於紙。[70]

女夫即女婿，索中丞應指索勳。三女夫應即張議潮的女婿索勳、李明振和另外一人。尚書指淮深無疑。這裏所説的鐫碑一事，有可能就是指《張淮深碑》的完成經過，因爲從碑文所記淮深加官情形，僅到中和二年(882)前不久的乾符年間所加兵部尚書。

S. 7384《光啓三年(887)二月作坊使康文通牒》中，有“(前缺)尚書矜放，未得(後缺)”的殘文，後有張淮深批示，證明至887年初淮深仍稱尚書。但與此同時，張淮深又開始進稱僕射了，這雖然和尚書處在同一級别，但終究是略高一等。S. 1156《沙州進奏院上本使狀》是報告沙州三般專使至京城爲本使請求旌節的過程，時間從光啓二年十二月十七日至翌年三月二十三日。其中用僕射作爲本道節度使張淮深的代稱。[71]這件文書真切地説明，雖然淮深早在咸通十三年就自稱户部尚書、河西節度，但實際上唐朝政府直到光啓三年仍没有對此予以承認，這就是狀中所説的“廿餘年朝廷不以指撝”。然而，朝廷不授旌節是一回事，淮深在境内自稱是另一回事，本文書記録了淮深始稱僕射的年份，同時也透露了歸義軍内部已形成一股反對淮深的政治勢力。因此，淮深的僕射稱號似乎叫得不太理直氣壯，舊有的尚書稱號還時而用之。P. 4044(3)《光啓三年五月十日沙州文坊巷社創修私佛塔功德記》有如下例證：

> 維大唐光啓叁年丁未歲次五月拾日，文坊巷社肆拾貳家創修私佛塔者，奉爲當今帝主，聖壽清平；次爲我尚書，永作河湟之主。[72]

這裏的尚書是僅次於皇帝的河湟之主，應當就是沙州統治者張淮深。此稱淮深爲尚書也可能是僕射之稱還未普及到民間的緣故。

P. 2568《南陽張延綬别傳》題“河西節度判官權掌書記朝議郎兼御史中丞柱國賜緋魚袋張俅撰”。傳云：

> 張延綬，字搢紳，即河西節度金紫光禄大夫檢校尚書左僕射河西萬户侯南陽張公字禄伯之第三子也。……於時光啓三年二月七日，寵授左千牛兼御史中丞……公其時年方壯齡，智勇雙秀。僕射之政，遠蕃歸仁，塞下清晏。……於時大唐光啓三年閏十二月十五日傳記。[73]

據《張淮深墓誌銘》，淮深字禄伯，延綬又名延壽。本傳明確揭示了光啓三年末張淮深的職銜，其檢校加官爲尚書左僕射，一般即稱作僕射。

P. 2854Ⅴ抄有内容相關的兩件文書，第一件是《正月十二日先聖恭僖皇后忌辰行香文》，其中稱：“有誰施之？則有歸義軍節度使臣張僕射，奉爲先聖恭僖皇后遠忌行香之福會也。”以下依次爲“先聖皇后”、“使臣常侍大夫”和“我僕射”祝願。按恭僖皇后爲唐穆宗后王氏，會昌五年（845）崩。[74]這篇《行香文》應是唐朝使臣來到沙州時，歸義軍節度使爲唐朝皇后舉行國忌行香時寫成的。因張議潮和張淮深均有僕射稱號，僅據此文，還難以斷定年代。第二件文書抄有順宗、穆宗、德宗、憲宗、僖宗、肅宗、順聖皇后、睿宗、懿宗、宣宗、敬宗的忌日，並標有沙州寺名及僧人名。此處未列昭宗，因此必定寫於文德元年（888）昭宗即位之後。又張淮深死於大順元年（890），以後張氏歸義軍節度使無稱僕射者。所以，這兩件文書應寫於888—890年間，僕射指淮深。

上節引羅振玉舊藏《大順元年（890）正月沙州百姓索咄兒等狀》，内容是請求兩户合爲一户，最後説：“伏望尚書照察。”按張淮深於同年二月二十二日被殺，這時處理政務的尚書仍應是淮深。但從當時許多文書仍用龍紀年號來看，本年二月底以後沙州方知改元大順，[75]本文書標有大順元年正月，頗值得懷疑，但即使文書不誤，尚書指淮深也是説得通的。

關於張淮深凶死後的稱號，上引《張淮深墓誌銘》記爲“歸義軍節度使檢校司徒”。從墓誌中用大順紀年，以及“豎牛作孽，君主見欺”等詞句看，墓誌應是張淮深的政敵張淮鼎死後纔寫成的，很可能完稿於892—894年索勳執政期間，司徒大概是索勳給張淮深追贈的官號，而這個官號爲後人沿用下去。立於乾寧元年(894)十月五日的《李氏再修功德記》末第一人題名爲“□□□□□□□□□敕封宋國□□□□(公前瓜沙)伊西等州節度使兼司徒張淮深”，[76]表明李氏奪權後，仍用司徒爲淮深的最高稱號。又敦煌研究院藏322號《辛亥年(951)十二月八日夜社人遍窟燃燈分配窟龕名數》中記有“司徒窟”，金維諾先生考訂爲張淮深開鑿的莫高窟第94窟。[77]此説已成定論，表明遲到後周時，仍用司徒指稱淮深。這在P. 3556(10)《周故南陽郡娘子張氏墓誌銘》中也得到證明，序中稱：“皇考諱淮深，前河西一十一州節度使特進檢校司徒南陽郡開〔國〕公食邑二千〔户〕食實封五百户。”[78]以上四條不同時代的材料所記司徒銜，應是張淮深的最終稱號。[79]

總結以上論證，可以排列出張淮深在歸義軍境内所用稱號的大致年代：大中七年(853)，繼父職任沙州刺史左驍衛大將軍。咸通八年(867)張議潮入朝後，由唐朝加授御史中丞，但他本人則自稱節度留後、左散騎常侍兼御史大夫，並在咸通十三年議潮去世之前，因向朝廷求節不成，便自稱爲河西節度兼户部尚書。至乾符年間(874—879)，又稱兵部尚書。至遲到光啓三年(887),進稱尚書左僕射。大順元年(890)被殺後,大概在索勳執政時(892—894),被追贈爲司徒,並一直用爲他的最終代稱。

第三節　張淮鼎(890—892)

近年,由於伯希和抄録的敦煌石窟題記的出版,張淮深的繼任張淮鼎的名字得以重見天日。結合有關史料,學者認爲他可能就是大順元年(890)二月殺害淮深夫婦及六子的凶手。但他在位時間不長,至遲在景福元年(892)去世,死前托孤於索勳,而索勳就在這一年自稱爲歸義軍節度使。

上引《李氏再修功德記》碑末,張淮深題名後有:

> 妻弟前沙瓜伊西□(等)河(州)節度使檢校□部尚書兼御史大夫張淮鼎。[80]

這是現在所能見到的惟一一條明確記載淮鼎加官的材料,碑立於乾寧元年(894),因此可以認爲,尚書就是淮鼎的最終稱號。

P. 2803《唐景福二年(893)二月押衙索大力狀》曰:

> 押衙索大力:
>
> 右大力故師姑在日,家女滿子有女三人,二女諸處嫁,殘小女女一,近故尚書借與張使君娘子。其師姑亡化,萬事並在大力,别人都不關心,萬物被人使用,至甚受屈。伏望將軍仁恩照察,特乞判命處分。牒件狀如前,謹牒。景福二年二月日,押衙索大力。[81]

景福二年時索勳當政,文中的將軍指索勳無疑。索大力訴狀所告的故尚書借滿子女給張使君娘子事,應是不久以前發生的，這個故尚書很可能就是張淮鼎，尚書正是他的結銜。如果是説張議潮或張淮深，就應分别稱作太保或司徒。而且，要翻這種故尚書所定的案，也只能是在張淮鼎和索勳之間。

由於張淮鼎在位時間較短，還没有找到他在世時所用稱號的實例。從初任節度使往往檢校尚書例來看，他可能從大順元年（890）二月奪權後就號稱尚書，並一直延用到892年去世爲止，後人也未追贈給他更高的官銜。

第四節　索勳（892—894）

索勳是繼張淮鼎之後任歸義軍節度使的，有關他的史料最早見於《大唐河西道歸義軍節度索公紀德之碑》，其中稱：

> 於時景福元祀，白藏無射之末，公特奉絲綸，就加（下缺）[82]

碑文證明索勳至遲在景福元年（892）九月底，已被任命爲歸義軍節度使。但因碑文已殘，不知其中有無他的檢校官號。

大概是因爲索勳的上臺並不是名正言順的，所以他開始時並未敢給自己安上很高的稱號。P. 3711《大順四年（893）正月瓜州營田使武安君牒》中稱："伏乞大夫阿郎仁明詳察。"最後有索勳在十六日寫的判詞，且有"勳"字簽名。[83]證明文中的大夫即索勳，大夫應是御史大夫的略稱。又上節引用的P. 2803《景福二年（893）二月索大力狀》，證明本年二月以後，索勳又有將軍稱號。

P. 2825 V《景福二年九月百姓盧忠達狀》中稱："伏望常侍

仁恩照察。"常侍即散騎常侍的略稱,在此應指索勳。這可以在莫高窟第 9 窟甬道南壁第一身供養人題名中得到證明:

> 敕歸義軍節度管内觀察處置押蕃落等使銀青光禄大夫□□□□檢校右散騎常侍兼御史大夫索勳供養。[84]

本窟還有張承奉、李弘定、李弘諫的題名,如僅就索勳題名而言,參考 P. 2825 V 文書,可知大致寫於景福二年九月前後,説明索勳在執政的頭一年裏,並未貿然把表示社會地位的稱號提得太高,而主要是稱常侍、大夫,甚至普通的將軍。但這也只能是暫時的。

莫高窟第 196 窟甬道北壁供養人第一身題名:

> 敕歸義軍節度沙瓜伊西等州管内觀察處置押蕃落營田等使守定遠將軍檢校刑部尚書兼御史大夫鉅鹿郡門(開)國公食邑貳仟户實封二百户賜紫金魚袋上柱國索勳一心供養。[85]

索勳的加官已從散騎常侍遷爲刑部尚書,時間應在景福二年九月以後。而且,刑部尚書是索勳的最高和最終稱號,見莫高窟第 98 窟甬道北壁供養人第三身題名:

> 敕歸義軍……節度管内觀察處置押蕃落支度營田等使……金紫光禄大夫檢校刑部〔尚書〕兼御史大夫守定遠將軍上柱國鉅鹿郡索諱勳一心供養。[86]

這是歸義軍節度使曹議金在同光三年(925)開鑿的洞窟,證明尚書是索勳的最高稱號並爲後人使用下來。

把上述資料歸納起來,索勳在位時所用的各種稱號是:景福二年(893)正月稱大夫,二月稱將軍,九月稱常侍,大概他是以檢校散騎常侍兼御史大夫守某某將軍銜。此後不久就進稱刑部尚書。894 年被殺後,没有贈官,直到曹氏歸義軍初年,仍被稱爲刑部尚書。

第五節　張承奉(894—910)

張承奉很可能是張淮鼎之子,李明振夫人張氏的侄子。他的名字最早見於莫高窟第 9 窟甬道北壁供養人第一身題名:

> ……光禄大夫檢校司徒同中書門下平章事食……實……萬户侯賜紫金魚袋南陽郡開國公張承奉一心供養。[87]

從上節引用的同窟張承奉對面索勳的題名來看,承奉的題名也應寫於景福二年(893)九月前後,當時索勳爲節度使,承奉的司徒稱號只不過是索勳用以收買沙州人心的虛銜而已,並没有甚麽實際的意義。

立於乾寧元年(894)的《隴西李氏再修功德記》碑最後,在張淮深、淮鼎題名之後,記有:

> ……沙州□(?)□(?)刺史兼沙□(瓜)□(伊)西等州節度使兼御史大夫□□□。[88]

應當就是張承奉。據碑文記載,張淮深、淮鼎兄弟相繼死後,歸義軍政權爲索勳攫取。894 年,嫁給李明振的張議潮女推翻索勳,立侄男承奉爲節度使,但李氏三子分别任沙、瓜、甘州刺史,實際掌握了歸義軍的政權。所以,張承奉雖然在 894 年便被扶上歸義軍節度使的寶座,但和索勳時相似,不過徒具虛名而已。關於這一點,我們在《晚唐歸義軍李氏家族執政史探微》一文中,[89]根據 S. 4470 V《乾寧二年(895)三月十日歸義軍節度使張承奉副使李弘願疏》、P.

3167V《乾寧二年三月沙州安國寺道場司常秘等牒》、P. 3101《書儀》、P. 2803《押衙張良真狀稿》、P. 3552《兒郎偉》等文書,做了詳細的論證。簡單説來,在李氏滅索勳後,名義上立張承奉爲節度,實際上卻讓其子李弘願兄弟掌握實權,並用較低的"長史"、"司馬"爲稱號,以掩人耳目。李氏家族的勢力在895年底達到極盛,並排擠了張承奉而獨攬大權,但終於走上與索勳同樣的道路,在896年初被瓜沙一些大族推翻,張承奉得以重新執政,S. 2263乾寧三年(896)五月張忠賢所撰《葬録序》證明了這一點。關於這段史事已詳該文,此不贅述。根據這一結論,這裏對張承奉本人所用稱號的考察從896年始。

張承奉雖然在896年已掌握歸義軍的實權,並稱節度使,但在表示真正社會地位的加官上,並未敢貿然自封太高的官銜。S. 3330V《乾寧四年(897)二月二十八日石和滿狀》稱"伏望將軍阿郎仁明照察",表明他開始時只稱作將軍。S. 619V《懸泉鎮遏使行玉門軍使曹子盈狀》中説:"將軍大造,拔自塞城,擢居專鎮,分符有愧於先賢。"[90]後别筆寫有"使守左驍衛將軍兼御史大夫張"。按P. 4640V《己未至辛酉年(899—901)歸義軍軍資庫司布紙破用曆》第16行有"懸泉鎮使曹子盈"名。[91]狀文表明曹子盈剛任懸泉鎮使不久,時間應在《破用曆》之前,或即899年前後,證明其中的將軍即承奉,後面别筆所寫則是他的稱號全文。

《舊唐書》卷二〇上《昭宗紀》載:

> (光化三年八月)己巳制:前歸義軍節度副使、權知兵馬留後、銀青光禄大夫、檢校國子祭酒、監察御史、上柱國張承奉,爲檢校左散騎常侍,兼沙州刺史、御史大夫,充歸義節度瓜沙伊西等州觀察處置押蕃落等使。

這條材料表明,光化三年(900)八月以前,張承奉向唐朝報告並經唐朝承認的職、散、檢校、兼官,均低於他在境内的自稱。唐朝的册命,基本符合了承奉當時的實際職稱,而且加授散騎常侍,比將軍略高一等,此後,常侍取代將軍,成爲承奉的稱號。S. 515 V(1)是《天復某年敕歸義軍節度使牒爲准敦煌鄉百姓某男出家事》的草稿,後署"使檢校左散騎常侍兼御史大夫張"。文書紀年部分不清,僅能識出"天復"二字,因下引文書表明天復二年四月承奉就稱尚書了,則這件文書很可能寫於天復元年,當時承奉使用的是唐朝授予的常侍稱號。

S. 515 V(2)是緊接上件文書寫的《敕歸義軍節度使牒爲開元寺律師沙門神秀補充攝法師事》的草稿,紀年處僅有"十月廿一日"。這或許是承上件天復元(?)年而省略了年份。最後署"使檢校工部尚書兼御史大夫張",由此可以推測張承奉大概在天復元年(901)十月已自稱尚書。S. 1604《天復二年四月二十八日歸義軍節度使帖》,命令沙州僧尼徒衆按時燃燈念經。後面接抄的同日《河西都僧統賢照帖》稱:

> 奉尚書處分,令諸寺禮懺不絶,每夜禮《大佛名經》壹卷。僧尼夏中,則合勤加事業,懈怠慢爛,故令使主嗔責,僧徒盡皆受耻。[92]

這裏即稱承奉爲尚書,説明上述推測大致不誤。

S. 4359 V 曲子詞《謁金門·開于闐》云:

> 開于闐,綿綾家家總滿。奉戲(獻)生龍及玉椀,將來百姓看。尚書座(坐)宫典(殿),四塞休正(征)罷戰。但阿郎千秋歲,甘州他自離亂。[93]

卷末題"維大梁貞明伍年(919)四月日,押衙某首(手)寫流□”，知是歸義軍的某位文人所作頌揚使主尚書德政的歌辭。從敦煌文書的記録可知，自吐蕃統治結束以後，于闐和沙州間的往來始於901年，對敦煌人來説，此即所謂“開于闐”。[94]從曲子詞的内容反映的甘、沙州間的敵對情緒看，也與張承奉時期相符，所以此詞應作於901年前後，尚書指張承奉。到919年，該曲子詞作爲當地流行的文學作品，由某押衙把它與咸通末韋蟾所作《送盧潘尚書之靈武》詩等抄在一起。

P. 3324 V《天復四年(904)八月八日歸義軍應管衙前兵馬使子弟隨身官劉善通等狀》，内容爲乞求免除賦税，最後稱：“伏乞司空阿郎仁恩照察，伏請公憑裁下處分。”[95]歸義軍押衙所狀上的主人司空，必指張承奉無疑，表明至遲在天復四年八月，張承奉已進稱司空。

張承奉的司空稱號還見於下列文書。S. 5747《天復五年歸義軍節席使祭風伯文》開首云：

> 天復五年歲次乙丑正月壬〔戌〕朔四日，歸義軍節度沙瓜伊西管内觀察處置押蕃落等使金紫光禄大夫檢校司空兼御史大夫南陽張公，謹以牲牢之奠，敢昭告於風伯神。[96]

又P. 4974《天復年間沙州龍神力墓地訴訟狀》最後，有“伏望司空仁恩照察”語。[97]“天復”年號下未寫年數，參考上述文書，應寫於天復四年以後，司空應指承奉。又P. 6005(舊編作P. 3100)V《釋門夏安居帖》最後稱：

> 建福攘災，禮懺福事。上爲司空萬福，次爲城隍報安。故勒斯帖，用憑公驗。十四日。[98]

最後有法律威則、辯政、僧政一真、威覺四人的署名。文書無年份，説者或認爲在咸通七、八年(866—867)，則司空指張議潮。[99]但據 S. 6788、橘瑞超所獲文書題記，一真在大中九年(855)、十一年僅是一個沙彌，[100]十年後還很難升至僧政。因此，我們認爲帖文中的司空，應指天復四年以後的張承奉。最後，P. 3718(3)靈俊撰《唐河西節度押衙知應管内外都牢城使清河郡張公生前寫真讚并序》稱：

> 公字良真……故主司空稱愜，荐委首鄉。大由之歲均平，廣扇香風御衆。故得民談美順(衍文)訓，俗嘉嚴恪之威。金山王時，光榮充紫亭鎮主。一從蒞任，獨靜邊方。……於時天成肆年歲當赤奮若律中夾鐘蓂生壹葉題記。[101]

讚文作於後唐天成四年(929)二月一日，其中所説的故主司空和金山王兩個稱號之間没有其他稱號，也就是説，司空是張承奉建金山國之前的最高稱號。目前關於金山國建立年代的看法仍有分歧，我們認爲可能在天復十年，所以，暫且把承奉司空稱號的使用延至 910 年，但仍有待於材料的證明。

總之，乾寧元年(894)李明振妻張氏雖立侄男張承奉爲歸義軍節度使，但實權卻掌握在李氏諸子手中。乾寧三年(896)中，承奉奪回實權，稱將軍。光化三年(900)八月，由唐朝正式任命爲節度使檢校左散騎常侍。常侍的稱號大致用到次年末。此後，天復二年(902)前後自稱尚書。天復四年(904)以後稱司空，並一直延用到天復十年(910)金山國的建立。

第六節　曹仁貴(議金)(914—935)

繼張承奉執掌瓜沙政權的曹仁貴(字議金)，開創了歸義軍的曹氏時代。此後歸義軍的内政和外交,基本上都是沿着他制訂的方針實行的,在稱號方面也不例外,最突出的傾向是作爲歸義軍節度使,卻號稱大王,反映了曹氏歸義軍政權獨立性的一面。另一方面,曹氏歸義軍一直與中原王朝保持聯繫,大王並不是隨便可以使用的稱號,每位節度使的加官仍然是由低向高循序漸進的。

本文初稿據藤枝晃、陳祚龍等先生舊説,[102]將曹仁貴和曹議金分列爲兩任歸義軍節度使。近兩年來,賀世哲、李正宇先生撰文提出,曹仁貴就是曹議金,[103]結論大致不誤,惟有些細節尚需商榷。筆者也根據1991年在英國圖書館所見未刊敦煌文書,在《關於曹氏歸義軍首任節度使的幾個問題》一文中,對此看法提出補充意見,[104]此不贅述。以下僅就曹仁貴(曹議金)時期敦煌文獻中的稱號問題加以考訂。

目前所見確切屬於曹仁貴的最早紀年文書是P.3239《甲戌年(914)十月十八日敕歸義軍節度兵馬留後使牒》,後署"使檢校吏部尚書兼御史大夫曹仁貴"。[105]按S.1563《甲戌年(914)五月十四日西漢敦煌國聖文神武王敕》是目前所見張承奉最晚的一件文書,[106]因此,曹仁貴應是在這一年的五至十月間取代張承奉而重建歸義軍的,他自任節度留後加吏部尚書銜。

據李正宇先生考證,P.4638(4)寫卷中的《八月十五日曹仁貴上令公狀》和《曹仁貴獻玉狀》寫於貞明二年(916),[107]二狀均署"權知歸義軍節度兵馬留後守沙州長史銀青光禄大夫檢校吏部尚書兼御史大夫上柱國曹仁貴",[108]知尚未得到中原王朝認可。S.3054《觀世音經》題記所記"時貞明叁(四)年歲次戊寅十一月廿八日"的日期,標誌着歸義軍與後梁聯繫的開始。[109]大概就從曹仁貴歸義軍節度使之職得到後梁認可起，敦煌公私文書更多地用他的字——議金來稱呼使主，一般文書則只稱其稱號。

P. 3556(2)《大唐敕授歸義軍應管内外都僧統充佛法主京城内外臨壇供奉大德兼闡揚三教大法師賜紫沙門氾和尚(福高)邈真讚》中稱：

> 洎金山白帝，國舉賢良，念和尚以(與)衆不羣，寵錫恩榮之袟(秩)，遂封内外都僧統之號，兼加河西佛法主之名。五郡稱大師再生，七州闡法主重見。爰至吏部尚書秉政敦煌，大扇玄風。和尚請座花臺，倍敬國師之禮，承恩任位，經法十五餘年。[110]

又 P. 3556(3)《歸義軍應管内外都僧統陳和尚(法嚴)邈真讚》稱：

> 洎金山白帝，國舉賢良，念和尚雅望超羣，寵錫恩榮之袟(秩)。爰至吏部尚書秉政蓮府，大扇玄風，封賜内外都僧統之班，兼加河西佛法主之號。[111]

兩《邈真讚》所記都僧統氾福高和陳法嚴，大致分別在 902—917 年和 917—926 年間任職，[112]是節度使任命的釋吏，讚文寫於後唐時期，所記吏部尚書爲曹仁貴(曹議金)無疑。

莫高窟第 166 窟東壁門北側《發願文》云：

> 時唐□亥年七月十三日，釋門法律臨壇大德勝明，奉爲國界清平，郡主尚書曹公(下殘文，略)。[113]

"□亥"，伯希和録作"乙辛"，[114]"辛"字顯然是"亥"字的訛誤。結合二者的正確部分，可定年份爲乙亥。勝明又見於後唐同光年間完工的第 98 窟題記，職稱亦同。[115]由此可以推斷，此乙亥是後梁乾化三年(915)，但當時沙州尚不知有乾化年號，卻知道唐朝已亡,故不用天復年號,只好用甲子紀年,並冠以“唐”字,表示歸義軍的所屬。年代一經確定,文書中的尚書必指曹議金無疑。

P. 3718(8)杜太初撰《梁故管内釋門僧政臨壇供奉大德兼闡揚三教大法師賜紫沙門張和尚(喜首)寫真讚》中說:“遂遇尚書譙公,秉政光曜,大扇玄風。”末題“己卯歲九月二日題記”。[116]後梁之己卯即 919 年,譙郡是曹氏郡望,所以其中的尚書必指曹議金。杜太初還撰有《白鷹詩》,見 S. 1655,其序云:

> 蓋聞君臣道泰,所感異瑞呈祥。尚書秉節龍沙,潛膺數彰,多現理人安邊之術,萬張(章)卒不盡言。……時當無射之月,感得素潔白鷹,設僧俗中筵,齊聲賀之實樣(祥)。……我尚書□亞先賢,現得白鷹眼見。太初小吏,頑劣不材,奉命驅馳,倍增戰汗,謹上《白鷹詩》一(二)首。[117]

詩中有句云:“尚書得備三邊靜,八方四海盡歸從。”這首《白鷹詩》應作於 919 年前後,所稱頌的尚書應即曹議金。

敦煌文書中有一大批寫於貞明六年的《佛名經》,其題記文字基本相同,今舉 S. 4240 爲例:

> 敬寫《大佛名經》壹佰捌拾捌卷,惟願城隍安泰,百姓康寧;府主尚書曹公己躬永壽,繼紹長年;合宅支(枝)羅,常然慶吉。於時大梁貞明六年歲次庚辰五月十五日寫記。

此處之尚書曹公即曹議金。[118]

P. 3262《建窟功德記》云:

> 爲誰施作?時則有我河西節度使尚書,先奉爲神沙西裔,龍天擁護於其中……大梁帝主,永治乾坤,願照邊

陲，恩加無滯。次伏爲尚書已躬鴻壽，應山岳而永昌；公主、夫人，寵榮禄而不竭。

P. 3781(1)《建窟功德記》云：

大梁帝主，永坐蓬萊，十道爭馳，誓心獻款。又持勝福，伏用莊嚴我河西節度使尚書貴位，伏願榮高一品，同王母之延齡；位兼五侯，比麻姑之遠壽。東開鳳閣，爲聖主之腹心；西定戎煙，鎮龍沙而永固。天公主寶朗，常榮松柏之貞；夫人閨顔，永貴琴瑟之美。

同卷第(3)《轉經設齋度僧捨施功德文》亦云：

梁朝聖帝，德業茂於堯時；遐邇瞻風，溥洽還同舜日……次爲我尚書貴位，日降河右之歡，壽比王公，布宣風以齊七政。戎夷跪伏，銀箭克定狼星；凶醜摧鋒，罷戰爭各守本城。北方聖天公主，佳遊敬順三從；廣平宋氏夫人，閑(嫻)明深閨四德。[119]

Дх. 2171《歸義軍節度使於沙州城西南角設道場功德記》云：

又願四大天王衆，攝諸鬼神，持諸眷屬，亦來道場，護我敦煌一境及我尚書、公主合宅長幼。[120]

前三篇功德記，應當是後梁滅亡的923年以前寫成的，最後一篇也應是屬於同一時期的作品。

《册府元龜》卷一七〇“帝王部・來遠門”記載：

後唐莊宗同光二年五月，以權知歸義軍節度兵馬留後金紫光禄大夫簡較(檢校)尚書左僕射守沙州長史兼御史大夫上柱國曹義金，爲簡較(檢校)司空守沙州刺史充歸義軍節度瓜沙等〔州〕觀察處置管内營田押蕃落等使。瓜沙與吐蕃雜居，自帝行郊禮，義金間道貢方物，乞受西

> 邊都護，故有是命。

據同書卷九七二"外臣部·朝貢五"，這批沙州使者是同光二年(924)四月始達後唐都城，他們離開敦煌的時間應在此前數月。曹議金的"尚書左僕射"的署銜，説明他在920—924年間已自稱僕射。實際上，唐莊宗任命的司空也在此之前就在敦煌使用了。S.5981《智嚴巡禮記》云：

> 大唐同光貳年三月九日時來巡禮聖迹，故留後記。鄜州開元寺觀音院主臨壇持律大德智嚴，誓求無上，普願救拔四生九類，欲往西天，求請我佛遺法，迴東夏然。願我今皇帝萬歲，當府曹司空千秋，合境文武崇班，總願歸依三寶。[121]

可見曹議金在遣使後唐以前，就在境内稱司空了，其稱僕射應更在此前。後唐莊宗除正式任命議金爲歸義軍節度使外，認可了他自稱的司空加官，使之變得名正言順了。

但是，曹議金很快就不滿足於此。P.3805是《同光三年(925)六月一日歸義軍節度使牒》的正式文本，上鈐"沙州觀察處置使之印"，後署"使檢校司空兼太保曹議金"。[122]可見，議金在一年以後，又在司空之上，越過司徒而兼太保。以後，曹議金就以太保見稱。本文第一節曾引S.5139V《乙酉年(925)六月涼州節院使押衙劉少晏狀》，並詳細論證了文書中的太保阿郎即指議金。狀文與上引牒文恰在同年同月，更增加了這種比定的可能性。另外，敦煌出土的鋼和泰藏卷中的于闐文和藏文文書，有于闐使臣爲沙州太保(于闐文作tta-pū，藏文作the-po/-bo)祈福的記載。[123]據蒲立本的考證，該文書的確切年份是925年。[124]又榆林窟張編第12窟東壁，有同光四年(926)正月五日寫的《發願文》，其中提到"敕河〔西〕都(歸)義軍節度使太□(保)”,[125]也是指的議金。此外,以下幾件史料也提到了議金的太保稱號。

莫高窟第98窟甬道南壁供養人第一身題名:

> 河西隴右伊西庭樓蘭金滿等州□□□□觀察□(處)……授(校)太保食邑□(一)□(千)户……萬户侯賜紫金……[126]

該窟是曹議金建於同光三年(925)的功德窟,從供養人的位置和結銜看,這位太保就是曹議金。[127]

P.3718(1)《唐故歸義軍節度押衙南陽郡張公寫真讚并序》稱:

> 郎君諱明集,字富子,即今河西節度曹太保親外甥也,都頭知内親從張中丞長子矣。[128]

後唐時的太保只能是曹議金。

P.3718(11)《程和尚(政信)邈真讚并序》稱:

> 自太保統握河隴,國舉賢良,念和尚雅量超羣,偏錫恩榮之袟(秩)。[129]

P.3718《邈真讚集》中靈俊所撰者均爲後唐人物,據此可以認爲這裹的太保也指曹議金。

P.3500V《歌謡》唱道:

> 二月仲春色光輝,萬户歌謡總展眉。太保應時納福祐,夫人百慶無不宜。三光昨來轉精耀,六郡盡道似堯時。……必定豐熟是物賤,休兵罷甲讀文書。再看太保顔如佛,恰同堯王似有重眉。弓硬力强箭又褐,頭邊虫鳥不能飛。四面蕃人來跪伏,獻陀(駝)納馬没停時。甘州可汗親降使,情願與作阿耶兒。漢路當日無停滯,這迴來往亦無虞。[130]

《敦煌變文集》將此篇作爲《張議潮變文》的附録,認爲太保指張議潮。但這裏歌頌的是活在世上的太保,而不會是死後詔贈太保的張議潮。結合下引文書反映的史實,這裏的太保應指曹議金。[131]

P. 3270 第五首《兒郎偉》説:

今遇明王利化,再開河隴道衢。太保神威發憤,遂便點輯兵衣。略點精兵十萬,各各盡環鐵衣。直到甘州城下,迴鶻藏□無處。走入樓上乞命,逆者入火焚尸。[132]

P. 4011《兒郎偉》有類似記載:

自從太保□□,千門喜賀殷勤。甘州數年作賊,直擬欺負侵淩。去載阿郎發憤,點集兵鉀(甲)軍人。親領精兵十萬,圍繞張掖狼煙。未及張弓拔劍,他自放火燒然。一齊披髮歸伏,獻納金錢城川。[133]

按張議潮時,迴鶻還未在甘州立足。張議潮之後的張氏歷任節度使,又都不帶太保稱號。據敦煌寫本中保存的幾種《邈真讚》,曹議金曾做過收復甘州迴鶻所轄張掖、酒泉二城的努力,[134]現舉上面提到過的 P. 3718(1)《張明集寫真讚》爲例:

太保酬勞,賞遷重疊。去載,大軍開路,公常佐在臺前,晝夜不離,諫陳異計。張掖城下,效勇非輕,左旋右抽,曾何介意。

上文已經證明,讚文中的太保即曹議金,其所記開路和攻打甘州事,與《兒郎偉》和《歌謡》所述基本相同,表明所記都是曹議金事。不同的是《兒郎偉》和《歌謡》是文學作品,顯然有誇張不實之詞。特别是《兒郎偉》,作爲每年年終打鬼時的唱詞,可能經反覆抄寫和增訂,其内容龐雜,未必是同一年的事情。

P. 2675bis《曹議金狀》文字如下：

> 河西歸義軍節度觀察處置管内營田押蕃落等使金紫光禄大夫檢校太保兼令公御史大夫上柱國曹議金狀上：右議金守邊遐徼，地僻天涯。所仗廊廟之資，遠威戎狄。伏惟相公軒冕清門，珪璋名器。自□臺輔，六合具瞻。帷幄運籌，四海□謐。故得四夷回面，皆瞻天下之□。百辟承規，虔奉域中之大。議金自居(下缺)[135]

這件曹議金上某位相公狀所具官銜，在太保之外又兼令公。令公即中書令的尊稱。太保兼令公表明太保稱號即將被取代。以上所列舉的多件稱太保的文書表明，曹議金的這一稱號使用了一段時間。

P. 2814《天成三年(928)二月二十日都頭知懸泉鎮遏使安進通狀》中，報告懸泉一帶賊情消除，説："此時皆仗令公神謀，不落賊人姦便。"[136]這是紀年文書中稱曹議金爲令公的最早例證。至於最晚的例子，見 S. 2575《天成四年三月六日應管内外都僧統海晏牓》，其中説到："今遇令公鴻化，八方無爟火之危。"[137]這一稱號大概一直使用到 931 年得到後唐正式承認時爲止。《舊五代史》卷四二《唐明宗紀》記載："長興二年春正月……丙子，以沙州節度使曹義金兼中書令。"和後唐授司空時一樣，這也無非是對既成事實的認可。

正像得到司空認可詔書後不久就改稱太保一樣，曹議金在正式得到中書令銜的同一年，開始冒稱大王。S. 1181《長興二年(931)十二月二十六日河西節度使結壇供僧燃燈捨施祈願文》中説：

> 大王保(寶)位，寵禄日新，等五岳而齊高，比劫

□(石)□(而)不替。[138]

同卷背另一篇《祈願文》中説：

又持勝福，次用莊嚴我河西節度使大王貴位，伏願南山□□(作壽)，北極標尊，長爲菩薩之人主，永應如來之付囑。

兩文中的大王顯然指曹議金。更明確的記載最早見於 P. 2704 寫本。該寫本抄有四件《曹議金迴向疏》，時間分别是長興四年十月九日、長興五年正月廿三日、二月九日和五月十四日，署銜相同，均作“弟子河西歸義等軍節度使檢校令公大王曹議金”，並鈐“沙州節度使印”，内容大同小異，現僅舉第一件有關部分爲例：

大王受寵，臺星永曜而長春；功播日新，福壽共延於海岳。天公主抱喜，日陳忠直之謀；夫人陳歡，永闡高風之訓。司空助治，紹倅職於龍沙；諸幼郎君，負良才而奉國。小娘子姊妹，恒保寵榮。合宅宫人，同霑餘慶。[139]

大王即曹議金，天公主和夫人分别指他的迴鶻族和漢族妻室，司空是其長子元德。令公大王標誌着權力達到頂點，兼官稱號再也無以復加了。因此可以認爲，直到 935 年曹議金逝世時止，敦煌文書中的大王稱號，均指議金。現將有關材料提示如下：

P. 4976《兒郎偉》的有關詞句如下：

伏承大王重福，河西道泰時唐。……天公主善心不絶，諸寺造佛衣裳。……夫人心行平等，壽同劫石延長。副使司空忠孝，執筆七步成章。[140]

這裏提到的稱號人物，與 P. 2704《迴向疏》完全一樣，所表示的人物應當相同，年代也不會相差太遠。而且還表明，司空元

德時任歸義軍節度副使。其他材料見下表：[141]

資料	年代	名稱	稱號	出處
敦煌院 345	934	道真題記	大王	[142]
P. 3720(5)	934	陰海晏墓誌	托西大王	[143]
P. 4638(9)	(932—935)	曹良才讚	大王	[144]
莫高 401 窟	(932—935)	供養人題記	拓西大王	[145]
莫高 387 窟	934	功德記	大王	[146]
P. 2992 V(3)	(932—935)	致甘州狀	大王	[147]
P. 2638	935	福集等狀	大王	[148]

最後一條資料是確定曹議金死於 935 年的一條帳目："大王臨壙衣物，唱得布捌千叁百貳拾尺。"證實他至死以大王爲號。

曹議金去世的消息，直到 940 年纔傳到中原後晉王朝。《舊五代史》卷七九《晉高祖紀》記載：

天福五年二月丁酉朔，沙州歸義軍節度使曹議金卒，贈太師。

因爲曹議金早就號稱大王了，所以這個追贈的太師稱號雖然也出現在後來的敦煌文書中，但卻没有像張議潮的太保稱號那樣固定下來，935 年以後，人們仍稱他爲大王。因曹元德、元深均無大王稱號，所以在 964 年曹元忠稱王之前，敦煌文書中的大王均指曹議金。以下謹將有關文書表列如下(見下頁)：

雖然曹議金的子孫陸續又給他加了一些更高的檢校官，但大王一直是他的確定稱呼。在 964 年曹元忠稱王後，文書

資料	年代	名稱	稱號	出處
P. 3276 V(1)	(935)	修窟功德記	托西大王	[149]
P. 2850	(935)	燃燈文	大王	[150]
P. 4638(5)	(935—939)	曹夫人讚	曹大王	[151]
榆林 10 窟	(935—939)	供養人題記	托西大王	[152]
P. 3718(12)	935	梁幸德讚	譙王	[153]
P. 2970	(932—935)	陰善雄讚	曹王	[154]
P. 4040	936	辛章午牒	前王	[155]
S. 4291	938	曹元德牒	父王	[156]
莫高 100 窟	(935—939)	供養人題記	[托西]大王	[157]
S. 4245	(935—939)	修窟功德記	大王	[158]
莫高 108 窟	(935—939)	供養人題記	托西大王	[159]
P. 2992 V(1)	(939—944)	曹元深狀	父大王	[160]
P. 3718(16)	941	薛善通讚	曹王	[161]
P. 2482(3)	943	羅盈達墓誌	曹大王	[162]
P. 3792 V	945	張和尚讚	譙王	[163]
P. 3257	946	王文通牒	大王	[164]
P. 2482(5)	936—946	張懷慶讚	譙王	[165]
P. 3556(4)	951—959	曹闍梨讚	曹大王	[166]
S. 2974	961	曹元忠疏	大王	[167]
莫高 55 窟	(962)	供養人題記	托西大王	[168]
莫高 454 窟	(976—?)	供養人題記	托西大王	[169]

中的大王二字纔不全歸曹議金所有，必須看其他條件纔能確定。

總之，曹仁貴（議金）稱號的演變經過大致是：914 年初任節度使後加吏部尚書銜。約貞明六年（920）後不久，稱僕射。同光二年（924）前後稱司空。從同光三年起稱太保。天成三年（928）至長興二年（931）稱令公。長興二年始稱大王。清泰二年（935）去世後仍被稱作大王，一作托西或拓西大王。

第七節　曹元德（935—939）

曹元德是在清泰二年（935）二月十日曹議金死後正式執掌歸義軍政權的。據上節引用的 P. 2704《長興四年（933）十月九日曹議金迴向疏》，他早在議金之世就是節度使的得力助手，而且擁有司空這樣高的稱號。又據上引 P. 4976《兒郎偉》，他當時的正式職務是節度副使。

P. 3556(11)《清泰三年正月二十一日曹元德迴向疏》中祝願道：

> 司空祿位，榮寵共七宿長暉；福蔭咸宜，芳名以（與）五星爭朗。[170]

後署"歸義軍節度留後使檢校司空曹元德"。與此完全相同的署名又見於 P. 3260《某年十二月二日曹元德狀》中。[171]

又，臺北中央圖書館藏敦煌文書 004746 有習字曰："敕歸義軍節度留後使檢校司空兼御史大夫上柱國曹"，[172]應即曹元德。以上三條資料充分説明，曹元德任節度留後以後，仍以司空爲號。而且，這一稱號看來一直延用下來。現將有關材料彙列如下：

P. 4040《清泰三年正月百姓辛章午牒》:“伏望司空仁造。”[173]

P. 4638(13)《丙申年(936)正月馬軍武達兒狀》:“伏乞司空阿郎仁恩照察。”[174]

P. 4638(18)《清泰四年十一月十八日都僧統龍辯等狀》:“右伏以司空五才神將,降世以定龍沙;七德變通,護六州而治蓮府。”[175]

P. 4638(19)同上年月人物狀:“昨者司空出境,巡歷遐遥。嚴風冒觸於威顔,冷氣每瀆於貴體。”[176]

P. 4638(21)《都僧統龍辯等獻酒狀》:“伏惟司空應天文之德,定押河隍(湟);稟地里之祥,肅清九郡。”[177]

S. 3877 V《戊戌年(938)正月沙州洪閏鄉百姓令狐安定狀》:“伏望司空照察貧下,乞公憑,伏請處分。”[178]

S. 4291《清泰五年二月十日敕歸義軍節度使牒》後署:“使檢校司空兼御史大夫曹元□。”[179]

P. 3347《天福三年(938)十一月五日敕歸義軍節度使牒》後署:“使檢校司空兼御史大夫曹元□。”[180]上兩件文書後一字模糊不清,據時間和題銜應是“德”字。

P. 4638(5)《曹(議金)夫人讚》云:“別男司空,何世再逢於玉眷。”[181]

莫高窟第100窟甬道南壁供養人第二身題名:“敕河西歸義軍節度押蕃落等使檢校司空譙郡開國公曹元德一心供養。”[182]

莫高窟第108窟甬道南壁供養人第二身題名:“敕河西歸義等軍節度押蕃落等使檢校司空譙郡開國公曹元德一心供養。”[183]

S. 4245《造窟功德記》據考就是曹元德爲修建莫高窟第100窟而寫，在稱號方面也提供了豐富的材料，現引有關部分如下：

> 厥今廣崇釋教，固謁靈巖，捨珍財於萬像之前，炳金燈於千龕之內。爐焚百寶，香氣遍谷而翔空；樂奏八音，妙響遐通(邇)於林藪。國母聖天公主親詣彌勒之前，閨宅娘子郎君，同增上願。傾城道俗，設淨信於靈崖；異域專人，念鴻恩於寶閣者，有誰施作？時則有我河西節度使司空，先奉爲龍天八部，護塞表而恒昌；社稷無危，應法輪而常轉。刀兵罷散，四海通還。癘疫不侵，攙槍永滅。三農秀實，民歌來暮之秋；霜疸無期，誓絶生蝗之患。亦願當今帝主，等北辰而永昌；將相百寮，應五星而順化。故父大王，神識往生菡萏之宫。司空寶位遐長，等乾坤而合運。天公主、小娘子，誓播美於宫闈(闈)。兩國皇后乂安，比貞松而莫變。諸幼郎君昆季，福延萬春。都衙等兩班官寮，輸忠盡節之福會也。伏惟太保云云，加以云云，割捨珍財，敬造大龕一所。[184]

父大王即曹議金，國母聖天公主指義金的迴鶻夫人。前者剛剛去世，後者則被奉爲國母，所反映的時代正是曹元德時期，司空即元德。值得注意的是，造窟功德的主人除了司空外，還被稱作太保。[185]大概正像上舉 P. 3805 所記曹議金的檢校司空兼太保一樣，元德在任職末期，也以檢校司空兼太保。最近，有的學者根據 P. 2032 V《淨土寺破曆》第 381—472 行的有關記載，推斷所記是天福四年(939)的支出帳目。其中六、七月間記有“司空患時還馬價付衆僧用”布、粟數，以及“司空患時燃燈用”油數。十一月底到十二月初記有“太保亡時吊公主、郎君、小娘子等用”布數。由此認爲司空兼太保曹元德死於天福四年年底。[186]這和人們從其他材料推斷的結論相同,[187]可以認爲是曹元德去世前後的實録。

司空顯然是長期以來的慣稱,所以一直没有退出歷史舞臺。至於太保的來歷,P. 4065(1)表文一道稱:

臣某言:旌節官告國信使副幸奉宣聖旨,賜臣手詔一封,贈臣亡父官告一道,告身一通,焚黄一道;故兄贈太保官告身一通,告身一道,焚黄一道者,澤降丹霄,恩及下土。[188]

該表無年月,從表文所記父子、兄弟關係和亡父“叨權節制二十餘年”來看,此表應是曹議金次子、元德之弟元深所上。[189]由此知元德的太保銜可能是後晉王朝封贈的。

總之,曹元德早在長興四年(933)就以節度副使檢校司空。清泰二年(935)繼任節度使後仍用此稱。末年又由中央王朝贈太保。天福四年底去世。

第八節　曹元深(939—944)

大約天福四年(939)冬,後晉使臣張匡鄴一行來到沙州時,高居誨記載:“其刺史曹元深等郊迎。”[190]這顯然是元深代重病不起的節度使元德去迎接天使的。不久,元深接替元德執掌歸義軍政權。P. 2692《天福五年三月歸義軍節度留後疏》草稿中稱:

伏惟我府主司空德荷乾象,道契坤儀……司空永保於千秋,公主延年於萬歲,郎君則寒松並秀,小娘子而(如)柏恒青。[191]

後署“弟子歸義軍節度留後使檢校司空曹”。司空是元德常用的稱號,使人容易把這裏的司空看作元德。但元德此時已逝,不應被稱作留後使,因此只能是指元深。元深司空稱號的另一例證是莫高窟第412窟所寫的《功德記》,其中有“府主司空延祥”的祝願,後題“時天福五年庚辰(子)四月廿六日題記”。[192]這表明元深任職之初,號稱司空。

司空的稱號没有使用多久,至少到942年曹元深就升爲司徒了。S. 4363《天福七年(942)七月二十一日敕歸義軍節度使牒》後署“使檢校司徒兼御史大夫曹(畫押)”,押字不清,但爲元深無疑。這從P. 4046《天福七年十一月二十二日曹元深迴向疏》中可以得到明證。疏中稱:

> 司徒寶位,寵禄日新,同劫石而長榮,並江淮而不竭。

末署“弟子歸義軍節度使檢校司徒兼御史大夫曹元深”。[193]就在同年十二月二十七日,曹元深派出的使臣隨同歸朝的張匡鄴一行及于闐使劉再昇來到後晉朝廷。[194]翌年(943)正月十一日,晉朝正式下詔,任命“沙州留後曹元深加檢校太傅,充沙州歸義軍節度使”,[195]給予他較高的寵遇。但這一消息並没有馬上傳到敦煌。S. 8583《天福八年二月十九日河西都僧統龍辯牓》中稱:

> 自從司徒秉政,設法再役,河西政俗,□風專慕,弘揚佛日。[196]

仍用司徒來稱呼元深。屬於942—943年曹元深稱司徒時的文書還有P. 2992V(1)某年《二月歸義軍節度兵馬留後使檢校司徒兼御史大夫曹(元深)狀》[197]和P. 3269《曹元深發願文》,後者文中稱:

有誰施作？時則有河西節度使司徒。先奉爲龍天八部，護蓮府〔而〕卻殃災；梵釋四王，靜攙槍而安社稷。當今帝主，永鎮皇圖。十道澄清，八方順美。司徒鶴壽，寶位定千載遐隆。國母天公主延齡，禄寵厚萬年莫竭。刺使（史）郎君英俊，負忠孝理於王庭；小娘〔子〕内外芳顏，永蔭長榮於閨閣之福會也。伏惟我司徒千年降質，神授英奇。[198]

文書反映的人物關係，也可以證明司徒即元深。

S. 4537 V《天福九年正月釋門僧政善光牒》中說："伏望太傅鴻造，特賜去住之由。"[199]表明元深已接受了後晉封贈的官號，稱太傅。然而就在同年三月九日，元深去世。P. 3388《曹元忠疏》云：

右今月十一日，就衙奉爲故兄太傅大祥追念設供，伏乞慈悲，依時早赴。開運四年三月九日，弟子歸義軍節度使檢校太保曹元忠疏。[200]

按敦煌之大祥爲三年祭，證明元深卒於天福九年（944）三月九日。另外，P. 2032 V《甲辰歲（944）一月已後淨土寺直歲惠安手下諸色入破曆計會稿》中，也記有"太傅亡時"用面的帳目。[201] P. 4960《甲辰年（944）五月廿一日窟頭修佛堂社條》記："太傅及私施，計得細色叁量（兩）。"應是元深未死前施捨的記録。最後，P. 2642 中保存了一篇《結壇祭文》，其中説道：

有誰施作？時則有河西節度使府主太保。先奉爲龍天八部，添鴻水以潤陸田；梵釋四王，靜四邊煙不起。太保益壽，合境康寧。次爲過往太傅遠忌追晨（辰）諸福會也。

這篇《祭文》可能是曹元忠追念其兄太傅元深的，[202]與上舉

P. 3388《曹元忠疏》題銜、内容均同。但因爲缺少明確的年代綫索，僅從稱號考慮，太傅、太保也可以分别指三十年後的曹延恭、延禄兄弟。

總之，曹元深在天福五年(940)初任節度使時稱司空，天福七、八年稱司徒，天福九年初接受後晉詔贈的太傅稱號，然不久即去世。

第九節　曹元忠(944—974)

據《新五代史》卷九《晉出帝紀》，在曹元深任節度使的天福七年(942)，元忠就是瓜州刺史，上引 P. 3269《發願文》中的"刺史"，應即元忠。另外，上引 P. 4046《天福七年曹元深疏》在祝願司徒元深後，接着説："尚書異俊，抱文武之宏才。"尚書大概就是元忠當時的加官。

上節已經説明，曹元深應是天福九年三月九日去世，由元忠繼任節度使的。反映這一變化的還有 P. 2187《破魔變文》，現將有關文字録出，再做討論。在押座文之後，有祈願文云：

> 已(以)此開讚大乘所生功德，謹奉莊嚴我當今皇帝貴位，伏願長懸舜日，永保堯年，延鳳邑於千秋，保龍圖於萬歲。伏惟我府主僕射，神資直氣，岳降英靈。……謹將稱讚功德，奉用莊嚴我府主司徒。伏願洪河再復，流水而繞乾坤；此(紫)綬千年，勳業長扶社稷。次將稱讚功德，謹奉莊嚴國母聖天公主，伏願山南朱桂，不變四時；領(嶺)北寒梅，一枝獨秀。

《變文》最後又有詩句云：

> 自從僕射鎮一方，繼統旌幢左大梁。……大洽生靈

垂雨露，廣敷釋教讚花偏。小僧願講經功德，再祝僕射萬萬壽。[203]

大多數學者據"左大梁"句，認爲這篇變文作於907—922年後梁時期。[204]但文中提到的國母聖天公主，據上引S. 4245《曹元德造窟功德記》和P. 3269《曹元深發願文》，是元德、元深、元忠的母親，而907—922年間任職的張承奉或曹議金卻没有這樣一位國母，因此，有必要重新考慮變文的寫成年代。我們認爲，所謂"繼統旌幢左大梁"的"大梁"，未必指後梁，而僅僅是棟梁的意思，"左大梁"説成白話就是"挑大梁"。[205]"大梁"不是專有名詞，後梁説也就難以成立了。據國母聖天公主的稱號，變文應作於元德、元深或元忠在位時期。按元德没有司徒銜，元深在942—943年間稱司徒，元忠只在繼任節度使初年號稱司徒（見下），但當時不會有一位要繼統旌幢的僕射同時被稱爲府主。因此，這裏的司徒只能指元深，僕射則應指元忠，寫作時間約在天福八年（943）末。當時元深已病，所以祈願是以僕射元忠的口氣，來祝願皇帝、司徒、國母聖天公主等。文末的三首七言律詩與變文的體裁不合，應是講經的小僧所補寫。按變文最後的題記爲："天福九年甲辰祀黄鍾之月（十一月）蓂生十葉（十日），冷凝呵筆而寫記，居淨土寺釋門法律沙門願榮寫。"小僧即願榮，補寫的時間即題記所示，時元深已逝，所以只贊頌繼統旌幢的僕射。以上論證説明，944年，元忠已從尚書進稱僕射，並執掌歸義軍政權。

P. 3257《開運二年（946）十二月歸義軍左馬步都押衙王文通勘尋寡婦阿龍還田陳狀牒》所存第一件文書末稱"伏乞司徒阿郎仁慈祥照"，[206]據知此時元忠已稱司徒。《舊五代史》卷八四《晉少帝紀》記載：

開運三年三月……庚申,以瓜州刺史曹元忠爲沙州留後。

對曹元忠來説,這顯然已經没有甚麽意義。據上節引用的P. 3388《開運四年三月九日曹元忠疏》,元忠又從司徒進稱太保。

曹元忠的太保稱號也只是曇花一現,就在開運四年年中,他又自稱爲太傅。敦煌出土印刷品中,有《曹元忠造大慈大悲救苦觀世音菩薩像》(S. P. 9,P. 4514 等),題記稱:

弟子歸義軍節度瓜沙等州觀察處置管内營田押蕃落等使特進檢校太傅譙郡開國侯曹元忠雕此印板……於時大晉開運四年丁未歲七月十五日。[207]

另外還有同一日雕印的《北方大聖毗沙門天王像》(S. P. 8,P. 4514 等),題記稱:

弟子歸義軍節度使特進檢校太傅譙郡曹元忠,請匠人雕此印板,惟願國安人泰,社稷恒昌,道路和平,普天安樂。於時大晉開運四年丁未歲七月十五日紀。[208]

表明至遲到開運四年七月十五日,元忠已稱太傅。此稱號還見於 S. 2687(1)《曹元忠夫婦布施疏》:

弟子河〔西〕歸義軍節度瓜沙等州管内營田觀察處置押蕃落等使特進檢校太傅譙郡開國侯食邑一千户曹元忠、潯陽郡夫人翟氏,先奉爲……於時大漢天福十三(二)年丁未歲十一月壬子朔十九日庚午畢功記。[209]

丁未歲應是天福十二年(947)。又印本《金剛經》(S. P. 10、11,P. 4514,P. 4516 等)有如下題記:

弟子歸義軍節度使特進檢校太傅兼御史大夫譙郡開國侯曹元忠,普施受持。天福十五(四)年己酉歲五月十五日記，雕板押衙雷延美。[210]

按己酉爲天福十四年。另外，S. 518雜寫文字有：

維大漢天福拾肆年歲次丙午八月丁丑朔廿二日戊戌，敕河西歸義軍節度瓜沙等州觀察處置支度營田押蕃落等使光禄大夫特進檢校太傅食邑壹阡户食實封叁百户譙郡開國侯曹某之世再建窟檐記。

丙午爲開運三年(946)，此處從"天福拾肆年(949)"的記法。[211]

以上列舉的文書表明，天福十四年八月以前，曹元忠在沙州已從僕射、司徒、太保，自稱到太傅一級，但這些稱號並未得到中原王朝的承認，就在同一年，元忠的稱號又降到司空一級，應當是事出有因的。S. 4398《天福十四年曹元忠牒》全文如下：

新授歸義軍節度觀察留後光禄大夫檢校司空兼御史

大夫譙縣開國男食邑三百户曹元忠

硇砂壹拾斤

右件砂，誠非異玩，實愧珍纖，冒瀆臺嚴，無任戰越之至。謹差步軍教練使兼御史中丞梁再通等，謹隨狀獻到，望俯賜容納。謹録狀上，牒件狀如前，謹牒。

天福十四年五月　日，新授歸義軍節度觀察留後光禄大夫檢校司空兼御史大夫譙縣開國男食邑三百户曹元忠牒。[212]

文書上鈐"歸義軍節度觀察留後印"，説明是曹元忠向中原王朝進貢時寫的正式公文，元忠自稱爲歸義軍節度留後、司空、開國男，結銜較同年同月的《金剛經》題記及稍晚一點的S. 518《建窟檐記》的節度使、太傅、開國侯要低得多，據"新授"二字，這個新結銜是從中原王朝剛剛得到的。按照歸義軍以往的慣例,曹元忠已稱到太傅,自然不會接受低幾級的司空稱號,因此,可以認爲牒文中元忠的具銜,只不過是向中原王朝上書時的一種策略作法,並不代表沙州的實際情況。然而,我們卻看到,在上舉 S. 518 中天福十四年八月二十二日的太傅稱號以後,敦煌文獻中對元忠的稱呼,又以司空爲基點,重新一步步上升到太保、太傅乃至更高的級別。

Дx. 1275《歸義軍軍資庫司紙破曆》有如下帳目:

一日,奉判支都衙王文通身故助葬,〔紙〕壹束。同日,支□□司空兩帖,付張諫全。[213]

都衙王文通見本節上引 P. 3257《開運二年十二月歸義軍左馬步都押衙王文通牒》,此曆記王文通身死,則必作於開運二年以後不久,估計應在天福十四年底或乾祐三年(950)初。這件歸義軍官府文書表明,曹元忠在沙州本地已被稱爲司空。

P. 3390(2)《孟受上祖莊上浮圖功德記》云:

厥有弟子節度押衙張盈潤,奉爲故和尚在日造浮圖壹所……伏願當今皇帝,永膺九天;府主太保,澄清一道……於時大漢乾祐三年歲次閹茂(950)仲吕之月(四月)蓂生三葉(三日)題記。

府主太保指曹元忠無疑,表明至遲從乾祐三年四月初,元忠重又號稱太保。另外,元忠的太保稱號還有以下例證。

日本龍谷大學圖書館藏敦煌寫本《佛説延壽命經》題記:

維大周廣順三年歲當癸丑(953)正月二十三日,府主太保及夫人爲亡男太子早别王宫,棄辭火宅,遂寫《延壽命經》四十三卷,以濟福力,願超覺路,永充供養。[214]

S. 3491+P. 3051 保宣編撰的《頻婆娑羅王后宫綵女功德

意供養塔生天因緣變》中，在押座文後，有祈願文稱：

内宫爾時以此開讚功德，我府主太保千秋萬歲，永蔭龍沙；夫人松柏同貞，長永(承)貴寵。

變文後的題記作："維大周廣順叁年癸丑歲肆月廿日，三界寺禪僧法保自手寫紀。"[215]按這篇變文所用的押座文和上文論及的 P. 2187《破魔變文》所用者完全相同，並且兩變文的押座文後均有與變文本身内容無關的祈願文，應當都是變文抄寫者按當時的情況加上去的，廣順三年沙州三界寺僧法保所祝願的太保，應即曹元忠。

莫高窟第 469 窟北壁有題記云：

廣順叁年歲次癸丑八月十五日，府主太保就窟工(上)造貳仟仁齋藏内記。[216]

P. 3727(2)《廣順五年正月吕富延、陰義進等狀》開首稱：

都知兵馬使吕富延、都知兵馬使陰義進等狀上太保衙。[217]

S. 3565 抄有兩篇疏文，前者爲：

弟子歸義軍節度使檢校太保曹元忠，於衙龍樓上，請大德九人，開龍興、靈圖二寺大藏經一變，啓揚鴻願，設齋功德疏。

後者爲：

弟子敕河西歸義等軍節度使檢校太保曹元忠，以(與)潯陽郡夫人及姑姨姊妹娘子等，造供養具疏。[218]

本件無年代，據考元忠夫人翟氏稱潯陽郡夫人是在天福十二年(947)至顯德四年(957)之間，[219]因此可以把這兩篇疏文定在元忠第二次稱太保的 950—955 年間。

《册府元龜》卷一七〇"帝王部・來遠門"記載：

世宗顯德二年正月，沙州留後曹元忠、知瓜州軍州事曹元(延)恭各遣使進方物。以元忠爲歸義軍節度使簡較(檢校)太保同平章〔事〕；以元(延)恭爲瓜州團練使，仍各鑄印以賜之，皆旌其來王之意也。

《舊五代史》卷一一五《周世宗紀》的記載略有不同：

顯德二年五月……戊子，以沙州留後曹元忠爲沙州節度使檢校太尉同平章事。

二者所記顯爲一事，但檢校官不同。雖然五代時制度已有紊亂，但很難將僅次於太師的太尉銜給予一個初任節度使的人，從元忠此前在沙州稱太保，此後稱太傅、令公來看，其檢校官不應是太尉，而應從《元龜》作太保。對於歸義軍節度使來説，中原王朝的每一次封贈，常常是對他在沙州所用稱號的認可；而册封詔書的抵達，又成爲他進一步自封高階的難得良機。所以，大概這一次也不例外，因爲從 956 年開始，元忠的太保稱號銷聲匿迹，接着出現了令公一稱。英國博物院藏敦煌絹畫《顯德三年任延朝畫菩薩像記》云："願令公壽同山岳，禄比滄溟。"[220]這是目前所見元忠稱令公的最早例證。另外，P. 3501 V(5)《顯德五年四月押衙安員進牒》有"伏乞令公"云云。又 P. 3016 V《于闐天興九年(958)九月前檢校銀青光禄大夫新受内親侍都頭西朝走馬使□富住狀》中説：

奉本道大師令公差充走馬奏回禮使索子全等貳人，於伍月伍日入沙州，不逢賊寇。[221]

這是沙州使臣上于闐朝廷書中報告上批沙州使臣返回的情況，太師令公應指曹元忠，似表明 958 年他已加官至太師。但這是沙州使臣向于闐皇帝講的話，因爲于闐皇后正是元忠的姊妹，所以不應把元忠的身份説得過低，這裏的太師或許是沙州人在向于闐方面講話時用的冒稱。P. 3556(12)《顯德六年十二月押衙曹保昇牒》中有“伏望令公恩造”的話，[222]表明960年初元忠仍只用令公稱號。

入宋以後，曹元忠的稱號又有變化。S. 2974《建隆二年(961)二月十日曹某爲父大王忌辰追念設供疏》末題：“歸義軍節度使特進檢校太傅同中書門下平章事曹。”[223]按二月十日是曹議金去世之日，文書内容和題銜表明，這裏的太傅即曹元忠。這或許是元忠在太保之後，令公之外自稱的加官。《宋會要》“蕃夷五”記載：

> 建隆三年正月，制推誠奉義保塞功臣歸義軍節度瓜沙等州觀察處置管勾(内)營田押藩(蕃)落等使特進檢校太傅同中書門下平章事沙州刺史上柱國譙郡公食邑一千五百户曹元忠，可依前檢校太傅兼中書令使持節沙州諸軍事行沙州刺史，充歸義軍節度使瓜沙等州觀察處置管勾(内)營田押藩(蕃)落等使，加食邑五百户、實封二伯户，散官勳如故。[224]

這顯然又是對既成事實的承認。P. 2481 V(7)《建常定樓記》有“河西歸義軍節度瓜沙等州押蕃落等使檢校太傅令公兼御史大夫上柱國曹”名；[225]P. 2155 V 第二、三件狀文，均署“歸義軍節度使特進檢校太傅兼中書令曹元忠”，[226]可能都是962年前後的文書。

大概在962—964年之間的某時，曹元忠的加官纔真正進到太師令公。榆林窟張編第12、17、24窟甬道南壁均有如下題記：

> 推誠奉國保塞功臣敕歸義軍節度特進檢校太師兼中

書令譙郡開國公曹元忠。[227]

又敦煌研究院藏 001 號《歸義軍官府酒破曆》記有"甘州使迎令公,支酒一甕"的帳目,年代可能在 964 年。[228]

我們之所以把上舉榆林三窟題記的年代放在 962—964 四年間,是因爲從 964 年開始,曹元忠又繼曹議金之後,號稱起大王來。S. 2687(2)《涼國夫人潯陽翟氏布施疏》稱:

> 歸義軍節度使檢校太師兼中書令敦煌王曹公之涼國夫人潯陽翟氏,敬造五色繡經巾一,施入窟内。伏願……大王神算遐長,七郡布殊常之德化。……於時大漢(宋)乾德二年甲子歲四月廿二日題記之耳。[229]

這是目前所見最早的稱王例證。太師令公敦煌王的稱號對於歸議軍節度使來説已無以復加了,下面把我們收羅到的有關 964 年以後元忠稱號的材料列表如下(見下頁):

據下引 P. 3827＋P. 3660 V 號文書,曹元忠逝於開寶七年(974)六月六日。太平興國五年(980)沙州報喪的使臣纔到達宋朝,宋太宗詔贈其敦煌郡王,[245]也是對既成事實的承認。

曹元忠的統治達三十年之久,稱號的變化也比較複雜,由於有關文書比較豐富,所以還是可以大致理出他所用稱號的基本脈絡:曹元深在世時的天福七年(942)前後稱尚書;天福九年繼位前後稱僕射;開運二年(946)稱司徒。翌年,稱太保;開運四年至天福十四年(949)稱太傅。同年,由中原王朝封爲檢校司空,於是,以此爲新的起點,從乾祐三年(950)到廣順五年(955),又稱太保;顯德三年(956)至六年,稱令公;建隆二年(961)又稱太傅;約建隆三年,稱太師令公;自乾德二年(964)起直到去世以後,在太師令公之外,又進稱大王。

資料	年代	名稱	稱號	出處
龍谷藏文書	966	大般若經題記	大王	[230]
Ch. 00207	966	修窟功德記	太師令公·托西大王	[231]
P. 3023	(968)	法華經題記	大王	[232]
S. 4632	968	曹元忠疏	太師令公·敦煌王	[233]
P. 5538	970	于闐王書	曹大王	[234]
莫高 427 窟	970	窟檐題記	太師令公·西平王	[235]
莫高 437 窟	(970)	供養人題記	西平王	[236]
P. 2943	971	氾願長等牒	大王	[237]
P. 2985	973	丁守勳牒	大王	[238]
P. 3578	973	油曆	大王	[239]
S. 5973(1)	974	曹元忠疏	太師令公·敦煌王	
S. 5973(2)	974	曹元忠疏	太師令公·敦煌王	[240]
P. 3365	974	付經曆	大王	
P. 2703 V (2)	(964—974)	曹元忠狀	太師令公·敦煌王	[241]
P. 2703 V (3)	(964—974)	曹元忠狀	太師令公·敦煌王	[242]
P. 2726	(964—974)	法堅願文	大王	[243]
P. 2761(1)	(964—974)	祈願文	大王	
莫高 454 窟	(976—?)	供養人題記	太師令公·天册西平王	[244]

第十節　曹延恭(974—976)

據上節引《册府元龜》卷一七〇"帝王部·來遠門"的記載,955年曹延恭任瓜州團練使。大約962—964年間節度使曹元忠所修的榆林窟第7窟甬道南壁供養人第二身題記爲:

侄……檢校司空兼……曹延……[246]

從"侄"字來看,這應是延恭的題名,可惜兼官已殘,只知他的加官爲司空。

974年,曹延恭繼位爲節度使後稱太保,見S.5973(3)《開寶八年(975)正月歸義軍節度使檢校太保兼御史大夫曹延恭迴向疏》和S.5973(4)《開寶八年二月歸義軍節度使特進檢校太保〔曹延恭〕迴向疏》。[247]

莫高窟第444窟窟檐題梁稱:

維大宋開寶九年歲次丙子正月戊辰朔七日甲戌,敕歸義軍節度瓜沙等州觀察處置管内營田押蕃落等使特進檢校太傅兼中書令譙郡開國公食邑一千五百户食實封三百户曹延恭之世創建紀。[248]

據此,延恭至遲在976年初進稱太傅及令公。莫高窟第454窟是由延恭始建,而由其弟延禄在976年以後最終建成的,其甬道南壁第五身供養人題記作:

窟主敕歸義軍節度瓜沙等州觀察處置□(管)□(内)營□(田)押蕃落等使特進檢校太□□(兼)中書令譙郡開國公食邑一千五百户食□(實)封五百户延恭一心供養。[249]

"太"字下似應補"傅"字。太傅兼中書令大概是延恭生前最高的結銜。

S. 3978 有《丙子年(976)七月一日司空遷化納贈曆》,學者們大多認爲這是記載延恭去世年份的重要證據,司空即延恭。[250]從年代上看,這種説法似可成立,但爲甚麽不用太傅而用司空來稱呼他呢?目前尚没有明確的答案。如果這裏的司空確指延恭,則反映了在延禄繼位後,又用早年的稱號司空來稱呼延恭。同時,我們不排除這裏的司空另有所指的可能性。另外,P. 3827+P. 3660 V《太平興國四年(979)四月曹延禄牒》中説:

> 當道去開寶七年六月六日,臣父薨亡,臣兄瓜州防禦使金紫光禄大夫檢校司徒兼御史大夫上柱國譙縣開國男食邑三百户延恭,充歸義軍節度兵馬留後。[251]

這是延禄向宋朝上表時對往事的追述,稱延恭爲司徒,可能指的是 974 年延恭剛剛繼位時的稱號,也可能是延禄上表時對中央朝廷講話時用的一種自我貶稱,似以前者更有可能。

總之,曹延恭在繼位前就稱司空,開寶七年(974)六月六日繼曹元忠執政後,很可能先稱司徒;翌年即進稱太保;開寶九年去世前又號稱太傅。

第十一節　曹延禄(976—1002)

曹延禄在 976—1002 年間任歸義軍節度使,關於他的稱號升進的情況,森安孝夫氏曾做過簡要的提示,即 978—980 年稱太保,980—984 年稱太傅,984—989 年以後某時稱太師,995 年前後稱太尉。[252]對此,他未做任何論證。我們的看法與他稍有不同，以下詳作論證。

上節提到的由延恭始修而由延禄在 976 年以後完成的莫高窟第 454 窟，有曹延禄的如下題記：

> 弟新受敕歸義軍節度使光禄大夫檢校太保譙郡開國□(公)食邑□(五)百□(户)食實封三百户延禄。[253]

稱作"新受"，又是續修延恭的功德窟，年代應在 976 年延恭逝後不久，太保大概是延禄初任節度時的自封。P. 3553《太平興國三年(978)四月應管内外都僧統辯正大師鋼惠等牒》中稱頌道："伏惟太保上稟三光，下臨五郡。"[254]這爲延禄稱太保確定了明確的年代。上面也曾提到過的 P. 3827＋P. 3660 V《太平興國四年四月曹延禄牒》，實際是曹延禄上北宋王朝的表文，其前後所列延禄的結銜相同，均作："權歸義軍節度兵馬留後金紫光禄大夫檢校司空兼御史大夫上柱國譙縣開國男食邑三百户。"這個結銜顯然是延禄寫給宋朝皇帝看的，所以把自己降到留後、司空。奉曹延禄此表的沙州使臣在次年閏三月辛未到達宋廷。[255]四月，宋朝下詔曰：

> 制：權歸義軍節度兵馬留後金紫光禄大夫檢校司空兼御史大夫上柱國譙縣男曹延禄，可檢校太保歸義軍節度瓜沙等州觀察處置營田押藩(蕃)落等使。[256]

授官前延禄的結銜與上舉《曹延禄牒》所列職銜完全相同，而檢校太保的授予，實際就是對既成事實加以肯定，這卻透露出曹延禄的太保稱號至少延用到沙州使臣出發的太平興國四年四月。

在沙州使臣還没有到達宋廷的太平興國五年二月，曹延禄又迫不及待地自稱太傅了，見莫高窟第 431 窟窟檐題梁：

> 維大宋太平興國伍年歲次庚辰二月甲辰朔廿二日乙

丑,敕歸義軍節度瓜沙等州觀察處置管内營田押蕃落等使特進檢校太傅同中書門下平章事譙郡開國公食邑一阡伍百户食實封七佰户曹延禄之世創建此窟檐紀。[257]

又,莫高窟第61窟主室東壁門北側第七身供養人像題記:

大朝大于闐國天册皇帝第三女天公主李氏,爲新受太傅曹延禄姬供養。[258]

據考,該供養人像是980年前後補繪的。[259]使臣的西歸並没有改變這種作法,P.4525《辛巳年(981)八月都頭吕富定牒》稱"伏乞太傅恩慈,特賜公憑",仍以太傅稱曹延禄。

太傅一銜的下限不明,至遲到984年,曹延禄就將所有最高級的稱號——太師、令公、大王集於一身。S.4400和P.2649是分别寫於太平興國九年(984)二月二十一日和三月二十二日的《曹延禄醮奠文》,延禄的署銜相同,均爲"敕歸義軍節度使特進檢校太師兼中書令敦煌王"。[260]後者文中還説:"伏願府主大王遐壽,永爲西塞之君侯。"表明自此以後,曹延禄成爲曹議金、曹元忠後曹氏歸義軍的第三位大王。此後延禄稱王的材料如下表(見下頁):

上列史料表明,至少在984—995年間,曹延禄的稱號是太師令公敦煌王。《宋會要》"蕃夷五"記載:

至道元年三月,延禄遣使朝貢。制加特進檢校太尉。

這在宋朝方面,已是給予節度使的最高檢校官,但對延禄來説毫無意義。同書又記:真宗咸平四年(1001),"制進封延禄譙郡王",終於給予了王的爵位,但翌年延禄就死於兵變。

通過以上論證,可以列出延禄稱號遷升的年表:大概從開寶九年(976)繼位時起,直到太平興國五年(980),自稱太保;同年,始稱太傅;這一稱號可能延至太平興國九年(984);此後,延禄稱太師、令公、敦煌王(一作西平王);直到咸平五年(1002)被殺。

資料	年代	名稱	稱號	出處
天王堂	(984)	功德記	太師令公・敦煌王	[261]
P. 3186 V(1)	985	某人狀	大王	
P. 3186 V(2)	985	某人狀	大王	
S. 4489	985	張再通牒	大王	[262]
P. 3579	988	吴保住牒	大王	
P. 3576	989	曹延禄疏	太師令公・敦煌王	[263]
羅振玉舊藏	(995)	道猷狀	大王	[264]
榆林 25 窟	(984—1002)	供養人題記	太師令公・敦煌王	[265]
S. 5917	(984—1002)	殘狀	太師令公・天册西平王	[266]
莫高 342 窟	(984—1002)	供養人題記	西平王	[267]

結　　語

1002 年,曹延禄及弟瓜州防禦使延瑞被逼自殺,曹宗壽繼掌歸義軍政權。雖然歸義軍在此後仍然存在了相當長的一段時間,但保留下來的史料很少,所以本文對歸義軍節度使的稱號及其相關文書年代的論證至此爲止。

應當説明的是,自曹議金以後,往往一繼任節度使,加官就在三公一級,而且曹議金、曹元忠和曹延禄都號稱大王。在他們任使職期間,其副職或子弟往往也兼有相當高的官銜,甚至也達到三公一級。如文書中提到過曹議金在位時,元德已稱司空。又如曹延禄在位時,其弟延瑞已稱司徒,見 P. 4622《雍熙三年(986)十月墨離軍諸軍事守瓜州團練使金紫光禄大夫檢校司徒兼御史大夫曹延瑞疏》。[268]更值得注意的是,因爲延瑞是瓜州最高執政官,所以當地所寫的文書指稱最高上司時,往往是指瓜州的首腦,而不是歸義軍節度使,如 S. 374《至道元年(995)正月新鄉副使王漢子等牒》中所説的司徒,[269]指的正是延瑞。這是我們在利用稱號專名來斷定文書年代時應當考慮到的。

本文通過對歸義軍歷任節度使所用稱號的系統考察,初步建立起這些稱號的年代體系。我們盡可能多地把有關節度使稱號的文獻檢出,並考證出絶對的或大致的年代和稱號所屬。但仍然有不少記有稱號的材料没有也不可能一一加以論證。我們希望隨着敦煌研究的進步,做進一步的補充、修訂,使之更加完善。

同時,歸義軍節度使所用稱號的年代體系的確定,反過來又變成一個工具,人們可以根據本文提供的某個稱號的一個或幾個年代界限,去判斷那些没有年代卻帶有某個稱號的文書的年代。當然,在對勘稱號時,還要做具體的分析研究,但稱號無疑是判斷敦煌寫本年代的有力手段。

作爲本文的結論,下表一是本文考證出的歸義軍歷任節度使稱號年代表;表二是供斷代用的稱號所屬及年代表。

表一　歸義軍歷任節度使稱號年代表

節度使	稱　號	年　代
張議潮	尚書	(848)—851—858
	僕射	(858)—(861)
	司空	861—867
	司徒	867—872
	太保	872 年以後
張淮深	將軍	(853)—865—867
	常侍	(867)—(872)
	尚書	872—887—(890)
	僕射	887—890
	司徒	890 年以後
張淮鼎	尚書	(890)—892
索勳	大夫	893
	將軍	893
	常侍	893
	尚書	894 年及其後
張承奉	將軍	(896)—897—(900)
	常侍	900—(901)
	尚書	(901)—902—(903)
	司空	904—905—(910)
曹仁貴(議金)	尚書	914—919—(920)
	僕射	(920)—924
	司空	924—925
	太保	924—925—(927)
	令公	928—931

（續表）

節度使	稱號	年代
曹仁貴（議金）	令公大王	(931)—932—935 年及其後
曹元德	司空	935—939
	太保	939
曹元深	司空	940—(941)
	司徒	942—943
	太傅	944
曹元忠	僕射	(944)—945
	司徒	946
	太保	947
	太傅	947—949
	司空	949
	太保	950—955
	令公	956—960
	太傅令公	961—962
	太師令公	(962)—964
	太師令公大王	964—974 年及其後
曹延恭	（司徒）	(974)
	太保	975
	太傅令公	975
曹延禄	太保	(976)—978—980
	太傅	980—981—(984)
	太師令公大王	984—995—(1002)

表二　歸義軍節度使所用稱號歸屬及年代表

稱號	歸屬者	年代
大夫	索　勳	893
將軍	張淮深	(853)—865—867
	索　勳	893
	張承奉	(896)—897—(900)
常侍	張淮深	(867)—(872)
	索　勳	893
	張承奉	900—(901)
尚書	張議潮	(848)—851—858
	張淮深	872—887—(890)
	張淮鼎	(890)—892
	索　勳	894 年及其後
	張承奉	(901)—902—(903)
	曹仁貴(議金)	914—919—(920)
僕射	張議潮	(858)—(861)
	張淮深	887—890
	曹議金	(920)—924
	曹元忠	(944)—945
司空	張議潮	861—867
	張承奉	904—905—(910)
	曹議金	924—925
	曹元德	935—939
	曹元深	940—(941)
	曹元忠	949

（續表）

稱號	歸屬者	年代
司徒	張議潮	867—872
	張淮深	890 年以後
	曹元深	942—943
	曹元忠	946
太保	張議潮	872 年以後
	曹議金	925—926—(927)
	曹元德	939
	曹元忠	947,950—955
	曹延恭	975
	曹延禄	(976)—978—980
令公	曹議金	928—931—935
	曹元忠	956—960—974
	曹延恭	976
	曹延禄	984—995—(1002)
太傅	曹元深	944
	曹元忠	947—949,961—962
	曹延恭	976
	曹延禄	980—981—(984)
太師	曹元忠	(962)—964—974
	曹延禄	984—995—(1002)
大王	曹議金	(931)—932—935 年及其後
	曹元忠	964—974 年及其後
	曹延禄	984—995—(1002)

注釋

[1] 錢大昕《廿二史考異》卷五八；岑仲勉《唐史餘瀋》，上海古籍出版社，1979 年，264 頁。

[2]《唐六典》卷一；宋敏求《春明退朝録》下，中華書局，45 頁。

[3] 洪邁《容齋隨筆》，上海古籍出版社，1978 年，498 頁。

[4] 拙稿《敦煌寫本〈敕河西節度兵部尚書張公德政之碑〉校考》，《周一良先生八十生日紀念論文集》，北京，1992 年，206—216 頁。又見本書附録。

[5] 唐長孺《關於歸義軍節度的幾種資料跋》，原載《中華文史論叢》第 1 輯，1962 年；此據沙知、孔祥星編《敦煌吐魯番文書研究》，蘭州，1983 年，172—173 頁。

[6]《舊唐書》卷一八《宣宗紀》，《册府元龜》卷二〇"帝王部・功業門"、卷一七〇"帝王部・來遠門"、卷九七七"外臣部・降附門"，《資治通鑑》卷二四九及《考異》引《實録》略同，惟不及加官。

[7] 譚蟬雪《統一河西的功臣——張議潮》，《文史知識》1988 年第 8 期，78 頁。

[8] 池田温《中國古代籍帳研究》，東京，1979 年，558—560 頁定本件爲吐蕃時期（約 840 年）的文書，但我們認爲文書中的"翟僧統"指歸義軍初期的河西副僧統翟法榮，故定在張議潮初期。

[9]《中國古代籍帳研究》，566 頁。

[10] 饒宗頤《燉煌曲》，巴黎，1971 年，195—196 頁；任半塘《敦煌歌辭總編》，上海，1987 年，1345—1346 頁。

[11] 竺沙雅章《中國佛教社會史研究》，京都，1982 年，340 頁。

[12] 許國霖《敦煌石室寫經題記與敦煌雜録》下，上海，1937 年，葉 179a。

[13] 潘重規《敦煌變文集新書》，臺北，1984 年，931—934 頁。

［14］孫楷第《敦煌寫本張議潮變文跋》，原載《圖書季刊》第 3 卷第 3 期，1936 年；此據《敦煌變文論文録》下，上海，1982 年，715 頁。

［15］敦煌研究院《敦煌莫高窟供養人題記》，北京，1986 年，74 頁。

［16］賀世哲《從供養人題記看莫高窟部分洞窟的營建年代》，《敦煌莫高窟供養人題記》，194—236 頁。

［17］《英藏敦煌文獻》（三），四川人民出版社，1990 年，190 頁。

［18］竺沙雅章《中國佛教社會史研究》，333 頁。

［19］A. Waley, *A Catalogue of Paintings recovered from Tunhuang by Sir Aurel Stein*. London 1931, pp. 9-10 未録出“司空”二字，此據藤枝晃《沙州歸義軍節度使始末》（一），《東方學報》（京都）第 12 本第 3 分，1942 年，63 頁注［95］。

［20］P. Demiéville, *Le concile de Lhasa*, I. Paris 1952, p. 36；《敦煌邈真讚校録並研究》No. 16。

［21］拙稿《敦煌卷子劄記四則》，《敦煌吐魯番文獻研究論集》第 2 輯，北京，1983 年，644—645 頁。

［22］《中國古代籍帳研究》，572 頁。

［23］陳祚龍《敦煌學園零拾》，臺北，1986 年，239 頁。

［24］P. Pelliot, *Grottes de Touen-houang carnet de notes de Paul Pelliot*, III. Paris 1983, pp. 16—17；敦煌研究院編《敦煌莫高窟供養人題記》，84—85 頁。以上録文均不完善，最近賀世哲先生參考前人校録成果，並重新核對原窟文字，寫成較完善的録文，見《敦煌研究》1993 年第 2 期，1—2 頁。

［25］向達《唐代長安與西域文明》，北京，1957 年，425 頁誤録“丁亥”爲“癸亥”，以張公爲張承奉，誤。

［26］Chen Tsu-lung, *Éloges de personnages éminents de Touen-houang sous les T'ang et les Cinq Dynasties*, Paris 1970 pp. 25—26；《敦煌本邈真讚校録並研究》No. 14。

［27］竺沙雅章《中國佛教社會史研究》，335—336，341—342頁。

［28］蔣斧《沙州文録》，羅振玉《敦煌石室遺書》本，1909年葉19a。

［29］羅振玉《補唐書張議潮傳》，《丙寅稿》，1926年；王國維《觀堂集林》卷二一。

［30］羅振玉《日本橘氏敦煌將來藏經目録》，《雪堂叢刻》本。

［31］許國霖《敦煌石室寫經題記與敦煌雜録》上，葉9b。

［32］敦煌研究院編《敦煌莫高窟供養人題記》，31頁。按，《題記》録"統軍"爲"將軍"，此據謝稚柳《敦煌藝術敍録》校正。

［33］藤枝晃《敦煌千佛洞の中興》，《東方學報》（京都）第35册，1964年，84頁。

［34］潘重規《敦煌變文集新書》，947—948頁。

［35］孫楷第《敦煌寫本張淮深變文跋》，《史語所集刊》第7本第3分，1937年，此據《敦煌變文論文録》下，723—724頁。

［36］藤枝晃《沙州歸義軍節度使始末》（一）630頁注［95］曾疑司徒指議潭，尚書指議潮。然據《張淮深碑》等文獻，議潭最終的加官僅至散騎常侍，不會被稱爲司徒。

［37］陳祚龍《中華佛教文化史散策三集》，臺北，1981年，198—199頁；《敦煌邈真讚校録並研究》No．42。

［38］蔣斧《沙州文録》葉31a録文有誤。

［39］池田温《中國古代籍帳研究》，583—584頁。

［40］姜伯勤《唐五代敦煌寺户制度》，北京，1987年，150—151頁；鄧文寬《敦煌文獻〈河西都僧統悟真處分常住榜〉管窺》，《周一良先生八十生日紀念論文集》，北京，1993年，217—232頁。

［41］同上姜伯勤書，151—152頁。

［42］陳祚龍《敦煌文物隨筆》，臺北，1979年，71頁。

［43］池田温《中國古代籍帳研究》，588頁。

［44］鄧文寬《〈涼州節院使押衙劉少晏狀〉新探》，《敦煌學輯刊》

1987 年第 2 期,63 頁。

[45] P. Demiéville, *Le concile de Lhasa*, I. p. 37;《敦煌邈真讚校録並研究》No. 46。

[46] 同上書,36—37 頁。

[47] 羅振玉《西陲石刻録》。

[48] 竺沙雅章《中國佛教社會史研究》,339—340 頁。

[49] 蔣斧《沙州文録》,葉 26a—b。

[50] 池田温《中國古代籍帳研究》,613—614 頁。

[51] 敦煌研究院編《敦煌莫高窟供養人題記》,32 頁。據 P. Pelliot, *Grottes de Touen-houang carnet de noles de Paul Pelliot*, III, Paris 1983, p. 13 補。

[52] 賀世哲《從供養人題記看莫高窟部分洞窟的營建年代》,《敦煌莫高窟供養人題記》,217 頁。

[53] 鄧文寬《〈涼州節院使押衙劉少晏狀〉新探》,《敦煌學輯刊》1987 年第 2 期,62—63 頁。

[54] 唐長孺《關於歸義軍節度的幾種資料跋》,176,180—181 頁。

[55]《册府元龜》卷九七二外臣部·朝貢五。

[56] 陳祚龍《中華佛教文化史散策第四集》,臺北,1986 年,301 頁;《敦煌邈真讚校録並研究》No. 78。

[57] Chen Tsu-lung, *Éloges de personnages éminents de Touen-houang*, pp. 156-157;《敦煌邈真讚校録並研究》No. 89。

[58] 拙稿《敦煌卷子劄記四則》,634—637 頁。

[59] 同上,643 頁。

[60] 敦煌研究院編《敦煌莫高窟供養人題記》,73 頁。缺字據敦煌文書中淮深銜名補足。

[61] 池田温《中國古代籍帳研究》,572 頁。

[62] 拙稿《敦煌卷子劄記四則》,646 頁。

［63］竺沙雅章《中國佛教社會史研究》,335—336 頁。

［64］潘重規《敦煌變文集新書》,941—950 頁。

［65］孫楷第《敦煌寫本張淮深變文跋》,723—724 頁。

［66］藤枝晃《沙州歸義軍節度使始末》(二),《東方學報》(京都)第 12 本第 4 分,1942 年,43,53—54 頁。

［67］孫楷第《敦煌寫本張淮深變文跋》,724—725 頁;P. Demiéville, *Le concile de Lhaasa*, p. 213;潘重規《敦煌變文集新書》947—948 頁校記[1];森安孝夫《ウイグルと敦煌》,《敦煌の歷史》,東京,1980 年,303 頁;鄧文寬《張淮深平定甘州回鶻史事鉤沉》,《北京大學學報》1986 年第 5 期,96 頁。

［68］唐長孺《關於歸義軍節度的幾種資料跋》,163 頁注[2]。

［69］池田温《中國古代籍帳研究》,572 頁。

［70］張鴻勳《敦煌寫本〈下女夫詞〉新探》,《1983 年全國敦煌學術討論會文集文史・遺書編》下,蘭州,1987 年,163 頁。

［71］唐長孺《關於歸義軍節度的幾種資料跋》,161—165 頁。

［72］唐耕耦、陸宏基編《敦煌社會經濟文獻真蹟釋録》(一),北京,1986 年,384 頁。

［73］羅振玉《鳴沙石室佚書》,1913 年,葉 98a—99b。

［74］《新唐書》卷七七。

［75］藤枝晃《敦煌曆日譜》,《東方學報》(京都)第 45 册,1973 年,400—401 頁。

［76］蔣斧《沙州文録》,葉 27b。據 P. Pelliot, *Grottes de Touen-houang*, I, p. 32 補。

［77］金維諾《敦煌窟龕名數考》,《中國美術史論集》,北京,1981 年,326—340 頁。

［78］拙稿《敦煌卷子劄記四則》,635 頁。

［79］部分學者舉 P. 2044 V 中之"太保",指爲張淮深。據筆者考證,實爲僕固懷恩,與淮深無關,詳見拙稿《沙州張淮深與唐中央朝

廷之關係》,《敦煌學輯刊》1990 年第 2 期,1—13 頁。

［80］ 蔣斧《沙州文録》葉 27b—28a; P . Pelliot, *Grottes de Touen-houang carnet de notes de Paul Pelliot*, I. p. 32。

［81］ 陳祚龍《敦煌學園零拾》,340—341 頁。

［82］ 羅振玉《西陲石刻録》。

［83］ 池田温《中國古代籍帳研究》,591 頁。

［84］ 敦煌研究院編《敦煌莫高窟供養人題記》,6 頁。

［85］ P. Pelliot, *Grottes de Touen-houang carnet de notes de Paul Pelliot*, II, p. 32; 敦煌研究院編《敦煌莫高窟供養人題記》87 頁。

［86］ 敦煌研究院編《敦煌莫高窟供養人題記》,32 頁。

［87］ 同上書,6 頁。

［88］ 蔣斧《沙州文録》葉 28a; P. Pelliot, *Grottes de Touen-houang*, I,p. 32. 伯希和録文尚有“瓜”、“伊”二字殘劃,又“沙州”、“刺史”間二空格疑衍。

［89］《文獻》1989 年第 3 期,87—100 頁。

［90］ 盧向前《關於歸義軍時期一份布紙破用曆的研究》,《敦煌吐魯番文獻研究論集》第 3 輯,北京,1986 年,430—431 頁。

［91］ 同上 395 頁;池田温《中國古代籍帳研究》,605 頁。

［92］ 竺沙雅章《中國佛教社會史研究》,346—348 頁。

［93］ 饒宗頤《燉煌曲》,巴黎,1971 年,237 頁。

［94］ 見張廣達、榮新江《關於敦煌出土于闐文獻的年代及其相關問題》,《陳寅恪先生誕辰百年紀念論文集》,北京,1989 年,291 頁。

［95］ 盧向前《關於歸義軍時期一份布紙破用曆的研究》,422—423 頁。

［96］ 唐長孺《關於歸義軍節度的幾種資料跋》,169 頁。

［97］ 冷鵬飛《唐末沙州歸義軍張氏時期有關百姓受田和賦税的幾個問題》,《敦煌學輯刊》1984 年第 1 期,30—31 頁。

［98］竺沙雅章《中國佛教社會史研究》，282—283 頁。

［99］同上書，468 頁。

［100］土肥義和《西域出土漢文文獻分類目録初稿》非佛教文獻之部・古文書類Ⅱ，東京，1967 年，186 頁。

［101］Chen Tsu-lung, *Éloges de personnages éminents de Touen-houang*, pp. 99—101.

［102］見藤枝晃《敦煌オアシスと千佛洞》，《敦煌・シルクロード》，東京，1977 年，63—67 頁。陳祚龍《迎頭趕上 此其時也——敦煌學散策之二》，《中國文化月刊》第 44 期，1983 年，78 頁以下。

［103］賀世哲《試論曹仁貴即曹議金》，《西北師大學報》1990 年第 3 期，40—46 頁；李正宇《曹仁貴名實論——曹氏歸義軍創始及附梁史探》，《第二屆敦煌學國際研討會論文集》，臺北，1991 年，551—569 頁，李正宇《曹仁貴歸奉後梁的一組新資料》，《魏晉南北朝隋唐史資料》第 11 輯，1991 年，274—281 頁。

［104］《敦煌研究》1993 年第 2 期，46—53 頁。

［105］唐耕耦《曹仁貴節度沙州歸義軍始末》，《敦煌研究》1987 年第 2 期，15—16 頁。

［106］同上，16—17 頁。

［107］同上注［103］引李正宇文。

［108］《沙州文録》，葉 31a—32a。

［109］藤枝晃《敦煌曆日譜》，411 頁。

［110］竺沙雅章《中國佛教社會史研究》，349 頁；《敦煌邈真讚校録並研究》No. 49。

［111］同上竺沙書，351 頁；《敦煌邈真讚校録並研究》No . 57。

［112］見拙稿《關於沙州歸義軍都僧統年代的幾個問題》，《敦煌研究》1989 年第 4 期，72—73 頁。本書第九章第一節。

［113］《敦煌莫高窟供養人題記》，78 頁。

［114］*Grottes de Touen-houang carnet de notes de Paul Pelli-*

ot, I, p. 67.

[115]《敦煌莫高窟供養人題記》,39 頁。

[116] Chen Tsu-lung, *Éloges de personnages éminents de Touen-houang*, pp. 74—75.

[117] 林聰明《敦煌俗文學研究》,臺北,1984 年,242 頁。

[118] 過去,我們曾按曹仁貴爲曹氏第一任節度使的看法,據此題記認爲曹仁貴此後不久即爲曹議金取代,但並無堅實證據,見拙稿《歸義軍及其與周邊民族的關係初探》,《敦煌學輯刊》1986 年第 2 期,25 頁。現在應予改正。

[119] 以上三條均見注[103]引賀世哲、李正宇文。

[120] 此係筆者 1991 年 7 月在列寧格勒(今聖彼得堡)東方研究所調查敦煌文書時抄録。

[121] 拙稿《敦煌文獻和繪畫反映的五代宋初中原與西北地區的文化交往》,《北京大學學報》1988 年第 2 期,56 頁。參看本書第八章第一節。

[122] 陳祚龍《敦煌學園零拾》,76—77 頁。

[123] H. W. Bailey, "The Staël-Holstein Miscellany", *Asia Major*, *n. s.*, II. 1, 1951, pp. 1, 4, 44; G. Uray, "L'emploi du tibétain dans les chancelleries des états du kan-sou et Khotan postérieurs *à* la domination tibétaine", *Journal Asiatique*, 269, 1981, pp. 81—82.

[124] E. G. Pulleyblank, "The Date of the Staël-Holstein Roll", *Asia Major*, *n. s.*, IV. 1, 1954, pp. 90—97.

[125] 謝稚柳《敦煌藝術敍録》,上海,1957 年,458—459 頁。

[126] 敦煌研究院編《敦煌莫高窟供養人題記》,32 頁。

[127] 賀世哲《從供養人題記看莫高窟部分洞窟的營建年代》,217 頁。

[128] 陳祚龍《中華佛教文化史散策第四集》,303 頁。

［129］ Chen Tsu-lung, *Éloges de Personnages éminents de Touen-houang*, pp. 117—118.

［130］ 潘重規《敦煌變文集新書》,934—935 頁。

［131］ 拙稿《歸義軍及其與周邊民族的關係初探》,《敦煌學輯刊》1986 年第 2 期,32 頁,42 頁注[77]。

［132］ 周紹良《敦煌文學"兒郎偉"并跋》,《出土文獻研究》,北京,1985 年,177—178 頁。

［133］ 同上文,179 頁。

［134］ 拙稿《歸義軍及其與周邊民族的關係初探》,32 頁。

［135］ 陳祚龍《敦煌學園零拾》,346 頁。

［136］ 同上書,141 頁。

［137］ 同上書,242 頁。

［138］《大正新修大藏經》卷八五,1298 頁。

［139］ 伯希和、羽田亨編《敦煌遺書》活字本第一集,京都,1926 年,9—14 頁。

［140］ 周紹良《敦煌文學"兒郎偉"并跋》,175—176 頁。

［141］ 表中用公元紀年,括號中爲推斷的年份,以下各表均同。

［142］ 向達《唐代長安與西域文明》,368 頁。現存敦煌研究院。

［143］ 陳祚龍《敦煌文物隨筆》,73—76 頁。

［144］ 蔣斧《沙州文録》,葉 37b。

［145］ 敦煌研究院編《敦煌莫高窟供養人題記》,152 頁。

［146］ 同上書,147 頁。

［147］ J. Hamilton, *Les Ouighours à l'epoque des Cinq Dynasties*, Paris 1955, p. 177.

［148］ 拙稿《敦煌卷子劄記四則》,656 頁。

［149］ 那波利貞《唐代社會文化史研究》,東京,1974 年,592 頁。

［150］ 史葦湘《絲綢之路上的敦煌與莫高窟》,《敦煌研究文集》,蘭州,1982 年,91 頁。

［151］蔣斧《沙州文録》，葉 36a。

［152］謝稚柳《敦煌藝術敍録》，455—456 頁。

［153］Chen Tsu-lung，*Éloges de personnages éminents de Touen-houang*，p. 111.

［154］同上書，121 頁。

［155］陳祚龍《敦煌學園零拾》，146—147 頁。

［156］拙稿《敦煌卷子劄記四則》，654—655 頁。

［157］敦煌研究院編《敦煌莫高窟供養人題記》，49 頁。

［158］賀世哲《從供養人題記看莫高窟部分洞窟的營建年代》，222—223 頁。

［159］敦煌研究院編《敦煌莫高窟供養人題記》，51 頁。

［160］J. Hamilton，*Les Ouighours à l'époque des Cinq Dynasties*，pp. 125—126.

［161］Chen Tsu-lung，*Éloges de personnages éminents de Touen-houang*，p. 134.

［162］陳祚龍《中華佛教文化史散策第四集》，282—284 頁。

［163］Chen Tsu-lung，*Éloges de personnages éminents de Touen-houang*，p. 142.

［164］池田温《中國古代籍帳研究》，652—654 頁。

［165］Chen Tsu-lung，*Éloges de personnages éminents de Touen-houang*，p. 149.

［166］同上書，153 頁。

［167］藤枝晃《敦煌曆日譜》，424 頁。

［168］敦煌研究院編《敦煌莫高窟供養人題記》，17 頁。

［169］同上書，171 頁。

［170］陳祚龍《中華佛教文化史散策三集》，47—48 頁。

［171］拙稿《歸義軍及其與周邊民族的關係初探》，36 頁。

［172］潘重規《國立中央圖書館所藏敦煌卷子題記》，《敦煌學》

第2輯,1975年,30頁。

[173] 陳祚龍《敦煌學園零拾》,147頁。

[174] 蔣斧《沙州文録》,葉32 b。

[175] 同上書葉34 a。爲排版方便,原文"䛒"字改作"辯"。

[176] 同上書,葉34 b。

[177] 同上書,葉34 b。

[178] 池田温《中國古代籍帳研究》583頁定爲878年文書,但當時的節度使張淮深的加官僅至尚書,沙州無稱司空者。楊際平《唐末宋初敦煌土地制度初探》,《敦煌學輯刊》1988年1、2期,24頁注[8]與本文看法相同。

[179] 拙稿《敦煌卷子劄記四則》,654—655頁。

[180] 土肥義和《歸義軍(唐後期・五代・宋初)時代》,《敦煌の歷史》,東京,1980年,237頁。

[181] 蔣斧《沙州文録》,葉36 b—37 a。

[182] 敦煌研究院編《敦煌莫高窟供養人題記》,49頁。

[183] 同上書,51頁。

[184] 賀世哲《從供養人題記看莫高窟部分洞窟的營建年代》,222—223頁。

[185] 譚蟬雪《曹元德曹元深卒年考》,《敦煌研究》1988年第1期,55頁。

[186] 同上文,52—55頁。

[187] 拙稿《歸義軍及其與周邊民族的關係初探》,25頁。

[188] 李正宇《歸義軍曹氏"表文三件"考釋》,《文獻》1988年第3期,4頁。

[189] 同上文,4—8頁。

[190]《新五代史》卷七四《四夷附録》于闐條。

[191] 譚蟬雪《曹元德曹元深卒年考》,55頁。

[192] P. Pelliot, *Grottes de Touen-houang carnet de notes de*

Paul Pelliot, V, p. 47;敦煌研究院編《敦煌莫高窟供養人題記》,154 頁。

[193]《敦煌遺書》活字本第一集,15—16 頁。

[194]《新五代史》卷九《晉出帝紀》。

[195]《舊五代史》卷八一《晉少帝紀》。

[196] 拙稿《關於沙州歸義軍都僧統年代的幾個問題》,74—75 頁。

[197] 王重民《金山國墜事零拾》,原載《國立北平圖書館館刊》第 9 卷第 6 號,1935 年:此據《敦煌遺書論文集》,北京,1984 年,104 頁。

[198] 那波利貞《唐代社會文化史研究》,665—666 頁。

[199] 土肥義和《歸義軍(唐後期・五代・宋初)時代》,265—266 頁。

[200] 譚蟬雪《曹元德曹元深卒年考》,55 頁。

[201] 同上文,55 頁。

[202] 同上文,56 頁。

[203] 潘重規《敦煌變文集新書》,589—607 頁。

[204]《敦煌變文集》上,356 頁。

[205]上引李正宇《曹仁貴名實論》第 566 頁注[12]認爲:“此七言唱詞,本爲頌揚曹議金者,經人移置於曹元忠時的《破魔變文》之尾部。”其説恐未必然,因爲唱詞的作者“小僧”,正是變文最後天福九年題記中的沙門願榮,他當然不可能爲曹議金寫頌詞。

[206] 池田温《中國古代籍帳研究》,654 頁。

[207] L. Giles, *Descriptive Catalogue of the Chinese Manuscripts from Tunhuang in the British Museum*, London 1957, p. 279.

[208] 同上書,280 頁。

[209] 陳祚龍《中華佛教文化史散策三集》,48 頁。

[210] 蔣斧《沙州文録》,葉 40b。

[211] L. Giles, *Descriptive Catalogue of the Chinese Man-*

uscripts from Tunhuang. p. 246.

［212］姜亮夫《瓜沙曹氏年表補正》,《杭州大學學報》1979 年第 1、2 期,96 頁。

［213］此係筆者 1991 年 7 月在列寧格勒(今聖彼得堡)時抄録。

［214］井ノ口泰淳編《龍谷大學圖書館藏大谷探險隊將來西域文化資料選》,京都,1985 年,96 頁。

［215］潘重規《敦煌變文集新書》,745—753 頁。

［216］敦煌研究院編《敦煌莫高窟供養人題記》,178 頁。

［217］陳祚龍《敦煌學園零拾》,153—154 頁。

［218］同上書,290—291 頁。

［219］賀世哲《從供養人題記看莫高窟部分洞窟的營建年代》,227 頁。

［220］A. Waley, *A Catalogue of Paintings recovered from Tunhuang by Sir Aurel Stein*, pp. 186—187.

［221］張廣達、榮新江《關於唐末宋初于闐國的國號、年號及其王家世系問題》,《敦煌吐魯番文獻研究論集》,北京,1982 年,196—197 頁。

［222］陳祚龍《敦煌學園零拾》,85 頁。

［223］藤枝晃《敦煌曆日譜》,424 頁。

［224］按《宋會要輯稿》瓜沙二州條文字有誤。此據《永樂大典》卷五七七〇所抄原本,見中華書局 1986 年版第 3 册,2538—2539 頁。

［225］施萍亭《本所藏〈酒帳〉研究》,《敦煌研究》創刊號,1983 年,155 頁注[20]。

［226］陳祚龍《敦煌學園零拾》,354—357 頁。

［227］謝稚柳《敦煌藝術敍録》,462,467,482 頁。

［228］施萍亭《本所藏〈酒帳〉研究》,142—143,146—150 頁。

［229］陳祚龍《中華佛教文化史散策三集》,50 頁。

［230］井ノ口泰淳《西域文化資料選》,15 頁。

［231］陳祚龍《敦煌學園零拾》,461 頁。

［232］土肥義和《歸義軍(唐後期・五代・宋初)時代》,270 頁。

［233］姜亮夫《爪沙曹氏年表補正》,98 頁。

［234］H. W. Bailey, "Śri Viśa Śūra and the Ta-uang". *Asia Major, n. s.*, XI. 1,1964,pp. 17—26.

［235］敦煌研究院編《敦煌莫高窟供養人題記》,160 頁。

［236］同上書,165 頁。

［237］陳祚龍《敦煌學園零拾》,97 頁。

［238］同上書,90 頁。

［239］姜伯勤《唐五代敦煌寺户制度》,255 頁。

［240］姜亮夫《瓜沙曹氏年表補正》,99 頁。

［241］那波利貞《唐代社會文化史研究》,596 頁。

［242］同上書,596—597 頁。

［243］土肥義和《歸義軍(唐後期・五代・宋初)時代》,266 頁。

［244］敦煌研究院編《敦煌莫高窟供養人題記》,171 頁。

［245］《宋會要》"蕃夷五"。

［246］《敦煌藝術敍録》,467 頁。

［247］姜亮夫《瓜沙曹氏年表補正》,100 頁。

［248］敦煌研究院編《敦煌莫高窟供養人題記》,168 頁。

［249］同上書,171 頁;Pelliot, *Grottes de Touen-houang*. IV, p. 33.

［250］竺沙雅章《中國佛教社會史研究》,540—541 頁。

［251］賀世哲《從供養人題記看莫高窟部分洞窟的營建年代》,229 頁。

［252］森安孝夫《ウイグルと敦煌》,328—329 頁注[36]。

［253］敦煌研究院編《敦煌莫高窟供養人題記》,172 頁;Pelliot, *Grottes de Touen-houang*, IV, p. 33。

［254］陳祚龍《敦煌學園零拾》,227 頁。

［255］《續資治通鑑長編》卷二一。

［256］《宋會要》蕃夷五。

［257］敦煌研究院編《敦煌莫高窟供養人題記》,164—165 頁。

［258］同上書,22 頁。

［259］賀世哲《從供養人題記看莫高窟部分洞窟的營建年代》,227 頁。

［260］陳祚龍《敦煌學園零拾》,98—102 頁。

［261］敦煌研究院編《敦煌莫高窟供養人題記》,178 頁。

［262］池田温《中國古代籍帳研究》,664 頁。

［263］陳祚龍《敦煌學海探珠》,臺北,1979 年,377 頁。

［264］劉銘恕《敦煌遺書雜記四篇》,《敦煌學論集》,蘭州,1985 年,49 頁。

［265］《敦煌藝術敍録》,487 頁。

［266］L. Giles, *Descriptive Catalogue of the Chinese Manuscripts from Tunhuang in the British Museum*. p. 251.

［267］敦煌研究院編《敦煌莫高窟供養人題記》,139 頁。

［268］陳祚龍《敦煌學海探珠》,376 頁。

［269］羅福萇《沙州文録補》,葉 28b—29a。

第三章　歸義軍的創立與發展

晚唐時期的沙州歸義軍政權,具有唐末地方藩鎮的一般性質;同時,它又是在張議潮領導瓜沙民衆趕走吐蕃守將,獨立形成一個軍政集團以後,纔由唐中央朝廷敕命設置的軍鎮,因而又具有許多獨立的性格。張議潮的背蕃歸漢,進表納地之舉,十分符合封建王朝的君臣禮儀,因此史書對此大書特書,致使人們多以爲歸義軍與唐中央朝廷的關係一直十分友善。幸而敦煌文書的發現和陸續公佈,使我們可以讀到許多當時有關事件的原始文獻,再反觀當時唐朝方面的記載,兩相對照,可以比較清楚地看出兩地之間明爭暗鬥的實質性關係。對於這個問題的深入探討,將有助於我們理解晚唐中央政府與割據藩鎮之間的關係,而且也可以澄清一些歸義軍政治史中隱而不明的問題。

第一節　從沙州起義到收復涼州

吐蕃王國在占領河西和西域的時期,既加緊搜括占領區的百姓,又頻頻四出征戰,東侵唐朝,北爭迴鶻,西抗大食,在其統治下的各族民衆,備受奴役,或苦於沉重的農牧負擔,或被徵發從軍,遠戍他鄉。瓜、沙一帶的驛户就曾舉起義旗,攻入沙州，殺死吐蕃守將節兒。[1]雖然起義最終失敗，但卻爲後來的張議潮率衆再起埋下了火種。

唐武宗會昌二年(842)，吐蕃贊普朗達瑪遇刺身亡，國内大亂。河隴一帶，洛門川討擊使論恐熱與鄯州節度使尚婢婢相攻不已，隨軍出征的吐蕃奴部紛紛起義，吐蕃勢力遽衰。大中二年(848)，沙州土豪張議潮率各族僧俗百姓起義，驅逐吐蕃守將，很快占領了沙、瓜二州。然後，"遂差押衙高進達等，馳表函入長安城，以獻天子"，[2]表示歸唐。大中三、四年，張議潮修治兵甲，且耕且戰，又陸續收復了鄰近的肅、甘、伊等州。[3]五年八月，張議潮遣其兄議潭奉沙、瓜、甘、肅、伊、西、鄯、河、蘭、岷、廓十一州天寶舊圖進獻唐朝，表示歸附。唐朝隨即在同年十一月於沙州設歸義軍，授張議潮節度使、一十一州觀察使。[4]

在此應當指出的是，大中五年時，張議潮的勢力並没有遍及上述全部十一州，這可以從吐蕃邊將的活動中看出。吐蕃贊普朗達瑪死後，洛門川討擊使論恐熱自稱國相，宣稱要討滅用事之臣，先在渭州殺國相尚思羅，又攻鄯州節度使尚婢婢失利，但卻在大中四年河州氂牛峽一戰獲勝。尚婢婢留其部將拓跋懷光守鄯州，自率部落三千餘人就水草移至甘州西。論恐熱"遂大掠河西鄯、廓等八州，殺其丁壯，劓刖其羸老及婦人，以槊貫嬰兒爲戲，焚其室廬，五千里間，赤地殆盡"。[5]可見，大中五年八月張議潮遣其兄奉表入朝的前夕，所列十一州中的鄯、河、岷、廓一帶還是吐蕃邊將混戰之地，直到大中十一年九月，吐蕃酋長尚延心方以河、渭二州部落降唐。[6]甚至到咸通七年(866)，論恐熱還寓居廓州。[7]所以，大中五年張議潮並没有有效地控制河隴十一州。而且，涼州是北朝、隋唐以來河西的重鎮,唐朝前期一直是横斷吐蕃和突厥的河西節度使所在地,吐蕃統治期間,又是統轄河西東部的 mKhar-tsan 大軍鎮(Khrom)駐地。[8]大中五年,張議潮名義上發兵略定了沙州以外的十州,但卻不包括涼州。如果涼州仍在吐蕃之手,張議潮對河西東部及隴右數郡的控制就是一句空話。所以,從歸義軍方面來講,要控制住河隴,重要的是奪取涼州。日本書道博物館藏敦煌寫本《瑜伽師地論》卷五二題記:

> 大唐大中十三年己卯歲正月廿六日,沙州龍興寺僧明照就賀跋堂,奉爲皇帝陛下寶位遐長;次爲當道節度,願無災障,早開河路,得對聖顏;及法界蒼生,同霑斯福,隨聽寫畢。[9]

明照的發願,清楚地説明了歸義軍節度使張議潮要掃除涼州吐蕃勢力,"早開河路",即打通河西走廊通路的意願。

從大中五年歸義軍設立,到咸通二年(861)攻克涼州的十年時間裏,面對吐蕃在敦煌六十年的統治所遺留下來的一系列社會問題,張議潮采取了如下一些措施來鞏固政權。

首先,恢復唐制。即廢除了大部分吐蕃編組的軍、民部落,重建與唐朝中原地區同樣的州縣鄉里制度;原敦煌城郭未經吐蕃破壞,這時也按中原的城坊之制,恢復了坊巷的稱謂。同時,歸義軍的組織機構,也仿照内地的軍政體制,設置了與中原的藩鎮同樣的文武官吏,恢復了相應的一套唐朝的文書、行政制度。

其次,整理户口,登記土地。試圖恢復唐朝前期的手實户籍制度,建立新的土地賦税之制,使飽受吐蕃奴役的百姓安居樂業。

第三,安集僧尼教團。對於占沙州人口很大比重的僧尼二部大衆，張議潮廢除了吐蕃的僧官制度，恢復唐朝的都僧統統治體制，並親自和都僧統洪辯一起，調查寺院財産，設都僧統司統一管轄。對於寺院所掌握的一部分依附農民——常住百姓，“給狀放出”，使之成爲鄉里百姓；同時，規定寺院所屬財産、人户，均不得侵犯。[10]

第四，建立十部落，統轄境内少數民族。沙州驅逐吐蕃守將後，境内仍有許多少數民族百姓，如吐蕃、退渾、通頰、粟特、龍家等，對於這些少數民族，歸義軍采取了兩種管理方法，大致是凡吐蕃統治以前已開始漢化的西域各少數民族，如粟特，大多編入鄉里，與漢人百姓同居，其中有的人成爲幫助張議潮收復河隴的重要將領，例如康通信。[11]對於吐蕃化較深的退渾、通頰等，則用蕃制，仍以部落的方式統治。S. 4276 題“歸義軍節度左都押衙銀青光禄大夫檢校國子祭酒兼御史大夫安懷恩，并州縣僧俗官吏，兼二州六鎮耆老，及通頰、退渾十部落三軍蕃漢百姓一萬人上表”；又莫高窟第 98 窟供養人題記有“節度押衙知通判五部落副使”職，[12]即其明證。張議潮以部落方式統治管内少數民族的目的，是使之“馳誠奉質，願效軍鋒”，“以爲軍勢”，[13]史載張議潮“自將蕃、漢兵七千克復涼州”，[14]正是他利用這些蕃兵蕃將武力的成功之舉。

最後，對於唐朝，則由其兄議潭於大中七年，“先身入質，表爲國之輸忠；葵心向陽，俾上帝之誠信”。[15]

此外，在大中十年前後，張議潮率軍西擊羅布泊地區的退渾國，北討伊州西納職城的迴鶻和吐渾部，[16]以解後顧之憂。

北圖菜 25《瑜伽師地論》卷四八題記稱：“大中十二年八月五日比丘明照隨聽寫記。”另一處記：“大中十二年六月一日説畢，比丘明照本。”可知也是上舉龍興寺僧明照聽法成講經的記録。值得注意的是該卷背面記有：

大中十二年八月二日，尚書大軍發，討番開路，四日上磧。[17]

文中的“尚書”指張議潮無疑。[18]明照此處所記的“討番開路”，與上舉他在次年正月二十六日所發願的“早開河路，得對聖顔”，無疑是一回事。因此可知張議潮是在大中十二年八月二日，秋高馬肥之際，開始了他東征涼州吐蕃的壯舉。明照在翌年正月所發之願，正是對本道節度使東征成功的美好祝願。

經過三年的努力，到咸通二年，張議潮率蕃漢兵七千人，一舉攻克涼州。[19]對於這次勝利，《張淮深碑》稱頌道：

姑臧雖衆，勍寇堅營，忽見神兵，動地而至，無心掉戰，有意逃形，奔投星宿嶺南，苟偷生於海畔。我軍乘勝逼逐，虜羣畜以川量；掠其郊野，兵糧足而有剩。生擒數百，使乞命於戈前；魁首斬腰，僵尸染於蓁莽。良圖既遂，攄祖父之沉寃。西盡伊吾，東接靈武，得地四千餘里，户口百萬之家，六郡山河，宛然而舊。修文獻捷，萬乘忻歡，讚美功臣，良增驚嘆。

這裏雖然不無溢美之詞，但涼州的獲得對於歸義軍來講，無疑是一項決定性的勝利，它使得張議潮控制整個河隴地區的願望從幻想逐漸走向實際。爲了慶祝這一勝利，張議潮在敦煌莫高窟修建了第156窟，並在主室南壁經變畫下部，繪張議潮統軍出行圖，並題爲“河西節度使檢校司空兼御史大夫張議潮統軍□(掃)除吐蕃收復河西一道行圖”，[20]説明張議潮奪取涼州的意義在於控制河西一道。

由於涼州的重要，張議潮占領其地後立即設官立職，進行有效的統治，這可以從以下幾條史料中看出。《沙州釋門索法律窟銘》稱：

〔亡兄〕次子押牙忠顗，用（勇）冠三軍，射穿七札，助收六郡，毗贊司空。爲前茅之爪牙，作後殿之耳目。飄風烏陣，決勝先行。虎擲盤蛇，死無旋踵。誓腸羂於緑草，而不顧生還，許國之稱已彰，攻五涼而剋獲。駐軍神烏（鳥），鎮守涼城。積祀累齡，長銜白刃。[21]

據考，此碑銘是咸通八至十一年（867—870）間完成的。[22]索忠顗隨張議潮收復河隴故地，克獲五涼全境，然後就鎮守在涼州。神烏是唐涼州所轄五縣之一，位在涼州城西舊郭，索忠顗等駐軍於此，控制涼州的西半部。涼州的新城在東部，唐前期爲涼州及姑臧縣治所，[23]這裏同樣爲歸義軍所管轄。P. 4660（14）有《河西都防禦右廂押衙銀青光禄大夫檢校太子賓客侍御史兼御史中丞王公諱景翼邈真讚并序》，文中稱王景翼：

助開河隴，決勝先行。身經百戰，順效名彰。剛柔正直，列職姑臧。[24]

可見，涼州的東半部是由歸義軍的都防禦右廂所控制的。

此外，P. 4615V 張球撰《唐故河西節度涼州司馬檢校國子祭酒兼御史中丞上柱國隴西李府君墓誌銘》記李明振事迹：

大中初，輔政轅門，經略河外，討蕩吐蕃，先登執馘，有慶忌之勇。[25]

對於李明振的功勳，敦煌莫高窟第148窟所保存的《唐宗子隴西李氏再修功德記》所述更詳：

公其時也，始蒙表薦，因依獻捷，親拜彤庭。宣宗臨軒問其所以，公具家牒，面奏玉階，上亦沖融破顔，羣公愕視。乃從别敕授涼州司馬,檢校國子祭酒,兼御史中丞,賜紫金魚帶。錫金銀寶貝,詔命陪臣,乃歸戎幕。二十餘載,河右麾戈,拔幟抉囊,龍韜盡展,克復神烏,而一戎衣。殄勍寇於河蘭,馘獯戎於瀚海。加以隴頭霧卷,金河泯湍瀨之波;蒲海梟鯨,流沙彌列烽之患。復天寶之子孫,致唐堯之壽域,晏如也。[26]

李明振是節度使張議潮的女婿,碑文表明他也是隨議潮參加進攻涼州的戰將之一。這裏應當辨明的是,《再修功德記》稱唐宣宗以别敕授李明振涼州司馬職,但宣宗在位時,涼州仍在吐蕃手中,從碑文所述前後原由看,宣宗大概覺得李明振與皇室同出隴西李氏,因而給予一個涼州司馬的虛銜,以示殊賞。但是,當李明振隨張議潮真正攻占涼州以後,李明振的涼州司馬之職恐怕就不僅僅是一種榮譽稱號。《墓誌銘》撰於龍紀二年(890),仍特别標明他是河西節度使下的涼州司馬,表明他確是歸義軍在涼州的一位軍政要員。

另一位曾在涼州收復以後任職於那裏的歸義軍官府成員是康通信。P. 4660(5)悟真撰《大唐前河西節度押衙銀青光禄大夫檢校太子賓客甘州删丹鎮遏充涼州西界游奕防採(採訪)營田都知兵馬使兼殿中侍御史康公諱通信邈真讚》記他:

助開河隴,効職轅門。横戈陣面,驍勇虎賁。番禾鎮將,删丹治人。先公後私,長在軍門。天庭奏事,薦以高勳。姑臧守職,不行遭窀。他鄉殞殁,孤捐子孫。[27]

番禾是涼州最西的縣,天寶中曾改名天寶縣,其地與甘州删丹縣接壤。[28]康通信以歸義軍的甘州删丹鎮遏使兼任涼州西界遊奕採訪營田都知兵馬使,鎮守番禾,負責涼州西面的防務。

以上幾條材料清楚地説明,張議潮占領涼州以後,即派兵鎮守涼州東西二城,同時在其周圍地區設遊奕使,與鎮守軍呼應,構成有效的防禦體系。

第二節　唐朝的河隴經營及其與張議潮的矛盾

上面,我們主要是根據敦煌文書,考察了從沙州起義到占領涼州期間沙州張議潮勢力的動向。對於這個表示歸降的軍事集團,唐廷内部的對策如何呢?以往人們多看到沙州屢次遣使歸降、獻捷和唐廷多次對沙州使主的封賞,認爲兩者的關係是友好的。其實,這只是問題的一個方面。在這種雙方都特别加以頌揚的友好關係的背後,隱藏着兩者相互矛盾、相互爭奪的另一方面。要全面弄清這個問題,除了明確上面所述的歸義軍方面的動向外,還要回顧一下唐朝方面對河西隴右一貫的方針和態度。

安史之亂,唐軍東調。河隴是關中的屏障,河隴失,則長安難保。所以,自此之後,唐朝歷代君臣都以收復河隴失地爲己任。然而,"事更十葉,時近百年,進士試能,靡不竭其長策;朝廷下議,皆亦聽其直詞。盡以不生邊事爲永圖,且守舊地爲明理。荏苒於是,收復無由"。[29]直到唐武宗會昌二年(842),吐蕃勢力大衰,收復河隴纔又提到議事日程上來。《資治通鑑》卷二四七武宗會昌四年下載:

> 朝廷以回鶻衰微,吐蕃内亂。議復河、湟四鎮十八州(胡三省注:十八州:秦、原、河、渭、蘭、鄯、階、成、洮、岷、臨、廓、疊、宕、甘、涼、瓜、沙也)。乃以給事中劉濛爲巡邊使,使之先備器械糗糧及詗

吐蕃守兵衆寡。又令天德、振武、河東訓卒礪兵,以俟今秋黠戛斯擊回鶻,邀其潰敗之衆南來者,皆委濛與節度團練使詳議以聞。

這表明唐廷爲收復河隴地區做了充分的準備,從秦隴到瓜沙,皆在議復之列。但是,唐朝此時忙於收拾南下的迴鶻,又出兵平定澤潞的劉稹,收復河湟還是議而未行。接着,武宗去世,宣宗上臺,唐中央朝廷又陷入朋黨交替的政爭中,更無暇西顧了。

唐朝對河隴地區的真正經營,始於宣宗大中三年(849)。其年二月,"吐蕃秦、原、安樂三州及石門等七關來降(胡注:原州界有石門、驛藏、制勝、石峽、木靖、木峽、六盤七關),以太僕卿陸耽爲宣諭使,詔涇原、靈武、鳳翔、邠寧、振武皆出兵應接"。六月,"涇原節度使康季榮取原州及石門、驛藏、木峽、制勝、六磐、石峽六關。秋,七月丁巳,靈武節度使朱叔明取長樂州(胡注:"長樂"當作"安樂")。甲子,邠寧節度使張君緒取蕭關。甲戌,鳳翔節度使李玭取秦州。詔邠寧節度權移軍於寧州以應接河西"。[30]由於吐蕃守將的投降,唐朝終於在收復河隴失地的進程中邁出了重要的一步。唐朝馬上采取了一系列措施,來鞏固這一成果,這在同年八月宣宗的詔書中可以看出。詔書規定:

募百姓墾闢三州、七關土田,五年不租税。自今京城罪人應配流者皆配十處(胡注:十處,三州、七關也)。四道將吏能於鎮戍之地營田者,官給牛及種糧(胡注:四道,涇原、邠寧、靈武、鳳翔)。温池鹽利可贍邊陲,委度支制置。其三州、七關鎮戍之卒,皆倍給衣糧,仍二年一代。道路建置堡栅,有商旅往來販易及戍卒子弟通傳家信,關鎮毋得留難。[31]

除此之外,又於蕭關置武州,改長樂州爲威州,並以秦州隸鳳翔,[32]以期牢牢控制這一地區。

無獨有偶,就在唐朝進軍三州七關的前後,張議潮也正在率軍由沙州東進,攻占甘、肅二州。雖然張議潮在大中二年收復瓜、沙二州之後,就遣"部校十輩,皆操梃,内表其中,東北走天德城"。[33]但這批使人直到大中四年纔抵達天德軍城。[34]五年正月壬戌,天德軍的奏報方到朝中。[35]所以,大中四年以前,唐朝只知有三州七關來降,而不知瓜沙一帶又興起了一個張議潮。唐朝原本企圖收復的河西諸州,卻爲一個新興的土豪勢力所占據。張議潮雖然遣使歸降,但歸義軍與唐朝之間的涼、鄯、蘭、廓等州還在吐蕃邊將的控制之中。所以,沙州的歸降對於唐朝來講,只是名義上的歸附,而没有實質上的意義。

然而,從唐朝方面來説,沙州推翻吐蕃的統治,背蕃歸唐,無疑是一件好事,因此很快就設歸義軍,給張議潮以控制十一州的觀察使的虚名。這十一州中並不包括河西重鎮涼州,亦可見唐朝君臣的心計。但是,當咸通二年收復涼州以後,張議潮就接近真正掌握十一州事了。長安的唐朝君臣,備受吐蕃和中原一些强藩的侵逼,當然不希望新興起的張議潮勢力過分膨脹,更不願意歸義軍變成能與唐廷頡頏的第二個吐蕃。因此,當張議潮攻占涼州以後,唐朝立刻采取了一系列措施,顯然是想阻止張議潮勢力的增長。

《通鑑》卷二五〇記:懿宗咸通四年(863)正月,"左拾遺劉蜕上疏曰:'今西涼築城,應接未決於與奪。'"雖然僅此數語,不知築城涼州的用意何在,但至少反映了張議潮占領涼州後,唐朝的勢力也隨之來到這裏。S. 6342保存的張議潮奏文和朝廷的批答,較詳細地記載了涼州收復以後的情形,現據原卷逐録如下：

> 張議潮奏：咸通二年收涼州，今不知卻廢，又雜蕃渾。近傳嗢末隔勒往來，累詢北人，皆云不謬。伏以涼州是國家邊界，嗢末百姓本是河西隴右陷没子將，國家棄擲不收，變成部落，昨方解辨（辯），只得撫柔。（中缺約七字）使爲豺狼荆棘，若（中缺約七字）餽運不充，比於贅疣，置（中缺約七字）棄擲，與獷俗連耕，相率狀（吠）堯（撓），犯關爲寇，國家又須誅剪，不可任彼來侵。若徵舉兵戈，還撓州縣。今若廢涼州一境，則自靈武西去，盡爲毳幕（幕）所居。比年使州縣辛勤，卻是爲羯胡修造，言之可爲病（痛）惜。今涼州之界，咫尺帝鄉，有兵爲藩垣，有地爲襟帶，扼西戎衝要，爲東夏關防，捉守則内有金湯之安，廢指（捐）則外無牆塹之固。披圓（圖）可羚（矜），指事足明，不待多言，希留聖鑒。今豈得患其（欺）盜給，放爲寇讎，臣恐邊土之人坐見勞弊。臣不可伏匿所知，偷安爵位，俾國家勞侵，忍霄（宵）旰憂勤。臣不言，有負於國；言而不用，死亦甘心。噬齊（臍）雖□，歸經祭廟，亦彰於唐典。九月廿五日進表。
>
> 敕：涼州朝庭（廷）舊地，收復亦甚辛勤。蕃屏□陲，固不拋棄。但以麴長申奏，糧料欠□途，蹔見權宜，亦非久制。近知蕃戎狀，不便改移。今已允依，一切仍舊。□心推許國，遽有奏論，念其懇□，深可嘉獎。宜令中書門下宣示。十月三日召張（下缺名）僕射相公中書門（下缺）[36]

文書只繫月日，没有紀年，其中提到的“比年使州縣辛勤，卻是爲羯胡修造，言之可爲痛惜”，當指涼州築城一事。若然，則此文書或許寫成於咸通四年左右。張議潮的奏疏是説，涼州雖然收復，但卻没有得到應有的安排，致使嗢末隔勒往來人使。他强烈地表示了想經營涼州的願望。唐朝的敕文首先説明涼州是朝廷舊地，張議潮的收復雖然很艱辛，但以糧料不給爲由，不批准張議潮經營涼州的奏請，而是“一切仍舊”。這清楚地説明了唐廷並不希望由張議潮來統轄涼州。

其實，唐朝並不會讓涼州“一切仍舊”的。就在咸通四年，唐朝“置涼州節度，領涼、洮、西、鄯、河、臨六州，治涼州”。[37]由於這裏所記涼州節度使所轄的西州遠在敦煌已西，而且，西、河、鄯三州又都是原屬歸義軍管轄的州郡，所以，涼州節度使是真的設立還是等同於歸義軍節度使的問題，一直没有得到圓滿的解釋。[38]S. 5139 V 有寫於後唐同光三年(925)的《涼州節院使押衙劉少晏上歸義軍節度使狀》。[39]按《新唐書》卷四九下《百官志》節度使條記：“罷秩則交廳，以節度使印自隨。留觀察使、營田等印，以郎官主之。鎖節樓、節堂，以節院使主之。祭奠以時。”據此可知，涼州節院使必爲涼州節度使下的節院使。因此，涼州節度使之設，並非一紙空文。從上面所述唐朝和張議潮的奏答文書來分析，涼州節度使的設置，很可能是唐朝企圖從歸義軍手中奪取涼州以及部分名義上已屬於張議潮而實際上還未被其控制的隴右州郡與西州飛地的一種努力。這種努力的另一個具體措施，就是調鄆州天平軍兵二千五百人戍守涼州，這不僅可以從下引《新五代史·四夷附録》吐蕃條的記載中得知，而且可以從敦煌文書中找到明證。S. 4397《觀世音經》題記：

> 廣明元年(880)肆月拾陸日，天平軍涼州弟(第)五般防戍都右廂廂兵馬使梁矩，緣身戍深蕃，發願寫此經。[40]

據此可知，從中原調來的天平軍在涼州是分區防守的。此外，P. t. 1082 藏文文書《甘州登里迴鶻可汗詔書》中，也提到 then-pe-kun(gi) tmag-tpon，意爲“天平軍之軍將”，[41] 證明了天平軍在涼州的存在。

然而，天平軍的存在並不就意味着唐朝對涼州的實際占有。從現存的材料看，在相當長的一段時間内，涼州一直是在沙州歸義軍的勢力範圍之内。除了上節列舉的敦煌文書的證據之外，《宋高僧傳》卷六《唐京師西明寺乘恩傳》記載：

> 釋乘恩，不知何許人也……及天寶末，關中版蕩，因避地姑臧。旅泊之間，嗟彼密邇羌虜之封，極尚經論之學。恩化其内衆，勉其成功，深染華風，悉登義府。自是重撰《百法論疏》并《鈔》，行於西土。其《疏》祖慈恩而宗潞府，大抵同而少聞異。終後弟子傳佈。迨咸通四年三月中，西涼僧法信精研此道，稟本道節度使張義潮表進恩之著述。敕令兩街三學大德等詳定，實堪行用。敕依。其僧賜紫衣，充本道大德焉。[42]

西涼即涼州，亦可泛指河西一道。涼州僧法信是通過本道節度使張議潮表進其師乘恩的著述的。這裏的“本道”，也許是泛指河西而言，但卻清楚地表明涼州是張議潮節度範圍。

另外，《新五代史》卷七四《四夷附録》吐蕃條記：

> 唐長興四年(933)，涼州留後孫超遣大將拓拔承謙及僧、道士、耆老楊通信等至京師求旌節。明宗問孫超等世家，承謙曰：“吐蕃陷涼州，張掖人張義朝募兵擊走吐蕃，唐因以義朝爲節度使，發鄆州兵二千五百人戍之。唐亡，天下亂，涼州以東爲突厥、党項所隔，鄆兵遂留不得返，今

> 涼州漢人皆其戍人子孫也。"明宗乃拜孫超節度使。

這是後人追憶之詞，未必很確切，張議潮是否兼任涼州節度使尚待確證。但涼州歸屬張議潮則是事實，這一點還可以從敦煌文書中找到進一步的佐證。P. 3720(5)收録的《敕授河西應管内都僧統京城内外臨壇供奉大德兼闡揚三教毗尼藏主賜紫沙門和尚(陰海晏)墓誌銘并序》稱：

> 皇父，涼州都(防)禦使上柱國諱季豐。[43]

又，P. 2482(1)收録的《唐故河西歸義軍節度内親從都頭守常樂縣令銀青光禄大夫檢校國子祭酒兼御史大夫上柱國陰府君(善雄)墓誌銘并序》也記有：

> 皇祖，敕授涼州防禦使檢校工部尚書兼御史大夫上柱國諱季豐。門承禮訓，代襲温良，行潔貞松，無幽不察。故得威臨大郡，政化先彰。安邊效靜塞之功，奉主運子房之策。[44]

陰海晏卒於後唐長興四年(933)，時年七十二歲。[45]其父陰季豐任涼州防禦使的年代，可以根據 P. 3569 V《光啓三年(887)四月陰季豐牒》大致考知。光啓三年時，陰季豐還只是歸義軍衙内掌管供酒的一個普通押衙，[46]其升任涼州防禦使當在此後。據《陰善雄墓誌銘》，陰季豐時的涼州，是歸義軍的邊塞大郡。又據上引 S. 5139 V《涼州節院使押衙劉少晏狀》，直到後唐時，涼州雖然實際上已不屬歸義軍直接統轄，但遺留在那裏的原沙州守軍後人，仍然承認沙州歸義軍爲自己的統府。[47]因此可以説，唐朝雖然力圖奪取涼州的控制權，但實際上涼州一直屬於沙州歸義軍的勢力範圍。

第三節　歸義軍勢力臻於極盛和唐朝的措置

咸通二年,張議潮攻占涼州以後,即派兵"駐軍神烏,鎮守涼城",將涼州控制在自己手中。咸通四年,唐朝設涼州節度,並没有影響張議潮向東西擴張勢力的進程。咸通七年二月,"義潮奏〔僕固〕俊收西河及部落,胡漢皆歸伏,並表賀收西州等城事"。[48]隨後,"義潮又奏鄯州城使張季顒押領拓拔懷光下使送到尚恐熱將,並隨身器甲等,並以進奉"。[49]西州、鄯州發生的事要由張議潮奏上,這説明張議潮的勢力東面已伸展到鄯州,而西面影響到西州。同年七月,"沙州節度使張義潮進甘峻山青骹鷹四聯、延慶節馬二匹、吐蕃女子二人"。[50]甘峻山位於甘州張掖縣東;[51]延慶則屬於更東的關内道慶州。這條史料透露了張議潮在西北地區的活動和影響。P. 4660(39)録有《前敦煌都毗尼藏主始平陰律伯真儀讚》和(24)《敦煌唱導法將兼毗尼藏主廣平宋律伯彩真讚》,前者爲"龍支聖明福德寺僧惠菀述",後者爲"鄯州龍支縣聖明福德寺前令公門徒釋惠菀述"。後者題記的年代是"維大唐咸通八年歲次丁亥六月庚午朔五日甲戌"。[52]鄯州僧爲敦煌高僧撰讚,也透露出鄯州歸屬張議潮的情況。

張議潮的成功,無疑是對唐朝的一個嚴重威脅。史載咸通八年二月,"歸義節度使張義潮入朝,以爲右神武統軍,命其族子惟(淮)深守歸義"。[53]没有史料確切地説明張議潮爲何入朝。我們曾據 P. 3425(2)《金光明變相一鋪銘并序》所記史實,推測"先身入質"的張議潭死於咸通七年末或八年初,這大概正是其弟議潮於八年二月束身歸闕的直接原因。[54]顯然，這實際是唐朝削弱歸義軍這支新興起的藩鎮勢力的一項强有力措施。《張淮深碑》載此事說：

> 事有進退，未可安然，須拜龍顏，束身歸闕。朝庭偏寵，官授司徒，職列金吾，位兼神武。（司徒自到京師，官高一品，兼授左神武統軍，朝庭偏獎也。）宣陽賜宅，廩實九年之儲；（司徒宅在左街宣陽坊，天子所賜糧料，可支九年之實。）錫壤千畦，地守義川之分。（錫者，賜也。義谷川有莊，價直百千萬貫。）

此處對張議潮入京的原因，做了十分含混的描述。碑文告訴人們，朝廷對張議潮又是授官，又是賜宅，甚至給以可支九年的糧料和價值百千萬貫的莊園，其用意顯然是把張議潮留在京師，優養起來，以免回去生事。實際上，"束身歸闕"的張議潮和他的兄長一樣，是一種變相的人質。

張議潮入朝後，唐朝雖然"命其族子淮深守歸義"，但卻没有隨之把節度使銜給予張淮深。倫敦藏未刊敦煌寫本 S. 10602 號文書有如下殘文：

> 臣伏蒙聖恩，許賜對見。臣生長邊塞，習禮不全，所奏蕃情，恐有不盡。今逐件狀分析，伏乞皇帝陛下俯賜神鑒。謹具如後：
>
> 一、昨沙州刺史張淮深差押（下殘）
>
> 急被退（下殘）
>
> 敕割屬（下殘）
>
> （上殘）退渾（下殘）
>
> （後殘）[55]

這件上給皇帝的表文，内容涉及沙州刺史張淮深的情況，表明作者是沙州刺史上級歸義軍節度使，而此人又在朝廷中親見皇帝,推測此表當是咸通八年至十三年間張議潮在長安所奏。顯然,唐朝徵議潮入朝後,仍讓他遥領歸義軍節度使之任,希圖借議潮之手,間接控制歸義軍政權。然而,張淮深並不聽命於朝廷,他和其前任一樣好大喜功,東征西討,力圖建功立業。同時,從咸通八年(867)至光啓三年(887)的二十年間,頻頻遣使入朝,請求唐朝授予旌節,但唐朝一直没有授予。

總之,由於涉及晚唐歸義軍的傳世史料比較零散,有些記載還相互牴牾;而新出文書又非史傳,沙州文士的作品往往有誇張不實之處。這兩種史料都需分析後纔能真正説明問題。過去,人們在談到新興的歸義軍和唐朝之間的關係時,大多認爲一方歸順,一方嘉獎。但是,我們在考察晚唐時期的歷史時,不應忽視當時唐朝中央政府和藩鎮間對立的基本歷史背景。事實上,一方面,歸義軍强調歸降唐朝是有其政治目的的,即利用唐朝的旗幟來號召當地各族民衆;另一方面,隨着歸義軍勢力向東發展,必然和唐朝産生矛盾,在表面歸順唐朝的背後,實際上存在着明爭暗鬥的關係。弄清了這種關係,不僅對於理解歸義軍的歷史,而且對於理解晚唐的政治史,都是很有裨益的。

注釋

[1] 姜伯勤《唐敦煌〈書儀〉寫本中所見的沙州玉關驛户起義》,《中華文史論叢》1981 年第 1 輯,157—170 頁。

[2] 此據《敕河西節度兵部尚書張公德政之碑》(以下簡稱《張淮深碑》)。録文均據拙稿《敦煌寫本〈敕河西節度兵部尚書張公德政之碑〉校考》,《周一良先生八十生日紀念論文集》,北京,1992 年,206—216 頁。又見本書附録。

［3］甘、肅州的收復，見《張淮深碑》；伊州見 S. 367《沙州伊州地志》，羽田亨《羽田博士史學論文集》上，京都，1957 年，589 頁。

［4］《舊唐書》卷一八下《宣宗紀》；《新唐書》卷八《宣宗紀》；《資治通鑑》卷二四九；《唐會要》卷七八節度使條。

［5］《資治通鑑》卷二四六至二四九。

［6］同上書卷二四九。

［7］同上書卷二五〇。

［8］G. Uray, "Khrom: Administrative Units of the Tibetan Empire in the 7th-9th Centuries", *Tibetan Studies in Honour of Hugh Richardson*. Warminster 1980, p. 314；拙譯稿《軍鎮：公元七至九世紀吐蕃帝國的行政單位》，《西北史地》1986 年第 4 期，110—111 頁。

［9］圖版見《書菀》第 7 卷第 2 號刊書道博物館藏西域出土寫經第 50 號。録文見池田温《中國古代寫本識語集録》，東京，1990 年，418 頁。按，明照是敦煌譯經三藏法成的弟子，俗姓張，或許出自張議潮家族，因爲他的寫經題記中常記録張議潮的事迹，參看下文。

［10］竺沙雅章《中國佛教社會史研究》，京都，1982 年，466—468 頁。

［11］參看 P. 4660(5)《康通信邈真讚》、(11)《康使君邈真讚》，載 Chen Tsu-lung, *Éloges de personnages éminonts de Touen-houang sons les T'ang et Cinq Dynasties*, Paris 1970, pp. 45—46, 37—38.

［12］Nicole Vandier-Nicolas ed., *Grottes de Touen-houang carnet de notes de Paul Pelliot: inscriptions et Peintures murales*, III, Paris 1983, p. 12.

［13］P. 3720(7)《張淮深造窟記》，藤枝晃録文見《東方學報》(京都)第 35 册，1964 年，70 頁。

［14］《資治通鑑》卷二五〇。

［15］《張淮深碑》。據 P. 2913(2)《張淮深墓誌銘》記“大中七載,便任敦煌太守”,知其父議潭入朝爲質,在大中七年。

［16］ P. 2962《張議潮變文》,載《敦煌變文集》上,北京,1957 年,114—116 頁。

［17］ 圖版見《敦煌寶藏》第 104 册,592 頁,録文見池田温上引書 417—418 頁。按現存敦煌文書和莫高窟題記,未見大中十二年至咸通二年三月間張議潮在敦煌活動的材料,似表明他正在東征途中。

［18］ 拙稿《沙州歸義軍歷任節度使稱號研究》,中國敦煌吐魯番學會編《敦煌吐魯番學研究論文集》,上海,1990 年,773 頁。

［19］《新唐書》卷二一六下《吐蕃傳》。參看《資治通鑑》卷二五〇。按:岑仲勉《通鑑隋唐紀比事質疑》收復涼州條引諸書異文,以爲《新唐書》卷九《懿宗紀》所記“三年”更可信(見 315—316 頁)。今據下引 S. 6342《張議潮奏文》所記“咸通二年收涼州”,《新傳》爲是。

［20］ 敦煌研究院編《敦煌莫高窟供養人題記》,北京,1986 年,74 頁。參看賀世哲《從供養人題記看莫高窟部分洞窟的營建年代》,同書 209 頁。

［21］ 蔣斧《沙州文録》,葉 16b。

［22］ 石璋如《敦煌千佛洞遺碑及其相關的石窟考》,《歷史語言研究所集刊》第 34 本上,1962 年,73—74 頁。

［23］《元和郡縣圖志》卷四〇。

［24］ 陳祚龍《中華佛教文化史散策第四集》,臺北,1986 年,289 頁。

［25］ 陳祚龍《敦煌文物隨筆》,臺北,1979 年,71 頁。

［26］ 李永寧《敦煌莫高窟碑文録及有關問題》(一),《敦煌研究》試刊第 1 期,1981 年,66—67 頁。

［27］ Chen Tsu-lung, *Éloges de personnages éminents de Touen-houang sous les T'ang et les Cinq Dynasties*, pp. 45—46.

[28]《元和郡縣圖志》卷四〇。

[29]《舊唐書》卷一八下《宣宗紀》載大中三年八月制。

[30]《資治通鑑》卷二四八。

[31] 同上。

[32]《舊唐書》卷一八下《宣宗紀》;《資治通鑑》卷二四八至二四九。

[33]《新唐書》卷二一六下《吐蕃傳》。

[34] 此據 P. 2748 號文書,見藤枝晃《沙州歸義軍節度使始末》,《東方學報》(京都)第 12 本第 3 分,1942 年,96 頁注[59]。

[35]《資治通鑑》卷二四九。按:蘇瑩輝《試論張議潮收復河隴後遣使獻表長安之年代》一文,力圖證明沙州使人在大中五年以前就抵達長安,見《敦煌論集續編》,臺北,1983 年,144—150 頁。其説與唐《實録》和《通鑑》的記載相矛盾,不取。

[36] 此據原卷迻録,不完整的録文見唐長孺《關於歸義軍節度的幾種資料跋》,《中華文史論叢》第 1 輯,1962 年,285 頁;劉銘恕《斯坦因劫經録》,《敦煌遺書總目索引》,北京,1962 年,240 頁;姜亮夫《唐五代瓜沙張曹兩世家考》,《中華文史論叢》1979 年第 3 輯,43 頁。

[37]《新唐書》卷六七《方鎮表》四;《舊唐書》卷三八《地理志》一。

[38] 參看羅振玉《補唐書張議潮傳》,《丙寅稿》;唐長孺上引文。

[39] 本文書的年代有爭議,此取唐長孺上引文説,參見拙稿《曹議金征甘州回鶻史事表微》,《敦煌研究》1991 年第 2 期,8—9 頁。

[40] 藤枝晃上引文,90 頁。

[41] G. Uray,"L'emploi du tibétain dans les chancelleries des états du Kan-suo et Khotan postérieurs à la domination tibétaine", *Journal Asiatique*,269,1981,p. 82.

[42]《宋高僧傳》,北京,1987 年,128 頁。

[43]《敦煌文物隨筆》,73 頁。

［44］同上書，77 頁。

［45］拙稿《關於沙州歸義軍都僧統年代的幾個問題》，《敦煌研究》1989 年第 4 期，73—74 頁。

［46］藤枝晃《沙州歸義軍節度使始末》(二)，《東方學報》(京都)第 12 本第 4 分，70—72 頁。

［47］見注［39］拙稿所録這件文書。

［48］《資治通鑑》卷二五〇《考異》引《實録》。

［49］同上。

［50］《舊唐書》卷一九上《懿宗紀》；《册府元龜》卷一六九"帝王部·貢獻門"。

［51］《舊唐書》卷四〇《地理志》三。

［52］同注［27］引陳祚龍書，1—5 頁。

［53］《資治通鑑》卷二五〇。

［54］注［18］引拙稿，780—781 頁。

［55］此件係筆者 1991 年初在英國圖書館(The British Library)編敦煌殘片目録時抄録。原件殘存 17×31.4cm，行書，字連貫有力，背無字迹印痕，應係歸義軍保存的表文副本殘片。

第四章　張淮深代守歸義及其與唐中央朝廷之關係

在張淮深與唐朝的關係問題上，目前學術界存在着距離相當大的不同看法，對史籍或文書中的有關記録的解釋也完全不同。以下首先對一些存在爭論的史料加以考辨，去僞存真，然後根據敦煌文書來闡釋兩者的關係問題。

第一節　P. 2044 V《文範》記事考辨

一些學者認爲，P. 2044 V"齋文"所記"太保相公"應指張淮深；其所記"兩收宫闕，皆著殊勳"事，就是指唐僖宗因黄巢起義和朱玫之亂而兩失宫闕事，在兩次收復長安的過程中，張淮深所率河西兵都立有殊勳。[1]如果這種看法能够成立，則爲歸義軍史增加了豐富的内容。然而，筆者認爲，這一觀點是不能成立的。

所謂"齋文"，是寫於 P. 2044 V 的一篇長文，全文開頭標有"聞南山講"四字，法國國立圖書館編《敦煌漢文寫本目録》、[2]黄永武編《敦煌遺書最新目録》，[3]都以"聞南山講"爲題，後者還加副題"釋門文範"，當本自王重民《伯希和劫經録》的注記"背爲沙州本地釋子所用文範”,[4]而删掉了“沙州本地所用”六字。從長文本身的内容來看,是佛教法會上稱頌僧俗各級官人的文辭,稱之爲“齋文”或“聞南山講”似乎都不够貼切。我們暫且稱之爲《釋門文範》,簡稱《文範》。

《文範》全文共346行,現將稱頌“太保相公”的第20—58行中的有關文字摘録如下:

> 伏惟太保相公……自統藩鎮,惠化叶和,位極上公,寵榮無對。名光中輔,勳業獨高,誠可謂真安危定難之功臣,實聖代明時之梁棟,巍巍蕩蕩,映古邁今者也。……伏惟太保相公,天授忠貞,神資正氣。積濟川之重望,推輔弼以爲心,藴經國之宏謀,抱股肱之大志。自國朝多事,妖祲熾興。選上將之英才,定中原之氣祲,懸生人之性命,繫社稷之安危。固(故)命太保相公,登壇場,授(受)旄鉞。榮從衣錦,便統旌幢;一鎮邊城,累經星歲。布惠和於紫塞,振威令於黄沙。路不拾遺,戍無警急。兩收宫闕,皆著殊勳。文撫(武)貔貅,咸歌異政。況復鑾輿再幸,寇逆重生,爲(僞)[5]踞皇都,恣爲叛背。[6]我太保挺赤心而向國,金石不移;指白刃以戡凶,機謀闇設。果得狂徒自彌,朋黨潛銷。致萬乘迴鑾,中興景運。鳳銜丹詔,寫赳赳之英姿;麟閣圖形,彰永永之勳業。九重之天書遠降,一人之聖旨并臨。……建封(豐)碑於榮戟之外,顯以崇勳;頌美譽於府城之中,用明懿績。……今者龍飛啓肇之月,祥光滿室之辰,萬國同懽,千靈□(共)祉。[7]相公廣陳佛事,虔修道場,度僧以福報聖明,烈(列)樂而用慶昌運。伏惟太保相公,登上將之任,握元戎之權,……信以守禮,敬以好謙,樂子路之盟言,抱季布之誠諾。秉清慎而克己,守忠貞而律身。乾乾(虔虔)而臣節不虧,兢兢而夕惕若勵。今慮

星神行運，分野爲災，氛祲熾興，戈鋋再起。所以嚴修佛事，虔請緇流，登郡城高潔之樓，持諸佛之真言，秘教所希。皇道永昌，兵戈長戢，龍神垂祐，霈澤應期，萬姓無災，三軍安泰。城隍社廟，護疆界而不起煙塵；土地靈祇，保鄉閭而常無瘴癘。

關於這篇《文範》的寫作年代，上引一段没有明確的記載，下文第 91 行稱頌某位佛教大師時提到"德宗"，表明至少這一部分寫成於德宗（780—805 年在位）以後。因全文屬範文類作品，所以不排除有的部分産生於德宗以前或其後的可能性。至於寫本的抄寫年代，則應較晚，因爲從書法看，年代不會太早。《文範》後接抄《押座文》、《勸善文》、《三歸依》以及諸種《偈子》數首，内容龐雜不一，應是後人將同類的作品抄在一起備用的結果。

關於《文範》的撰寫地點，據上引段落中的"自統藩鎮"、"一鎮邊城"等語，可以推知是寫於唐朝邊境城鎮。在《文範》後面抄的《偈子》中，有《軍府相送偈子》一首，文曰："沙州弟子好兒郎，家家户户道心强。既能相送來至此，不審尊用安也忙。"説明作者曾到過沙州，但不是敦煌人。這裏提到沙州，或許就是王重民先生看作是"沙州本地所用"的緣故吧。事實上，《文範》没有明確説明撰寫的時間和地點，更没有提到它是沙州本地所用。因此，要判斷上述二點，必須對上引《文範》中最具歷史内容的一段詳加考察。

首先應當辨明的是《文範》中的"太保相公"不可能指張淮深。筆者曾根據敦煌文獻，仔細考察過張淮深的歷次加官情況，没有找到明確的資料證明他生前自稱或被封爲太保。相反，從大順元年（890）他死後不久寫的《張淮深墓誌銘》，到後周時撰的張淮深女《張氏墓誌銘》,共有四條材料證明他的最終和最高加官是司徒,而從未被稱作更高一級的太保。[8]另外,以前談到此文的學者均忽略了"太保相公"中的"相公"含意。在唐代,只有身兼宰相職的人纔能被稱爲相公。[9]如本文第三節所引 S.1156 文書中就以相公稱宰相。唐朝初年,以尚書、門下、中書三省長官爲宰相,因爲不設尚書令,由左右僕射代之。中宗以後,左、右僕射若不帶"同中書門下三品"銜則不是宰相。[10]因此,只有侍中、中書令或帶有同中書門下三品、同中書門下平章事者纔是真宰相。張淮深雖曾稱僕射,但無"同三品"之稱,所以不能視爲相公。從唐朝官制的角度看,《文範》中的太保相公不可能指張淮深。

法國《敦煌漢文寫本目録》的編者認爲,《文範》中的太保相公指張議潮。[11]按張議潮雖然死後被唐朝詔贈太保,生前亦有僕射之稱,[12]但他也未曾加"同三品"銜,不能被稱作相公。而且,他也没有兩收宮闕的殊勳。

認爲"兩收宮闕,皆著殊勳"係指張淮深的學者,大概除了根據寫本出於敦煌一點外,主要是强調"查唐史,只有在唐僖宗時,纔有兩失宮闕的事"。[13]這樣就把《文範》中太保相公的"兩收宮闕",改换成了皇帝的"兩失宮闕",於是只能得出是僖宗時的事情的結論。但這種改换過的文句是不能作爲論據的,而且它限制了人們考慮《文範》所記史事的範圍。其實,太保相公兩收宮闕未必是一個皇帝時期的事情,而且所謂宮闕也並不見得只指西京長安,東都洛陽同樣有唐朝的宮闕。所以,把"兩收宮闕"局限在僖宗一朝、長安一地來考慮問題是不够全面的。更重要的是,上引文在敍述太保相公兩收宮闕以後,又明確地談到"寇逆重生,僞踞皇都,恣爲叛背",由於太保相公"指白刃以戡凶，機謀闇設"，纔使得"狂徒自殲，朋黨潛銷"，致使"萬乘迴鑾，中興景運"。這是太保第三次收復宫闕。顯然，這種情況在僖宗時是找不到的；這位太保相公的殊勳，也不是遠在敦煌的張淮深所能建立的。

有唐一代，兩京宫闕三失三得，而某位太保相公三戰皆立殊功，恐怕只有在安史之亂中有這種事。在玄、肅、代三朝期間爲唐收復兩京而統軍征戰的將相中，以郭子儀、李光弼和僕固懷恩功最多。經比較有關三人的史料，我們認爲《文範》中的太保相公應指僕固懷恩，無論稱號還是史事，都無詰屈不通之處。現據《文範》所述，結合有關僕固懷恩的史籍記載，分析如下：[14]

第一，僕固懷恩出身於鐵勒僕骨部，世爲唐朝所置羈縻性質的金徽都督府都督。天寶初年，他曾先後在河西、朔方節度使王忠嗣、安思順部下效力，後歸朔方節度使郭子儀指揮。因此可以説是"榮從衣錦，便統旌幢；一鎮邊城，累經星歲"。大概正是因爲他在西北邊境轉戰東西，所以只言邊城，而不能實指。

第二，天寶十四載(755)，安禄山叛亂，相繼攻占洛陽、長安。僕固懷恩跟從郭子儀討高秀巖於雲中，又擊敗薛忠義於背渡山，並與李光弼合勢，與史思明戰於河北諸郡，立功最多。肅宗即位於靈武，懷恩隨郭子儀赴行在，擊破進犯的同羅部落。然後出使迴紇，促使其出兵入援。至德二載(757)，他親率迴紇兵與郭子儀合力，一舉收復長安、洛陽，史稱他"收兩京，皆立殊功"。因功授開府儀同三司、鴻臚卿同正員、朔方節度副使，進封豐國公，食實封二百户。這應當就是《文範》所説"兩收宫闕，皆著殊勳"的具體内容。但此時僕固懷恩功績雖多,卻非主將,所以《文範》對兩收宮闕一事並未加以渲染。

第三,乾元元年(758),唐朝九節度包圍相州擊安慶緒,爲史思明擊敗。翌年,唐朝任命李光弼代郭子儀爲朔方節度使,副使僕固懷恩進兼太常卿,封大寧郡王。不久,史思明入據洛陽。上元二年(761),李光弼攻洛陽失敗,自貶。史朝義殺思明稱帝。代宗即位,以僕固懷恩爲朔方行營節度。寶應元年(762)九月,僕固懷恩遊説迴紇可汗入援。十月,唐朝以雍王适爲天下兵馬元帥,加朔方節度使僕固懷恩同平章事,任副元帥,率諸軍節度行營及迴紇兵進克洛陽。史朝義奔回范陽,部將李抱忠降唐,朝義自殺,安史之亂終於平定。僕固懷恩以功授尚書左僕射兼中書令,仍爲朔方節度使。次年七月,改元廣德,册勳拜懷恩爲太保。對比《文範》所記,安慶緒、史思明之再次叛亂,占據東都洛陽,可謂"寇逆重生,僞踞皇都,恣爲叛背"。由於郭子儀敗於相州,李光弼失守洛陽,僕固懷恩實際成爲此後唐軍統帥,可以説是"挺赤心而向國,金石不移;指白刃以戡凶,機謀闇設"。終於使史朝義自殺,部衆降唐,這也就是"狂徒自彌,朋黨潛銷"。因爲僕固懷恩是第三次收復宮闕的統帥,所以《文範》中特别加以頌揚。

第四,廣德元年(763)七月大赦之際,賜功臣鐵券,藏名於太廟,畫像於淩煙閣。據《册府元龜》卷一三三保存的圖形淩煙閣功臣名單,僕固懷恩名標榜首,功居第一,因此受封太保。這正與《文範》所説"鳳銜丹詔,寫赳赳之英姿;麟閣圖形,彰永永之勳業。九重之天書遠降,一人之聖旨并臨"的情形一一契合。

最後,從上面所舉僕固懷恩的加官進級情況,可知他在至德二載已封豐國公,寶應元年十月加同平章事,兼宰相職,可稱之爲相公。廣德元年七月,授太保兼中書令,是名符其實的太保相公,《文範》的寫作應在此以後。但由於辛雲京、李抱玉、駱奉先、魚朝恩等朝臣、宦官誣陷僕固懷恩謀反,懷恩上表自陳難明,被迫引迴紇、吐蕃兵攻太原。廣德二年六月,唐朝下詔罷其朔方節度使等職,但"太保兼中書令、大寧王如故"。懷恩不受命,於永泰元年(765)再次引兵入侵,中途死於靈州鳴沙縣。然而,直到其死,代宗也未明説僕固懷恩是謀反,也不曾剥奪其太保稱號。由此可以推知,《文範》可能作於僕固懷恩在世時,也可能作於他死後,因爲他最終的稱號仍是太保相公。

《文範》應出自朔方節度使治下的文人之手,所以對其使主備加稱揚。應當説明的是,産生於靈州一帶的《文範》傳抄到敦煌是不足爲奇的,敦煌文書中保存有不少與靈州有關的資料,如《靈州龍興寺白草院史和尚因緣記》(S. 528,S. 267,P. 3570,P. 2680,P. 2775,P. 3727 V)、[15]靈武一帶使用的《書儀》(P. 2505)、[16]咸通四年(863)朔方節度衙前虞候劉從章寫《金剛經》等(甘肅省博物館藏 018 號)、[17]光啓元年(886)沙州文人張大慶從靈州安慰使邊抄得的《沙州伊州地志》(S. 367)、[18]《開寶七年(974)靈州大都督府白衣術士康遵批命課》(P. 4071)[19]等等,或者是朔方地區的寫本流傳到敦煌,或者是沙州人士抄寫的靈州一帶文獻。所以,《文範》很可能是歸義軍時期纔傳抄到敦煌的。

總之,筆者認爲 P. 2044 V《釋門文範》所記太保相公的功績,實際是僕固懷恩在平定安史之亂中的戰功,而不是僖宗時張淮深的所謂兩次出兵助唐。

第二節　史籍中“河西”概念的演變

一些學者認爲張淮深曾助唐“兩收宫闕”的另一根據，是史籍中所記“河西”兵的動向，他們舉出以下五條證據：

（一）《新唐書·僖宗紀》載：乾符元年（874）十二月，“雲南蠻寇黎、雅二州，河西、河東、山南東道、東川兵伐雲南”。稱這是河西兵和張淮深爲李唐王朝所立功勳之一。

（二）《舊唐書·僖宗紀》載：中和元年（881）九月，“楊復光、王重榮以河西、昭義、忠武、義成之師屯武功”，圍攻據守長安之黄巢。據此認爲張淮深的歸義軍政權曾派部隊（河西軍）參戰。

（三）《通鑑》卷二五六僖宗光啓元年（885）三月，“時朝廷號令所行，惟河西、山南、劍南、嶺南數十州而已”。

（四）同上書光啓二年五月，“朱玫遣其將王行瑜將邠寧、河西兵五萬追乘輿，（胡三省注：自代宗時，河西没於吐蕃，宣宗復河、湟，張義潮收涼州，河西復羈屬於唐。）感義節度使楊晟戰數卻，棄散關走，行瑜進屯鳳州。”嗣後，行瑜數敗，恐爲朱玫所罪，返軍長安，殺朱玫降唐。推測張淮深之河西兵亦應參與殺朱玫事，因而再次立功。

（五）同上書卷二六〇昭宗乾寧二年（895）十二月，“〔李〕克用既去，李茂貞驕横如故，河西州縣多爲茂貞所據，（胡注：河西，謂涼、瓜、沙、肅諸州。）以其將胡敬璋爲河西節度使。”[20]

看來，把上述五條史料中的河西等同於張淮深的歸義軍，大概是受了胡三省的影響。然而，精於唐史的唐長孺先生早就針對上引第（五）條史料指出：“按胡注僅就河西舊管諸州來解釋，恐未必然。李茂貞的勢力不可能達到涼、肅諸州。《五代史記》卷四〇《李茂貞傳》稱其盛時有地二十州，下注岐州以下二十州名，並不包括涼、肅、瓜、沙。這個河西節度使恐不是舊河西道。"[21]李永寧先生也謹慎地認爲："議潮、淮深所部，在《唐書》、《通鑑》中，均稱'歸義軍'，並無'河西兵'稱謂。且淮深後期，領域僅瓜沙二州六鎮，河西節度已屬自稱，並無實職。《〈張淮深之死〉再議》所引《唐書》中王行瑜所率'河西兵'，是否就是張淮深所屬？由於目前無資料可證，不敢妄斷，應存疑。"[22]唐、李二位先生的懷疑是有道理的，但是未能解釋河西實際所指和胡注致誤的原因，所以，其見解没有受到應有的重視。

近年來，筆者在翻閲中晚唐、五代、宋初的史籍和歸義軍時期的敦煌官私文書時，時時留意"河西"一詞的含意，發現在不同的時代、不同的地域和不同性質的文獻或文書中，"河西"一詞所指的地理範圍並不一致。唐睿宗景雲元年(710)，"置河西諸軍州節度……領涼、甘、肅、伊、瓜、沙、西七州，治涼州"。[23]"景雲二年……自黄河以西，分(隴右道)爲河西道。"[24]據此，最早的河西概念是指涼州以西七州之境。安史之亂後，河西一道漸漸被吐蕃占領，但史籍中仍常見到唐朝軍將鎮守河西之地的記載，按其所指，多在靈、鹽、豐、夏、麟、勝、綏、銀、延、邪、寧諸州，今舉數例如下：

(六)《舊唐書》卷一四四《杜希全傳》記：德宗貞元九年(793)，希全爲朔方靈鹽豐夏綏銀節度都統，以鹽州地當要害，發諸道兵，二旬板築之，"城畢，中外稱賀。由是靈武、銀夏、河西稍安，虜(吐蕃)不敢深入。"又記："希全久鎮河西，晚節倚邊多恣横，帝嘗寛之。豐州刺史李景略威名出其右，希全深忌之。"[25]杜希全所鎮之河西，明指靈、鹽、豐、夏、綏、銀諸州之地。

（七）《舊唐書》卷一六一《劉沔傳》記："大和末，河西党項羌叛，沔以天德之師屢誅其酋渠，移授振武節度使檢校右散騎常侍單于大都護。開成中，党項雜虜大擾河西，沔率吐渾、契苾、沙陀三部落等諸族萬人、馬三千騎，徑至銀、夏討襲，大破之，俘獲萬計，告捷而還。"其所記第一次以天德之師平叛，亂子應出在豐州管内；第二次則明確指河西爲銀、夏。

（八）《通鑑》卷二四八宣宗大中元年（847）五月，"吐蕃論恐熱乘武宗之喪，誘党項及回鶻餘衆寇河西，詔河東節度使王宰將代北諸軍擊之。宰以沙陀朱邪赤心爲前鋒，自麟州濟河，與論恐熱戰於鹽州，破走之。"[26]吐蕃所攻之河西指鹽州一帶，所以命河東節度使渡河擊之。由此知此處"河西"之"河"，係指麟州東境之黄河，而不是舊河西道所指靈州西之黄河。

（九）《舊唐書》卷一八下《宣宗紀》載：大中三年十月辛巳，"京師地震，河西、天德、靈夏尤甚，戍卒壓死者數千人"。同書卷三七《五行志》記："大中三年十月，京師地震，振武、天德、靈武、鹽、夏等州皆震，壞軍鎮廬舍。"[27]此處之河西，即振武、天德、靈武、夏綏諸節度轄境。

（十）《舊唐書》卷一七七《畢諴傳》記："自大中末，党項羌叛，屢擾河西。宣宗召學士對邊事，諴即援引古今，論列破羌之狀。上悦曰：'吾方擇能帥，安集河西，不期頗、牧在吾禁署，卿爲朕行乎？'諴忻然從命，即用諴爲邠寧節度、河西供軍安撫等使。諴至軍，遣使告喻叛徒，諸羌率化。"[28]由此可知，邠寧節度使轄區也可以叫作河西。

（十一）《舊唐書》卷一九八《西戎傳》党項條記：貞元十五年（799）二月，"六州党項自石州奔過河西……元和九年（814）

五月，復置宥州以護党項……會昌初，上頻命使安撫之，兼命憲臣爲使，分三印以統之：在邠、寧、延者，以侍御史、内供奉崔君會主之；在鹽、夏、長澤者，以侍御史、内供奉李鄠主之；在靈、武、麟、勝者，以侍御史、内供奉鄭賀主之。"河西党項分佈在宥、邠、寧、延、鹽、夏、長澤、靈、武、麟、勝諸處，這正可作爲上舉(七)、(八)、(十)條的腳注。

以上所舉例子清楚地説明，在吐蕃占領唐朝舊河西道以後，史籍中的河西概念與前不同，往往是指南自邠、寧，北到豐、勝，東至銀、綏，西抵靈、武的地理範圍，即黄河兩條縱流所包含的地區。在咸通二年(861)張議潮攻占河西重鎮涼州以後，舊河西道在歸義軍的統轄下歸入唐朝的版圖，此後史籍或文書中的"河西"一詞所指，需要視具體情況做具體分析。

晚唐時期的敦煌官私文書中，一般用"河西"和"歸義軍"來指稱自身。在張議潮和張淮深任歸義軍節度使期間(851—890)，更多的是使用"河西節度"，而不是唐朝命名的"歸義軍節度"，表明了他們力圖控制整個舊河西道的願望。從唐朝一方來講，雖然在大中五年(851)就給予張議潮以沙、瓜、甘、肅、伊、西、鄯、河、蘭、岷、廓十一州觀察使的職銜，但並不願意將涼州這樣的河西重鎮輕易讓給歸義軍，大概這是唐朝始終不把歸義軍節度使改爲河西節度使的緣故吧。其結果就是我們在現存的史籍中見到的有關歸義軍史料均稱之爲歸義軍節度，而不稱河西節度；但在瓜沙地區往往相反，用河西節度一名。[29]那麼晚唐史籍中的河西到底指哪呢？其實，仔細分析前人所舉上述五條史料本身，是不難明了其真正含義的。

第(一)條《新紀》文字簡略，《舊唐書》卷一九下《僖宗紀》的相應部分文字如下："是冬，南詔蠻寇蜀，詔河西、河東、山南西道、東川徵兵赴援。西川節度使高駢奏:'奉敕抽發長武、鄜州、河東等道兵士赴劍南行營者……人數不少,況備辦軍食,費損尤多。又緣三道藩鎮,盡扼羌戎,邊鄙未寧,望不差發。如已在道路,並請降敕勒迴。'"按詔發之河西兵,應即奏文中的長武(在邠州西北)、鄜州兩處兵,分别出自邠寧慶節度及鄜坊節度轄下。河西在此明指邠、鄜一帶,而不是張淮深治下的舊河西道。

第(二)條史料文字簡略,較難判斷。按當時楊復光以忠武監軍使任天下行營兵馬都監,昭義、忠武、義成等東南之師應歸他指揮。王重榮則是以河中節度使領京城北面都統,此處之河西兵若來自長安北邠寧延慶鄜坊一帶,則正歸其統轄。如果這支河西兵來自張淮深部下,則應歸京城西面都統李孝昌指揮。雖然旁證資料較少,不能肯定此處河西兵之所從來,但相比而言,仍以指長安以北舊關内道區域爲宜,而不應是舊河西道。

關於第(三)條史料,《舊唐書·僖宗紀》的記録較詳:中和五年(885)三月丁卯,"車駕至京師。己巳,御宣政殿,大赦,改元光啓。時李昌符據鳳翔,王重榮據蒲、陜,諸葛爽據河陽、洛陽,孟方立據邢、洺,李克用據太原、上黨,朱全忠據汴、滑,秦宗權據許、蔡,時溥據徐、泗,朱瑄據鄆、齊、曹、濮,王敬武據淄、青,高駢據淮南八州,秦彦據宣、歙,劉漢宏據浙東,皆自擅兵賦,迭相吞噬,朝廷不能制。……國命所能制者,河西、山南、劍南、嶺南西道數十州。"據此可知,不論是舊關内道北部的河西,還是舊河西道,都不屬於"朝廷不能制"的範圍。據王壽南博士《唐代藩鎮與中央關係之研究》一書統計,除邠寧節度使朱玫此後不久即叛亂外,當時的鄜坊節度使東方達、夏綏節度使李思恭、振武節度使王卞等，對唐朝均爲恭順態度，這或許和這一地區的方鎮經濟不能自給而有賴中央接濟有關。[30]因此，可以把此處的河西看作是舊關内道北部。另一方面，敦煌文書中保存有《唐僖宗中和五年三月車駕還京師大赦詔》(P. 2696)，[31]表明當時唐朝的政令能够抵達舊河西道。但敦煌文書同時告訴我們，光啓三年以前，唐朝並没有任命張淮深爲節度使，但他自己卻在境内早就自稱爲河西節度使了。因此唐朝是很難認爲他是屬於"國命所能制者"。另外，《通鑑》卷二五二記懿宗咸通十三年(872)八月歸義軍節度使張議潮死，接着説道："是後中原多故，朝命不及，回鶻陷甘州，自餘諸州隸歸義者多爲羌、胡所據。"[32]事實上，咸通以後，西遷迴鶻已散入甘、肅地區，而嗢末部落成爲涼州地區舉足輕重的勢力。到光啓元年時，舊河西道很難歸入"國命所能制者"的範圍，而應按司馬温公的看法，歸入"朝命不及"的地區。

第(四)條史料中的河西更難像胡注所説，指張議潮所收復的河西，因爲王行瑜是邠寧節度使朱玫手下的邠州都將，其所帥之兵只能是邠寧節度使轄下的部隊。很難想象當時張淮深能派部隊經過多種勢力交錯的河西走廊東部，來參加朱玫的叛軍。更何況此時張淮深正派遣三般專使，跟着逃難的僖宗，求授旌節，不可能與此同時有歸義軍的兵追乘輿。胡注之誤是和下一條注一脈相承的。

關於第(五)條史料記李茂貞占據河西並以其部將胡敬璋爲河西節度使，胡注亦將此河西斷爲涼、瓜、沙、肅諸州。胡三省不列甘州，當是覺得它已陷於迴鶻。這樣，胡敬璋的河西節度使也就名不符實了。如上所述，唐長孺先生從李茂貞轄地不包括涼、瓜、沙、肅一點，認爲此處之河西不指舊河西道。其實,《通鑑》此條實來自《舊五代史》卷一三二《高萬興傳》:“高萬興,河西人……河西自王行瑜敗後,郡邑皆爲李茂貞之所强據,以其將胡敬璋爲節度使,萬興爲敬璋騎將,昆弟(萬金)俱有戰功……天祐五年冬,敬璋卒,(楊)崇本以其愛將劉萬子爲鄜延帥,萬子以凶暴而失士心……六年二月,萬子葬敬璋,將佐皆集於葬所,萬興、萬金因會縱兵攻萬子,殺之,歸款於汴。”(《新五代史》卷四〇《高萬興傳》略同《舊傳》)另外,《舊五代史》卷九三《曹國珍傳》記:“客於河西,延州高萬興兄弟皆好文,辟爲從事。”又,《舊五代史》卷一二五《高允權傳》記:“高允權,延州人。祖懷遷,本郡牙將。懷遷生二子,長曰萬興,次曰萬金,梁、唐之間爲延州節度使,卒於鎮。允權即萬金子也。”據此,胡敬璋實爲李茂貞所轄延州刺史兼延州節度使,[33]統轄範圍在鄜延地區,又稱鄜延帥。其手下騎將高萬興兄弟,世爲延州人,又被稱爲河西人。因此,胡敬璋之河西節度只不過是延州節度的别名,李茂貞所據之河西,指鄜延一帶,而不是舊河西道。

我們檢索的兩《唐書》、《通鑑》、兩《五代史》、《續資治通鑑長編》、《宋史》、《遼史》等書中的類似例證很多,在此就不一一枚舉了。總而言之,自吐蕃占領唐朝河西道以後,史籍中之河西往往是指關内道北部東西縱流的黄河所夾地區,而不是舊河西道,晚唐亦然。因此,史籍中的“河西兵”不是指歸義軍統帥張淮深的部下,張淮深也不可能親自領兵或派兵到中原去幫助唐僖宗兩收宫闕。

第三節　張淮深與唐朝之關係

以上兩節，我們排除了 P. 2044 V《文範》和晚唐史籍中有關"河西"的記載在研究本題上的價值，以下主要根據敦煌文書，來探討張淮深與唐中央朝廷的關係問題。應當指出的是，因爲有些敦煌文書是張淮深手下文人墨客對他的頌詞，其史料價值有一定的局限性。我們認爲，真正能够反映真相的是那些支離破碎的原始文書。

大中二年(848)，張議潮率瓜沙民衆趕走吐蕃守將，在河西走廊西部打出一塊新天地。此後一、二年間，張議潮一面派其兄議潭等奉表唐朝皇帝，報告沙州起義的消息，一面繼續東征西討，陸續攻占肅、甘、伊等州。大中五年，議潭等抵達長安。此時的唐朝實已無力收復吐蕃占領的河隴之地，聞此訊必然又驚又喜，隨即在同年十一月設歸義軍，以張議潮爲節度使，兼沙、瓜、甘、肅、伊、西、鄯、河、蘭、岷、廓十一州觀察使。實際上，這十一州觀察使只是個虛銜，因爲當時張議潮的勢力根本就没有遍及到全部十一州之地，而這一點唐朝顯然是十分清楚的，十一州中没有包括河西重鎮涼州，就透露了唐朝君臣的心計。大中七年，沙州刺史張議潭入朝，對此，其子張淮深時立的《敕河西節度兵部尚書張公德政之碑》(以下簡稱《張淮深碑》)稱作"先身入質，表爲國之輸忠；葵心向陽，俾上帝之誠信"。[34]詞句雖然好聽，實際是去作人質，這清楚地説明了唐朝對歸義軍的不信任。張淮深繼其父議潭之職，任沙州刺史，父親入京爲質而使骨肉分離一事，不能不對他有所影響。咸通八年(867)，大概因爲張議潭去世，歸義軍節度使張議潮本人也親自入朝，一去不返。《張淮深碑》描述此事説：“事有進退，未可安然；須拜龍顔，束身歸闕。”顯然有不得已處。

張議潮入朝後，史稱“命族子淮深守歸義”。[35]《張淮深碑》亦稱：“太保（張議潮）咸通八年歸闕之日，河西軍務，封章陳款，總委侄男淮深，令守藩垣。”没有明言淮深的官職有無變化。據張球撰於議潮入朝後不久的《金光明變相一鋪銘并序》（P. 3425—2），淮深已稱“使持節沙州刺史充歸義軍兵馬留後當管營田等使守左驍衛大將軍賜紫金魚袋”。[36]另據S. 1156《光啓三年沙州進奏院上本使狀》，淮深自咸通八年議潮一入朝，就開始向唐朝請求授予節度使實職，但唐朝卻不答應，[37]這從P. 3720(2)《悟真文書集》中保存的《咸通十年十二月廿五日唐中書門下牒》中可以明顯地看出，其中只稱淮深爲“河西道沙州諸軍事兼沙州刺史御史中丞”，連歸義軍兵馬留後都没有提到。

張淮深並没有坐等其成，而是主動攻擊從漠北逃入河西的迴鶻散衆，以邀功請賞。寫於咸通八年至十三年間的《張淮深變文》（P. 3451），記尚書（張淮深）擒獲侵襲瓜州的迴鶻部衆後，上報朝廷。唐朝皇帝“乃命左散騎常侍李衆甫、供奉官李全偉、品官楊繼瑀等上下九使，重賚國信，遠赴流沙，詔賜尚書，兼加重錫”。用韻文寫的唱詞部分略有補充：“詔命貂蟬加九錫，虎旗龍節曜雙旌。”[38]“貂蟬”和“雙旌”分别指加散騎常侍和授節度使銜。《變文》是瓜沙文人對使主尚書的頌揚之辭，未可盡信。但上述内容在《張淮深碑》中得到印證，其文稱揚淮深武功説：“靡獲同邁，則秣馬三危，横行六郡。屯戍塞天驕飛走，計定郊陲；斥候絶突騎窺窬，邊城緩帶。兵雄隴上，守地平原，姦宄屏除，塵清一道。加授户部尚書，充河西節度。”

《碑》文的“加授户部尚書，充河西節度”和《變文》的“詔賜尚書”，“曜雙旌”相呼應，這兩種公開的頌揚張淮深的沙州本地文獻表明，在咸通八至十三年間稍後的某一時間，淮深就在境内開始自稱河西節度使了。據《光啓三年沙州進奏院狀》，知這個河西節度只是自我標榜，並没有得到唐朝的認可。《變文》中所謂“上下九使”若是事實，也只能是來授淮深某級官職，而不是來授節度使旌節的，但使臣的到來很可能被張淮深利用爲自稱節度的一個難得機會。

《張淮深碑》記其“恩被三朝，官遷五級”的最後一級，應即僖宗時的所謂“加授兵部尚書”。而在張淮深死後由張景球撰的《歸義軍節度使檢校司徒南陽張府君墓誌銘》（P. 2913—2）卻説：“乾符之政，以功再建節旄，特降皇華，親臨紫塞，中使曰宋光廷。”[39]這裏“再建節旄”的記録與《張淮深碑》、《變文》所記咸通末已稱河西節度的記録明顯有矛盾。《墓誌》雖然晚出，但卻能舉出前來授節的中使宋光廷的名字，[40]似有所據，但張景球是否會把不同時間的人和事混在一起呢？不過值得注意的是以下兩件文書。其一，P. 5007 所録最後一詩的標題作：“僕固天王乾符三年四月廿四日打破伊州（中殘）録打劫酒泉後卻和斷（後殘）”，殘存詩句只有“爲言迴鶻倚凶”六字。[41]歸義軍所轄的重鎮伊州被西州迴鶻奪取，使瓜沙腹背受敵，表明乾符年間張淮深實是無功有過。其二，P. 3547《乾符五年沙州進奏院上本使狀》中有一條稱：“奏論請賜節事：正月廿五日，奉敕牒，宜令更詳前後詔敕處分者。其敕牒一封，謹封送上。”[42]這次由賀正專使陰信均帶回的敕牒一封，顯然不是賜節詔書，因爲唐朝授節度之制，須由天使押節到其領界内，於毬場宣付。[43]乾符僅六年，《光啓三年進奏院狀》説明乾符年間根本没有"再建節旄"之事,因此《墓誌》所記是值得懷疑的。但乾符五年唐朝敕牒送到張淮深手中,卻可能成爲他自稱兵部尚書的根據。

中和年間,張淮深所轄的河西走廊東部地區漸漸失控,政權内部又出現了反對派。P. 4660(5)有河西都僧統悟真撰《大唐前河西節度押衙銀青光禄大夫檢校太子賓客甘州删丹鎮遏充涼州西界游奕防採(採訪)營田都知兵馬使兼殿中侍御史康公諱通信邈真讚》,其中讚道:"番禾鎮將,删丹治人。先公後私,長在軍門。天庭奏事,薦以高勳。姑臧守職,不行遭窀。他鄉殞殁,孤捐子孫。"後題"大唐中和元年歲次辛丑(881)仲冬蓂生五葉"。[44]甘州之删丹與涼州之番禾境界毗連,康通信在中和元年十一月五日之前任職此地,説明歸義軍此時仍控制着涼、甘地區。但從康通信"不行遭窀"而"他鄉殞殁"來看,這裏已經開始出現亂子。據 S. 2589《中和四年(884)十一月一日肅州防戍都營田索漢君、縣丞張勝君等狀》報告的消息,當時"涼州鬧亂","其甘州(指龍家等部族)共迴鶻和斷未定,二百迴鶻常在甘州左右捉道劫掠"。大概寫於此《狀》後不久的另一件《肅州防戍都狀》(S. 389),報告了甘州的進一步情況:吐蕃、退渾殘部南向退回本國,迴鶻侵逼,龍家企圖借涼州嗢末兵力共守甘州城未果,率殘部二百餘人退入肅州。[45]可以説,到中和末葉,張淮深已很難控制甘、涼二州了。

光啓元年(885)末,曾有靈州安慰使來到沙州,[46]其目的雖不得而知,但顯然不是來授旌節的。然而,來自外部的步步侵逼,定會促使張淮深更加迫切地想得到唐朝正式給予的節度使之名,以便利用唐朝的旗幟來號令地方。因此,從中和四年起,他先後派出三般專使入京求節。第一批由宋閏盈率領,據上引《索漢君等狀》記載，由於涼州鬧亂，中和四年末他們仍逗留涼州未發。第二批由高再盛率領，據 P. 3068 號文書記載："丙午年三月廿日，使高再晟果（過）梁（涼）州，即日且得平善，不用遠憂。"[47]知他們是在光啓二年丙午歲（886）初，經涼州東行。第三批由張文徹率領，據 S. 1156《沙州進奏院狀》，他們是和宋閏盈、高再盛等一起於光啓三年初到達興元駕前。有關這三般專使求節的經過，詳細記録在 S. 1156 沙州進奏院知院官夷則（其姓不明）的《上本使狀》中，現將全文迻録如下：

進奏院　　狀上：

當道三般專使所論旌節次第逐件具録如後：

右伏自光啓三年二月十七日，專使押衙宋閏盈、高再盛、張文徹等三般同到興元駕前。十八日，使進奉。十九日，對。廿日，參見四宰相、兩軍容及長官，兼送狀啓信物。其日面見軍容、長官、宰相之時，張文徹、高再盛、史文信、宋閏盈、李伯盈同行□定，宋閏盈出班，祉對叩擊，具説本使一門，拓邊效順，訓襲（習）義兵，朝朝戰敵，爲國輸忠，請准舊例建節，廿餘年，朝廷不以（與）指撝，今固遣閏盈等三般六十餘人論節來者。如此件不獲，絶商量，即恐邊塞難安，專使實無歸路。軍容、宰相處分："緣駕迴日近，專使但先發於鳳翔祉候，待鑾駕到，即與指撝者。"至廿二日，夷則以（與）專使同行發來。三月一日，卻到鳳翔。四日，駕入。五日，遇寒食。至八日假開，遣參宰相、長官、軍容。九日，便遣李伯盈修狀四紙，同入中書，見宰相論節。其日，宋閏盈懇苦再三，説道理。卻到驛内，其張文徹、王忠忠、范欺忠、段意意等四人言："路次危險，不用論節，且領取迴詔，隨韓相公兵馬相逐歸去，平善得達沙州，豈不是好事者！”其宋閏盈、高再晟(盛)、史文信、李伯盈等不肯，言：“此時不爲本使懇苦，論節將去，虚破僕射心力，修文寫表萬遍，差人涉歷沙磧，終是不了。”至十一日，又遣李伯盈修狀四紙，經宰相過。至十三日，又遣李伯盈修狀七紙，經四相公、兩軍容及長官過，兼宋閏盈口説道理。言：“留狀商量。”中間三日，不過文狀。至十七日，又遣李伯盈修狀五紙，經四宰相過，及見長官，亦留狀，不蒙處分。中間又兩日停，至廿日，又遣李伯盈修狀七紙，□(經)四宰相、兩軍容及長官過，亦宋閏盈説道理。亦言：“留狀。”見數日不得指撝，其張文徹、王忠忠、范欺忠、段意意等便高聲唱快。又言：“趁韓相公兵馬去者。”便招召三行官健，遣一齊亂語，稱：“不發待甚者?”宋閏盈、高再盛、史文信、李伯盈等言：“頗耐煞人！我不得旌節，死亦不去。”夷則見他三行言語紛紜，拋卻遂出驛來，又遣李伯盈修狀五紙，見四宰相及長官，苦着言語，痛説理(利)害，言：“此件不賜旌節，三般專使誓不歸還者。”其宰相、長官依稀似許。其宋閏盈、高再盛、史文信、李伯盈等遂遣夷則、通徹求囑得堂頭要人，一切口稱以作主，檢例成持與節及官告者。遂將人事數目立一文書呈過，兼設言約。其日商量人事之時，三行軍將官健一人不少，總言相隨論節，只有張文徹、王忠忠、范欺忠、段意意等四人不肯，言：“終不相隨。”其張文徹就驛共宋閏盈相諍。其四人言：“僕射有甚功勞，覓他旌節。二十年已前，多少樓羅人來，論節不得，如今信這兩三個憨屢生，惋沸萬劫，不到家鄉，從他宋閏盈、高再盛、史文信、李伯盈等詐祖乾聖，在後論節，我則親自下卦，看卜解聖，也不得旌節。待你得節，我四人以頭倒行。”夷則見張文徹等四人非常惡口穢言，苦道不要論節。亦勸諫宋閏盈、李伯盈等榮則同榮，辱則同辱，一般沙州受職，其張文徹、王忠忠、范欺忠、段意意等四人，上自不怕僕射，不肯論節，一齊拋卻發去，有何不得？其宋閏盈、高再盛、史文信、李伯盈等四人以死不肯，言：“身死閑事，九族何孤！節度使威嚴不怕，爭得我四人如不得節者，死亦不歸者。”夷則見他四人言語苦切，同見堂頭要人，子細商量，言：“不用疑惑，但頻過狀，我與成持。”至廿三日，又遣李伯盈修狀四紙，經宰相(下缺)[48]

此時，唐朝君臣正避朱玫之亂，奔逃於興元、鳳翔，根本無暇顧及河西旌節問題。狀文後殘，不知這次求節結果。從這件狀文本身記録的論節經過看，雖然沙州專使用盡了上狀、對問、送禮、請托等種種手段，但唐廷宰相，特别是握有實權的軍容，只是拖延而不答覆，反映了唐朝對此事態度的冷淡。而且，在三般專使内部，也分成兩派，一派以宋閏盈、高再盛爲首，不得旌節，死亦不歸；一派以張文徹爲首，認爲僕射(張淮深)没甚麼功勞，應盡早回鄉，不必再論節。這顯示了沙州歸義軍内部政治鬥爭的激烈程度，預示了張淮深地位的岌岌可危。

在沙州專使鳳翔論節的同時，即光啓三年三、四月間，我們找到了張淮深本人在沙州處理公文的例證。

其一，S. 7384《光啓三年三月歸義軍作坊使康文通牒》有殘文如下：

1. □(作)□(坊)使康文通：

2. □(右)□□王文信言，差着肅□(州)▭

3. 不許取近作坊,不敢不申,□□

4. 處分。光啓三年三月　日,作坊使康□

5. “聽取就便,十一日,淮深。”[49]

其二,P. 3569 V《光啓三年四月龍粉堆等牒》部分文字如下:

1. 官酒户馬三娘、龍粉堆:

8. ……伏乞

9. 仁恩,支本少多,充供客使,伏請

10. 處分。

11. 牒件狀如前,謹牒。

12. 光啓三年四月　日,龍粉堆牒。

13. “付陰季豐算過,廿二日,淮深。”[50]

其三,P. 2937 號附斷片一(pièce 1)中第一、二件文書殘存文字如下:

(A)1. □(酒)□(司)

2. □(今)□(月)□□(日),甘州迴鶻一人,每月准例供酒□□(甕),

3. 未蒙判憑,不敢不申,伏請　處分。

4. 丁未年十一月　日曹文晟。

5. “准細供,六日,淮深。”

(B)1. 酒司

2. 今月七日,肅州使氾建立等一行進發,

3. 用頓酒兩甕,未蒙判憑,伏請　處分。

4. 光啓三年十一月　日曹文晟。

5. “爲憑,十日,淮深。”[51]

這些有節度使張淮深親筆判詞的歸義軍官文書,至少可以澄

清兩個事實。第一，證明了上節我們提出的看法，即張淮深此時在沙州主持政務，並没有親自率領所謂“河西兵”前往中原平亂。[52]第二，文書有力地説明此時張淮深仍然握有實權，那種認爲光啓三年求節者係索勳或張淮鼎的看法是不能成立的。[53]

從以上揭示的文書可以認爲，遲到光啓三年初，張淮深仍未能從唐朝那裏求到節度使的旌節，這對於他鞏固自己在瓜沙境内的統治極爲不利。從光啓三年張文徹等人在鳳翔大肆指責張淮深無功不應得節，到大順元年二月廿二日張淮深及夫人並六子同時被殺，其間當有某種聯繫。

上文據 S. 1156《光啓三年沙州進奏院狀》指出，乾符年間張淮深没有“再建節旄”之事，《墓誌》作者大概是把不同時間的人和事混在一起。1990 年末，筆者在日本訪學時，在京都有鄰館所藏敦煌文書中見到一件文書的末尾有如下文字：

> 旌節：文德元年(888)十月十五日午時入沙州，押節大夫宋光庭，副使朔方押牙康元誠，上下廿人。十月十九日中館設後，廿日送。[54]

這段文字寫在一種類書的後面，大概出自歸義軍節度孔目官之類的人物之手，録以備忘。它清楚地告訴我們，唐朝授予張淮深節度使旌節，是遲至文德元年十月的事。按文德元年三月，僖宗去世，昭宗即位。派中使宋光庭親赴沙州，宣賜旌節，大概是昭宗登基後的新政之一。惟史籍失載，而《張淮深墓誌銘》所記年代又有訛誤，賴此文書得以明瞭這一歸義軍史上的重要事件。但宋光庭的到來也未能挽救張淮深的命運，不到兩年，淮深一門即死於兵變。

通過以上的討論，我們可以明瞭以下幾點：

(一)P. 2044 V《釋門文範》所記“太保相公”指僕固懷恩，

而不是張淮深。

（二）晚唐史籍中的“河西”，多指舊關内道北部地區，與歸義軍轄境不能等同，助唐平亂的河西兵不是張淮深部下。

（三）張淮深執掌歸義軍政權期間，與唐朝關係比較冷淡，没有得到唐朝的有力支持，這種關係決定了張淮深的某些内政與外交政策，可能最終與張淮深的被殺不無關係。因此，只有認清張淮深與唐朝的真正關係，纔能清楚地認識這段沙州歸義軍政治史。

注釋

［1］史葦湘《絲綢之路上的敦煌與莫高窟》，《敦煌研究文集》，蘭州，1982 年，83—84 頁；孫修身《張淮深之死再議》，《西北師範學院學報》1982 年第 2 期，36—38 頁；鄧文寬《張淮深平定甘州迴鶻史事鉤沉》，《北京大學學報》1986 年第 5 期，92—98 頁，注［42］；錢伯泉《爲索勳篡權翻案》，《敦煌研究》1988 年第 1 期，72—73 頁。上列諸文對其中某些内容的解釋略有不同。

［2］*Catalogue des manuscrits chinois de Touen-houang*，I，Paris 1970，p. 32.

［3］黄永武《敦煌遺書最新目録》，臺北，1986 年，635 頁。

［4］《敦煌遺書總目索引》，北京，1962 年，254 頁。

［5］據孫修身上引文，“爲”當作“僞”。

［6］“背”前原衍一“叛”字，今删。

［7］“祉”前原缺一字。

［8］拙稿《沙州歸義軍歷任節度使稱號研究（修訂稿）》，《敦煌學》第 19 輯，1992 年，25—30 頁；又見本書第二章第二節。

［9］參看顧炎武《日知録》卷二四：“前代拜相者必封公，故稱之曰相公。”

［10］《唐會要》卷五七尚書左右僕射條，《資治通鑑》卷二〇八中

宗神龍元年六月癸亥條。

［11］ *Catalogue des manuscrits chinois de Touen-houang*, I, p. 32.

［12］ 參看注[8]引拙稿 16—25 頁;本書第二章第一節。

［13］ 孫修身上引文,36 頁。

［14］ 參看《舊唐書》卷一二一《僕固懷恩傳》,《新唐書》卷二二四上《僕固懷恩傳》,《册府元龜》卷三五八,《資治通鑑》卷二一七至二二三有關部分。

［15］ 陳祚龍《新校重訂釋增忍的答李〈難〉》,《敦煌學海探珠》下,臺北,1979 年,309—316 頁;K. Hirano, "Tseng Jen's San Chiao Hui Shang Lun as described in Stein No. 528", *Journal Asiatique*, 269, 1981, pp. 93—98.

［16］ 那波利貞《唐代社會文化史研究》,東京,1974 年,72—75 頁;趙和平《敦煌寫本〈朋友書儀〉殘卷整理及研究》,《敦煌研究》1987 年第 4 期,44—55 頁。

［17］ 秦明智《關於甘肅省博物館藏敦煌遺書之淺考和目録》,《1983 年全國敦煌學術討論會文集文史遺書編》上,蘭州,1987 年,475 頁。

［18］ 羽田亨《羽田博士史學論文集》上,京都,1958 年,592 頁。

［19］ 饒宗頤《論七曜與十一曜》, *Contributions aux études sur Touen-houang*, ed. by M. Soymié, Genève-Paris 1979, pp. 77—85.

［20］ 同注[1]引文。

［21］ 唐長孺《關於歸義軍節度的幾種資料跋》,《中華文史論叢》第 1 輯,1962 年,297 頁注 21。

［22］ 李永寧《竪牛作孽,君主見欺——談張淮深之死及唐末歸義軍執政者之更迭》,《敦煌研究》1986 年第 2 期,16 頁。

［23］《新唐書》卷六七《方鎮表》四。

[24]《舊唐書》卷四〇《地理志》三。

[25] 參看《新唐書》卷一五六《杜希全傳》,《資治通鑑》卷二三四。

[26] 參看《新唐書》卷八《宣宗紀》。

[27] 同上,又《新唐書》卷三五《五行志》。

[28] 參看《新唐書》卷一八三《畢諴傳》,又卷五三《食貨志》。

[29] 參看拙稿《歸義軍及其與周邊民族的關係》,《敦煌學輯刊》1986年第2期,27—29頁。

[30] 王壽南《唐代藩鎮與唐中央關係之研究》,臺北,1978年,299—302頁《西北藩鎮對中央恭順之經濟因素》,548—587頁《唐代藩鎮總表》相關部分。

[31] 蔡治淮《敦煌寫本唐僖宗中和五年三月車駕還京師大赦詔校釋》,《敦煌吐魯番文獻研究論集》,北京,1982年,650—659頁。

[32] 參看《新唐書》卷二一六下《吐蕃傳》。

[33] 參看吴廷燮《唐方鎮年表》卷八延州條;王壽南上引書,566頁。

[34] 全碑録文見拙稿《敦煌寫本〈敕河西節度兵部尚書張公德政之碑〉校考》,《周一良先生八十生日紀念論文集》,北京,1992年,206—216頁;見本書附録。以下此碑引文均見此稿,不一一注出。

[35] 參看《新唐書》卷二一六下《吐蕃傳》。

[36] 注[8]引拙稿27頁;見本書第三章第二節。

[37] 唐長孺上引文275—279頁。

[38] 參看本書第十章第一節。

[39] 引文見注[8]引拙稿26頁;本書第三章第二節。

[40] J. Hamilton, "Sur la chronologie khotanaise au IXe-Xe siècle", *Contributions aux études de Touen-houang*, III, Paris 1984, pp. 52—53 認爲這位宋光廷即P. 2741于闐文書中的宋尚書。現在看來,此説未妥,詳參張廣達、榮新江《關於敦煌出土于闐文獻的年代及其相關問題》,《紀念陳寅恪先生誕辰百年學術論文集》,北京,1989

年，300 頁。

［41］張廣達、榮新江《有關西州迴鶻的一篇敦煌漢文文獻》，《北京大學學報》1989 年第 2 期，26 頁。

［42］參看張國剛《兩份敦煌"進奏院狀"文書的研究》，《學術月刊》1986 年第 7 期，59—61 頁。

［43］陳祚龍《敦煌古鈔〈凡節度使新授旌節儀〉殘卷校釋》，《敦煌學海探珠》下，246—268 頁。

［44］Chen Tsu-lung, *Éloges de Personnages énainents de Touen-houang sons les T'ang et les Cinq Dynasties*, Paris 1970, pp. 45—46.

［45］唐長孺上引文。

［46］羽田亨《羽田博士史學論文集》上，京都，1958 年，592 頁。

［47］*Catalogue des manuscrits chinois de Touen-houang*, III, Paris 1983, p. 56.

［48］筆者曾在英國圖書館據原卷校録一過。請參看張國剛上引文 57—59 頁的録文。

［49］此據原卷校録。

［50］盧向前《關於歸義軍時期一份布紙破用曆的研究》，《敦煌吐魯番文獻研究論集》第 3 輯，1986 年，455 頁。

［51］此據原卷校録。

［52］錢伯泉上引文，72—73 頁提出索勳曾代張淮深率"定難軍"入内地助唐平叛。惟其所本之莫高窟索勳題名中之"定□（難）軍"，實爲"定遠將軍"之誤，見敦煌研究院編《敦煌莫高窟供養人題記》，北京，1986 年，87 頁。同作者《有關歸義軍前期歷史的幾個問題》（《敦煌學輯刊》1987 年第 1 期）同此之誤。

［53］蘇瑩輝《張淮深於光啓三年求授旌節辨》與《唐僖宗光啓三年求授旌節者爲索勳論》，二文均載《瓜沙史事叢考》，臺北，1983 年。

［54］圖版見東京古典會編《古典籍下見展觀大入札會目録》，東

京,1990年,40頁。按:此件當即饒宗頤編《藤井氏所藏敦煌殘卷簡目》中書札類第三號"沙州旌節官帖,四行",見同作者《京都藤井氏有鄰館藏敦煌殘卷紀略》,載《選堂集林》史林下,香港中華書局,1982年,1002頁。筆者曾將此件文書的價值,函告東京大學熊本裕博士,以說明于闐文書中的"宋尚書"不是宋光庭,見 Hiroshi Kumamoto,"Two Khotanese Fragments concerning Thyai Paḍä-tsā",*Tokyo University Linguistics Papers* 11,1991,p. 117,n. 8。

第五章　李氏家族執政始末

本章所要揭示的李氏家族在晚唐短期執掌歸義軍政權的情況，是過去人們所忽視的一個重要問題，有待深入探討。而這一史實的揭示，也有助於我們判定一些敦煌文書的年代和内容。

第一節　《隴西李氏再修功德記》所記滅索勳事

晚唐的歸義軍，不論是在與唐朝的關係方面，還是在内部的權利鬥爭方面，都具有某些與中原地區的藩鎮相同的性質。自張淮深繼入朝的張議潮而掌握歸義軍政權後，沙州内部就隱伏着鬥爭。到大順元年(890)，淮深終於死於非命。從張淮深被殺到乾寧元年(894)張承奉被立爲節度使，没有任何史料明確地説明了這段歷史真相。目前看來比較可信的推測是：張議潮子淮鼎殺族兄淮深自立，但不久即去世，死前把幼子張承奉托付給議潮的女婿索勳。索勳乘機自立爲節度使，但是引起了嫁給李明振的張議潮第十四女張氏的不滿，時明振已死，於是張氏與諸子合力殺掉索勳，立侄男承奉爲節度使。爲了紀念這一勝利，乾寧元年，張氏以李明振的名義，在自家的功德窟——莫高窟第148窟立了名爲《唐宗子隴西李氏再修功德記》的碑，文中用委婉的語氣敘述了上面所説的事情：

> 夫人南陽郡君張氏，即河西萬户侯太保張公第十四之女。温和雅暢，淑德令聞，深遵陶母之仁，至切齊眉之操。先君歸覲，不得同赴京華；外族流連，各分飛於南北。於是兄亡弟喪，社稷傾淪，假手托孤，幾辛勤於苟免。所賴太保神靈，辜恩梟斃，重光嗣子，再整遺孫。雖手創大功，而心全棄致，見機取勝，不以爲懷。乃義立侄男，秉持旄鉞。總兵戎於舊府，樹勳績於新墀，内外肅清，秋毫屏迹。慶豐山踴，呈瑞色於朱軒；陳霸動戎，嘆高梁於壯室。四方響（向）義，信結鄰羌。運籌不愧於梓橦，貞烈豈漸於世婦。間生神異，成太保之微猷；雖處閨門，實謂丈夫之女。……長男使持節沙州諸軍事□沙州刺史兼節度副使檢校右散騎常侍御史大夫上柱國弘願，輔唐憂國，政立祥風（鳳），忠孝頗懇於君親，禮讓靡忘於伯玉。六條佈化，千里隨車，人歌來暮之謡，永頌龔、黄之績。次男使持節瓜州刺史墨離軍押蕃落等使兼御史大夫弘定，文武全才，英雄賈勇。晉昌要險，能佈頗、牧之威；巨野大荒，屏蕩匈奴之迹。挾纊有幽於士卒，泯燧不愧於襄陽。都河自注，神知有道之君；積貯萬廂，東郡著雕金之好。次男使持節甘州刺史兼御史中丞上柱國弘諫，飛馳拔拒，惟慶忌而難儔；七札穿楊，非由基而莫比。洎分符於張掖，政恤惸孤；佈皇化於專城，懸魚發詠。次男朝議郎前守左神武軍長史兼侍御史弘益，三端俱備，六藝精通。工書有類於鍾繇，碎札連芳於射戟。子云特達，文亞而德重王音。於是豐年大稔，星使西臨，親抵敦煌，頒宣聖旨。内常侍康玉

> 裕稱克珣，副倅師大夫稱齊珙，判官陳大夫曰思回，偕殿廷英俊，樞密杞才。遐耀天威，呈祥塞表，因鑿樂石，共紀太平。余所不材，斐然狂簡。□□□□□乾寧元年歲次甲寅拾月庚申朔伍日甲子□□□□□□□□□□敕封宋國□沙瓜伊西等州節度使兼司徒張淮深、妻弟前沙瓜伊西□河（等州）節度使檢校□部尚書兼御史大夫張淮鼎、沙州□□刺史兼沙瓜伊西等州節度使兼御史大夫□□□。[1]

碑文最後有三個節度使具名，前兩位張淮深、張淮鼎就是碑文中所説的"兄亡弟喪"的兄弟。第三位名殘，但顯然就是張氏義立的侄男承奉。通觀碑文，不難看出，張氏極力稱頌自己剿斃索勳的大功和義立侄男的度量，給人以權歸議潮遺孫的印象。但事實上李氏三子分别掌握着沙、瓜、甘三州的軍政大權，碑文盛贊他們的文治武功，而對張承奉的政績卻隻字未提，表明李氏諸子分茅裂土，掌握了歸義軍的實權。

第二節　長史、司馬實掌政權

自家樹立的《功德記》當然不無溢美之詞，要證明李氏諸子確實掌握實權，還應當舉出當時實際應用的文書來。在乾寧元年十月五日立《功德記》碑以後所寫的敦煌文書中，最能反映沙州政權歸屬的材料，首先是S. 4470 V《乾寧二年（895）三月十日歸義軍節度使張承奉、副使李弘願疏》，其全文如下：

> 細氎壹匹，面貳槃（盤），麨貳槃，紇林子貳槃，蒳氣子一槃，已上施入大衆。蘇一盤子，緤壹匹，充法事。右所施意者，伏爲長史、司馬、夫人已躬及兩宅合家長幼無諸

災瘴，保願平安，請申迴向。

乾寧二年三月十日，弟子歸義軍節度使張承奉、

副使李弘願謹疏。

這是歸義軍節度使張承奉和副使李弘願具名寫的施捨迴向疏，把副使李弘願的名字特别標出，實際就是象徵着李氏家族權力的存在，因爲一般的歸義軍節度使迴向疏，都只有節度使本人具名。此外，在“伏爲”下面，應當首先爲沙州最高首腦即節度使祝福發願，但這裏卻是“長史司馬夫人”。説者常常把這一稱呼看作是一個詞，[2]或認爲就是指曾任涼州司馬的李明振夫人張氏，[3]這樣，張承奉、李弘願爲她祝福發願就很容易理解了。然而，下引文書表明，“長史司馬”並不是“夫人”一詞的修飾語，而是可以單獨出現的與夫人同時代的人物。

P. 3167 V《乾寧二年(895)三月沙州安國寺道場司常秘等牒》的有關文字如下：

1. 安國寺道場司常秘等　　狀

(中間 2—13 行列沙彌名，略。)

14. 右前件五尼寺沙彌戒惠等父孃並言：愛

15. 樂受戒，一則年小，二乃不依聖教，三違

16. 王格條流處分。常秘等恐有愆咎，今將

17. 逞過本身，驗知皂白，不敢不申。伏望

18. 長史、司馬仁明詳察，伏乞裁下處分。

19. 牒件狀如前，謹牒。

20. 乾寧二年三月　日，道場司常秘等謹牒。

這件文書的年月與上件相同，其中的長史、司馬應當就是上件文書中的長史、司馬。顯然，把“長史司馬”看作是在此之前已經去世的李明振是不妥當的。這還可以從 P. 3101《書儀》類

寫本中得到佐證，其開頭兩首已殘，現舉第三首《賀天使平善過路》如下：

> 天使進發，已達五涼，道路無危，關河安静，皆是長史、司馬神謀以被，早達天庭，某無任慶忭。

這是一封感謝長史、司馬幫助唐朝使臣順利回京的書信抄本。從長史、司馬連稱和他們的地位來看，可以和上面兩件文書中的長史、司馬勘合。對於長史和司馬，我們也不認爲是指同一人，除了從官制上講兩者無法放在一起外，還有文書的證據。P. 2803 有《押衙張良真狀稿》，抄在《景福二年(893)二月押衙索大力狀稿》後，其狀文稱：

> 押衙張良真，先伏蒙長使(史)，充璨毗界内使，逢遭離亂，良真黨宗身自將貨物，少多被璨毗人劫將，名及物色，謹具如後。

張良真又見於 P. 4640 V《己未至辛酉年(899—901)歸義軍軍資庫司布紙破用曆》第 256 行，知他在辛酉年三月，以押衙身份往于闐充使。另外，P. 3718(3)是靈俊撰《張良真寫真讚》，讚文成於後唐天成四年(929)，其中記載他最早的任官是在司空張承奉時。[4]從以上相關文書，不難認爲《張良真狀》寫於乾寧二年前後，因爲在此前後執掌沙州政權的索勳和張承奉，都不是以“長史”著稱。[5]所以，我們認爲這裏的長史，即上述三件文書中與司馬並稱的長史其人。

從以上文書中可以看出，895 年前後掌握歸義軍内政、外交實權的人物，是號稱“長史”和“司馬”的兩個人，他們裁決僧俗百姓的上訴牒狀，安排中央王朝使臣的往還，甚至任命歸義軍節度押衙爲邊鎮將領，顯然是行使着歸義軍節度使的權力。但長史和司馬都不是節度使應有的加官，因此不可能指當時的節度使張承奉。從《李氏再修功德記》所述當時的沙州政情看,長史和司馬應當是指握有實權的李弘願和他的某位兄弟,但碑文記載乾寧元年(894)十月五日立碑時,弘願已是沙州刺史兼歸義軍節度副使,加官已至右散騎常侍和御史大夫,那麼,乾寧二年三月的長史稱號又如何解釋呢? P. 4640(3)有《唐宗子隴西李氏再修功德記》碑文的寫本,文字與石本基本相同,但有些地方没有碑銘完整。在相當於碑銘中"長男使持節沙州諸軍事□沙州刺史兼節度副使檢校右散騎常侍御史大夫上柱國弘願"處,只寫"長男長史洪(弘)願",後又將"長史"二字劃掉。其他三子題名處,除"瓜州刺史"外,職稱、名字均無,僅有"次男"云云。全文至"余所不材,斐然狂簡"處止,没有最後的紀年和張淮深等人的稱號與題名。因此,P. 4640(3)保存的寫本,很可能是該《功德記》最初稿本的抄本。從這篇原始狀態的稿本中可以得知,李弘願最早應是沙州長史,時間大概在索勳執政時期,等到張氏、弘願母子推翻索勳,立碑紀功時,形勢已與撰寫碑文初稿時大不一樣,李氏諸子加官進位,而張氏兩代也得以具名於李家碑後。大概是因爲李弘願以長史身份誅滅索勳,所以"長史"就成了他的固定稱號,雖然後來他的實際官位和檢校加官都很高,但他一直用"長史"這一稱呼。文書中的"司馬"的情況大概與此相似,但目前尚缺乏史料指明它的具體所指是誰。總之,在李明振妻張氏推翻索勳的統治後,其子李弘願等仍然分別被沙州百姓稱作長史和司馬,作爲一方軍鎮之長的稱號,此時它們已經不具備州長史或司馬的本意了,而僅僅是李氏二子的代名詞。張氏及其二子堅持用這種品級較低的稱號,恐怕隱含有某種政治目的,也就是説,這樣一來是爲了掩蓋世人耳目,在暗中控制歸義軍政權；二來也是接受索勳的前車之鑑，作爲張氏之外的家族執政，應當改頭换面，以免遭受與索勳自稱節度使的同樣下場。

李氏家族巧用長史、司馬的虚名來控制歸義軍政權的真相一經揭示，上舉各種文書的内容就很容易理解了。其中S.4470《乾寧二年迴向疏》，雖然是以節度使張承奉爲首的名義寫的，但祝願的卻不是節度使本人，而是長史、司馬和夫人，即沙州的實際執政者李氏家族的首要人物，其中夫人必指《再修功德記》碑中的李明振"夫人南陽郡君張氏"，也即長史、司馬的母親。這清楚地説明，張承奉雖然被李氏諸子立爲節度使，但並未改變自己原來的處境，只不過是李氏家族政權的傀儡，他没有行使職權的能力，只合在佛教活動中爲長史、司馬及夫人祈福而已。

第三節　李氏家族由盛而衰

有關乾寧二年三月以後李氏家族的情況，在P.3552《兒郎偉》中可以找到比較詳細的記載。此卷共抄六首《兒郎偉》，現據原卷並參考前人録文，[6]將有關的四首校録如下：

兒郎偉

除夜驅儺之法，出自軒轅；直爲辟除滛沴，且要百姓宜田。自從長使(史)領節，千門樂業歡然。司馬兼能輔翼，鶴唳高鳴九天。條貫三軍守法，姦吏屏迹無喧。北狄銜恩拱手，南戎納款旌旃。太夫人握符重鎮，即加國號神仙。能使南陽重霸，子父昌盛周旋。昨使曹光獻捷，表中細述根源。三使蓮(連)鑣象魏，蘭山不動烽煙。人馬保之平善，月初已到殿前。聖人非常歡喜，不及降節西邊。

大將同歡助慶,愁甚不遇豐年。從茲河西開朗,太常舞道(蹈)向前。

驅儺聖法,自古有之。今夜掃除,蕩盡不吉,萬慶新年。長使(史)千秋萬歲,百姓猛富足錢。長使(作)大唐節制,無心戀慕猩(腥)羶。司馬敦煌太守,能使父子團圓。今歲加官受爵,入夏便是貂蟬。太夫人表入之後,即降五色花牋。正是南揚(陽)號國,封邑並在新年。自是神人咒願,非干下娌(里)之言。今夜驅儺儀仗,部領安城大(火)祆。以次三危聖者,搜羅内外戈鋋。趁卻舊年精魅,迎取蓬萊七賢。屏(并)及南〔山〕四皓,今(金)秋五色弘(紅)蓮。從此敦煌無事,城隍千年萬年。

驅儺之法,自昔軒轅。鍾馗白澤,統領居仙。怪禽異獸,九尾通天。總向我皇境内,呈祥並在新年。長使(史)壽同滄海,官崇八座貂蟬。四方晏然清帖,獫狁不能犯邊。甘州雄身中節。嗢末送款旌旜。西州上拱(貢)寶馬,焉祁(耆)送納金錢。從此不聞梟鴝,敦煌太平〔萬年〕。

咒願太夫人,敕封李郡君。舊殃即除蕩,萬慶盡迎新。握(幄)帳純金作,牙牀盡是珍。繡褥鴛鴦被,羅衣籠上勳(薰)。左右侍玉女,袍褲從成羣。魚膏柄(炳)龍燭,魍魎敢隨人?中夔(鍾馗)並白宅(澤),掃障(瘴)盡(靖)妖紛(氛)。夫人壽萬歲,郎君爵禄增勳。小娘子如初月,美豔甚芳芬。異世雙無比,不久納爲婚。日日筵賓客,實勝孟常(嘗)君。百姓皆來集,同座大(待)新春。

《兒郎偉》是在除夕之夜驅儺打鬼的儀式上唱的曲詞,作爲文學作品,文中不無浮誇不實之處,也有沿襲舊文的可能,但它同時也爲人們提供了許多基本的歷史事實。

長史、司馬和太夫人是這幾篇《兒郎偉》稱頌的對象，這使人很容易聯想到上述幾件文書中的長史、司馬和夫人，對比其他以節度使的稱號“太保”或“大王”爲稱頌對象的《兒郎偉》，這裏所説的長史、司馬，必指上述文書中的長史、司馬無疑，也即李弘願兄弟。太夫人應即李明振的“夫人南陽郡君張氏”，這時已從夫人升爲太夫人，也就是文中所説的“正是南陽號國，封邑並在新年”，而且又特别標出“李”字，來表示南陽郡君太夫人的歸屬。這位太夫人雖然還操着“能使南陽重霸”的高調，表現自己義立侄男的大義，但實際上已拋掉《功德記》碑所説的“雖手創大功，而心全棄致”的作法，真正地“握符重鎮”了。按唐制，太夫人是節度使母親的封號，張氏從夫人升爲太夫人，反映了其子長史李弘願地位的提高，文中有“自從長史領節”、“長史千秋萬歲”、“長作大唐節制”等句，表明長史實際已握有歸義軍政柄，只是仍用“長史”稱號遮人耳目。文中還稱“長史壽同滄海，官崇八座貂蟬”，八座係指尚書令、左右僕射和六部尚書，表明長史的加官至少已到尚書一級，與節度使加官級别相符。文中還特别提到“司馬兼能輔翼”，説明是長史的得力副手；“司馬敦煌太守”，證明他的職事官是沙州刺史。據《再修功德記》碑，894 年時李弘願以節度副使兼沙州刺史，顯然隨着他的地位上升到節度使，沙州刺史的職位也就讓給了他的一個弟弟。莫高窟第 9 窟甬道北、南兩壁，繪有供養人像四身，題記如下：

1. 金紫光禄大夫檢校司徒同中書門下平章事食……實……萬户侯賜紫金魚袋南陽郡開國公張承奉一心供養。
2. ……瓜州刺史……光禄大夫檢校左散騎常侍兼

御史大夫上柱國隴西郡李弘定一心供養。

1. 敕歸義軍節度管内觀察處置押蕃落等使銀青光禄大夫□(國)□(子)□(祭)□(酒)檢校右散騎常侍兼御史大夫索勳供養。

2. 朝散大夫沙州軍使銀青光禄大夫檢校左散騎常侍兼御史大夫上柱國隴西郡李弘諫一心供養。[7]

從索勳的節度使題名看,其像應繪於他執政的892—893年前後,張承奉的加官比索勳還高,但顯然是一種虛銜。李氏二兄弟的題名似較張、索爲晚,因爲他們的檢校官散騎常侍不見於894年的《再修功德記》,特别是弘諫的兼官也從御史中丞上升爲御史大夫,這表明李氏二兄弟的畫像題名至少應在894年以後。按照軍使兼刺史的慣例,李弘諫此時應任沙州刺史,那麽他就是弘願之外有材料證明的李氏惟一任沙州刺史的人了,這似乎就可以把《兒郎偉》中的"司馬敦煌太守"看作是弘諫的代稱,而且文中的"今歲加官受爵,入夏便是貂蟬"句,也正好和題名中的散騎常侍相符。然而,我們只把這看作是一種可能,而不作爲結論,因爲莫高窟第9窟的年代並没有確定下來,特别奇怪的是爲甚麽没有李氏長子李弘願的題名,[8]而且,李弘諫爲何以甘州刺史遷沙州軍使,這似乎又越過了二兄弘定。在這些疑問解明之前,我們還是把司馬看作是李弘願的一個弟弟比較妥當。總之,這篇《兒郎偉》絲毫没有提及張承奉,可以説是李氏家族極盛時的頌歌。

目前所見有確切年代的最晚的李氏家族執政史料,是俄羅斯聖彼得堡藏Дx. 1435(M. 1649)號文書,其殘存文字如下:

(前殘)

1. ☐☐牒

2. 乾寧二年十月十日牒

3. 〔節度〕副使兼御史大夫李(畫押)[9]

畫押式的簽名很像是"弘願",年代上鈐朱印一方,文曰"沙州節度使印"。文書雖殘,仍清楚地表明李弘願以副使身份行使節度使權力的情況。

李弘願的節度副使銜的這一年代下限,也有助於斷定上面引述的《兒郎偉》的年代。對比 S. 4470,P. 3167,Дx. 1435 三件乾寧二年文書和《兒郎偉》的内容,後者不會早於前者;又因爲至遲在乾寧三年五月,張承奉開始真正掌握歸義軍政權,所以,《兒郎偉》的成文時間,很可能就在乾寧二年(895)十二月,此時,李氏家族把張承奉撇在一邊,長史李弘願自領起節度使之任來了。

李氏家族的所作所爲,必然引起瓜沙一些大族勢力的反對,他們不會輕易讓張議潮家族建立的政權落入他姓手中。恐怕就在乾寧三年初,正當李氏家族力圖抛開張承奉,獨攬大權的時候,沙州出現了一場倒李扶張的政變。雖然關於這種自相殘殺的醜聞没有明確的史料記載,但從前後的史料對比中不難發現這一變化。

目前所見張承奉重新露面的最早文書是 S. 2263《葬録》卷上序。寫本殘存文字 23 行,1—11 行是内容銜接的完整序文草稿,12—14 行和 16—23 行是對序文的片斷修訂補充,第 15 行題"歸義軍節度押衙兼參謀守州學博士將仕郎張忠賢集",知道作者是張忠賢。現將 1—11 行序文録下,並用 12—14 行和 16—23 行補充:

夫論陰陽之道,由(猶)如江海,非聖不裁(載)。時遇亂世,根淺性□。俗化所易,王教風移,其君欲與貪狠爲政,其臣欲與□□求尊,人心變改,邪魅得便,政法不從,非道爲美。得事者不師軌,□求同類,擅作異謀,貨賂求名,破滅真宗,離害能德。能德既無,恣行非法。非法既盛,邪道日興。但忠賢生居所陋,長在危時,學業微淺,不遇明師,年至從心,命如懸絲。忽遇我歸義軍節度使南陽張公諱承奉,有大威慧,真俗變行,道俗虔虔,出言無非,三邊晏淨(静),萬性(姓)仰覆,實張家之寶,棟梁之才。鑒覩前事,意有慨焉。某今集諸家諸著,删除淫穢,亦有往年曆學,昔歲不問,所録者多取漢丞相方朔之要言,所闕者與事理如唱之七十二條,勒成一部,上、中、下與爲三□。事無不盡,理無不窮,後諸達解者,但俗行用,得真無假。於時大唐乾寧三年五月　日下記。[10]

作者張忠賢名,又見於 P. 4996＋P. 3476 吕定德寫《癸丑歲(893)具注曆日》,卷尾有“忠賢校了”。[11]另外,上舉 P. 4640 V《己未至辛酉年(899—901)歸義軍軍資庫司布紙破用曆》也有關於他的記載:

123. 〔己未年十一月〕廿七日,支與押衙張忠賢造曆日細紙叁帖。

129. 〔己未年十二月〕廿三日,支與押衙張忠賢造文細紙壹帖。

194. 〔庚申年八月〕廿七日,支與張忠賢助葬粗紙壹束。[12]

由此可知,張忠賢在索勳時曾是歸義軍編纂曆日的主持人,到張承奉執政的 899 年,仍是歸義軍負責陰陽星曆的押衙,“助葬”云云,似表明他在 900 年去世。

張忠賢是經過李氏執政時期的人，他在《葬録序》中没有提到任何李氏的人物，反而直斥此前爲亂世危時，而且“君臣”邪惡，“政法不從”，“破滅真宗”，迫害賢能。這和吹捧張承奉爲“張家至寶”、“棟梁之才”，頌揚當時“三邊晏静，萬姓仰覆”，恰好形成鮮明的對比。這大概就是張承奉執政後，極力貶抑李氏的反映。無論如何，《葬録序》對“張家”的合法繼承人張承奉又任歸義軍節度使的記録，標誌着乾寧三年(896)五月以前，李氏家族的統治已徹底垮臺。從《葬録序》來看，張忠賢似不屬於南陽張氏，很可能出身於敦煌的另一大姓清河張氏，根據金山國時期的一些文書，清河張氏正是張承奉政權的有力支持者。這多少也透露出張承奉取代李氏家族的過程中，沙州大族起了相當重要的作用。

關於李氏家族的下場如何，没有明確的史料記載，值得注意的是 S. 1177《金光明最勝王經》題記，文曰：

> 弟子女太夫人張氏，每嘆泡幻芳蘭，不久於晨昏，嗟乎愛别痛苦，傷心而不見。豈謂天無悔禍，哀迴樹之先凋；殲我良賢，類高花之早墜。謹爲亡男使君、端公、衙推，抄《金光明最勝王經》一部，繕寫云畢，願三郎君神遊碧落，聯接天仙；質(直)往淨方，聞經樹下。三涂(途)八難，願莫相過；花臺蓮宫，承因(蔭)游喜(嘻)。閻浮促壽，永捨無來；淨土長年，恒生於此。慈母追念，崇斯勝緣。咸此善因，皆蒙樂果。大唐光化三年庚申歲六月九日寫記。

光化三年(900)能稱“太夫人張氏”者，捨李明振妻莫屬，其稱號、姓氏與上舉《兒郎偉》所記完全相同。[13]據此，知是李明振妻張氏的寫經功德記，目的是爲亡男三郎君，[14]即使君、端公、衙推三人薦福。[15]據,《李氏再修功德記》,張氏共有四子,題記中的三郎君應在其中。從稱號來看,使君是對任"使持節某州諸軍事"者的敬稱,[16]端公一般指侍御史,[17]衙推僅是節度使府低級文職僚佐之一,[18]三者和李氏諸子執政時的稱號或職銜均不符,這大概是被張承奉推翻後削官貶職的結果。光化三年的這條題記證明,至少李氏三子在此時都已亡没,這似乎不能認爲是簡單的自然死亡,而很可能是張承奉貶其職之後的滅禍根行動的結果。當然,對於年邁的姑母太夫人張氏没有開殺戒,而任職瓜州的李明振第二子弘定,大概因遠離沙州,其後裔得以延續下來,並入仕曹氏歸義軍政權。敦煌文書中保存有弘定子李紹宗的《邈真讚》(P. 3718—17)[19]和孫李存惠的《邈真讚》和《墓誌銘》(S. 289)。[20]總之,這篇寫經題記是李氏家族執政失敗的一首哀歌。

以上根據零散的敦煌文獻,大致勾勒出李氏家族執掌歸義軍政權的始末。簡單説來,大概在 894 年,李明振妻張氏率諸子殺掉歸義軍節度使索勳,名義上立侄男張承奉爲節度使,實際上讓其子李弘願兄弟掌握實權,並用較低的"長史"、"司馬"銜作爲弘願兄弟的稱號,以掩人耳目。李氏家族的勢力在 895 年底達到極盛,並排擠掉張承奉,獨攬歸義軍大權,終於在 896 年初被瓜沙大族推翻,使張承奉能够真正出任節度使,李氏留在沙州的諸子可能在貶官之後被殺。

注釋

[1] 録文參考以下論著,擇善而從:徐松《西域水道記》卷三;沙畹《中亞的十種漢文碑銘》(Éd. Chavannes, *Dix inscriptions chinoises de l' Asie Centrale*),巴黎,1902 年;王仁俊《敦煌石室真迹録》,

1909年;蔣斧《沙州文録》,1909年;羅振玉《西陲石刻録》,1914年;張維《隴右金石録》,1938年;石璋如《敦煌千佛洞遺碑及其相關的石窟考》,《中研院歷史語言研究所集刊》第34本上册,1962年;李永寧《敦煌莫高窟碑文録及其相關問題(一)》,《敦煌研究》試刊第1期,1981年;旺迪埃-尼古拉編《伯希和敦煌石窟筆記:題記與壁畫》(Nicole Vandier-Nicolas ed., *Grottes de Touen-houang carnet de notes de Paul Pelliot: inscriptions et peintures murales*)第1卷,巴黎,1981年。

[2] 翟林奈《英國博物館所藏敦煌漢文寫本注記目録》(L. Giles, *Descriptive Catalogue of the Chinese Manuscripts from Tunhuang in the British Museum*),倫敦,1957年,177頁。

[3] 藤枝晃《沙州歸義軍節度使始末》(一),《東方學報》(京都)第12册3分,1941年,84頁注47。

[4] 參看盧向前《關於歸義軍時期的一份布紙破用曆的研究》,《敦煌吐魯番文獻研究論集》第3輯,北京大學出版社,1986年,460—463頁。

[5] 參看拙稿《沙州歸義軍歷任節度使稱號研究》,《敦煌學》第19輯,1992年,31—35頁;本書第二章第四、五節。

[6] 周紹良《敦煌文學"兒郎偉"并跋》,文化部文物局古文獻研究室編《出土文獻研究》,北京文物出版社,1985年,178—179頁;黄征《敦煌文學〈兒郎偉〉輯録校注》,《新疆文物》1990年第3期,102—114頁。

[7] 敦煌研究院編《敦煌莫高窟供養人題記》,北京,1986年,6頁;向達《唐代長安與西域文明》,北京,1957年,424頁;謝稚柳《敦煌藝術敍録》,上海,1957年,199—200頁;《伯希和敦煌石窟筆記》,甘肅人民出版社,1993年,369—370頁。

[8] 蘇瑩輝一直認爲該窟的"李弘諫"題名原應作"李弘願",見所著《論索勳、張承奉節度沙州歸義軍之起迄年》,《敦煌學》第1輯,1974年,90頁;又《敦煌學新猷》,香港《明報月刊》1986年第247期,32頁。

［9］此據池田温教授在聖彼得堡手録稿，幸蒙慨允發表，謹此致謝。參看孟列夫主編《亞洲民族研究所藏敦煌漢文寫本注記目録》第1卷，莫斯科，1963年，669頁。

［10］按“張忠賢”一名，翟林柰上引目録225頁，No. 6970所録不誤。《敦煌遺書總目索引》作“張思賢”誤；又《總目索引》此卷録文缺字較多，林天尉《敦煌寫卷之校勘問題》有校補，文載臺灣《史學彙刊》第6期，1975年。

［11］藤枝晃《敦煌曆日譜》，《東方學報》（京都）第45册，1973年，401—402頁。

［12］池田温《中國古代籍帳研究》，東京，1979年，607、609頁；盧向前上引文，400—401、404頁。

［13］姜亮夫《瓜沙曹氏世譜》（《浙江學刊》1983年第1期）105頁認爲指曹議金妻，似有未妥。

［14］按郎君在歸義軍時期的文書中多指節度使之子，但索、李兩大姓的子弟也可用此稱。P. 3418 V《沙州諸鄉欠枝夫人户名目》第103行有“郎君索丞衛”、“郎君李弘定”名（池田温上引書600頁）。李弘定爲李明振第二子，索丞衛疑即莫高窟第196窟甬道北壁第二身索勳子“承勳”（《敦煌莫高窟供養人題記》87頁），此處，伯希和録作“蘱”（《伯希和敦煌石窟筆記》第2卷32頁），似以“丞衛”爲是。

［15］孫修身《談與瓜沙曹氏世譜有關的幾個問題》（甘肅《社會科學》1983年第5期）117頁認爲三郎君“使君衙推端公”係指一人，即李明振第三子弘諫。但使君、端公、衙推從官制上看很難合指一個人。

［16］參看拙稿《歸義軍及其與周邊民族的關係初探》，《敦煌學輯刊》1986年第2期，29頁。

［17］《唐國史補》卷下。

［18］《新唐書》卷四九下《百官志》。

［19］録文參看陳祚龍《敦煌銘讚小集》，《大陸雜誌》第63卷第4期，1981年，177頁。

［20］録文參看左景權《敦煌寫本斯二八九號二三事》,《香港中文大學中國文化研究所學報》第 8 卷第 1 期,1976 年,91—93 頁。

第六章　金山國的建立與滅亡

在張氏歸義軍的末期，出現過一個短命王朝——金山國。張承奉建立金山國的時間極爲短暫，雖然從軍鎮變爲王國在制度上有所改變，但並没有徹底改掉歸義軍原來的軍政體制，個别官名的改變也只是曇花一現，因此從性質上來説，金山國與歸義軍没有本質的區别，所以歷來的研究者都將它包含在歸義軍史中加以討論，本書也不例外。然而，大概正是由於建立了金山國，纔使得張承奉有野心收復歸義軍失掉的故地，從而造成了他的歷史悲劇，最終敗在甘州迴鶻的手下。

在歸義軍史的研究中，由於史料主要是依靠敦煌本地文書，這些文書的一個局限性就是對當時發生的一些不體面的事，如内爭、戰敗等諱莫如深，因此，有關的史事往往隱晦不明。金山國的歷史正是如此，有許多比較重要的歷史真相尚待弄清，以下就幾個關鍵問題略加考察。

第一節　建國年代

建國年代是治金山國史首先遇到的問題，然而迄今卻没有得到圓滿的解決。早在 1935 年，王重民先生在《金山國墜事零拾》一文中，據敦煌寫本《白雀歌》尾部雜寫“乙丑年二月”

云云，假定金山國成立於唐哀宗天祐二年(905)二月以後不久。[1]這一觀點長期以來爲學界所接受，甚至在已經受到批評的今天，仍有人重複此説。[2]

《舊五代史》卷一三八《吐蕃傳》記："沙州，梁開平(907—911)中，有節度使張奉，自號'金山白衣天子'。"王重民先生認爲中原王朝是從乾化元年(911)入貢的迴鶻使者那裏得到這一消息的。其説甚有道理，可惜王先生没有據此而考慮金山國成立於 907—911 年間的可能性。王冀青《有關金山國史的幾個問題》一文，重新强調了這條材料的重要性，並且指出歸義軍終唐之世都忠於唐室，奉唐正朔，因此將金山國的建立假定在唐亡後的開平二年(908)。[3]這種看法對 905 年立國説提出了强有力的質疑，但作者卻没有考察敦煌文書中所反映的歸義軍奉唐正朔的實際情況，而我們考察這種情況的結果説明，908 年立國説也難以成立。

敦煌文書中保存了一批一位八十餘歲的老人自天復五年以後所寫的《金剛經》等文獻，均有題記，因爲這些題記與金山國建國年代問題有密切關係，現按時間順序徵引如下：

S. 5534 題："時天復五年歲次乙丑(905)三月一日寫竟，信心受持，老人八十有二。"

S. 5444 題："天祐二年歲次乙丑(905)四月廿三日，八十二老人手寫此經，流傳信士。"

S. 5965 題："天復(祐)二年乙丑十二月廿日，八十二老人手寫流傳。"

敦煌市博物館 053 號題："唐天祐三年丙寅(906)正月廿六日，八十(下殘)。"[4]

S. 5451 題："天祐三年丙寅二月二日，八十三老人手自刺血寫之。”

S. 5669 題:“天祐三年丙寅二月三日,八十三老人刺左手中指出血,以香墨寫此金(經),流傳信心人。”

P. 2876 題:“天祐三年歲次丙寅四月五日,八十三老翁刺血和墨,手寫此經,流佈沙州一切信士。國土安寧,法輪常轉。以死寫之,乞早過世,餘無所願。”

北圖有 9 題:“丁卯年(907)三月十二日,八十四老人手寫流傳。”

北圖列 26 題:“戊辰年(908)八月一日,八十五老人手寫流傳。”

S. 5544(2)題:“奉爲老耕牛一頭,敬寫《金剛》一卷、《受記》一卷。願此牛身領受功德,往生淨土,再莫受畜生身。天曹地府,分明分付,莫令更有讎訟。辛未年(911)正月。”[5]

根據以上題記材料,這位老人在天祐二年三、四月間得知改元消息,使用了天祐年號,到天祐三年四月以後又停止不用了,改用甲子紀年。藤枝晃在《敦煌曆日譜》一文中指出,敦煌當時已知改元天祐,但只有這位老人用之,同時其他文書使用的天復年號,一直到天復十年。[6]李正宇《關於金山國和敦煌國建國的幾個問題》一文,正確地考證出《白雀歌》尾的“乙丑年”雜寫是後人的補書,而不是《白雀歌》的題記,因此没有疑義地否定了 905 年立國的假説;同時,他依據敦煌地區天祐三年四月以後又改用天復的現象,認爲張承奉在此時廢除朱全忠所操縱的假唐朝的天祐年號,而使用被殺的昭宗天復年號,這就是和他建金山國,稱白衣帝的行動同時進行的改年號之舉。[7]這種把天祐到天復的變化視作改元的看法也是值得商榷的,因爲這與上引《舊五代史》卷一三八《吐蕃傳》的記載相矛盾，而且在敦煌文書中除了那位八十老翁外，一直使用天復年號，無所謂改元。現將天復五年以降的材料舉出：

S. 2575(2)爲《天復五年八月靈圖寺衆請大行充寺主狀》。

P. 3381《秦婦吟》題記："天復伍年乙丑歲十二月十五日敦煌郡金光明寺學仕張龜記。"

北圖荒 2《梵網經》背題："天復六年丙寅歲十一月廿日，接囊布戒全還，永惠記。"

Дx. 1414 爲《天復陸年丙寅歲拾壹月押衙劉石慶换舍契》。

P. 3214(3)爲《大唐天復六年歲次丙寅十二月庚辰朔廿一日庚子祭文》。

S. 2630 V 紙條有題記："天復六年丙寅歲閏十二月廿六日，氾善威書記。"

P. 3214 V 爲《天復柒年丁卯歲三月十一日敦煌洪池鄉百姓高加盈等租地充欠價契》。

S. 6253《字書》題記："天復七年丁卯歲十二月十日，敦煌郡金光明寺。"

S. 6254 爲《天復柒年丁卯歲牒》。

P. 2646《新集吉凶書儀》題記："天復八年歲次戊辰二月廿日，學郎趙懷通寫記。"

P. 2094(1)《持誦金剛經靈驗功德記》題記："於唐天復八載歲在戊辰四月九日，布衣翟奉達寫此經。"

S. 2174 爲《天復玖年己巳歲潤八月十二日敦煌神沙鄉百姓董加盈兄弟分書》。

S. 3877 V(7)爲《天復玖年己巳歲十月七日敦煌洪閏鄉百

姓安力子賣地契》。

P.3764《太公家教》題記:“大復九年己巳歲十一月八日,學士郎張某午時寫記之耳。”

北圖收43背爲《天復九年己巳歲十二月二日杜通信便粟麥契》。

Дx.295 a《時食咒願》題記:“天復十年庚午歲次三月十五日,尹(下缺)”

斯坦因敦煌所獲絹畫《觀音像》題記:“時天復拾載庚午歲七月十五日畢功記。”[8]

以上材料表明,在八十老人使用天祐的同時,敦煌文書和學郎題記都用天復年號,而這些文書應當比那位老人的題記更能代表敦煌當時的情況。如何解釋年號上的這一並用現象,我們推測昭宗改元天祐的消息是二年三、四月間傳到敦煌的,老人用之,但沙州歸義軍官府與當時的河東、西川一樣,以天祐爲朱全忠所改,不可稱,仍用天復;[9]迨天祐三年四月以後,沙州得知昭宗被殺,昭宣帝不過是十三歲幼童,社稷已非唐有,老人也不再用天祐年號了。如果説天復六年是金山國所改的新紀元,那麽爲甚麽不從元年開始?況且上引P.3214(3)和P.2094(1)兩文書明標“大唐”或“唐”,絶不可能屬於金山國。所以,906年建國説仍然是難以接受的。盧向前《金山國立國之我見》一文正確地指出,金山國的建立應在使用唐朝年號紀年以後,可惜他未見到上舉最後一條材料,把立國時間定在天復十年七月初一日,[10]顯然結論也不圓滿。

目前所知記載金山國建立年代的史料只有兩條,一是《舊五代史·吐蕃傳》,已如上述;一是敦煌寫本P.3633 V(1)《龍泉神劍歌》中“一從登極未逾年”的詩句。因此,弄清《神劍歌》

寫作時間,是確定金山國建立年代的關鍵。《神劍歌》寫本的正面是《辛未年(911)七月沙州百姓一萬人上迴鶻天可汗狀》,盧向前上引文詳細對比分析了兩者的内容,指出了相互關聯的文句,因而認爲《神劍歌》寫於《上迴鶻可汗狀》同時或稍前,即辛未年七月。按《上迴鶻可汗狀》中稱:"□□廿六日,狄銀領兵,又到管内。……狄銀令天子出拜,即與言約。城隍耆壽百姓,再三商量:可汗是父,天子是子,和斷若定,此即差大宰〔相〕、僧中大德、敦煌貴族耆壽,賫持國信,設盟文狀,便到甘州。"這正是《上迴鶻可汗狀》産生的直接原因,所以"廿六日"上的缺文,應補"今月"二字。據此,《上迴鶻可汗狀》當寫於七月廿六日至月底之間。大致同時成文的《神劍歌》也應作於七月末。而從"一從登極未逾年"來判斷,張承奉之建金山國當在開平四年(910)七月末以前不久,這一看法與正史和敦煌文書的記載都不矛盾。至於《龍泉神劍歌》所稱頌的"改年號,掛龍衣,築壇拜卻南郊後,始號沙州作京畿",大概與詩中其他許多理想一樣,並未得以實現,從下節討論的金山國史事可以看出,金山國建立伊始,就受到迴鶻的攻擊,直到失敗,沙州城外,幾乎四面都是戰場,恐怕無處築壇行禮。目前所見庚午至甲戌年間(910—914)金山國時期的官私文書,均用甲子紀年,如《辛未年(911)七月沙州百姓等一萬人上回鶻天可汗狀》、P. 3638《辛未年正月六日沙州淨土寺沙彌善勝領得歷》等,可以確證金山國没有年號。

第二節　建國時的内外形勢

如上所論,金山國建於開平四年七、八月之交,選擇秋日建國,正好與西漢、金山、白衣的五行之説相符。P. 2594＋P. 2864《白雀歌》開頭部分稱:"伏以金山天子殿下,上稟靈符,特受玄黄之册;下副人望,而南面爲君。繼五涼之中興,擁八州之勝地。"這裏已經提到了金山天子,所以不應像《零拾》所説,是三楚魚人張永的勸進之作,而應是建國伊始的作品,成文當在同年八月前後。《白雀歌》的大部分内容是頌潔白之瑞的誇張不實之詞,但在稱頌百官的部分,舉出了一些人名和事迹,屬寫實文字,其中透露了金山國建國時的一些情況。由於《白雀歌》提到的人物有的也見於《龍泉神劍歌》,所以前人往往認爲前者内容與後者相關,所記都是與迴鶻爭戰之事,實際情況並非如此。以下將有關部分録出(爲以下論述方便,分作五小段),以便明瞭它的真正内涵。《白雀歌》稱:

(1)百官在國總酋豪,白刃交馳未告勞。
　　爲感我王洪澤厚,盡能平虜展戎韜。
(2)白裾曳履出衆羣,國舅温恭自束身。
　　羅公挺拔摧凶敵,按劍先登渾舍人。
(3)白雪山巖瀚海清,六戎交臂必須平。
　　我王自有如神將,沙南委付宋中丞。
(4)白屋藏金鎮國豐,進達偏能報虜戎。
　　樓蘭獻捷千人喜,敕賜紅袍與上功。
(5)文通守節白如銀,出入王宫潔一身。
　　每向三危修令得,惟祈寶壽薦明君。

第(1)段總序百官,無實際内容。第(2)段舉出國舅、羅公、渾舍人三人,作爲文武官的代表,其中羅公指羅通達,當無大誤。S. 4654《羅通達邈真讚》稱:"洎金山王西登九五,公乃倍(陪)位臺階,英高國相之班,寵獎股肱之美。"知羅通達任金山國宰相，從《邈真讚》所列事迹看，實爲武將代表。渾舍人一般認爲即《神劍歌》中的先鋒渾鶻子，他與羅公作爲武將代表，與代表文官的國舅相對。第(3)段專記宋中丞，前人直指此人即 P. 4632＋P. 4631《西漢金山國聖文神武皇帝敕》中的宋惠信。按該敕内容爲授前散兵馬使兼知客將宋惠信，改任押衙兼鴻臚卿知客務，其任職地點當在沙州城中，而《白雀歌》所説的宋中丞則是任職於沙南，安撫六戎的邊將，其任職地或即金山國南邊重鎮紫亭鎮，如果宋中丞就是宋惠信的話，也應是其任紫亭鎮使以後的事。我們之所以做這樣的推測，是因爲張良真可能就是繼宋中丞之後任紫亭鎮將的。P. 3718(3)《張良真寫真讚》記："金山王時，光榮充紫亭鎮主。一從莅位，獨静邊方。"無論宋中丞指誰，《白雀歌》此四句無疑是爲了寫金山國邊陲穩固，各族順服。第(4)段記進達武功，特別提到樓蘭獻捷一事。此事又見於以下敦煌文書：上引《羅通達邈真讚》記："遂乃閈(于)闐路阻，璨微艱危，驍雄點一千精兵，公以權兩旬便至。於是機宣韓白，謀運張陳，天祐助盈(嬴)，神軍佐勝。指青蛇未出於匣，蕃醜生降；表白虎纔已臨旗，戎虻伏死。彎□一擊，全收兩城。"上引《張良真寫真讚》記："是時西戎起萬里之危，域土隘千重之嶮，君王愠色，立欲自伐貔徒，賢臣匡諫而從依，乃選謨師而討掠。關山迢遰，皆迷古境長途；暗磧鳴砂，俱惑智阡卉陌。公則權機決勝，獲收樓蘭三城。宕(蕩)澌(殲)雄番，穎脱囊錐。"又 P. 3718(4)《閻子悦寫真讚》記："成立之年，權軍機而有則。仿設雲龍之勢，拒破樓蘭，決勝伊吾之前，凶徒膽裂。"由此可見，西征樓蘭是由羅通達統領一千精兵完成的，目的是掃清通往于闐的道路。[11]進達與張良真、閻子悦都是隨行戰將，《白雀歌》舉獻捷樓蘭作爲開國的戰功。

至於《閻子悦寫真讚》提到的“決勝伊吾”一事,也見於另外兩件《邈真讚》。《羅通達邈真讚》稱“回劍征西,伊吾殄掃”。《張良真寫真讚》稱“敵毳幕於雪嶺之南,牽星旗於伊吾之北”。所述都是語焉不詳,可知此役不像樓蘭之役那樣成功。[12]第(5)段記文通守職。文通即 P. 2482(3)《羅盈達墓誌銘》所記的“次兄節院軍使文通”。節院使是節度使府衙内的軍使,這應是羅文通後來任職曹氏歸義軍時的職務,但此職和他在金山國時期的職務是一脈相承的,説明他一直是王宫或衙内總管,《白雀歌》即以他作爲内廷官吏的代表。總之,我們認爲,《白雀歌》並没有記録與迴鶻爭戰的内容,而是金山國開國之際的功績簿。其中,樓蘭的勝利是金山國的最大成功。

而且,金山國君臣的志向更爲廣大,《龍泉神劍歌》唱出的理想是:“神劍新磨須使用,定疆廣宇未爲遲。東取河蘭廣武城,西取天山瀚海軍。北定燕然□(葱)嶺鎮,南盡戎羌邏莎平。”而對於東面的强敵甘州迴鶻,同歌又唱道:“蕃漢精兵一萬强,打卻甘州坐五涼。東取黄河第三曲,南取武威及朔方。通同一個金山國,子孫分付坐敦煌。”然而,金山國很快就被甘州迴鶻打敗。

第三節　與甘州迴鶻的戰爭

乾寧三年(896),張承奉真正執掌了歸義軍政權,他統治的時期,也正是甘州迴鶻成長壯大的年代。P. 3931(39)《表本》是甘州迴鶻上中原王朝的表文抄本,其中稱:“去光化年初(898—899 年前後),先帝(唐昭宗)遠頒册禮,及恩賜無限信幣,兼許續降公主,不替懿親。”[13]知甘州迴鶻政權此時已得到唐朝的承認，S. 8444《唐内文思院回賜甘州迴鶻進貢物品會計簿》，進一步提供了此時雙方交往的明證，該文書提到了甘州迴鶻的天睦可汗，已經土肥義和氏考證爲楊鉅《翰林學士院舊規》中提到的天睦可汗。[14] 甘州迴鶻的日益强大，可以從天復二年(902)遣使上書昭宗，請求發兵赴難一事看出。[15]

甘州迴鶻似與早先進犯瓜沙地區的伊州迴鶻來歷不同，也由於歸義軍本身勢力的衰落，迴鶻占領歸義軍領地後，雙方一直保持聯繫，没有太大的戰事發生。P. 4044(2)《乾寧六年(899)十月歸義軍節度使授官帖》後，接抄有另一件《歸義軍節度使帖》，文字如下：

1.　使　帖甘州使頭都頭某甲

2.　　兵馬使某曹甲，更某人數。

3.　　右奉　處分，汝甘州充使，

4.　　亦要結耗(好)和同，所過砦

5.　　堡州城，各須存其禮法，

6.　　但取使頭言教，不得亂話

7.　　是非。沿路比此迴還，仍須

8.　　守自本分。如有拗東捩西，

9.　　兼浪言狂語者，使頭記名，

10.　　將來到州，重當刑法者。某年月日帖。

沙州使者前往甘州，使主如此百般地叮囑，生怕出甚麽亂子，表明了此時歸義軍對甘州迴鶻的態度。P. 4640 V《己未至辛酉年(899—901)歸義軍軍資庫司布紙破用曆》記有：

157—8　庚申年(900)三月七日，“支與甘州押衙宋彦暉畫紙貳拾張”。

213—4　十一月九日，“押衙張西豹甘

州充使，支畫紙叁拾張”。

254　辛酉年(901)三月六日，“支與甘州使押衙王保安細紙肆帖”。[16]

第一條是甘州使者來沙州的記録，後兩者均是歸義軍使者出使甘州的記録，證明此時雙方仍有着往來關係。但好景不長，S. 3905《唐天復元年辛酉歲(901)閏月十八日金光明寺造佛窟上梁文》中稱：“獫狁狼心犯塞，焚燒香閣摧殘。合寺同心再造，來生共結良緣。”據藤枝晃氏考訂，本年敦煌曆較中原曆閏六月晚一個月以上，這裏的閏月必在七月以後。[17]可見，王保安出使甘州後數月，兩地之間就已開戰。此後數年的情況缺少記載，但約寫於 901—903 年的 S. 4359 V《謁金門・開于闐》中稱：“尚書座(坐)宫典(殿)，四塞休正(征)罷戰。但阿郎千秋歲，甘州他自離亂。”[18]知雙方的敵視情緒很强。

P. 3633 V(1)《龍泉神劍歌》的主要内容，是用文學筆法記録金山國與甘州迴鶻的數次戰爭，其中一些文句與正面所寫《辛未年(911)七月沙州百姓一萬人上迴鶻天可汗狀》相關聯，[19]可以推知《神劍歌》寫於辛未年七月或稍前。以下分段引出經我們校訂的有關文字，並做討論。

a　我帝威雄人未知，叱吒風雲自有時；祁連山下留名迹，破卻甘州必□(不)遲。

b　金風初動虜兵來，點龊干戈會將臺。戰馬鐵衣鋪雁翅，金河東岸陣雲開。

c　募良將，揀人材，出天入地選良牧。先鋒委付渾鷂子，須向將軍劍下摧。

d　左右衝□(突)搏虜塵，匹馬單槍陰舍人。前衝虜陣渾穿透，一段英雄遠近聞。

e　前日城東出戰激，馬步相兼一萬强。我皇親換黄金甲，周遭盡佈强沈槍。

着甲匈奴活捉得，退去□□（醜豎）劍下亡。

f　千渠三堡鐵衣明，左繞無窮援四城。宜秋下尾摧凶醜，當鋒入陣宋中丞。

g　内臣更有張舍人，小小年内則伏勤。自從戰伐先登陣，不懼危亡□□身。

(a)段四句是此戰的序曲，當然是些自我吹嘘的話，但明確指出是與祁連山下的迴鶻作戰，知對敵者是甘州迴鶻。(b)段記戰爭發生在"金風初動"之時，下文記迴鶻第二次來侵時稱"今年"，則此戰應發生在910年初秋，即庚午年七月。又據"來"字，知是甘州迴鶻西侵，金山國列陣迎戰。(c)、(d)二段記金山國將頒渾鷂子與陰舍人衝鋒陷陣，抗擊來犯之敵。(e)段六句，記金山國白衣天子親帥一萬馬步軍兵，出戰沙州城東。(f)段中的千渠、無窮、宜秋都是沙州水渠名，分别位於敦煌城東、北、南三面，可知此戰沙州城四面被圍，因之又有宋中丞出戰，如果他就是前人所比定的鴻臚卿宋惠信的話，[20]張承奉派文官出戰，更説明此戰之艱苦。(g)段記内臣張舍人也奉命出戰，文句有缺，但不難理解他最後捐軀沙場。此人應即張安左。P. 3633 V(1)《龍泉神劍歌》後，抄有《西漢金山國左神策引駕押衙兼大内支度使銀青光禄大夫檢校國子祭酒御史中丞上柱國清河張安左生前邈真讚》，其中稱"累歷三朝，久侍宫闈"，"惟公出入宸居"，[21]其爲内臣無疑。《邈真讚》無紀年，但抄在《神劍歌》後，而且出自同一作者大宰相張公之手，當寫於同時，張安左正是亡於此役的金山國大臣。總之，金山國雖然擊退了甘州迴鶻的這次西侵，但也付出了相當大的代價。

《龍泉神劍歌》接着寫道：

> 今年迴鶻數侵疆，直到便橋列戰場。當鋒直入陰仁貴，不使戈鋋解用槍。
>
> 堪賞給，早商量，寵拜金吾超上將，急要名聲貫帝鄉。
>
> 軍都日日更英雄，□由東行大漠中。短兵自有張西豹，遮收遏後與羅公。
>
> 蕃漢精兵一萬强，打卻甘州坐五涼。

“今年”即《神劍歌》寫作的911年，知本年當中甘州迴鶻不只一次侵擾敦煌，由陰仁貴、張西豹、羅公（羅通達）等帥軍擊退。張西豹即上文提到的曾出使甘州的使者，現在已成爲抗擊迴鶻的主將。此時羅通達仍在沙州作戰，還未入南蕃請求救兵，知這些戰鬥發生在七月以前。

《龍泉神劍歌》最後云：

> 今卦明日羅公至，拗起紅旌似耀塵。今年收復甘州後，百寮（僚）舞蹈賀明君。

這裏希望羅公（羅通達）的到來，能帶來與迴鶻作戰的新氣象，從而最終打敗甘州迴鶻。羅通達的去向，上引《辛未年七月沙州百姓一萬人上迴鶻天可汗狀》的一段文字後有如下解釋：“羅通達所入南蕃，只爲方便打疊。吐蕃、甘州今已和了，請不□來，各守疆界，亦是百姓實情。”“天子所勾南蕃，只爲被人欺屈。”但羅通達入南蕃請求救兵未歸之時，迴鶻可汗之子狄銀已於七月二十六日領兵殺到沙州城下，金山國無力抵抗，由宰相、僧中大德等出城求和，曲釋羅通達入南蕃緣由。[22]同一狀文記録了金山國與甘州迴鶻數年爭戰的最終結果：

> □（今）□（月）廿六日，狄銀領兵，又到管内，兩刃交鋒，各有傷損。□云索和，此亦切要。遂令宰相、大德、僧

人，兼將頓遞，迎接跪拜，言語卻總□□。狄銀令天子出拜，即與言約。城隍耆壽百姓再三商量，可汗是父，天子是子，和斷若定，此即差大宰相、僧中大德、敦煌貴族耆壽，賫持國信，設盟文狀，便到甘州。函書發日，天子面東拜跪。因是本事，不敢虛誑。豈有未拜□（其）耶（爺），先拜其子，恰似不順公格。……伏望天可汗信敬神佛，更得延年，具足百歲，莫煞無辜百姓。上天見知，耆壽百姓等誓願依憑大聖可汗，不看吐蕃爲定。兩地既爲子父，更莫信讒。今且先將百姓情實，更無虛議，乞天可汗速與迴報。……辛未年七月日，沙州百姓一萬人狀上。[23]

可知到辛未年七月末，金山國與甘州迴鶻的戰爭以失敗告終，由金山國大宰相及大德、耆壽等出面，與狄銀訂立了城下之盟：可汗是父，天子是子；迴鶻不再殺戮沙州百姓，保存沙州政權。雖然没有看到此狀所言是否全部付諸實際的記載，但從此後數年敦煌文書再没有《龍泉神劍歌》一類的頌歌出現，似表明狀文所説均成爲事實。

金山國的失敗，必然給沙州百姓帶來許多苦難。S. 5394 和 P. 5039 是内容相同的《某年六月金山國宰相兼御史大夫張文徹啓》，其中稱："右伏以文徹侄男胡子，去載落賊，遂有肅州人陰潘子收贖在手。昨押衙張文信等般次將陰潘子書一□到，稱：侄胡子打馬壹疋，兼有物色，波逃上國，□人去在何處不知。今潘子書内言所打將鞍馬物色者，文徹並不曾知聞，見他物色。"張胡子大概就是被甘州迴鶻俘虜而由肅州人收贖的。從肅州人陰潘子的口氣看，肅州此時似已非金山國所有，金山國宰相對肅州人已不能再發號施令了。藏於英國博物館的敦煌文書 Ch. 00144《甲戌年（914）四月沙州丈人鄧定子、妻鄧慶連致肅州僧李保祐狀》也記有"又囑李闍梨：弟鄧幸德甘州賊打將，長聞甘州在者，李闍梨與好尋趁收贖，得不得，亦迴發一字"。[24]可知有不少敦煌民衆被甘州迴鶻俘去，這必然削弱了金山國的力量。S. 1563《甲戌年(914)五月十四日西漢敦煌國聖文神武王敕》及所鈐"敦煌國天王印"，均説明金山國已改名敦煌國，天子也變成天王了。[25]

總之，歸義軍節度使張承奉在910年秋得知唐朝滅亡後，以瓜沙二州之地建金山國，隨即派兵出征樓蘭，取得勝利，因有奪取五凉全境的夢想，但很快就受到甘州迴鶻的連續攻擊，於911年農曆七月末以失敗告終。

注釋

[1] 原載《國立北平圖書館館刊》第9卷第6號，1935年；此據《敦煌遺書論文集》，85—115頁。

[2] 顧吉辰《西漢金山國繫年要録》一文(《敦煌研究》1991年第3期)即全用《零拾》舊説而無任何新意。

[3]《敦煌學輯刊》第3輯，1982年，46頁。

[4] 敦煌縣博物館編《敦煌縣博物館藏敦煌遺書目録》，《敦煌吐魯番文獻研究論集》第3輯，北京，1986年，567頁。

[5] 此條之屬該老人寫經，係據舒學(白化文)《敦煌漢文遺書中雕版印刷資料綜述》，《敦煌語言文學研究》，北京，1988年，296頁的考訂。

[6]《東方學報》(京都)第45册，1973年，406頁。

[7]《西北史地》1987年第2期，63—67頁。參看李正宇《談〈白雀歌〉尾部雜寫與金山國建國年月》，《敦煌研究》1987年第3期，75—79頁。

[8] A. Waley, *A Catalogue of Paintings Recovered from Tun-huang by Sir Aurel Stein*, London, 1931, pp. 26—28, No. XIV。

［9］《資治通鑑》卷二六六天祐四年四月戊辰條。

［10］《敦煌學輯刊》1990 年第 2 期，14—26 頁。應當補充的是，盧文指 S. 980、P. 3668《金光明最勝王經》辛未年二月四日題記中之“皇太子”即金山國太子，《敦煌曆日譜》早就説過這種看法没有根據。按北圖致 28 和藏 48 有同樣的《金光明最勝王經》題記：“弟子李晅敬寫此《金光明經》一部十卷，從（藏 48 無）乙丑年（905）已前所有負債負命冤家債主，願乘兹功德，速證菩提，願得解怨釋結，府君等同霑此福。”其筆迹與 S. 980、P. 3668 同，知此太子姓李，非金山國太子。日本龍谷大學圖書館藏有同樣的辛未年寫本題記，井之口泰淳編《大谷探險隊將來西域文化資料選》（龍谷大學，1989 年）第 36 頁解題，推測其爲于闐國皇太子，有一定的道理，因爲自天復元年始，敦煌與于闐間有了經常的交往，詳見張廣達、榮新江《關於敦煌出土于闐文獻的年代及其相關問題》，北京大學中國中古史研究中心編《紀念陳寅恪先生誕辰百年學術論文集》，北京，1989 年，291 頁以下。

［11］參看盧向前《關於歸義軍時期一份布紙破用曆的研究》，《敦煌吐魯番文獻研究論集》第 3 輯，北京，1986 年，458 頁以下。

［12］參看拙稿《張氏歸義軍與西州迴鶻的關係》，敦煌研究院編《1990 年敦煌學國際研討會文集》（待刊）。

［13］參看森安孝夫《ウイグルと敦煌》，312—313 頁有關論述。該寫本全貌及部分録文，見李正宇《晚唐五代甘州迴鶻重要漢文文獻之佚存》，《文獻》1989 年第 4 期，182—193 頁。

［14］土肥義和《敦煌發見唐・迴鶻間交易關係漢文文書斷簡考》，《中國古代の法と社會・栗原益男先生古稀紀念論集》，東京，1988 年，399—436 頁；劉方譯載《西北民族研究》1989 年第 2 期，193—209 頁。

［15］《新唐書》卷二一七《回鶻傳》；《資治通鑑》卷二六三天復二年四月條。

［16］池田温《中國古代籍帳研究》，東京，1979 年，608—610 頁；

按王保安又見於同文書第 250 行,爲歸義軍節度押衙無疑。

[17] 藤枝晃《敦煌曆日譜》,《東方學報》(京都)第 45 册,1973 年,405—406 頁。

[18] Jao Tsong-yi, *Airs de Touen-houang*, Paris 1971, p. 237 校録出此詞;其年代見張廣達、榮新江《關於敦煌出土于闐文獻的年代及其相關問題》,《紀念陳寅恪先生誕辰百年學術論文集》,291 頁。

[19] 盧向前《金山國立國之我見》,《敦煌學輯刊》1990 年第 2 期,14—26 頁。

[20] 王重民《金山國墜事零拾》,《國立北平圖書館館刊》第 9 卷第 6 號,1935 年,14 頁。

[21] 饒宗頤編《敦煌邈真讚校録並研究》No. 48。

[22] 按 S. 4654《羅通達邈真讚》不記其入南蕃事,可以推知此行没有成果。

[23] 圖版附解説見饒宗頤《敦煌書法叢刊》第十五卷。録文見王重民上引文 18—21 頁;池田温《中國古代籍帳研究》,613—614 頁;陳祚龍《敦煌學園零拾》上,臺北,1986 年,342—346 頁;唐耕耦等編《敦煌社會經濟真蹟釋録》(四),北京,1990 年,377—380 頁。

[24] 此係筆者 1985 年訪該館時據原卷抄録。

[25] 饒宗頤《敦煌書法叢刊》第十五卷,解題第 1 頁。按李正宇《關於金山國和敦煌國建國的幾個問題》(《西北史地》1987 年第 2 期)一文認爲,敦煌國天王是甘州迴鶻天可汗下的附庸,似無確證。據我們考證,天王是天可汗的同義語,區別只在意譯和音譯,詳見張廣達、榮新江《有關西州迴鶻的一篇敦煌漢文文獻》,《北京大學學報》1989 年第 2 期,28 頁。

第七章　曹議金與曹氏歸義軍政權基礎

自本世紀初羅振玉撰《瓜沙曹氏年表》以來，[1]學界一直認爲曹氏第一任節度使是曹議金。然而，蔣斧早在1909年就已刊佈在《沙州文録》中的兩件年份不明的《權知歸義軍節度兵馬留後守沙州長史銀青光禄大夫檢校吏部尚書兼御史大夫上柱國曹仁貴狀》，卻一直未得確解。直到七、八十年代，藤枝晃、[2]竺沙雅章、[3]陳祚龍、[4]蘇瑩輝、[5]唐耕耦[6]諸位先生先後發表文章，認爲曹仁貴纔是首任節度使，他和曹議金不是同一個人。筆者也曾接受這一觀點。[7]然而，這一結論尚有重新檢討的必要。

第一節　由曹仁裕（良才）事迹證曹仁貴即曹議金

1990年，賀世哲先生發表《試論曹仁貴即曹議金》，根據P. 4065《表文》，P. 3556、P. 3718《邈真讚》，P. 3262、P. 3781《河西節度使尚書建窟功德記》以及莫高窟供養人像的排列情況，論證了曹仁貴就是曹議金，只不過是不同時期使用了不同的名和字。[8]翌年，李正宇先生刊出《曹仁貴名實論——曹氏歸義軍創始及歸奉後梁史探》與《曹仁貴歸奉後梁的一組新資料》二文,除了與賀世哲先生相同的論據和論點外,還補充了P. 2945中的八件《歸義軍節度兵馬留後使狀》,從而弄清了曹仁貴(議金)首次入朝後梁的重要史事。[9]

對於賀、李二先生的曹仁貴即曹議金的基本觀點,筆者表示贊同,並做一點補充。

賀世哲先生文中指出:"據伯4638《曹良才畫像讚》記載,只知道他(曹議金)有一位長兄,名叫曹良才。莫高窟第108窟是曹議金妹夫張淮慶功德窟。此窟甬道北壁第四身供養人題名:'故兄歸義軍節度應管内二州六鎮馬步軍諸司都管將檢校司空兼御史大夫上柱國譙郡曹□□一心供養。'《曹良才畫像讚》云'前任衙内師長,位綰管内軍戎領兵',似與題記中的管内馬步軍都頭合。《畫像讚》中形容曹良才去世時,'牧童廢業,二州悶絶而號天;八樂無音,六鎮哀聲而震地',似與題記中的'二州六鎮'相合。據此推斷,這位曹□□很可能是曹良才。"這一比定,所見極是,只可惜其名字目前已看不清楚。有幸的是伯希和在1908年所作的洞窟筆記中也抄録了這條題記,文字如下:

> 故兄歸義軍節度應管内二州六鎮馬步軍諸司(?)都管(?)將檢校司空兼御史大夫上柱國譙郡曹延裕(?)一心供養。[10]

按曹議金孫爲"延"字輩,如"延恭"、"延禄"等,此爲其兄,"延"字必爲誤讀。根據筆者1990年在英國圖書館整理未刊斯坦因編號敦煌寫本殘片時找到的兩件曹仁裕文書,可以認爲108窟供養人題名原來很可能是"曹仁裕"。以下先將有關文書録出,再做討論。

S. 11343 是《曹仁裕獻酒狀》:

1. 衙内都押衙守玉門軍使銀青光禄大夫檢校國子祭酒兼御史大夫上柱國曹仁裕

2. 　　　　　酒貳甕

3. 　　　伏以一陽初□,萬類潛萌,雲物申慶,依郡

4. 　　　□□□□□□於此日。前件物,産自土宜,

5. 　　　□□□□□□慭

　　　(後殘)

S. 8683《曹仁裕等算會狀》:

1. 應管内外諸司都指撝使知左馬步都〔押〕衙曹仁裕右馬步都押衙張保山

2. 敦煌計使知上司都孔目官杜太初　　都頭知内親從觀察孔目官賈榮實

3. 　右奉　　處分,令算會一十一鄉及通頰、退渾所收

　(後殘)

此外,S. 8665 文書尾署名爲:

正月四日　都押衙張(下殘)

應管内外都指揮知都押衙曹(下殘)

從署銜和姓來看,應即 S. 8683 中的張保山和曹仁裕。

張保山又見於 P. 4640 V《歸義軍軍資庫司布紙破用曆》庚申年(900)九月五日條、《沙州文録補》刊《封書樣》、P. 3016 V《某人狀》和 P. 3518 V(3)《張保山邈真讚》等文書。《邈真讚》稱:"譙公秉節,傾慕忠良……轉遷右馬步都押衙。……不辭寝甲,皓首提戈,常進智謀,再收張掖。洪軍霸戰,四路傳聲。要達皇王,刻名玉案。公之猛烈,不顧艱危,又至天廷,所

論不闕。慕公忠赤，報以前勳，乃薦左都押衙。”[11]知張保山在曹氏掌權後任右馬步都押衙。又據 P. 3718(12)《梁幸德邈真讚》及 P. 3016 V《某人狀》，張保山與梁幸德等一行入朝“天廷”在清泰二年(935)四月以前，[12]回到沙州以後被任命爲左都押衙，從時間上看，他很可能是接替清泰二年初去世的曹仁裕任左都押衙的(參下文)。

杜太初又見 P. 3718(8)《梁故管内釋門僧政張和尚(喜首)寫真讚》和(9)《唐故宣德郎試太常寺協律郎行敦煌縣令張府君(清通)寫真讚》的作者題名“都頭知上司孔目官兼御史中丞上柱國杜〔太初〕”，其中前者有“己卯歲九月二日題記”，[13]可據内容判定爲 919 年。此時杜太初的官銜較 S. 8683 署銜要低。

賈榮實又見於敦煌莫高窟第 121 窟題記：“清信弟子……□(客)都孔目官知内親從都頭兼敦煌諸司計度□(都)……青光禄大夫……御史大夫上柱國武威賈榮實再建此龕並供養。”[14]他曾作爲歸義軍的使臣出使甘州迴鶻，見 P. 2992 V(3)曹議金致甘州順化可汗書》：“昨六月十二日，使臣以(與)當道平善到府，兼賫持衣賜信(?)物，並加兄大王官號者，皆是弟順化可汗天子惠施周備，聖澤曲臨，以(與)弟天子同增歡慶。今遣内親從都頭價(賈)榮實等謝賀……更有懷，並在賈都頭口申陳子細。”據哈密頓和森安孝夫二氏的考證，所謂“加兄大王官號者”，指的是《舊五代史》卷四二《唐明宗紀》所記“長興二年(931)春正月……丙子，以沙州節度使曹義金兼中書令”一事，因此賈榮實的出使甘州，就在這一年的六月十二日以後不久。[15]

從以上三人活動的年代，可知上述三件新發現的曹仁裕文書的年代在914—935年的範圍内，其中S. 11343題爲“衙内都押衙守玉門軍使”，從官銜上看年代較後兩件爲早。後兩件署“應管内外諸司都指揮使知都押衙”，與108窟題記所列“曹延裕”的職官相同。都指揮使是節度使下最高的軍事首腦，[16]914—935年間同任此職而名字又極相似者不可能有兩個人，所以，“曹延裕”應是“曹仁裕”之誤録。

以上三件文書的發現，爲我們比定曹良才即曹仁裕提供了更爲充分的證據。P. 4638(9)《曹良才邈真讚》云：

> 公諱厶乙，字良才，即今河西一十一州節度使曹大王之長兄矣……官禄居宰輔之榮，品袟列三公之貴。門傳閥閲，輸匡佐之奇才；勳業相丞(承)，有出入之通變……揮戈塞表，狼煙怗静於沙場；撫劍臨邊，只是輸誠而向國。……前任衙内師長，位綰管内軍戎，領兵而戰敵艱危，計謀而豐淵涌出……威權將略，恩廣義深。遂乃别選攜持，重遷大務，榮加五州都將，委任一道指揮……差科賦役，無稱偏儻之音；斷割軍州，例嘆均平之好……因兹榮高麟閣，位透齊壇。佩朱紫於門庭，降鴻恩而受寵。榮登上將，陳王珪十在之能；歷任崇資，亞昌業忠言之諫……奈河(何)良材早析(折)，隨逝水而東流；寶樹先摧，逐流星而北上。牧童廢業，二州悶絶而號天；八樂無音，六鎮哀聲而震地。大王叫切，恨羽翼而分飛；貴侄酸涕，怨瓊枝而彫墜。[17]

所謂“揮戈塞表”，“撫劍臨邊”，當指曹仁裕任玉門軍使，鎮守歸義軍東陲重鎮一事；“前任衙内師長，位綰管内軍戎”，則指其任衙内都押衙；而“榮加五州都將，委任一道指揮”，必指其任應管内外諸司都指揮使知都押衙，或叫作“應管内二州六鎮馬步軍諸司都管將使”,讚文所記曹良才遷官仕歷與仁裕正同,可以確證實係一人。《邈真讚》諱稱其名,至使其本名“仁裕”久不爲人知。

曹仁裕字良才,是時號大王的歸義軍節度使曹議金之長兄,握有管内軍戎大權,敦煌文書中本來不乏有關他的記載,只是過去没有發現 S. 11343、S. 8683、S. 8665 三件文書,無法比證。今考還有以下幾件較重要的文書。

S. 1181 有《長興二年(931)十二月二十六日歸義軍節度使大王曹議金結壇散食祈願文》和《大王曹議金俗講莊嚴迴向文》,後者未標年代,當與前者同時,其中依次讚頌的僧俗官人是:河西節度使大王、河西都僧統、□(都)指撝尚書、閻都衙、董都衙。[18]此時節度使之下,都押衙之上的都指揮使,應即曹仁裕,由此知他此時的檢校官已是尚書。

S. 5952 V 有殘文書尾:

(前殘)

1. 希垂拯拔。

2. 長興三年八月十六日弟子檢校左僕射兼御史大夫曹□□□

此時曹議金稱大王,曹姓之中能有僕射這樣高的加官者,只有曹仁裕或曹議金子曹元德,參考下引文書,當指仁裕。[19]

P. 2638《清泰三年(936)六月沙州儭司教授福集等狀》記有:

乙未年,曹僕射臨曠(壙)衣物,唱得布叁阡伍伯肆拾尺。大王臨壙衣物,唱得布捌阡叁伯貳拾尺。[20]

這裏所記的後一條帳目,已經證明是清泰二年曹議金去世的確切記録。[21]死於曹議金之前的曹僕射,則捨曹仁裕莫屬,因爲除了尚健在的曹議金之子外,只有曹仁裕可能檢校這樣高的稱號。《曹良才邈真讚》稱其去世時,"大王叫切,貴侄酸涕",也證明了仁裕死於議金之前。讚文稱他"官禄居宰輔之榮",正是指的他有檢校僕射這樣的宰相加官;而與之相對應的"品秩列三公之貴",則應指仁裕死後的"司空"稱號,見108窟題記,其稱"故兄",推測是仁裕死後曹議金追贈他的官銜。

弄清了曹仁裕即曹良才,亦即曹議金之長兄,則可爲曹仁貴即曹議金添一新證。仁裕與仁貴均係本名,爲"仁"字輩,當係兄弟。仁裕即爲議金的惟一兄長,則仁貴不可能是議金兄,而只能是議金本人。

曹仁裕與曹仁貴(以下均用曹議金名)兄弟逝於同年,年齡當相差不多,他們正像張氏歸義軍的創業者張議潭、張議潮兄弟一樣,手足相扶,共同開創了曹氏歸義軍的基業,而且同樣是由弟弟出任節度使,所不同的是張議潭很早就離開敦煌,入質於唐,而曹仁裕則大多數時間與曹議金同在沙州,總管軍戎。仁裕握有重兵,而始終維護着曹議金的統治權威,這無疑爲曹氏後人樹立了榜樣。以後曹氏歷任節度使多以兄終弟及的方式交接政權,雖異母兄弟也不例外,但能基本保持政權的穩定,與張氏時期兄弟相殘,女婿奪權的情形大不相同,這或許與曹仁裕與曹議金樹立的榜樣和家規有着密切的關係。

第二節　曹議金的通使後梁與莫高窟第98窟的興建

上引李正宇先生二文,根據P. 2945中的八件文書,揭示了貞明初年曹議金通使後梁的重要史實。除了個别細節外,筆者同意李先生的基本看法。

貞明二年(916),曹議金取得甘州迴鶻可汗的旨教,以歸義軍節度留後的身份首次遣使入貢中原王朝,但使人在涼州被嗢末剽劫,中路返回(P. 2945),其上給某鎮令公的書狀,也原樣帶回了沙州(P. 4638)。貞明四年,曹議金再次遣使入朝,在涼州僕射和朔方相公的協助下,終於到達梁廷,梁朝遣使,西至敦煌,"澤漏(露)西天,詔宣荒裔"(P. 2945),很可能授給了議金節度使銜。

曹議金自 914 年取代張承奉掌握瓜沙政權,至 918 年終於得到中原王朝的承認,這對於瓜沙曹氏來講是一件大事,敦煌莫高窟第 98 窟大概就是爲了慶祝這件喜事而修建的曹議金功德窟。

賀世哲先生上引文指出,P. 3262 和 P. 3781(1)中抄寫的《河西節度使尚書建窟功德記》,是曹議金修建 98 窟發願文的兩個不同草稿,由於兩文中均有爲"大梁帝主"祈福的文字,因而推斷建窟的時間是後梁貞明時期(915—920),而最後完工當在後唐同光年間。1991 年,馬德先生發表《曹氏三大窟營建的社會背景》,進一步指出 P. 3262 是 914 年 98 窟開始興建時的文獻,而 P. 3781 則是約 920 年前後完成窟頂壁畫後的發願文,其最終建成約在後唐同光年間(924—925)。[22]最近,鄭雨先生發表《莫高窟第九十八窟的歷史背景與時代精神》,認爲北圖羽 24 等貞明六年五月十五日曹議金寫《大佛名經》題記所稱之"府主尚書"銜,與 P. 4638 和 P. 2945 中貞明四年的"權知歸義軍節度兵馬留後使"不同,也較 P. 3262、P. 3781 中的"河西節度使尚書"含糊,因此推斷貞明六年五月十五日之前,曹議金尚未有“河西節度使”銜。又據莫高窟第 401 窟甬道南壁供養人題記“敕……拓西大王譙□(郡)……□(曹)議金一心供養”和同窟主室東壁一則記載此窟畫畢於壬午年(龍德二年,922)六月五日的題記,認爲曹議金至遲在龍德二年上半年已稱拓西大王。所以把 P. 3781 所記之 98 窟的興建與落成的年代,放在貞明六年五月十五日到龍德二年秋冬之前。[23]

在提出我們判斷 98 窟修建的具體年代之前,應先澄清幾點認識。首先,P. 2945(3)《又賀别紙》文字如下:“□(專)使西回,伏奉榮示,詞旨稠疊,媿(愧)悚實深。某乙忝權留□(後),□(暫)總軍戎,未奉奏聞天顔,豈憶(意)聖造澤漏(露)天西,詔□(宣)遐外。此皆相公恩威,非次顧録,被(倍)受寵榮,悚□(惕)兢惶,不任感懼。磧漠紆迴,未由拜謁,謹差節度押衙張進誠□(奉)狀陳謝,伏惟照察,謹狀。權知歸義軍節度兵馬留後使某乙狀上。”同卷(5)《又别紙》云:“恃賴相公恩照,兼蒙澤漏(露)西天,詔宣荒裔。”[24]這裏曹議金對相公謙稱“權知留後”,但其時已有朝廷恩詔降及敦煌。按照包括曹議金在内的歸義軍歷任節度使的作法,專使西來,不論授官與否,都是自己加官進爵的機會,曹議金似乎也不會放過這次機會,當然更接近事實的可能是專使帶來了旌節。第二,《大佛名經》題記只稱“府主尚書”應是文體使然,没有甚麽特殊的意思,“府主”實爲瓜沙民衆對“歸義軍節度使”的俗稱。第三,貞明六年五月十五日前後,未見有任何資料記載後梁曾遣使前來沙州授節,因此,P. 3781 中所記之“清光表瑞,照西夏,遠戍陽關;龍節虎旌,寵高品,新恩降塞”,不應是貞明六年初秋的事,而應與 P. 2945 所記的貞明四年後梁遣使到沙州是一回事。

P. 2945有“七月九日”的日子,P. 3781則爲初秋,時間正合。“新恩”應指首次受恩,如果是貞明六年的事,也就無所謂“新”了。第四,401窟甬道南壁“拓西大王……〔曹〕議金”的題記,與主室東壁的“壬午年六月五〔日〕畫畢功記也”,雖然處在同一層位,畫風亦同,但位置不在一處,未必是同一年所寫。根據筆者統計目前所能見到的全部有關曹議金稱王的資料,没有早於931年者,[25]401窟中拓西大王畫像及題記,應是稍晚於主室壁畫的補作,如果視爲壬午年,則與其他敦煌史料相矛盾。因此,98窟的落成年代不應斷在龍德二年六月五日之前。最後,98窟中曹議金的題記稱他爲“太保”,[26]而不是P. 3781所稱之“尚書”。曹議金由司空而進稱太保,是在同光二年(924)三月至同光三年六月之間。[27]所以,P. 3781不是記録98窟落成的文獻,98窟的完工不應早於同光二年三月。

實際上,賀世哲先生關於98窟建成於同光年間的説法是有道理的。馬德先生上引文根據莫高窟一些大窟的營建史,指出98窟不可能在一年内完工。現在看來,P. 3781只能證明98窟始建於貞明四年,至貞明五年寫這篇《功德記》時,只彩繪了頂部,主室及甬道的主要畫面,特别是那二百多身供養人像,尚未繪成。至於最終落成的年份.目前也不難判定。

關於98窟完工的上限,上文從曹議金改稱太保在同光二年三月到同光三年六月間而認爲不應早於同光二年三月,實際上,從P. 3805《同光三年六月一日歸義軍節度使檢校司空兼太保牒》來看,[28]曹議金由司空進稱太保應當就在同光三年六月初。至於下限,98窟北壁東向供養人第十五身題記:“節度押衙知右二將頭銀青光禄大夫檢校國子祭酒兼御史中丞上柱〔國〕渾子盈〔供〕養。”[29]按 S. 5448 有《唐故河西歸義軍節度押衙兼右二將頭銀青光禄大夫檢校國子祭酒兼御史中丞上柱國渾某甲(子盈)邈真讚》,題銜與 98 窟相同。讚文記渾子盈參加了曹議金征甘州迴鶻的軍事行動,而且戰死在肅州城下。據筆者考證,歸義軍征甘州迴鶻是同光三年六月以前的事,[30]98 窟仍有渾子盈題名,可知繪於他陣亡之前,下限應在同光三年六月。當然應當考慮到消息的傳遞和繪畫所需的時間,但把 98 窟最後繪成的供養人像完工的時間放在同光三年六月前後,當大致不誤。

第三節　從第 98 窟供養人題記看曹氏政權基礎

98 窟是莫高窟中屈指可數的大窟之一,而其突出的特點是甬道和主室的下方,繪滿了供養人像,總共有二百多身,除少數已經毁壞的外,至少有一百六十九身供養人題記的文字多少不等地保存下來。曹議金爲甚麽打破功德窟中一般只繪自家親屬畫像的常例,而將歸義軍的文臣武將、僧官大德也統統繪入自己的功德窟呢?這一作法,一方面反映了當時佛教世俗化的傾向,把大批俗人繪入佛窟,而且有些較佛像還高大;另一方面反映了曹議金的良苦用心,實際上,這是他鞏固曹氏政權的一項重要措施,因而這些供養人像也反映了曹氏歸義軍政權的基礎。

根據其所處的位置和序列,98 窟的供養人像大體可以分成四組:[31]

第一組:甬道南北壁,繪曹議金之前的幾任重要的節度使張議潮、張淮深、索勳和曹議金本人。從同窟曹議金有索氏夫人，並且稱索勳的丈人張議潮爲“外王父”來看，索勳應是曹議金的岳父。曹議金繪出這三任歸義軍重要的節度使，目的顯然是要表明：第一，他與這些節度使有聯姻的親屬關係；第二，他是張氏歸義軍政權的合法繼承人。後一點對於曹氏初代節度使來講更爲重要，因爲他必須使當地與此前長期執政的張氏家族有着密切關係的權貴大姓對他取代張氏掌握歸義軍政權表示認可。

第二組：主室東壁靠近甬道的兩邊，繪曹議金的夫人迴鶻李氏、鉅鹿索氏、廣平宋氏和後來補畫的于闐國天子李聖天及皇后曹議金女；由此下延至南北兩壁，繪曹氏一門的女性眷屬，包括曹議金的婆、姊妹、女兒、侄女和媳婦等。其中姊妹和女兒，均標明出嫁給哪一姓；媳婦則標明來自哪一門，這些與曹議金聯姻的家族有：翟氏、陰氏、鄧氏、陳氏、慕容氏、氾氏、閻氏、張氏、羅氏、李氏、索氏、宋氏等，均爲瓜沙大族。[32]其中，曹議金姐第十一小娘子嫁給了瓜州刺史慕容歸盈，[33]妹第十六小娘子嫁歸義軍應管内衙前都押衙張懷慶，[34]妹第十七小娘子嫁歸義軍應管内外諸司馬步軍都指揮使羅盈達，[35]他們都是掌握瓜沙重權的人物，而且，張懷慶出身南陽張氏，與張議潮同族。這些大族是歸義軍政權的社會基礎，曹議金用聯姻的方式與他們結成同盟，使他們成爲曹氏政權的支柱。

第三組：南壁中部繪沙州僧官大德。敦煌是一座佛教城市，特别是在吐蕃統治時期，新建了幾座寺院，僧尼人數大增，在張議潮率衆推翻吐蕃統治的過程中，沙州都教授洪辯及其弟子悟真也率僧尼大衆響應起義，對張氏歸義軍的建立給與了極大的支持。統治瓜沙僧尼大衆的河西都僧統及其下屬各級僧官,也是歸義軍節度使手下的釋吏。從現存的敦煌文書看,張承奉與敦煌佛教教團的關係不太密切,S. 1604《天復二年歸義軍節度使張承奉帖》稱:"蓋緣城隍或有數疾,不淨五根,所以時起禍患,皆是僧徒不持定心,不虔經力,不愛貳行。"[36]把敦煌出現的災禍,歸咎於僧徒。而他本人似更喜歡陰陽五行讖緯之説。[37]曹議金與之完全不同,他上臺後不僅抄寫大批佛經,開鑿巨大佛窟,而且將瓜沙僧尼的代表人物也繪入他的功德窟中,這是他佞佛的一種表現,也是統治瓜沙這一佛教社會的一項有力措施。

第四組:主室靠近西壁的南北壁和整個西壁,繪歸義軍節度使麾下文武官吏,僅從現存的題記就可以看到有,使衙内的宅官,軍府行營的虞候、將頭,地方行政系統的鄉官、平水,差遣使職如部落使、游奕使等等,均爲節度押衙兼任,通過節度押衙之手,將歸義軍所轄地域内的軍政大權集中到節度使曹議金手中。在所有的供養人像中,以節度押衙最多,因爲他們是曹氏歸義軍政權基礎的核心部分。

曹議金成功地將歸義軍政權從張氏手中平穩地過渡到曹氏手中,並且調整好與周邊民族的關係,奠定了曹氏政權的基業,使之延續了一百多年。在敦煌的歷史上,曹議金是應當給予很高評價的人物。

注釋

[1]《羅雪堂先生全集》三編第二十册,8115—8142 頁。

[2] 藤枝晃《敦煌緑洲與千佛洞》,《敦煌與絲綢之路》,東京,1977 年,63—67 頁。

［3］竺沙雅章《中國佛教社會史研究》，京都，1982 年，349—352，540—541 頁。

［4］陳祚龍《迎頭趕上，此其時也——敦煌學散策之二》，《中國文化月刊》第 44 期，1983 年；又見《敦煌學園零拾》下册，1986 年，417—423 頁。

［5］蘇瑩輝《朱梁時曹仁貴繼張氏爲沙州歸義軍節度使説》，《大陸雜誌》第 68 卷第 1 期，1984 年，31—33 頁；又《繼張氏任歸義軍節度使者爲曹仁貴論》，《敦煌文史藝術論叢》，臺北，1987 年，21—28 頁；又《三論繼張氏後節度沙州歸義軍者爲曹仁貴》，《臺灣大學文史哲學報》第 36 期，1988 年，151—160 頁；直到最近，蘇先生仍持這種觀點，見《張承奉稱帝稱王與曹仁貴節度沙州歸義軍顛末考》，《書目季刊》第 24 卷第 4 期，1991 年，11—21 頁。

［6］唐耕耦《曹仁貴節度沙州歸義軍始末》，《敦煌研究》1987 年第 2 期，15—17 頁。

［7］拙稿《歸義軍及其與周邊民族的關係初探》，《敦煌學輯刊》1986 年第 2 期，25 頁；又《沙州歸義軍歷任節度使稱號研究》，1988 年敦煌吐魯番學術討論會論文，縮寫收入《敦煌吐魯番學研究論文集》，上海，1990 年。

［8］《西北師範大學學報》1990 年第 3 期，40—46 頁。

［9］前者載《第二屆敦煌學國際研討會論文集》，臺北，1991 年，551—569 頁；後者見《魏晉南北朝隋唐史資料》第 11 輯，1991 年，274—281 頁。

［10］*Grottes de Touen-houang carnet de notes de Paul Pelliol*，II, Paris 1983，p. 18. 按："延裕"，向達先生録作"延祥(?)"，但不肯定，見所著《唐代長安與西域文明》，北京，1957 年，433 頁。

［11］以上資料均見拙稿《曹議金征甘州迴鶻史事表微》，《敦煌研究》1991 年第 2 期，3—4 頁。

［12］參看饒宗頤《琵琶譜史事的來龍去脈之檢討》，又《再談梁

幸德與敦煌琵琶譜》，兩文均收入《敦煌琵琶譜》，臺北，1990 年，141—153 頁；鄭炳林《梁幸德邈真讚》與梁願清〈莫高窟功德記〉》，《敦煌研究》1992 年第 2 期，62—70 頁。

[13] Chen Tsu-lung, *Éloges de Personnages éminents de Touen-houang sous les T'ang et des Cinq Dynasties*, Paris 1970, pp. 74—79.

[14]《敦煌莫高窟供養人題記》，北京，1986 年，56 頁。

[15] J. Hamilton, *Les Ouighours a l'époque des Cinq Dynasties*, Paris 1955, pp. 117—121；森安孝夫《迴鶻與敦煌》，《敦煌的歷史》，東京，1980 年，316—318 頁。

[16] 參看嚴耕望《唐代方鎮使府僚佐考》，《唐史研究叢稿》，九龍，1969 年，117 頁以下。

[17] 蔣斧《沙州文録》，1909 年，葉 37—39；陳祚龍《敦煌銘讚小集》，《大陸雜誌》第 63 卷第 4 期，1981 年，174—175 頁。

[18]《大正新修大藏經》卷八五，1298 頁。

[19] L. Giles, *Descriptive Catalogue of the Chinese Manuscripts from Tunhuang in the British Museum*, London 1957, p. 216, No. 6790 疑指元深，似無證據。

[20] 池田温《中國古代籍帳研究》，東京，1979 年，648 頁。

[21] 拙稿《敦煌卷子劄記四則》，《敦煌吐魯番文獻研究論集》第 2 輯，1983 年，656 頁。

[22]《敦煌研究》1991 年第 1 期，19—21 頁。

[23]《九州學刊》第 4 卷第 4 期（敦煌學專號），1992 年，35—43 頁。

[24] 録文還參看了唐耕耦等《敦煌社會經濟文獻真蹟釋録》（五），1990 年，326—327 頁。

[25] 拙稿《沙州歸義軍歷任節度使稱號研究（修訂稿）》，《敦煌學》第 19 輯。

［26］《敦煌莫高窟供養人題記》，32 頁。

［27］同注［25］。

［28］同上。

［29］《敦煌莫高窟供養人題記》，35 頁。

［30］拙稿《曹議金征甘州迴鶻史事表微》，《敦煌研究》1991 年第 2 期，1—12 頁。

［31］參看《敦煌莫高窟供養人題記》，32—48 頁。

［32］參看土肥義和《歸義軍時代》一文中的表 3《8 世紀末至 11 世紀初敦煌地區住民各姓氏人數一覽表》，載榎一雄編《敦煌的歷史》，東京，1980 年，254 頁。

［33］參看郭鋒《慕容歸盈與瓜沙曹氏》，《敦煌學輯刊》1989 年第 1 期，101—105 頁。

［34］P. 2482(5)《張懷慶邈真讚》見 Chen Tsu-lung 上引書，149—150 頁。

［35］P. 2482(3)《羅盈達墓誌銘》，見羽田亨與伯希和編《敦煌遺書》活字本第一集。

［36］竺沙雅章《中國佛教社會史研究》，346—348 頁。

［37］王重民《金山國墜事零拾》，原載《國立北平圖書館館刊》第 9 卷第 69 號，1935 年，此據《敦煌遺書論文集》，北京，1984 年，85—115 頁。

第八章　曹氏歸義軍與中原的文化交往

歸義軍雖然名爲唐、五代和宋王朝的一個藩鎮，卻有着極强的獨立性。但是，政治上的獨立並未影響文化的交流，只不過由於時代的不同，交往的情形不同而已。晚唐張氏統治歸義軍時期，與中原地區的文化交往不多，原因是歸義軍方面還處在四處征戰的鐵馬金戈時代，而中原一方也是所謂華土不寧，戰亂頻仍。敦煌文獻中保存了一些屬於這一時期的中原典籍，大多是歸義軍使者得自京城長安及關内道北部文人之手。五代宋初曹氏歸義軍時期，雖然中原地區先是强藩林立，後又有契丹、党項興起於北方，但歸義軍政權已在瓜、沙地區站穩脚跟，而且着力於與中原地區的聯繫。所以，分裂的局面並未能阻礙文化的傳播，這一時期敦煌與中原地區的文化交往要比前期豐富多彩。本章主要利用敦煌保存下來的文獻和繪畫材料，探討當時中原與歸義軍及其他西北地區的文化交往，以及由五臺山文殊崇拜表現出來的當時中原與敦煌文化交往的形式與特點。

第一節　五臺山文殊信仰的傳入敦煌

舊譯《華嚴經·菩薩住處品》稱，東北方有菩薩住處，名清涼山，文殊師利菩薩常居此説法。[1]《佛説文殊師利法寶藏陀羅尼經》更明確地説，文殊所居，爲贍部洲東北方之國，名大振那，其國中有山，號爲五頂。[2]中國佛教徒把這些經文和五臺山相聯繫，於是自北朝以來，五臺山就作爲文殊菩薩的道場，開始興盛起來。至唐代宗大曆年間，宰相王縉於五臺山建金閣寺，[3]五臺山佛教益盛，聲名遠揚。四方諸國高僧，前來瞻禮者絡繹不絶。穆宗長慶四年(824)，吐蕃遣使求五臺山圖。[4]太和二年(828)，渤海國僧貞素至五臺山靈境寺。[5]開成五年(840)，日本慈覺大師圓仁巡禮五臺山。[6]而且，五臺山文殊信仰還渡海到新羅，在新羅國東北冥(一作溟)州也有一座模仿唐朝的五臺山，傳説新羅淨神王與其二子寶川(或作寶吒徒)、孝明一同隱入五臺山。[7]由此可見五臺山文殊信仰之盛行。

上面所列舉的史料表明，中唐以來巡禮五臺山的多爲東土的僧侶，而西北地區由於民族遷徙和戰爭動亂，東往西來的道路還未暢通。從敦煌出土的文獻和其他材料來看，在後唐同光年間，五臺山開始成爲西北諸民族巡禮、供養的對象。孫光憲《北夢瑣言》記載了一則傳説：

> 太原屬邑有清水池，本府祈禱雨澤及投龍之所也。後唐莊宗未過河南時，就郡捕獵，就池卓帳，爲憩宿之所。忽見巨蛇數頭自洞穴中出，皆入池中。良久，有一蛇紅白色，遥見可圍四尺以來，其長稱是。獵卒齊彀弩連發，射

> 之而斃，四山火光，池中魚鱉咸死，浮在水上。獵夫輩共刲剥食之，其肉甚美。莊宗尋知之，於時謟事者以爲克梁之兆。有五臺僧曰："吾王宜速過河决戰，將來梁祚其能久乎？"此亦斷白蛇之類也。[8]

這雖然是帝王符瑞感應一類的荒誕傳説，但卻表明後唐莊宗建國時曾得到五臺山僧人所造感應故事的支持，由此我們可以看出莊宗即位前的天祐二十年（923，四月改元同光）正月五臺山僧前來獻銅鼎一事的奥妙。[9]因此，莊宗自以爲膺運滅梁，而皇后劉氏"出於賤微，逾次得立，以爲佛力"，[10]雙雙佞佛。敦煌文書 S. 373 所録某人詩集第一首《皇帝癸未年（923）應運滅梁再興□□迎太后七言詩》云：

> 禁煙節暇賞幽閑，迎奉傾心樂貴顔。
> 燕語雕樑聲猗狔，鸚吟緑樹韻閒關。
> 爲安家國千場戰，思憶慈親兩鬢斑。
> 孝道未能全報得，直須頂戴繞彌山。[11]

此詩又見於 P. 3644，抄在《禮五臺山偈一百一十二字》後。[12]詩題中的皇帝指後唐莊宗，迎太后與繞彌山聯繫在一起，這多少表現出莊宗和五臺山的密切關係，同時還透露，同光元年的詩是和《禮五臺山偈》一起被帶到沙州而抄寫流傳開的。

《禮五臺山偈》和有關莊宗的詩被帶到敦煌並不是偶然的。事實上，自唐朝滅亡後，沙州歸義軍和中原王朝的第一次正式的直接交往恰好就在同光二年四月："是月，沙州曹義金進玉三團、硇砂、羚羊角、波斯錦、茸褐、白氎、生黄、金星礬等。"[13]五月，莊宗即拜曹議金爲歸義軍節度使、沙州刺史、檢校司空。[14]曹議金這次遣使朝貢，正史稱爲"附迴鶻以來"，但促使曹議金派出使臣的真正原因，恐怕是鄜州開元寺西行求

法的智嚴大師的到來。S. 5981 保存了智嚴在沙州巡禮聖迹後寫的留後記,其文云:

> 大唐同光貳年三月九日時來巡禮聖迹,故留後記。鄜州開元寺觀音院主臨壇持律大德智嚴,誓求無上,普願救拔四生九類,欲往西天,求請我佛遺法,迴東夏然。願我今皇帝萬歲,當府曹司空千秋,合境文武崇班,總願歸依三寶,一切士庶人民,悉發無上菩提之心。智嚴迴日,誓願將此凡身於五臺山供養大聖文殊師利菩薩,焚燒此身,用酬往來道途護衛之恩。所將有爲之事,迴向無爲之理。法界有情,同證正覺。[15]

智嚴於三月初來到沙州,準備西行。沙州歸義軍的使臣是四月入貢。所以完全可以認爲,沙州使人的出發是智嚴西來的結果。智嚴稱西行求法回國以後,當入五臺山供養文殊菩薩,可見,五代以來敦煌與中原的首次正式聯繫,就和五臺山結下了因緣。無獨有偶,敦煌文獻中還保存了另一位西行的僧人——定州開元寺歸文的牒文(S. 529)。[16]歸文以同光二年四月抵達靈州,漸次西來。有趣的是,他的這些牒狀背面,記載了大唐閻浮提的名山簡況,起五臺,終華山,其中記五臺山僧尼寺院數目頗詳。[17]可以説,不論是智嚴還是歸文,都向敦煌的民衆灌輸了五臺山的文殊信仰,而有關五臺山的種種藝文,也就隨着西來的僧侶和返回的沙州使臣湧進了敦煌。

除了和同光元年題《皇帝迎太后》詩一起抄寫的《禮五臺山偈》可以認爲是此時被帶到沙州的外,《大唐五臺山曲子》也應是在此時前後傳入敦煌的。《大唐五臺山曲子寄在蘇幕遮》保存在 P. 3360(1)、S. 2080 + S. 4012 和 S. 467 四個殘卷中。[18]其年代,任二北先生據《五臺山讚文》有"大周東北有五臺山”，而推測“可能作於武后朝至玄宗朝之間”。[19]饒宗頤教授據 P. 4625 及俄藏《五臺山讚文》中“周”作“州”；而且，S. 4012尾題作“天成四年正月五日午際孫□（冰?）書”，因而認爲《大唐五臺山曲子》之“大唐”，應指後唐。[20]後一結論和敦煌其他有關五臺山的文獻多寫於同光以後這一點相合，和上述歷史背景也相符，是可以信從的。或許，《大唐五臺山曲子》是和《禮五臺山偈》等一起在同光年間被帶到沙州而流傳開來的。

《五臺山曲子》、《禮五臺山偈》以及各種《五臺山讚文》，隨着沙州歸義軍與中原王朝聯繫的重新溝通，湧入敦煌，立刻在這個佛教聖地傳誦流佈開來，到節度使曹元忠統治時期（944—974）發展到高峰，除了下節要談到的新樣文殊的雕板印行外，最重要的事情當屬莫高窟第 61 窟文殊堂的開鑿。此窟以文殊菩薩爲主尊，而且利用整個後壁，繪製了一幅精細的五臺山圖，[21]讓敦煌的民衆一進入節度使曹元忠夫婦的功德窟，就感到像是置身於五臺山一樣。對於民衆來講，總希望“纔念文殊三兩口，大聖慈悲，方便潛身救”；對於統治者來説，則希望“福祚唐川，萬古千秋歲”。[22]

五代以來，像唐前期全國統一時的那種以中央寫經傳送地方的文化傳播形式已不可能，隨着易爲庶民接受的民俗佛教的發展，[23]五臺山文殊信仰也從中原傳到了敦煌。這不僅爲敦煌的文化增添了新的色彩，同時，它所宣揚的救世護民思想，也影響着敦煌的社會。

第二節　“新樣文殊”像的來歷

敦煌發現的各種繪畫材料,也是當時中原與西北地區文化交往的最好例證。1975 年 10 月,敦煌文物研究所將莫高窟第 220 窟的重層甬道整體搬遷,使底層完好的壁畫重見天日,爲人們研究敦煌的歷史和文化提供了新的素材。新剥出的甬道北壁正面,繪文殊像一鋪,兩旁爲“大聖文殊師利菩薩”和“南無救苦觀世音菩薩”各一身。文殊像下方有發願文一篇,其詞曰:

> 清士弟子節度押衙守隨軍參謀銀青光禄大夫檢校國子祭酒兼御史中丞上柱國潯陽翟奉達,抽減□貧之財,敬畫新樣大聖文殊師利菩薩一軀並侍從,兼供養菩薩一軀及救苦觀世音菩薩一軀。標斯福者,先奉爲造窟亡靈,神生淨土,不墮三涂之災;次爲我過往慈父、長兄,勿溺幽間苦難,長遇善因;兼爲見在老母,合家子孫,無諸災障,報願平安,福同萌芽,罪棄涓流。絶筆之間,聊爲頌曰:大聖文殊,瑞相巍巍,光照世界,感現千咸。
>
> 於時大唐同光三年歲次乙酉三月丁巳朔廿五日辛巳題記之耳。

由此可知,這是敦煌史上著名的曆學專家翟奉達於後唐同光三年(925)三月二十五日出資彩繪的“新樣文殊”像。翟氏一族的供養人像繪於上述三幅菩薩像下。

這幅標名爲“新樣文殊”的文殊像十分引人注目。文殊菩薩正面端坐在青獅上,其右有一童子捧物相迎,左爲一圉人執轠牽獅,人和獅子均爲五色祥雲所托。其中圉人上方的殘題記稱：

普勸受持供養，大聖感得于闐……國王于……時

敦煌文物研究所在刊佈這些材料的報告中指出，“新樣文殊”之“新”，是使文殊不按傳統的方式與普賢並列出現，而是作爲主尊居中端坐，又把牽獅的崑崙奴換成現實生活中的于闐國王，由此推測這幅壁畫的畫稿來自于闐。[24]

這幅精美的新樣文殊，除了它的藝術魅力外，還有着重要的史料價值，它是五代中原和西北地區之間文化交往的歷史見證之一。下面就探討一下這幅新樣文殊畫樣的來源，以及這種畫樣在河隴一帶流行的情況。

敦煌文物研究所的報告，用文殊不與普賢並出和崑崙奴換于闐王兩個特徵，來説明新樣文殊之新，這是可以接受的。但認爲畫稿出自于闐的推斷，似乎於文獻材料偶有失檢。儘管于闐國王的形象出現在新樣文殊中，但新樣文殊的形象實際上起源於佛教傳説中文殊菩薩的道場——五臺山。北宋清涼山大華嚴寺壇長妙濟大師延一所撰《廣清涼傳》卷中“菩薩化身爲貧女”條云：

大孚靈鷲寺者，九區歸嚮，萬聖修崇，東漢肇基，後魏開拓。不知自何代之時，每歲首之月，大備齋會，遐邇無間，聖凡混同。七傳者，有貧女遇齋赴集，自南而來，淩晨届寺，攜抱二子，一犬隨之，身餘無貲，剪髮以施。未遑衆食，告主僧曰：“今欲先食，遽就他行。”僧亦許可，令僮與饌，三倍貽之，意令貧女二子俱足。女曰：“犬亦當與。”僧勉强復與。女曰：“我腹有子，更須分食。”僧乃憤然語曰：“汝求僧食無厭，若是在腹未生，曷爲須食。”叱之令去。貧女被訶，即時離地，倏然化身，即文殊像，犬爲獅子，兒

> 即善財及于闐王。五色雲氣，靄然遍空。因留苦偈曰："苦瓠連根苦，甜瓜徹蒂甜。是吾起(超)三界，卻彼(被)可(阿)師嫌。"菩薩説偈已，遂隱不見。在會緇素，無不驚嘆。[25]

這個文殊菩薩顯靈説法的故事，不見於唐慧祥撰《古清涼傳》。日僧圓仁《入唐求法巡禮行記》卷三開成五年七月二日條記：

> 昔者大花嚴寺設大齋，凡俗男女、乞丐、寒窮者，盡來受供……於乞丐中有一孕女，懷妊在座，備受自分飯食訖，更索胎中孩子之分。施主罵之，不與……女人對曰："我肚裏兒不得飯，即我亦不合得吃。"便起，出食堂。纔出堂門，變作文殊師利，放光照曜，滿堂赫奕，皓玉之貌，騎金毛師子，萬菩薩圍繞騰空而去。[26]

這裏所記顯然是上述傳説剛剛産生不久的情形，所以没有善財和于闐王。據此推知，《廣清涼傳》中比較完整的故事情節，應是開成五年以後逐步形成的，其定型應在唐朝末年。故事中所描繪的人物形象和莫高窟第220窟新樣文殊所彩繪的完全相同。由此我們得知，文殊右側的童子即是在中國文殊崇拜的基本經典《華嚴經》中扮演重要角色的善財童子，左側即于闐王，與洞窟題記合。而且可以認爲，後唐同光三年所繪的新樣文殊，就是根據這個故事或由此産生的畫樣繪成的。

我們在敦煌出土的伯希和收集品中，找到一件類似新樣文殊的白畫。此件編號P.4049，饒宗頤教授在《敦煌白畫》中刊佈了該畫的圖版，並做了如下描述：

> 墨繪文殊師利坐獅子上，右側一圉人長髯胡臉，著靴執鞭；左一童子，椎髻坦腹，雙手捧盤；一比丘扶杖合十，有長者長鬚披帽與語，相向而立。比丘束帶，神態絶佳，

> 極似蕭翼賺《蘭亭圖》中之羅漢寫法。文殊臉部施淡染，纓絡用深墨，洵爲佳品。[27]

這幅白畫上的形象較 220 窟新樣文殊多出二人，但大同小異，應是從新樣文殊發展而來的。據《廣清涼傳》卷下續遺“朔州慈勇大師”條記：“於雲中現文殊大聖，處菡萏座，據狻猊之上。及善財前導，于闐爲御，波離後從，暨龍母五龍王等，執珪而朝。”[28]可知多出的兩人是佛陀波利和龍王之屬，對比白畫所繪，扶杖合十的比丘爲佛陀波利無疑，而披髮長者卻不似龍王。又據《阿娑縛抄》卷九九：“佛陀波利、善哉童子、大聖老人、難陀童子、于闐國王，已上文殊使者也。”[29]則披髮長者應是大聖老人。敦煌藏經洞出土的這幅畫稿，較只有兩侍者的壁畫新樣文殊像多出兩侍者，内容與中原文獻一一吻合，説明其基本内容仍來源於五臺山本地的文殊傳説。

此外，敦煌藏經洞所出的一批印本新樣文殊，更進一步明確了畫稿的來源應是五臺山。這種印本新樣文殊有先後差别很小的兩種版本，在倫敦、巴黎、聖彼得堡、北京等地的收集品中各有若干。[30]印本上方雕刻的形象和 220 窟新樣文殊的畫面完全相同，重要的是印本下方的願文：

> 此五臺山中文殊師利大聖真儀，變現多般，威靈叵測，久成正覺，不捨大悲，隱法界身，示天人相，與萬菩薩住清涼山，攝化有緣，利益弘廣。思惟憶念，增長吉祥，禮敬稱揚，能滿諸願。普勸四衆，供養歸依，當來同證，菩提妙果。

這裏明確聲稱，這幅新樣文殊是“五臺山中文殊師利大聖真儀”，使我們得以確信敦煌的新樣文殊應當來自中原的五臺山，而不是于闐。證明此點的一件珍貴資料，是日僧奝然帶回日本的印本新樣文殊像。這是奝然於北宋雍熙元年(984)巡禮五臺山時得到的,現存京都清涼寺,其形制、内容與敦煌印本幾乎完全相同。[31]敦煌印本無年代,從現存的敦煌本土雕板印刷品來看,大多雕成於曹元忠統治時期。[32]對照奝然所獲印本的年代,不難認爲敦煌新樣文殊印本産生的時間,也是在曹元忠統治時期(944—974)。五臺山的新樣文殊形象被帶到敦煌以後,繪於壁上,供人觀瞻禮拜,還雕成印本,廣爲流通,以爲功德。

新樣文殊不僅在敦煌爲仕女們供養,在河隴其他地方也可以找到它的蹤迹。隴東子午嶺東麓苗村河北臺地上的塔兒灣造像塔南側,雕有文殊和普賢菩薩出行圖各一幅。文殊乘獅而坐,牽獅者爲一胡奴形象的人物,深目高鼻,虬髯,武士裝束,應即于闐王;獅前有執杖者和乞求羅漢,年代約在五代或宋、金時期。[33]這裏所雕形象和 P. 4049 白畫相類似,或許是直接來自五臺山的後期新樣文殊形象。

另一幅經過演化、豐富的新樣文殊,可以在安西榆林窟第3窟西夏時所繪的文殊變中看到。這裏也和塔兒灣石塔一樣,文殊和普賢又重新對稱出現,而且前後侍從衆多,[34]但牽獅的于闐王和捧盤的善財童子,仍然保持着新樣文殊的一些基本特徵。

新樣文殊的産生,固然出自佛教徒的杜撰,而這種形象固定下來以後,在河隴一帶特別是敦煌地區廣泛流行起來,這也從一個側面反映了在當時混亂的政局下,中原和西北地區的文化交往不僅没有中斷,而且自後唐以降,漸而興盛起來。

第三節　五臺山文殊信仰的西漸

上面從文獻和繪畫兩方面，探討了中原和沙州地方政權間的文化交往。雖然有關其他西北民族政權的材料不多，但仍能看出同樣的歷史進程。

首先，于闐國王出現在五臺山的新樣文殊裏，這本身就是于闐和中原王朝交往的印證。但是，應當指出的是，這裏的于闐王只是中原人心目中的一個剛勁勇猛的胡人典型，而不是現實生活中真正的于闐王。相當於五代同光年間在位的于闐王，已由蒲立本教授考證爲李聖天（912—966 年在位）。[35]此王氣宇軒昂的漢裝天子形象，繪於莫高窟第 98 窟中，兩者全不相侔。所以，新樣文殊中的于闐王只是根據傳説中的于闐王形象繪成的，而不能把他作爲現實生活中的一員來解釋。然而，天國中的形象往往是現實生活的寫照，于闐國王在新樣文殊中扮演着如此重要的角色，並非偶然。在于闐佛教的衆神殿中，文殊菩薩被置於牛頭山。根據于闐佛教傳説，牛頭山是釋迦授記，舍利弗和毗沙門導湖而創建于闐國的場所，[36]這裏伽藍相望，鍾鈴相聞，是于闐佛教第一聖地。可見文殊崇拜在于闐也是十分盛行的。

牛頭山和五臺山遥相呼應，是當時中國境内文殊崇拜的兩大中心，一些高僧有道，不辭勞苦，遠來瞻禮。S.6551 V《佛説阿彌陀經講經文》，是一位高僧於五代中葉在西州迴鶻講經用的文本。[37]講經文的開頭部分述説了這位僧人遊方的行迹：

但少（小）僧生逢濁世，濫處僧倫，全無學解之能，虚受人天信施。東遊唐國幸（華）都，聖君賞紫，丞（承）恩特

> 加師號。擬五臺山上，松攀（攀松）竹以經行；文殊殿前，獻香花而度日。欲思普化，爰别中幸（華），負一錫以西來，途經數載；製三衣於沙磧，遠達崑崗。親牛頭山，巡于闐國。更欲西登雪嶺，親詣靈山，自嗟業鄣（障）尤深，身逢病疾。遂乃遠持微德，來達此方，睹我聖天可汗大迴鶻國，莫不地寬萬里，境廣千山，國大兵多，人强馬壯。[38]

這個最後住錫於西州的大師，東攀五臺，西登牛頭，往來巡禮，講經傳法，可以説是中原和于闐、西州等地間文化交往的一位辛勤使者。另一位往來於中原、敦煌和于闐間的文化使者，是海印和尚。P.3718(2)有後唐長興二年(931)所寫《唐河西釋門故僧政京城内外臨壇供奉大德兼闡揚三教大法師賜紫沙門范和尚寫真讚并序》，其中稱他"每慮坯軀虚假，翹情禮於五臺。聖主遐宣，對詔寵遷一品。復攀崑峰靈集，願頂普賢神蹤。跋涉關山，徇求如來聖會"。讚文部分稱頌他説："東遊五嶽，奏對朝天。西通雪嶺，異域芳傳。盂（于）闐國主，重供珍璉。"最後，他病死在從于闐東歸的路上。[39]以上兩個例證表明，中原和敦煌的僧人，曾在五臺山和于闐的文化交往中起過溝通作用。

于闐本國的僧侣也同樣扮演着重要的角色。就在後唐莊宗同光年間，"有胡僧自于闐來，莊宗率皇后及諸子迎拜之。僧遊五臺山，遣中使供頓，所至傾動城邑。"[40]這位于闐僧人的東遊五臺，正是在新樣文殊形成並西傳的過程中，這對於理解新樣文殊中的于闐王形象不無幫助。

關於五代宋初于闐和中原之間以五臺山爲因緣的交往，還可以舉出兩條非漢文材料加以補證。P.2782第73—80行是一篇用于闐語所用的婆羅謎字母和正字法書寫的藏文信札,信的作者聲稱:“僕今在途中,以求巡禮大聖文殊師利,〔且禮敬〕聖者釋迦,天上之天。”[41]此處雖然未明確提到五臺山,但從此卷出土於敦煌的情形來看,很可能是一位前往五臺山朝拜文殊的于闐僧人留下的文字。另外,敦煌卷子 P.5538 的正面,是于闐王尉遲輸羅(967—977 年在位)致沙州大王曹元忠的信函正本,[42]背面是用梵文和于闐文對照書寫的一篇對話,其中第 16—20 行有如下對話:

今者你將何往? 我將前往中夏。

你在中夏做何事? 我將前去參拜文殊師利菩薩。

你何時回至此地? 我將遊覽中夏,爾後回還。[43]

前往中原去參拜文殊菩薩,顯然是去五臺山巡禮。這件文書的年代稍晚,但也是于闐和中原文化交往的歷史見證之一。

五臺山還是沙州、于闐之外的其他西北地方政權所轄民衆的朝拜對象。《長編》卷六七記,宋真宗景德四年(1007)十月戊午,“甘州回鶻可汗夜落紇遣尼法仙等來朝,獻馬十匹,仍許法仙遊五臺山”。同書卷七二記,真宗大中祥符二年(1009)十一月癸酉,“禮賓院言回紇僧哈尚貢奉赴闕,乞赴五臺山瞻禮。上曰:戎羯之人,崇尚釋教,亦中國之利。可給糧,聽其請。”表明在以五臺山爲中心的文化交往中,甘州迴鶻也不甘落後。在吐魯番出土的一件未刊文書中(T Ⅲ 62—1004,Ch/U.6956),用漢文和迴鶻文對照書寫有“五臺山讚/uḍayš̤aṅsaṅ”,[44]這多少反映了西州迴鶻的五臺山信仰。

自唐朝中葉以降,中原強藩割據,戰爭連年不絕,百姓耕稼失時,生活憂困。西北地區也正處在吐蕃勢力衰敗,迴鶻西遷的時代,各種地方勢力相互間時常干戈相見。五臺山的文殊崇拜正是在這樣一個背景下越發地興盛起來的,因爲戰亂引起的痛苦,使人民不得不祈求於神靈的保祐。於是,當時的文化交往就以各地都崇拜五臺山的文殊菩薩這種形式表現出來,甚至以武力興家建國的沙陀酋帥李存勗,也成爲文殊崇拜運動的積極推動者。當時的五臺山,吸引了周邊許多民族或國家的使者,特别是僧尼大衆,他們紛紛湧向五臺山,這必然將各地的文化帶到中原;同時,又把中原的文化藝術帶回本國或本民族地區,並且在沿路廣泛傳播。五臺山成爲當時中原和西北地區文化交往的中心場所,而那些不辭勞苦前來參拜文殊菩薩的僧侶,可以説既是虔誠的宗教徒,又是傳播文化的友好使者。後唐同光年間以後,隨着中原與西北地區交往的頻繁,各地區、各民族的文化也交互影響,敦煌莫高窟的新樣文殊就是融彙了多種文化的一個代表作。新樣文殊的畫稿來自中原的五臺山,但無論是220窟的壁畫,還是藏經洞出土的版畫,都是敦煌藝術家的再創造,而于闐王的剛勁勇武的胡人風貌,又在其中占據顯要的地位。這件廣爲流傳的畫樣是當時中原與西北諸民族文化交融的最好例證。

此外,這一時期中原向西北地區傳播的文化内涵也較從前有所變化。隨着唐王朝權威的衰落,唐朝盛世時的那種將長安宫廷寫經傳送到地方的文化注入形式已不成其爲可能,在大衆化的民俗佛教流行的背景下,那些爲民衆所喜愛的曲子、讚偈或畫樣,就成爲當時文化交往的主要内容。有關五臺山的種種藝文,正是當時中原和西北地區文化交往的一個重要組成部分。

注釋

[1]《大正新修大藏經》第九卷,590 頁,No. 278。

[2] 同上書第二十卷,791 頁,No. 1185 A。

[3] 同上書第五十二卷,834 頁,No. 2120;《舊唐書》卷四一八《王縉傳》。

[4]《舊唐書》卷一七《敬宗紀》,卷一九六《吐蕃傳》。

[5]《全唐文外編》上,275 頁。

[6] 圓仁《入唐求法巡禮行記》卷三。

[7]《三國遺事》卷三,《大正新修大藏經》第四九卷,999 頁,No. 2039。

[8]《北夢瑣言》逸文卷四,上海古籍出版社,1981 年,172 頁。

[9]《舊五代史》卷二九《唐莊宗紀》。

[10]《新五代史》卷一四《唐太祖家人傳》。

[11] 舊題李存勗撰,録文見劉銘恕《斯坦因劫經録》,《敦煌遺書總目索引》,北京,1962 年,116 頁;巴宙《敦煌韻文集》,臺北,1965,28—30 頁;陳祚龍《百尺竿頭,更進一步——敦煌學散策之三》,《敦煌學》第 7 輯,1984 年,73 頁。最近鄭炳林撰文考證,此詩出自後唐時一位行脚僧人之手,其説可從,見所撰《敦煌文書 S. 373 號李存勗唐玄奘詩證誤》,《敦煌學輯刊》1991 年第 1 期,21—26 頁。

[12]録文見饒宗頤《敦煌曲訂補》,《中研院歷史語言研究所集刊》第 51 本第 1 分,1980 年,122—123 頁。

[13]《宋本册府元龜》卷九七二"外臣部・朝貢五"。

[14]《舊五代史》卷三二《唐莊宗紀》,卷一三八《吐蕃傳》。

[15] 此據原卷録文。參看《敦煌遺書總目索引》232—233 頁劉銘恕録文;饒宗頤《敦煌曲》,巴黎,1971 年,197 頁;陳祚龍上引文,74 頁;前五行圖版,見《講座敦煌》第二卷《敦煌の歷史》,東京,1980 年,267 頁。另外,牧田諦亮有《智嚴の巡禮聖迹故留後記について》,《大

正大學研究紀要》第 61 輯,55—63 頁。參看劉銘恕《敦煌遺書雜記四篇》,《敦煌學論集》,蘭州,1985 年,46 頁。

［16］ 參看劉銘恕上引文,46—47 頁。

［17］ 參看饒宗頤《敦煌曲》,191 頁。

［18］ 早年,王重民先生據 P. 3360(1)、S. 467,録入《敦煌曲子詞集》,上海,1950 年,90—94 頁。其後,任二北先生據王氏録文和《大正藏》第八五卷所收 S. 2985《道安法師念佛經文》,並參照《五臺山讚文》,録載於《敦煌曲校録》,上海,1955 年,181—184 頁。饒宗頤先生將S. 2080和 S. 4012 兩卷綴合,參照王、任的校訂,録入《敦煌曲》272—275 頁,然有漏字,如第二首之"巖頭"前,缺"羅漢"二字(273 頁),第四首"龍衆請",漏"衆"字(274 頁)。

［19］《敦煌曲初探》,北京,1954 年,260—261 頁。

［20］《敦煌曲》,191—193,271 頁。

［21］ P. Pelliot, *Les grottes de Touen-houang*, IV, p1. CCI-CCIV;敦煌文物研究所編《中國石窟・敦煌莫高窟》第五卷,東京平凡社,1982 年,圖版 55—64。參看宿白《敦煌莫高窟中的"五臺山圖"》,《文物参考資料》第 2 卷第 5 期,1952 年,49—71 頁;日比野丈夫《敦煌の五臺山圖について》,《中國歴史地理研究》,京都同朋舍,1977 年;小山滿《敦煌第 61 窟五臺山圖に關する一考察》,《創大アジア研究》第 4 號,1983 年,81—105 頁,收入《東洋の圖像學》,東京,1988 年,93—117 頁。

［22］《大唐五臺山曲子》,見注[18]引書。

［23］ 參看滕善真澄《從説話看庶民佛教》,載牧田諦亮《五代宗教史研究》,京都,1971 年,199—243 頁。

［24］ 敦煌文物研究所《莫高窟第 220 窟新發現的複壁壁畫》,《文物》1978 年第 12 期,41—46 頁,圖版一、二;又《敦煌的藝術寶藏》,香港,1980 年,圖版 103 及解説;又《敦煌研究》第 2 期,1981 年,圖 31,解説 53—54 頁;又《中國石窟・敦煌莫高窟》第五卷,1982 年,

圖 20,解説 209—210 頁。

［25］《大正藏》第五一卷,1109 頁,No. 2099;括號内據北平故宫博物院《選印宛委别藏》所收明天順刻本校正,上海商務印書館,1935 年。

［26］小野勝年校注,白化文等修訂校注《入唐求法巡禮行記校注》,石家莊百花文藝出版社,1992 年,301—302 頁。

［27］饒宗頤《敦煌白畫》,巴黎,1978 年,第二卷,40 頁;第三卷,圖版 40。又同作者《畫䪻》,臺北時報文化公司,1993 年,162 頁。

［28］《大正藏》第五一卷,1126 頁。

［29］《大正藏》圖像部第九卷,238 頁。參看賴富本宏《五臺山の文殊信仰》,《密教學研究》第 18 號,1986 年,93—112 頁。

［30］M. A. Stein, *Serindia*, Ⅳ, Oxford 1921, pl. XCIX; A. Waley, *A Catalogue of Paintings recovered from Tunhuang by Sir Aurel Stein*, London 1931, pp. 196—198;松本榮一《敦煌畫の研究・圖像篇》,東京,1937 年,783—784 頁,附圖 197c; L. Giles, *Descriptive Catalogue of the Chinese Manuscripts from Tunhuang in the British Museum*, London 1957, pp. 279—280; R. Whitfield, *The Art of Central Asia: the Stein Collection in the British Museum*, Ⅱ, figs. 142, 143 and 147; Marie-Rose Séguy, "Images xylographiques conservées dans les collections de Touen-houang de la Bibliothèque Nationale", *Contributions aux études sur Touen-houang*, Genève-Paris 1979, pp. 124—128, pl. XXVIII;孟列夫等編《亞洲民族研究所藏敦煌漢文寫本注記目録》第一卷,莫斯科,1963 年,540—541 頁(No. 1398),第二卷,1967 年,445 頁(No. 2767);孟列夫等編《黑水城出土漢文收集品注記目録》,莫斯科,1984 年,315 頁(No. 285,因此版畫均爲敦煌出土,疑此件當出自敦煌而誤混入黑水城文書);北京圖書館善本組編《敦煌劫餘録續編》,1981 年,59 頁 b 面;張玉範編《北京大學圖書館藏敦煌遺書》,《敦煌吐魯番文獻研

究論集》第 5 輯,1990 年,555 頁(No. 181)。綜合研究見菊竹淳一《敦煌の佛教版畫》,《佛教藝術》第 101 號,1975 年,12—15 頁;J. -P. Drège,"Éléments méthodologiques pour l'étude des documents de Dunhuang",*Les Peintures murales et les manuscrits de Dunhuang*, Paris 1984,pp. 56—57,pl. VII;白化文《敦煌漢文遺書中雕版印刷資料綜述》,《大學圖書館通訊》1987 年第 3 期,45 頁。

[31]《日本雕刻史基礎資料集成·平安時代·造像銘記篇》第一卷,東京,1966 年,圖版 46。此條承宿白先生教示,謹此致謝。參看塚本善隆《奝然請到日本的釋迦佛像胎内的北宋文物》,《現代佛學》1957 年第 11 期,15—19 頁。

[32] 參看卡特著,吴澤炎譯《中國印刷術的發明和它的西傳》,北京,1957 年,45—57 頁,60 頁注[10];Waley 上引目録,198—206 頁;菊竹淳一上引文,12—15 頁;拙稿《敦煌卷子劄記四則》,《敦煌吐魯番文獻研究論集》第 2 輯,北京大學出版社,1983 年,667—669 頁。

[33] 甘肅省博物館、慶陽地區博物館《甘肅子午嶺地區造像塔調查記》,《文物參考資料》第 3 輯,1980 年,191 頁,圖 10。

[34] 敦煌文物研究所《敦煌研究文集》,蘭州,1982 年,圖版 98。

[35] E. G. Pulleyblank,"The Date of the Stäel-Holstein Roll",*Asia Major*,*new series*,IV—1,1954,pp. 90—97。

[36] F. W. Thomsa,*Tibetan Literary Texts and Documents concerning Chinese Turkestan*,I,London 1935,pp. 11—35; E. Lamotte,"Mañjuśrī",*T'oung Pao*,XLVIII,1960,pp. 50—52。

[37] 關於這篇講經文成文的時間和地點,參看張廣達、榮新江《有關西州迴鶻的一篇敦煌漢文文獻》,《北京大學學報》1989 年第 2 期,24—36 頁。

[38] 見上注引文所校録的有關部分文字。

［39］饒宗頤編《敦煌邈真讚校録並研究》，臺北新文豐出版公司，No. 66。

［40］《新五代史》卷一四《唐太祖家人傳》。

［41］H. W. Bailey, *Khontanese Texts*, III, Cambridge 1969, p. 62; idem, "Taklamakan Miscellany", *Bulletin of the School of Oriental and African Studies*, XXXVI. 2, 1973, pp. 224—225, pl. II; 金子良太《敦煌出土未解明文書一、二に就いて》,《豐山學報》第 17, 18 合并號，1973 年，142—150 頁。

［42］H. W. Bailey, "Śrī Vi śa Śūra and the Ta-Uang", *Asia Major, new series*, XI. 1, 1964, pp. 17—26.

［43］H. W. Bailey, "Hvatanica III", *Bulletin of the School of Oriental Studies*, IX. 3, 1938, pp. 528—529.

［44］G. Kara, "Sino-uigurische Worterklärungen", *Sprachen des Buddhismus in Zentralasien*, ed. K. Röhrborn und W. Veenker, Wiesbaden 1983, p. 45.

第九章　歸義軍時代的敦煌佛教與佛教界

敦煌是一座傳統的佛教都市，經過吐蕃數十年的統治，歸義軍時代的敦煌佛教，更加興盛於一時。由於敦煌藏經洞出土的寫本以佛典爲主，因此學者們歷年來對敦煌佛典的研究成果，已經使得我們對九、十世紀的敦煌佛典流通等情況有了一些認識。所以，本章主要討論歸義軍佛教的來源、盛衰以及作爲敦煌佛教界領袖的河西都僧統的年代問題。

第一節　歸義軍佛教的來源

敦煌位於今甘肅省河西走廊的西端，是絲綢之路上的重要樞紐，因此也是東西文明彙聚的地方。從西晉時"敦煌菩薩"竺法護在這一帶講學、譯經開始，經十六國、南北朝到隋唐時期，敦煌一直是一個重要的佛教文化中心。它既是梵本胡書所寫佛典傳入中國内地的中轉站，又常常接受漢地佛教的强烈影響，如北魏末年，洛陽的王族東陽王元太榮出任瓜州（時治所在敦煌）刺史，促進了敦煌佛教的發展，使之與内地水平大致相當。[1]

隋唐時期，全國統一，文化昌盛，敦煌與中原的聯繫更加緊密。唐高宗時，一批相當可觀的唐朝長安宮廷寫經被送到敦煌，[2]敦煌也按唐朝的詔令，先後設立了龍興、大雲、開元等官寺，並成爲敦煌佛教教團領導機構所在地和主要講經的場所。特別是武則天利用佛教來統治天下，敦煌僧人抄《大雲經疏》，[3]建造莫高窟北大像（第96窟），使敦煌佛教盛極一時。

安史之亂後，河西、隴右地區被吐蕃王國陸續攻占。值得説明的是，吐蕃軍隊是沿河西走廊，由東向西步步進攻的。764年占涼州，766年占甘州、肅州，776年占瓜州，781年占伊州，786年占沙州，790年占北庭，791年占西州。吐蕃的進逼，迫使河西一帶的唐朝文臣武將、高僧學徒步步西退，最後被圍在敦煌城中，如建康出身的長安西明寺學僧曇曠，[4]和歸義軍初代都僧統洪辯的父親建康軍使吴緒芝，[5]都是如此進入敦煌的。吐蕃圍城十年而未强攻，並且是在答應"勿徙他境"以後，與沙州百姓設盟而降。[6]從吐蕃的實力來講，强攻敦煌孤城，並非難事，結合吐蕃占領後的崇佛舉措，不難認爲這次不以武力征服的目的，很可能是爲了保護敦煌的佛教。與沙州"勿徙他境"形成鮮明對照的是，吐蕃791年攻占西州後，將所俘獲的一些唐朝官吏和漢族僧侶遷往甘州，使西州的佛教，至少是漢化佛教，受到一定程度的打擊。然而，敦煌反而由於吐蕃的這一作法，經甘州得到了一些西州的寫經，如P. 2041《四分律删繁補闕行事鈔》原爲廣德二年（764）僧義琳在西州南平城寫經，[7]P. 2132《金剛般若經宣演》是建中四年（783）僧義琳所寫，[8]P. 3918《佛説迴向輪經》、《佛説金剛壇廣大清淨陀羅尼經》係貞元九年（793）西州没落官甘州寺户趙彦賓所寫，[9]P. 2732《絶觀論》爲貞元十年西州落蕃僧懷生寫。[10]這無疑豐富了敦煌佛教的内容。

在吐蕃統治時期(786—848),敦煌佛教得到迅猛的發展。寺院、僧尼不斷增加,有組織的抄經使寺院的經藏大爲充實,[11]曇曠、摩訶衍、法成等漢蕃高僧,有的專心著述,有的傳揚禪法,有的譯經講道,[12]使敦煌的佛教教學水平達到空前高的地步。吐蕃時期的敦煌佛教給予歸義軍時期的佛教以決定性的影響。而且,吐蕃的統治敦煌,還使敦煌避過了唐武宗的"會昌法難",因之早期所寫的佛典,也大量地保存到歸義軍時期。歸義軍初期所寫的《張淮深變文》(P. 3451)中,談到唐朝使臣到敦煌時説:

> 尚書授敕已訖,即引天使入開元寺,親拜我玄宗聖容。天使睹往年御座,儼若生前。嘆念敦煌雖百年阻漢,没落西戎,尚敬本朝,餘留帝像。其於(餘)四郡,悉莫能存。又見甘、凉、瓜、肅,雉堞彫殘,居人與蕃醜齊肩,衣著豈忘於左衽。獨有沙州一郡,人物風華,一同内地。[13]

雖然這段描述含有文學色彩,但反映了敦煌佛教文化比較完整地保存到歸義軍時期的事實。咸通十年(869),節度使張淮深上給唐朝的奏文(P. 3720—2)中説:"切以河西風俗,人皆臻敬空王,僧徒累阡(千),大行經教。"歸義軍時期,唐朝前期流行的道教經典已經絶迹,[14]摩尼教也不再有自己的信徒,[15]極少的景教文獻[16]和與民間神祇混在一起的祆神,[17]均無法與佛教相提並論,敦煌佛教的保存與發展,以至達到如此的地步,實爲吐蕃統治造成的結果。

第二節　九、十世紀敦煌佛教的盛衰

首任歸義軍節度使張議潮青少年時代曾在寺院中學習，敦煌文書中保存有他抄寫的《無名歌》(P. 3620)，尾題："未年三月廿五日，學生張議潮寫。"[18]另外還有《大乘稻芉經》(S. 5835)，末題"清信佛弟子張義朝書"。此實爲法成所集《大乘稻芉經隨聽疏》的摘抄本，[19]可知張議潮自稱佛弟子，並且曾跟從高僧法成學習。張議潮率衆推翻吐蕃統治，趕走節兒，但作爲"大蕃國大德三藏法師"的法成，卻没有隨吐蕃軍隊歸國，而是留在敦煌，這和張議潮曾是他的學生不無關係。張球撰《大唐沙州譯經三藏大德吴和尚(法成)邈真讚》(P. 4660—25)稱：

> 自通唐化，薦福明時。司空(張議潮)奉國，固請我師。願談維識，助化旌麾。[20]

説明在張議潮的挽留下，法成留在敦煌，繼續講經，以協助節度使整治部内的教化。敦煌文書表明，自大中九年(855)開始，法成在沙州開元寺講《瑜伽師地論》，直到大中十三年末或大中十四年初去世爲止，聽講弟子有智慧山、談迅、福慧、法鏡、法海、一真、洪真、明照、恒安等。[21]在歸義軍草創期的環境下，能够進行這樣長時間持續不斷的講筵，實在是難能可貴的，大概是因爲有節度使張議潮的支持吧。

歸義軍建立後，張議潮采取了一系列内政措施，其中包括整頓佛教教團的工作。他確立了以都僧統爲首的僧官制度，與都僧統洪辯一起調查了管内十六所寺院和三所禪窟的僧尼、常住百姓和常住物，製成各種名籍、帳簿，宣布保護寺院所有的常住百姓、常住物不得侵奪等等。[22]張議潮在四處征戰的間隙,於咸通六年(865)前後,在莫高窟開鑿了大型的功德窟(156窟)。張議潮執政期間(848—867),正當唐朝會昌法難之後,宣宗、懿宗大力振興佛教的時期,張議潮順應形勢,除保護管内佛教教團及佛教教學活動外,還派高僧出使中原,與長安的佛教界建立了聯繫,並且向唐朝請求沙州所缺經本。[23]對於唐朝的佛教復興運動,張議潮也做出了貢獻。《宋高僧傳》卷六《唐京師西明寺乘恩傳》記載:

> 〔乘恩〕自是重撰《百法論疏》並《鈔》,行於西土……迨咸通四年三月中,西涼僧法信精研此道,稟本道節度使張義潮表進恩之著述。敕令兩街三學大德等詳定,實堪行用,敕依。

又《舊唐書》卷一九上《懿宗紀》記載:

> 咸通七年七月……〔沙州〕僧曇延進《大乘百法門明(明門)論》等。

與長安佛教界的往來,無疑會促進敦煌佛教的發展,中原的佛教經典的再傳入,必然增加敦煌佛教的活力。

咸通八年(867)張議潮入朝長安不歸,其侄張淮深繼掌歸義軍政權。據敦煌文書《張淮深造窟記》(P. 3720—7與S. 5630)和《敕河西節度兵部尚書張公(張淮深)德政之碑》(S. 6161+S. 6973+S. 3329+S. 11564+P. 2762),張淮深曾增修延載二年(695)建造的莫高窟北大像(96窟),並在其北側修建了自己的功德窟(94窟)。他還對河西都僧統的官寺龍興寺做了修復。[24]因此可以説,張淮深也是一位熱心的奉佛者。

在歸義軍初期,代表敦煌佛教水平的是法成的教學活動。

在張淮深統治時期(867—890),這種講經事業由法成的弟子繼續下來,他們就是前人很少措意的法鏡與法海。據 S. 1154《瑜伽論》卷五四題記,法鏡與法海一同聽法成講經,法鏡又題爲"法鏡和尚",地位應當較一般弟子爲高。[25]《敦煌遺書總目索引》散 0544 録李木齋舊藏《淨名經關中疏》卷上題記:

> 大唐咸通八年歲次丁亥(867)三月七日説畢。此是明照本。[26]

又,P. 2079《淨名經關中釋抄》卷上題記:

> 壬辰年(872)正月一日,河西管内都僧政京城進論朝天賜紫大德曹和尚,就開元寺,爲城隍攘災,曾講《維摩經》。當寺弟子僧智惠隨聽,寫此上批,至二月廿三日寫訖。[27]

北圖新 293《淨名經集解關中疏》卷下題記:

> 癸卯年(883)三月十日,靈圖寺僧苾蒭道廣故記之耳。
>
> 癸卯年三月一日,曹僧政和尚説經已,至四月盡説了。[28]

S. 5972《維摩經疏》題記:

> 河西管内京城講論臨壇供奉大德賜紫都僧政香號法鏡手記,前後三會,説此經、百法九遍。接踵學徒、敦煌釋門講百法論大法師兼釋門都法律沙門法海,懇切傳受時。[29]

從以上四件文書的内容、年代、相關人物和頭銜判斷,這位講經的都僧政曹和尚,應當就是香號法鏡的法成弟子。有幸的是 P. 4660(4)還保存有他的《邈真讚》,現摘引如下:

> 入京進論大德兼管内都僧政賜紫沙門故曹僧政邈真讚
>
> 河西都僧統京城内外臨壇供奉大德
>
> 兼闡揚三教大法師賜紫沙門悟真撰
>
> 弱冠進具,戒圓秋月……參禪問道,寢食俱輟。寸陰靡棄,聚螢映雪。温故知新,玄源妙絶。仰學惟明,資奚

不哲。《瑜伽》、《百法》、《淨名》俱徹。敷演流通,傾城懌悦。後輩疑情,賴承斬決。入京進德,明庭校劣。敕賜紫衣,所思皆穴。旋歸本群(郡),誓傳講説……年暮八十,示同殞滅。

中和三年歲次癸卯五月廿一日,聽法門徒敦煌釋門法師恒〔安書〕。[30]

這位兼通《瑜伽》、《百法》、《淨名》的曹姓都僧政法鏡,應當是法成佛學的傳人,北圖新876《敦煌某寺經目》開頭的一段話,也可以證明這一點:

咸通六年正月三日,奉處分吴和尚經論,令都僧政法鏡點檢。所是靈圖寺藏論及文疏,令卻歸本藏,諸雜蕃漢經論抄録以爲籍帳者……[31]

吴和尚即法成,由法鏡來清點法成所遺下的經論,表明了法鏡在法成衆門人中的首要位置,上引文書中提到的聽法鏡講經的人中,包括法成的弟子明照、恒安,也説明了法鏡的地位。由以上文書可知,曹法鏡至少從867年開始,直到883年去世之前不久,一直在敦煌講授道液的《淨名經關中疏》及《釋批》,他還兼通《瑜伽》、《百法》,是法成學術的繼承人。而且,他擁有"入京進論大德"或"京城進論朝天賜紫大德"的稱號,是曾經到過唐朝京城長安的學僧。

上引S.5972題記進一步説明,法成的另一弟子法海繼法鏡之後,繼續敦煌的講筵,講授《大乘百法明門論》。法海的講經活動當在883年以後,持續多久,尚無材料説明。事實上,在張淮深統治末期,敦煌佛教界在佛教教學方面迅速衰落,而且相對於世俗權力來講,佛教教團的力量也在減弱。

歸義軍時期，按照唐朝的制度，確立了敦煌佛教教團的行政管理體制，教團的最高首腦是河西都僧統。由於敦煌僧尼人數占人口比重極大，一般百姓也都敬信空王，因此河西都僧統具有舉足輕重的地位。

歸義軍的首任都僧統洪辯，俗姓吴，在吐蕃統治末期，就是敦煌的最高僧官都教授。其母出身南陽望族，與張議潮的郡望相同。張議潮率衆起義時，洪辯也率僧尼部衆予以有力支持，並派弟子悟真於大中五年入朝長安，獲得唐宣宗的敕賜都僧統告身。可知歸義軍建立時，洪辯的社會地位已經很高，又協助張議潮逐蕃歸唐，立有大功，因此受到張議潮的尊重。在洪辯任職期間（851—862），[32]敦煌佛教教團的地位受到歸義軍節度使的保護。

繼洪辯任職的翟法榮（862—869）和唐悟真（869—895），都得到唐朝的敕命，因此也具有與節度使分庭抗禮的地位。由於悟真還是佐張議潮起事的元勳功臣，"隨軍驅使，長爲耳目"（P. 3720—1），先後受到張議潮、淮深等節度使的尊重。張淮深在咸通十年上唐朝的奏文中即稱："悟真深開闡諭，動蹟微言，勸導戎域，寔憑海辨。"（P. 3720—2）但悟真的統治時期較長，據寫於廣明元年（880）的 P. 4660（6）《悟真生前邈真讚》，其時悟真已"耳順從心，色力俄衰"，[33]都僧統對於敦煌教團的統治能力必然轉弱。

自大順二年（890）節度使張淮深被殺，至乾寧三年（896）張承奉掌握實權，沙州陷於政爭之中，佛教教團也受到削弱。張承奉作爲真正的節度使的記録，首次出現在 S. 2263 張忠賢所寫《葬録序》中。《葬録》是屬於陰陽家的著作，這一點至堪注意。從現存的敦煌資料來看，張承奉的宗教信仰似乎較其前任複雜。一些學者認爲莫高窟第 9 窟是張承奉建的功德窟,但據該窟題記,窟主只是節度使的一個屬吏。[34]真正反映張承奉具有佛教信仰的材料是Дx. 566《大佛頂如來放光悉怛多大神力都攝一切咒王陀羅尼經》題記:

天復二年壬戌歲(902)正月廿三日,歸義〔軍〕節度使張公發心敬寫,爲城隍禳災,貯入傘中供養。[35]

説明他曾寫經發願。但他也祈求於其他神祇,如 S. 5747 即《天復五年張承奉祭風伯文》。

910 年,張承奉建立金山國,自稱"金山天子"、"白衣皇帝"。結合建國前後所産生的《白雀歌》(P. 2594+P. 2864)、《龍泉神劍歌》(P. 3633 V—1)等,不難認爲張承奉金山國的理論基礎是符讖之學。[36]而且,歸義軍時期所寫的幾種重要的占卜陰陽類書籍,多是在張承奉時期寫成的。如 P. 4996+P. 3476《卜筮書》(896 年)、S. 2263《葬録》(896 年)、北京圖書館新 836 翟奉達寫本《逆刺占》(902 年)、P. 2859 吕弁均寫本《逆刺占》(904 年)、P. 3782《靈棋卜法》(912 年)等。[37]從宗教信仰來看,張承奉不能算是一位佛教徒,他大概更迷信於陰陽五行讖緯之説。更能反映張承奉時敦煌佛教教團勢力衰落的材料,是 S. 1604 連續寫的《天復二年(902)歸義軍節度使張承奉帖》和《都僧統賢照帖》:

使　　　　帖都僧統等

右奉處分,蓋緣城隍或有數疾,不□五根,所以時起禍患,皆是僧徒不持定心,不虔經力,不愛貳行。若不興佛教,何虧乎哉。從今已往,每月朔日前夜、十五日夜,大僧寺及尼僧寺燃一盞燈。當寺僧衆,不得欠少一人,仍須念一卷《佛名經》,與滅狡猾,嘉延人輪,豈不於是然乎。

仍其僧統一一鈐轄，他皆放（仿）此者。四月廿八日帖。

使（畫押）

都僧統　帖請僧尼寺綱管、徒衆等

奉尚書（張承奉）處分，令諸寺禮懺不絶，每夜禮《大佛名經》壹卷。僧尼夏中，則合勤加事業，懈怠慢爛，故令使主嗔責，僧徒盡皆受耻。大家總有心識，從今已後，不得取次。若有故違，先罰所由綱管，後科本身，一一點檢……天復二年四月廿八日帖，都僧統賢照。[38]

張承奉把敦煌出現的災禍歸咎於僧徒，要求都僧統嚴加管教。都僧統賢照接帖後立即下帖給各寺僧官徒衆，提出具體要求，並告誡問題關涉到全體僧尼大衆的榮辱問題，需小心從事。我們從敦煌文書中了解到，自吐蕃統治時期開始，由於佛教勢力的增强，最高僧官握有極大的權力，往往與地方統治者一同治理敦煌社會，如摩訶衍與吐蕃節兒，吴洪辯與張議潮，都是如此。直到張承奉時期，我們首次看到節度使如此向都僧統發號施令，表明歸義軍的政權已完全淩駕於教權之上。這與敦煌佛教教學活動的終止，僧尼自身教養的降低，以及教團所轄僧尼的僞濫，都不無關連。

唐朝的滅亡，使得敦煌的河西都僧統不能得到中原政權的承認，雖然自金山國時期都僧統的題銜中有“兼加河西佛法主之號”（P. 3556），但地位卻並未升高。P. 4638（18）《清泰四年（937）都僧統龍辯等上節度使曹元德牒》，都僧統自稱爲節度使手下的“釋吏”；[39] S. 8583《天福八年（943）都僧統龍辯牓》，也是告誡各寺僧官，遵守戒律，用心職掌，以免招致禍殃，與上舉賢照帖語氣相似。[40] 均表明敦煌佛教教團地位的低落。

914年取代張承奉任節度使、開創曹氏歸義軍時代的曹議金，是一位熱心的奉佛者。在他統治年間(914—935)，曾命人抄寫了大量的《佛名經》，[41]同時修建了諸如莫高窟第98窟這樣的大窟。然而，曹議金及其後繼者們的熱衷佛教，主要表現在開窟造像，抄經施捨上，[42]他們對佛教教學事業的重興没有起任何作用。因此，五代宋初時期的歸義軍，佛教雖然呈現出一派繁榮的景象，但仔細分析起來，此時敦煌的佛教社會與張氏歸義軍時期有了明顯的不同，這就是庶民佛教的發展。

敦煌庶民佛教的發展有許多表現形式，這裏僅舉疑僞經的流行爲例。以下先將收集資料比較全面的池田温編《中國古代寫本識語集録》中所録曹氏時期有確切年份的佛教文獻表列如下(見下頁)，再做討論：[43]

由下表一眼就可以看出，疑僞經的流行成爲壓倒的趨勢，不論僧俗官吏，均迷信於此。屬於所謂真經者，也是一些與民衆通俗信仰關係密切的《金剛經》、《般若心經》、《觀世音經》(即《妙法蓮華經普門品》)、《阿彌陀經》等數種而已。

金山國及曹氏初葉，由於與迴鶻的戰爭，敦煌寺院藏經受到破壞，加之自然的損失，以後敦煌各寺經本往往部帙不全。敦煌佛教教團曾遣使向中原王朝祈求補寫所缺經典，但五代亂世，是否能有大批中原寫經傳到敦煌，目前尚未見到明確的記載。曹延禄統治時期(976—1002)，曾從宋朝請得部分藏經，但此時敦煌已經没有像法成、法鏡那樣深通佛典的大師，敦煌佛教已無法恢復昔日的光芒，從這一點上來看，敦煌佛教必然向着世俗化的方向發展。

經　名	年代	書手或供養人	疑僞經	編　號	池田編號
觀世音經	918	僧海滿		S. 3054	2171
金剛經講經文	920		✓	P. 2133 V	2177
佛説佛名經	920	府主曹公	✓	S. 4240 等	2182—96
天地八陽神咒經	926	畫寶員	✓	P. 2098	2224
閻羅王授記經	926		✓	S. 6230	2228
父母恩重經講經文	927		✓	P. 2418	2233
妙法蓮華經普門品	930	尹幸通		書道博	2247
天地八陽神咒經	934		✓	S. 5373	2264
金光明最勝王經陀羅尼咒	935			S. 5434	2269
阿彌陀經	936	乾元寺僧		北大圖 43	2275
佛説閻羅王授記經	936	薛延唱	✓	書道博	2276
勸善經	938	竇宣	✓	P. 3036	2283
救諸衆生苦難經	939	僧願惠	✓	S. 1185	2284
般若多心經	940	吴幸通		P. 3045	2294
佛説摩利支天經	941	曹氏	✓	P. 2805	2296
天地八陽神咒經	942	令狐富昌	✓	S. 6667	2299
金剛經	943	陰彦清		P. 3398	2307
大般若經	947	報恩寺	✓	S. 1907(2)	2326
妙法蓮華經普門品	948	僧戒昌		北圖龍 9 V	2330
金剛經	949	曹元忠		P. 4514 等	2332
淨土五會念佛誦經觀行儀	951			P. 2963	2339
佛説延壽命經	953	曹元忠夫婦	✓	龍谷大圖	2342
梁朝傅大士頌金剛經	953	顯德寺龍□	✓	P. 3325	2345
佛説無常經	958	翟奉達	✓	天津藝博 4532	2353

（續表）

經　名	年代	書手或供養人	疑僞經	編　號	池田編號
水月觀音經	958	翟奉達	✓	天津藝博 4532	
咒魅經	958	翟奉達	✓	天津藝博 4532	
天請問經	958	翟奉達	✓	天津藝博 4532	
佛説閻羅王授記經	958	翟奉達	✓	北圖岡 44	2354—6
佛説護諸童子經		翟奉達	✓	北圖岡 44	
般若心經	958	翟奉達		北圖岡 44	
佛説盂蘭盆經	958	翟奉達	✓	P. 2055	2357
佛説佛母經	959	翟奉達	✓	P. 2055	2358
佛説善惡因果經	961	翟奉達	✓	P. 2055	2359
佛説父母恩重經	959	沙彌戒輸	✓	上圖 86	2362
菩薩修行四法經	959	沙彌戒輸		P. 3919B	2363
佛説延壽命經	959	禪師惠光	✓	P. 2374	2366
續命經	959	禪師惠光	✓	P. 2374	2366
天請問經	959	禪師惠光	✓	P. 2374	2366
大般若經	966	曹延晟		大谷文書	2378
救諸衆生苦難經	967		✓	S. 3417	2385
金剛經	969	禪録何江通		S. 5646	2392
摩利支天陀羅尼經	969	禪録何江通	✓	S. 5646	2392
佛説齋法清淨經	969	禪録何江通	✓	S. 5646	2392
觀世音經	978	僧王會長等		P. 3351	2417
般若心經	978	僧王會長等		P. 3351	2417
大寶積經	978	僧法壽等		Дx. 1362	2420
大隨求陀羅尼	980	李知順		印度藏	2428
賢劫千佛名經	985	康文興等		S. 4601	2529

歸義軍時代，正是敦煌藏經洞封閉的前夜，因而屬於這一

時期的佛教文獻特别豐富,也極爲零亂。在分藏於倫敦、巴黎等的寫本公佈的今天,雖然尚有部分佛典尚不能完全解明,但從整體上理解歸義軍時代的敦煌佛教已成爲可能。以上討論至少可以説明,作爲民衆通俗文化的一個方面,敦煌庶民佛教的發展是中古社會進步思潮的一個組成部分。然而,其内涵尚有待於從敦煌文化的各個層面去考察。

第三節　河西都僧統的在位年代

河西都僧統是晚唐以降駐錫敦煌的最高一級僧官,統治着數以千計的僧尼大衆,實際是僅次於歸義軍節度使的重要人物,歷代都僧統對同時代的節度使的輔佐,是敦煌地區社會安定,文化發展的一個重要因素。弄清河西都僧統的年代事迹,不僅對於中國古代僧官制度的了解有所幫助,同時也是我們研究歸義軍史的一項重要内容。但是,由於敦煌文獻大多是殘篇斷簡,要完整地排列出歷代河西都僧統的年表並非易事。1961 年,日本京都大學竺沙雅章先生發表《敦煌的僧官制度》一文,[44]詳考歷任河西都僧統的在位年代。1982 年,在將此文收入《中國佛教社會史研究》一書時,[45]他又做了詳細的補充修訂。竺沙先生的研究成果,已經基本上弄清了從 851 年到約 960 年間共十一代都僧統的排列順序和大致年代,但其中也留下了不少疑點。本節擬在竺沙先生研究的基礎上,只就都僧統年代和事迹的部分問題,略加考察,以期進一步完善河西都僧統年表。

(1) 吴僧統洪辯與吴和尚法成[46]

竺沙氏認爲大中五年(851)被唐宣宗賜予告身的都僧統

洪辯，即 S. 1947 V《敦煌管内寺窟算會文書》中所記酉年（大中七年，853 年）的吴僧統，又接受戴密微的看法，[47]把P. 4660（25）《大唐譯經三藏吴和尚邈真讚》中的吴和尚，與《沙州文録》刊《吴僧統碑》中的吴僧統比定爲一，認爲四種史料中講的都是一個人，即吴洪辯，他是吐蕃統治末期直到大中七年敦煌的最高僧官。這樣就把《碑》之吴僧統與《讚》之吴和尚的事迹混爲一談了。以後，藤枝晃、馬世長、李永寧、賀世哲諸先生都采用了這一看法，[48]並各自做了一些補充。其中，藤枝晃氏從 S. 779 V 習字中，揀出一條"大蕃國沙州釋門教授和尚洪辯修功德〔碑〕"的習字，認爲是《吴僧統碑》的原名，並肯定了金維諾、[49]石璋如[50]兩位先生關於該碑實際是洪辯修建莫高窟七佛堂（第 365 窟）的功德記的看法。馬、李、賀三位先生根據該窟新發現的漢文洪辯發願文和藏文題記，肯定了第 365 窟的窟主就是洪辯，亦即吴僧統。他們還在前人研究的基礎上，進一步肯定了七佛堂下面的第 16、17 窟也是洪辯的功德窟，在 951 年寫的《臘八燃燈分配窟龕名數》中把它叫作"吴和尚窟"，附屬於 16 窟的 17 窟後來成爲洪辯的"影堂"。但是，蘇瑩輝先生對此始終持相反的看法，他先後發表三篇文章，[51]認爲上述《碑》之吴僧統、《讚》之吴和尚、洪辯三者是各不相同的三個人。對於蘇氏的觀點，李永寧先生在上引文中逐條加以辨證。的確，蘇氏否認吴僧統等於洪辯的看法難以成立，但他堅持吴和尚是另一個人的觀點，卻得到上山大峻先生對法成研究的結果的有力支持。上山氏在《大蕃國大德三藏法師沙門法成之研究》（上）中，[52]把 P. 4660（25）和 P. 2913（3）中張球撰《大唐沙州譯經三藏大德吴和尚邈真讚》的讚主吴和尚，與吐蕃後期到歸義軍初期在甘、沙州一帶從事佛典翻譯與教學的三藏法師法成比定爲一人。近年,吴其昱先生對此又作了補充,法成應是出身吐蕃'Gos氏家族的僧人,他的漢人弟子就把'Gos譯作"吴",稱他爲"吴和尚"。[53]最近,馬德先生也認爲,上山氏考訂的吴和尚法成應與吴僧統洪辯有所區别。[54]

顯然,學者們對於現存史料還没有取得一致的看法。我們的看法是,《吴僧統碑》是七佛堂的功德記,而該窟又發現了洪辯的發願文,可以肯定洪辯即吴僧統,S.779V習字中的"洪辯修功德碑"的記録也證明了這一點。應當説明的一點是,《吴僧統碑》應撰寫於吐蕃統治末葉,文中把吴僧統稱作"吴和尚",他當時任吐蕃的都教授而不是唐朝的河西都僧統。爲甚麽把這篇功德記標題寫作"吴僧統碑"呢?如果我們看一下該碑録文所在的P.4640全卷的情況就明白了。這卷寫本一面是《唐己未至辛酉年(899—901)歸義軍布紙破用曆》,[55]另一面依次抄有如下内容:

1. 陰處士碑　竇夫子撰
2. 隴西李家先代碑記　楊綬述
3. 唐宗子隴西李氏再修功德記
4. 翟家碑　唐僧統述
5. 吴僧統碑　竇良驥撰
6. 沙州釋門索法律窟銘　唐和尚作
7. 李僧録讚
8. 住三窟禪師伯沙門法心讚
9. 金光明寺張濳建建龕記
10. 故吴和尚讚文
11. 先代小吴和尚讚文　驥撰

按照一般的情況,應當先寫歸義軍的官文書《破用曆》,然後纔在官文書的背面抄寫上述碑記、讚文類的文獻,因此不難認爲《吴僧統碑》等應抄於 901 年以後。退一步講,上面所列第 4、6 兩篇文字的撰者唐僧統、唐和尚,即 869—895 年任河西都僧統的唐悟真,因此至少是 869 年以後抄寫的。這樣,當時的人把吐蕃時撰寫的吴和尚功德記,按照功德主後來擔任的僧官而稱之爲"吴僧統碑"就可以理解了。總之,洪辯即吴僧統,從大中五年唐宣宗所賜告身來看,他無疑是歸義軍成立後的第一任河西都僧統,S. 1947 V 所記大中七年的吴僧統也只能是洪辯。

法成的年代雖然和洪辯大致相同,但二者的事迹卻不一樣。法成主要是一個從事佛典翻譯和講授的佛學大師,在進入歸義軍時期以後没有擔任過僧官,[56]他的行迹與 P. 4660(25)、P. 2913(3)、P. 4640(10)所抄大同小異的《大唐沙州譯經三藏大德吴和尚邈真讚》[57]所記吴和尚的事迹相符。另外,在上引 P. 4640 所抄碑記和讚文中,《吴僧統碑》和《吴和尚讚》並列在一起,也表明兩者不是同一人,如果是同一個人的話,抄者必然將碑讚的名字或者都寫成吴僧統,或者都寫成吴和尚。所以,讚文中的吴和尚即法成,而不應和洪辯混淆起來。據前人研究,法成大致逝世於大中十四年(860)前後,而洪辯可能在此一、二年後纔去世。

(2) 洪辯、法榮的交替年

目前所見有關洪辯的最晚資料是上引 S. 1947 V 關於大中七年(853)的吴僧統算會的記録。竺沙氏由此推測洪辯卒於大中八年,由翟法榮繼任河西都僧統。翟法榮任都僧統的最早記録也見於這件算會文書,寫成的年代在咸通四年(863)。在竺沙氏的年表中,没有明確列出兩者在 853—863

年間的交替年份。

P. 4640(4)唐僧統悟真所述的《翟家碑》，實際是莫高窟第85 窟的造窟功德記。該窟在五代時所寫的《臘八燃燈分配窟龕名數》中稱作“翟家窟”。[58]據《翟家碑》記載，法榮早在吐蕃統治敦煌時代就任沙州法律僧正，歸義軍成立後，又曾蒙唐朝皇帝“敕賜紫衣”，是地位僅次於洪辯的僧人，所以纔由他繼洪辯任都僧統。根據當時的僧官制度，可以推測洪辯任都僧統時，法榮應是副僧統。據 P. 3720(1)悟真文書集所録存的第三件告身，唐朝在咸通三年(862)六月二十八日任命悟真爲河西副僧統。由此可以推測，原任副僧統的法榮必然在此時或此時之前不久遷任河西都僧統之任，因爲不可能有兩位副僧統同時存在。這一看法的另一個佐證是翟家窟的修建年代，《翟家碑》記該窟“興功自敦牂(午)之歲”，畢功於“大淵(亥)之年”，據考即咸通三年(862)壬午到咸通八年(867)丁亥。[59]我們認爲法榮動工開鑿翟家窟和悟真升任河西副僧統兩件事都發生在咸通三年並非偶然，它們透露出法榮在這一年接替洪辯升任河西都僧統的消息，翟家窟的開鑿實際上是爲了慶祝法榮成爲河西僧衆的最高首領這件大喜事，法榮的像繪在甬道北壁供養人行列之首的位置上，並刻碑紀頌其功德。因此可以認爲，咸通三年很可能是洪辯和法榮交替的那一年。

(3) 福高、法嚴的在位年代

接替康賢照任都僧統的依次是氾福高和陳法嚴，二者的事迹見 P. 3556(2,3)中所録的《邈真讚》。我們根據原卷並參考竺沙氏的録文，把有關部分引出，再做討論。《氾和尚邈真讚》稱：

洎金山白帝，國舉賢良，念和尚以(與)衆不羣，寵錫

> 恩榮之祑(秩)。遂封内外都僧統之號,兼加河西佛法主之名。……爰至吏部尚書秉政敦煌,……承恩任位,經法十五餘年。

金山白帝是後代文人對張承奉的尊稱,吏部尚書則指曹氏第一任節度使曹仁貴。由此可知福高是在張承奉至曹仁貴時期任職。

《陳和尚邈真讚》稱:

> 洎金山白帝,國舉賢良,念和尚雅望超羣,寵錫恩榮之祑(秩)。爰至吏部尚書秉政蓮府,大扇玄風,封賜内外都僧統之班,兼加河西佛法主之號。……承恩任位,近經十有餘年。

據上文,法嚴在張承奉時期就有一定的地位,大概是福高的副手吧。到曹仁貴掌權後,他被任命爲都僧統,S. 474 V《戊寅年(918)三月十三日都僧統等算會文書》有他的署名。

關於兩者的交替年份,竺沙氏推測在曹仁貴開始掌權的914年。據S. 1563《甲戌年西漢敦煌國聖文神武王敕》和P. 3239《甲戌年敕歸義軍節度兵馬留後使牒》,曹仁貴取代張承奉的時間應在甲戌年(914)五月十四日至十月十八日之間。[60]據《氾和尚讚》,福高在曹仁貴上臺以後還没有退位或去世,因此我們懷疑他被法嚴取代應在914年以後。據《讚》文,福高在位"十五(有)餘年",法嚴在位"十有餘年"。竺沙氏舉出的賢照最晚的文獻是S. 1604《天復二年(902)四月二十八日河西都僧統帖》,法嚴之後的海晏最早的文獻是S. 6417《同光四年(926)三月十三日金光明寺僧慶寂等上都僧統狀》,從902年到926年滿算只有二十五個年頭,如果把《讚》文中"有餘"二字理解得寬一點,就容不下福高、法嚴的在位年數。

一種可能是《讚》文作者對兩位任都僧統的確切年數並不明瞭;另一種可能是"有餘"的界限不超過一年。從現有材料看,後一種可能更接近事實。一般來講,我們可以説"十有餘年",即十多年,而不説"十五有餘年"。因此,這裏的"十五有餘年"或許是福高在位十五年零幾個月的一種表述法。同樣,"十有餘年"是説法嚴在位十年零幾個月。如果福高是在902年就繼賢照爲都僧統的話,十五年後正是917年,目前所見法嚴文書的最早年份是S.474V所記戊寅年(918)三月十三日,所以我們暫且把917年定爲福高、法嚴的交替年份。這樣,從917年到926年海晏繼位,法嚴在位的年代也剛好是十年。而且,917年是曹仁貴任節度使後的第三年,這和《讚》文所記兩者交替年份與曹仁貴的在位年代也相符合。最後應當説明的是,《讚》文中的"洎金山白帝",並非指自金山國時期開始,而是説從張承奉執政以後,"金山白帝"只是張承奉的代稱,因爲902年福高繼任河西都僧統時,金山國還没有建立。以上對福高、法嚴在位年代的看法,還需要將來根據更多的新材料加以補充和修訂。

(4) 海晏的卒年

竺沙氏指出,提到海晏的最晚一件文書是S.6417中的《長興二年(931)正月二十九日普光寺尼圓證等上都僧統狀》,並據P.3720(5)中靈俊撰《海晏墓誌銘》後"清泰六年(939)"的紀年,推測海晏可能就卒於這一年,那麽從清泰二年(935)開始龍辯就任都僧統來看,海晏似在生前就退位了。

P.3720(5)的《海晏墓誌銘》抄本,已由陳祚龍氏校録在《敦煌古鈔碑銘五種》一文中,[61]誌文只記陰海晏卒時年七十二,而没有明記去世年月,在抄本最後寫着"於時清泰元年敦咩歲律當應鐘蓂彫十五葉書紀”。我們核對了原卷，竺沙氏所録的“清泰六年”實是“清泰元年”之誤。陳氏認爲這條題記並非原《墓誌銘》所有，我們表示贊同，並認爲這是抄者在清泰元年(934)十月十五日寫的題記，它只能説明海晏卒於這一年十月十五日之前，而不能説這一年就是海晏的卒年。

海晏的卒年在敦煌文書中可以找到間接的記載，P. 2638《清泰三年(936)六月沙州儭司教授福集等狀》中，記癸巳年(933)六月一日至丙申年(936)六月一日的三年間，一應“所有官施、私施、疾病死亡僧尼散施及車頭齋儭，兼前儭迴殘，所得綾錦、綿綾、絹緤、褐布、衣物、盤碗、卧具、什物等”的情況。在唱賣衣物項下，第9—10行記有巳年(933)“陰僧統和尚衣物，唱得布玖阡叁拾貳尺”。[62]把陰僧統的衣物拿來拍賣，所得如此豐厚，正好反證了陰僧統就在這一年去世了。這位933年的陰僧統，捨陰海晏莫屬，所以我們認爲海晏的卒年是933年。這一看法還可以在P. 3302 V(2)《兒郎偉》中得到佐證，該卷原題爲“維大唐長興元年癸巳歲貳廿四日河西都僧統和尚依宕泉靈迹之地建龕一所上梁文”。[63]按長興四年爲癸巳，“元年”應是“四年”之誤，即933年；“貳廿四日”有脱誤，或許是“二月廿四日”之訛。[64]在這篇用《兒郎偉》的形式寫的《建龕上梁文》中，弟子稱頌這位都僧統時説：“伏維我都僧統和尚，業登初地，德托前英，神資天遐，五郡白眉，百金日食，聲播四維，變通有則，妙在心機。”所謂“業登初地”，應指他剛剛繼承都僧統之位；而“德托前英”，則是托前任都僧統的英靈輔助的意思。因此，這位都僧統不會是海晏，只能是他的後繼者。由此似可以進一步把海晏去世的時間限定在長興四年(933)的二月底以前。

(5) 王僧統

上節引用的 P. 2638《清泰三年(936)福集等狀》中,唱衣項下還記有:乙未年(935)"王僧統和尚衣物,唱得布陸阡叁佰捌拾貳尺";迴殘儭項下,也記有"王僧統襖子價入"。[65] 又S. 1519《辛亥年(951)十二月七日直歲法勝所破油麵曆》,有"麵柒斗,油壹升,造故王僧統戒齋用"的記録。[66] 935 年是敦煌文書中首次記載龍辯爲都僧統的年代,同年故去的王僧統顯然不是龍辯。竺沙氏指出,龍辯早在海晏任都僧統時就是副僧統,所以他理所當然地應在 933 年接替海晏任都僧統之職。按慣例這一推測可以成立,則王僧統只能是 933—935 年間的副僧統。但目前所見最早的龍辯任都僧統的文書是 S. 6417《清泰二年(935)三月九日金光明寺上座神威等上都僧統狀》,因此也不排除王僧統是 933—935 年間的河西都僧統。[67]

(6) 龍辯在位年代新證

竺沙氏見到的最晚的龍辯文書是 P. 4638(18)《清泰四年(937)僧龍辯等上司空牒》等文書,他還把 S. 6526《四分律比丘戒本》題記中所記"中和元年(881)弟子龍弁"比定爲龍辯,並據年二十受戒的常理,推斷龍辯 935—937 年在位時已是七十四歲到七十六歲的老人,所以繼任不長時間就去世了。

1985 年,筆者在倫敦英國圖書館翻閱翟林奈(L. Giles)未編目的斯坦因文書時,發現了一件《天福八年(943)河西都僧統龍辯牓》,編號 S. 8583。該卷首殘,尾部尚保存完整,牓文尾部年代上鈐朱印一方,文曰:"河西都/僧統印。"背書"齋文一部"。爲了提供完整的新資料,現將《牓》文全文迻録如下:

(前殘)

1.　　　　　　□□□　雲李法律　恩張

2.　法律　程法律　龍永紹　法受　土法深
　　保會　　智光
3.　納色　界張僧政　鄧僧政　蓮龍法律
4.　　右件諸司所請禪律大德律師等,
5.　　竊緣　　釋迦留教,律寶郎然,累
6.　　代精修,不聞墮壞。乃見邊方
7.　　安泰,法眼重興,道俗傾心,上下虔
8.　　敬。自從
9.　　司徒秉政,設法在役,河西政俗,□
10.　　風專慕,弘揚　　佛日。今且四
11.　　方開泰,五穀豐盈,别建福
12.　　門,許置方等。前件大德、僧首、
13.　　判官、僅奉　　明條,遵守律式,
14.　　存心勾當,幸勿殷(因)循。忽若檢教(校)
15.　　不周,一則虧陷律儀,二則卻招殃
16.　　禍,准此僉請,必不紊然。
17.　　又仰准此條留,不得違越者。天福捌
18.　　年二月十九日牓。
19.　　　　河西應管内外釋門都僧統龍辯。

文書中的“司徒”是指天福四年(939)至開運元年(944)任歸義軍節度使的曹元深,[68]P. 4046《天福七年(942)十一月二十二日曹元深捨施迴向疏》中的結銜是“歸義軍節度使檢校司徒兼御史大夫”,正好與本文書合。文書的内容是都僧統龍辯牓示沙州各大寺院的大德、僧首和判官等,讓他們遵守戒律,用心職掌,以免遭受禍殃,充分體現了歸義軍後期的河西都僧統作爲節度使下的“釋吏”的性質和作用。在都僧統年代問題上,

這件文書明確證明龍辯在天福八年(943)仍然健在,竺沙氏根據 S. 6525 龍弁題名所作的推測顯然不够妥當。龍辯的卒年没有明確的材料説明,但值得注意的是 P. 2032 V《甲辰年(944)淨土寺直歲惠安手下諸色入曆》的記載:"粟陸碩,孔僧統亡百日齋儭入。"這條帳目記載在六月和十一月之間,[69]證明孔僧統死於 944 年。P. 2040 V《乙巳年(945)正月二十七日已後淨土寺勝淨戒惠手下諸色入曆》也記有:"麥兩碩五斗,孔僧統百日齋施入。"[70]兩處的孔僧統應指同一人,百日齋不應兩年都有,似以孔僧統死於 944 年爲妥。此時距龍辯的年代最近,所以這位孔僧統很可能就是龍辯。但也不排除孔僧統是龍辯時代的副僧統的可能性。[71]

(7) 氾僧統

關於龍辯的後任,因 S. 3879《乾祐四年(951)河西都僧統帖》的署名過於潦草,所以至今尚難識讀出他的法名。[72]上舉 P. 2040 V《乙巳年(945)淨土寺入曆》記有"粟貳拾碩,氾僧統施入"。[73]從年代來看,這位氾姓僧統很可能就是繼龍辯任河西都僧統的人。

(8) 鋼惠(一作鋼慧)的在位年代

在 S. 4654 V 記録的廣順四年(954)左右的法嵩之後,竺沙氏把 P. 2879《沙州應管壹拾柒寺僧尼籍》中僅見的"河西應管内外都僧統辯正大師鋼慧",推測爲約 960 年前後的都僧統。其實,鋼慧的名字還見於《宋乾德四年(966)歸義軍節度使曹元忠夫婦修莫高窟北大像功德記》中,該卷因背面繪有白畫,所以仍作爲藝術品收藏在英國博物館,編號 Ch. 00207,其中提到這次修像的"助修勾當"是:"應管内外都僧統辯正大師賜紫鋼惠、釋門僧正願啓、釋門僧正信力、都頭知子弟虞候李幸思。"[74]鋼惠無疑即P. 2879中的鋼慧,兩者的稱號完全一樣。乾德四年是目前確知的鋼惠在位的最早年份。本文書中還記載:"大王窟内,抄寫《大佛名經》文,一十七寺之中,每寺各施一部。"P. 2879即沙州一十七寺僧尼籍,其上所記鋼慧一名的年代應在966年前後。竺沙氏未能利用這件乾德四年文書固屬遺憾,但他把鋼惠推定爲約960年時的都僧統卻頗有卓識。

從目前所見的資料看,直到978年鋼惠仍在都僧統任上。P. 3553《太平興國三年(978)四月應管内外都僧統鋼惠等牒》原文如下:

1. 應管内外都僧統辯正大師賜紫鋼惠、都僧正賜紫法松、都僧録賜紫道真等
2. 右鋼惠等,聞炎皇巡山,播植流千古之高規;舜帝歷野,耕
3. 農傳萬齡之善響。伏惟
4. 太保上稟三光,下臨五郡,闡易俗移風之化,彰宵衣旰
5. 食之能。鈐(黔)黎早詠於重衣,品庶久歌於剩食。今乃仰懸
6. 明鏡,俯照幽盆,鑒東皋之隴畝不均,睹北阜之畦田
7. 偏併。昨已　神思匀減,長空頓現於忻雲,致期
8. 車駕添騰,大地俄生於喜色。鋼惠等忝爲釋品,感慶殊
9. 常,謹奉狀賀
10. 聞,兼伸　起居。謹録狀上。

11.　　牒件狀如前，謹牒。

12.　　　　　太平興國三年四月　日，應管内外都僧統辯正大師賜紫鋼惠等牒。[75]

這件完整的文書進一步説明，鋼惠在位年代在十年以上。S. 6981 D《辛未至壬申年(971—972)某寺粟豆入曆》中記有"又領得宋僧統贈粟柒斗"，此宋僧統很可能就是鋼惠。

P. 3553中的道真應即三界寺的名僧道真，他在雍熙四年(987)《授戒牒》(S. 4915)中仍署爲"都僧録"。據此推測鋼慧任都僧統之職的年代應延續相當長的時間，但他終止於哪一年現仍不得而知。P. 3440《丙申年(996)三月十六日見納賀天子物色人綾絹曆》中，列有張僧統、索僧統和閻僧統三位僧統，[76]應當是當時的都僧統和兩位副僧統，其法名及其他事迹尚待考索。S. 8649《某寺作道場麵油破曆》中有金光明寺都僧統、三界寺張僧統名。此件大約在十世紀末，其時都僧統在金光明寺，而三界寺的張僧統是否是道真，尚有待於更多的史料證明。

以上在竺沙雅章先生研究的基礎上，分八個子目對歸義軍時代的河西都僧統的在位年代和事迹略作補充和修訂，但仍有許多空白點尚待填補，現將目前所考訂清楚的"歸義軍歷代都僧統年表"列下(括號内爲不肯定的推測)。

都僧統俗姓與法名	在位年代(公元)	備　注
吴洪辯	851—853—(862)	
翟法榮	(862)—863—869	
唐悟真	869—895	
(康)賢照	895—902	
氾福高	(902)—(907)	
陳法嚴	(907)—918—(926)	
陰海晏	926—933	
王僧統	933—935	存疑
(孔)龍辯	935—943—(944)	姓存疑
氾光惠	(944)—945—951—(?)	
法嵩	(?)—954—(?)	
鋼惠	(?)—966—978—(?)	

注釋

［1］ 參看塚本善隆《敦煌佛教史概説》,《西域文化研究》第一,京都法藏館,1958 年。

［2］ 藤枝晃《敦煌出土の長安宮廷寫經》,《塚本善隆博士頌壽記念佛教學論集》,京都,1961 年。

［3］ A. Forte, *Political Propaganda and Ideology in China at the End of the Seventh Century*, Napoli 1976.

［4］ 上山大峻《敦煌佛教の研究》(京都法藏館,1990 年)第一章《西明寺學僧曇曠と敦煌の佛教學》。

［5］ 拙稿《〈唐刺史考〉補遺》,《文獻》1990 年第 2 期。

［6］《新唐書》卷二一六《吐蕃傳》。

［7］池田温《中國古代寫本識語集録》，東京，1990年，No. 898。

［8］同上書，No. 914。

［9］同上書，No. 924。

［10］上山大峻《敦煌佛教の研究》，405頁。

［11］參看藤枝晃《敦煌の僧尼籍》，《東方學報》（京都）第29册，1959年；同作者《吐蕃支配期の敦煌》，《東方學報》（京都）第31册，1961年。

［12］參看P. Demiéville, *Le concile de Lhasa*, Paris 1952；上山大峻《敦煌佛教の研究》第一、二章。

［13］《敦煌變文集》上，北京，1957年，124頁。

［14］敦煌所存道教經典均爲吐蕃統治以前寫本，參看大淵忍爾《敦煌道經目録篇》，福武書店，1978年。

［15］敦煌所出三件漢文摩尼教文獻也應産生於吐蕃占領以前，參看林悟殊《摩尼教及其東漸》，北京中華書局，1987年。

［16］關於敦煌景教文獻，參看林悟殊、榮新江《所謂李氏舊藏敦煌景教文獻二種辨僞》，《九州學刊》第4卷第4期（敦煌學專期），1992年，19—34頁。

［17］參看A. Waley, "Some References to Iranian Temples in the Tun-huang Region", *Bulletin of the Institute of History and Philology, Academia Sinica* 28/1, 1956, pp. 123—128.

［18］見饒宗頤《敦煌書法叢刊》第14卷。

［19］上山大峻《敦煌佛教の研究》，210頁。

［20］同上書，97—98頁。

［21］同上書，219—246頁。

［22］參看竺沙雅章《中國佛教社會史研究》，京都，1982年。

［23］P. 4962V有殘文："准數分折奏文，陷蕃多年，經本缺落，伏

乞宣賜，兼降宣命，詔當道在朝”，下缺，但末句旁有小字曰：“先請經僧正”，應係接讀於“在朝”二字下，惟下仍有缺文。此處所記沙州請經事，當在歸義軍初期。參看施娉婷(施萍亭)《三界寺・道真・敦煌藏經》，《1990 年敦煌學國際研討會文集》，遼寧，1992 年。

［24］藤枝晃《敦煌千佛洞の中興》，《東方學報》(京都)第 35 册，1964 年；拙稿《敦煌寫本〈敕河西節度兵部尚書張公德政之碑〉校考》，《周一良先生八十生日紀念論文集》，北京，1993 年，206—216 頁。

［25］池田温《中國古代寫本識語集録》，No，1957。

［26］《敦煌遺書總目索引》，北京商務印書館，1962 年，323 頁。

［27］池田温《中國古代寫本識語集録》，No，1997。

［28］同上書，No. 2031。

［29］同上書，No. 2067。

［30］饒宗頤編《敦煌邈真讚校録並研究》録文 No. 37，臺北新文豐出版公司，印刷中。

［31］原件尚未公佈，此係筆者在 1992 年 9 月北圖敦煌文書展覽會上抄録。詳見方廣錩《關於敦煌遺書北新八七六號》，《九州學刊》敦煌專號，待刊。

［32］以下河西都僧統的年代，見下節詳考。

［33］饒宗頤編《敦煌邈真讚校録並研究》録文 No. 35。

［34］賀世哲《從供養人題記看莫高窟部分洞窟的營建年代》，《敦煌莫高窟供養人題記》，北京文物出版社，1986 年。

［35］池田温《中國古代寫本識語集録》，No. 2117。

［36］參看王重民《金山國墜事零拾》，《國立北平圖書館館刊》9 卷 6 期，1935 年。

［37］池田温《中國古代寫本識語集録》，Nos. 2048，2050，2119，2124，2164。

［38］竺沙雅章上引書 346—348 頁；唐耕耦等編《敦煌社會經濟文獻真蹟釋録》(四)，125—127 頁。

［39］蔣斧《沙州文録》。

［40］見下節所引文書全文。

［41］池田温《中國古代寫本識語集録》，Nos. 2182—2196。

［42］關於曹氏歸義軍時期的佛窟開鑿情況，詳參馬德《敦煌莫高窟吐蕃、歸義軍時代營建概況》，香港《九州學刊》，待刊。曹氏歸義軍節度使的迴向施物疏，比較集中收録在唐耕耦等編《敦煌社會經濟文獻真蹟釋録》(三)、(四)輯中。

［43］關於疑僞經，參看牧田諦亮《疑經研究》，京都，1976 年。

［44］《東方學報》(京都)第 31 册，1961 年。

［45］《中國佛教社會史研究》，331—360 頁。以下爲省篇幅，所引竺沙先生的觀點均見此書，不一一注明。

［46］洪辯，寫本中常作洪䛒或洪誓，今爲排版方便，均改用"辯"字，下文中的龍䛒也作龍辯。

［47］戴密微《吐蕃僧諍記》，耿昇譯本，甘肅人民出版社，1984 年，21—26 頁。

［48］藤枝晃《敦煌千佛洞の中興》，91—106 頁；馬世長《關於敦煌藏經洞的幾個問題》，《文物》1978 年第 12 期，23—28 頁；李永寧《敦煌莫高窟碑文録及有關問題(一)》，《敦煌研究》試刊第 1 期，1981 年，72—79 頁；賀世哲《從供養人題記看莫高窟部分洞窟的營建年代》，《敦煌莫高窟供養人題記》，文物出版社，1986 年，207，208—209 頁。

［49］金維諾《敦煌窟龕名數考》，《文物》1959 年第 5 期；此據同作者《中國美術史論集》，人民美術出版社，1981 年，335—336 頁。

［50］石璋如《敦煌千佛洞遺碑及其相關的石窟考》，《中央研究院歷史語言研究所集刊》第 34 本上册，1962 年，60 頁。

［51］蘇瑩輝《論敦煌資料中的三位河西都僧統》，《(修訂再版)敦煌論集》，臺北，1979 年，415—426 頁；又《從敦煌吴僧統碑和三卷敦煌寫本論吴法成並非緒芝之子亦非洪辯和尚》，《敦煌論集續編》，臺北，1983 年，129—142 頁；又《論莫高窟七佛藥師之堂非由洪辯所

開鑿》,《敦煌學》第 4 輯,1979 年,61—67 頁。

[52]《東方學報》(京都)38 册,1967 年,155—157 頁。

[53] 吴其昱《大蕃國大德三藏法師法成傳考》,《講座敦煌》第 7 卷《敦煌與中國佛教》,東京大東出版社,1984 年,383—414 頁。

[54] 馬德《吴和尚·吴和尚窟·吴家窟》,《敦煌研究》1987 年第 3 期,61—64 頁。

[55] 池田温《中國古代籍帳研究》,東京大學出版會,1979 年,605—611 頁。

[56] 按 P. 2038《瑜伽論分門記》卷二四首題:"大蕃國都統三藏法師法成述。"這裏把法成稱作"都統",而不是"都僧統"或"僧統",一般均認爲是沿襲吐蕃時代對高僧的稱號,如 S. 2729《辰年牌子曆》記有"都統石惠捷"和"都統康智詮"等。參看竺沙雅章上引書,360 頁。

[57] 陳祚龍《唐五代敦煌名人邈真讚》,巴黎,1970 年,61—64 頁有合校。

[58] 金維諾上引書,332—333 頁。

[59] 同上。

[60] 參看唐耕耦《曹仁貴節度沙州歸義軍始末》,《敦煌研究》1987 年第 2 期,15—17 頁。

[61] 陳祚龍《敦煌文物隨筆》,臺北,1979 年,73—76 頁。

[62] 池田温《中國古代籍帳研究》,648 頁。

[63] 周紹良《敦煌文學"兒郎偉"并跋》,《出土文獻研究》,文物出版社,1985 年,175 頁。

[64] 同上。

[65] Cf. *Catalogue des manuscrits chinois de Touen-houang*, III, Paris 1983, p. 249.

[66] 那波利貞《唐代社會文化史研究》,東京創文社,1974 年,317 頁。

[67] 馬德《都僧統之"家窟"及其營建》,《敦煌研究》1989 年 4

期,57—58 頁。

[68] 拙稿《沙州歸義軍歷任節度使稱號研究(修訂稿)》,《敦煌學》19 輯,1993 年,44 頁。

[69] 唐耕耦《伯二〇三二號甲辰年淨土寺諸色入破曆計會稿殘卷試釋》,《敦煌吐魯番文集》,北京圖書館,1988 年,33—34 頁。

[70] 姜伯勤《唐五代敦煌寺户制度》,北京中華書局,1987 年,147 頁。

[71] 按 P. 2040 V《乙巳年(945)正月廿七日已後淨土寺勝淨戒惠手下諸色入曆》記有“立機壹疋,土布壹疋,吳僧統患時念誦入”。P. 3234、P. 2032 V、S. 6330 帳曆中也提到這位吳僧統,或許他是龍辯時的副僧統。順便指出,P. 2049 V(1)《同光三年(925)淨土寺直歲保護手下諸色入破曆》記同光二年破除帳目中有:“粟貳斗,僧門送路孔僧統等用。”當時的都僧統和副僧統應是陳法嚴和陰海晏,從“送路”一詞推測,這位孔僧統似是其他地區的僧統。

[72] 按鄭炳林在《敦煌碑銘讚輯釋》中,指 S. 390《氾嗣宗邈真讚》中的“河隴仁師,殊方教主”,認爲此氾僧統即氾嗣宗。所據似尚不够充分,聊備一説。《英藏敦煌文獻》第五册著録 S. 3879 爲《乾祐四年四月四日河西都僧統全照知諸寺綱管所由帖》,“全照”的讀法似難確定。唐耕耦先生告知,他據北圖新字號未刊文書,推定此名爲“光惠”。

[73] 姜伯勤《唐五代敦煌寺户制度》,147 頁。

[74] 陳祚龍《敦煌學園零拾》,臺北,1986 年,461—465 頁。按郝春文先生見告,S. 4120《壬戌至甲子年(962—964)布褐等破曆》中,記有“布肆尺五寸,索僧統新婦亡吊孝及王上座用”,但不知這位索僧統的具體情況,録此備考。

[75] 同上書,227—228 頁。

[76] 唐耕耦等《敦煌社會經濟文獻真蹟釋録》(四),北京,1990 年,16—17 頁。

第十章　歸義軍與甘州迴鶻之關係

唐宣宗大中二年(848),張議潮推翻吐蕃統治,占領瓜、沙二州。五年,成立了歸義軍政權。與此大致同時,840 年被黠戛斯擊破的迴鶻汗國部衆,也陸續進入河西走廊和天山東部地區。歸義軍政權(包括短暫的金山國)與東西兩支迴鶻勢力的鬥爭和交往,是歸義軍對外關係史的重要篇章。由於唐五代中原王朝的史料模糊不清,而敦煌文書又多殘缺不全,學者們雖然對迴鶻西遷及其與歸義軍的關係問題着眼較多,但看法卻有相當大的分歧。本文從歸義軍史的角度出發,利用敦煌文書和史籍記載,試圖條理出歸義軍政權與東西迴鶻關係史上的一些重要事件,並對其中某些有爭論的問題提出我們的看法。

第一節　張氏歸義軍與河西迴鶻的爭鬥

據敦煌寫本《敕河西節度兵部尚書張公德政之碑》(以下簡稱《張淮深碑》)記載,大中二年,張議潮率衆收復瓜、沙二州,遣使上報唐朝;大中三年,又攻占甘、肅二州。大中五年,沙州使者到達長安,唐朝在沙州設歸義軍,以張議潮爲節度使,一十一州觀察使。經過十年的努力,張議潮於咸通二年

(861)趕走吐蕃守軍,攻占河西重鎮涼州。《張淮深碑》對此戰結果稱頌道:"西盡伊吾,東接靈武,得地四千餘里,户口百萬之家,六郡山河,宛然而舊。"[1]所謂"六郡",當指涼、甘、肅、瓜、沙、伊六州之地,這是歸義軍史上勢力最盛、版圖最大的時期。由於張議潮勢力的迅速發展引起了唐朝的不安,咸通八年(867),張議潮入朝不歸,侄子張淮深代守歸義。[2]遍檢咸通八年以前的敦煌史料,幾乎看不到迴鶻進入河西的踪迹。P. 2962《張議潮變文》記大中十年唐朝使臣王端章等出使安西,在"雪山南畔"爲背叛迴鶻劫掠,從者押衙陳元弘逃到沙州界内。[3]這裏的雪山,孫楷第先生指爲瓜、甘二州南的祁連山,[4]似與王端章等出使路綫不合;森安孝夫氏認爲指伊州及納職北方之山脈,[5]其説或較穩妥。這批伊州地區的迴鶻係西遷迴鶻散衆之一,不屬於焉耆的龐特勤部,所以劫奪唐朝送給龐特勤的國信,從《變文》所述來看,他們正積極向歸義軍的領地發展。然而,此時迴鶻尚未進入河西走廊中心地帶,咸通二年張議潮收復涼州後,河西走廊中的主要城鎮應當在歸義軍的控制中。

目前所見記載迴鶻進入河西走廊中心地帶的最早文獻是P. 3451《張淮深變文》。以往,人們多據孫楷第先生的看法,認爲變文所記是乾符年間(874—880)的事。[6]但這一看法主要是建立在對"去歲官崇驄馬政,今秋寵遇拜貂蟬"兩句的錯誤理解上,此點已經唐長孺先生指出其誤。[7]根據文中稱張淮深爲尚書,張議潮爲僕射的年代,大致可以判定變文所述應是張議潮咸通八年入朝到十三年去世之間的事。[8]

《張淮深變文》首尾俱殘,開頭一段的下端也已殘斷,由於散韻相間講的是同樣的事,所以大致文意還可以看出。《變文》記有“破殘迴鶻”進攻瓜州,被尚書擊敗,捕獲甚衆。沙州表上朝廷,唐朝遣使到敦煌,盡放生擒之迴鶻部衆。使者東還,剛過酒泉,又有迴鶻王子領兵西來,潛於西桐海畔。尚書率軍西征西桐,大敗迴鶻。[9]文中稱這些入侵歸義軍境内的迴鶻爲“破殘迴鶻”或“失鄉淪落衆”,清楚地表明這些迴鶻是從漠北逃亡來的迴鶻散部,前人或以爲這些迴鶻來自安西(據有焉耆、西州一帶的天山迴鶻),[10]但此時龐特勤早已在焉耆稱可汗,有衆二十萬,勢力强盛,[11]他的部衆不應被稱之爲“失鄉淪落衆”。實際上,在《變文》第二段散文部分中有帝謂羣臣曰:“朕念□□□□□舊懿,曩日曾效赤誠,今以子孫流落□□河西”云云,指明了這些被張淮深俘獲的迴鶻是進入河西之迴鶻。《變文》第 12 行的“安西”的“安”字,可以作動詞解,因“西”字以下殘,不能肯定就是地名,其上下文完全可以讀作“使安西土”云云。西桐之地雖在敦煌之西,但“不逾信宿”而至,當距沙州城不遠,沙州四面沙磧,從東而來的迴鶻部衆繞到沙州西面也不難理解。至於這批總數約有“千餘人”的迴鶻部衆的具體活動地點,《變文》的記載也是清楚的,第一次迴鶻來侵是“早向瓜州欺牧守”,表明他們活動範圍在瓜州東部,只有千餘人的破殘迴鶻,似乎不能够繞過肅州而來自於甘州地區;第二次來侵是“天使纔過酒泉,迴鶻王子領兵西來,犯我疆埸”,這是剛剛被張淮深釋放的“生降迴鶻”,乘天使已過肅州,再次進犯,其來自瓜州東、肅州西的地域至爲明顯,因爲如果來自肅州以東,則會與天使相遇,而這些剛剛獲釋的迴鶻,行蹤也不會距敦煌太遠。據敦煌寫本 P. 2005《沙州圖經》卷第三,瓜州、伊州之間有第五道相通,[12]因此不排除這些迴鶻來自伊州地區的可能性,他們早就是歸義軍的對手。迴鶻這兩次入侵瓜沙的時間，上文已定爲咸通八年至十三年之間，這一點還可以用 P. 2709《唐懿宗賜張淮深敕》加以補充，敕文云："敕：沙州刺史張淮深，有所奏，自□(領)甲兵，再收瓜州，并(下殘)"。[13]按張淮深大中七年既承父之任，充沙州刺史，但其時主兵者爲張議潮，其能自領甲兵再收瓜州，只能在咸通八年議潮入朝以後，雖然此時張淮深在境内可能已稱河西節度使檢校尚書，但據 P. 3720(2)《咸通十年十二月廿五日唐中書門下牒》，唐朝只承認張淮深爲"河西道沙州諸軍事兼沙州刺史"，[14]與 P. 2709 稱呼正同，結合《變文》所述，不難認爲敕文所説的"再收瓜州"，應當是咸通十年前後張淮深擊敗入侵瓜州之迴鶻部衆一事。

P. 3720(7)中的《張淮深造窟記》，據考係咸通八年至十三年間張淮深建造莫高窟第 94 窟的功德記，[15]其中頌揚淮深德政時説道"加以河西異族狡雜，羌、龍、嗢末、退渾，數十萬衆，馳誠奉質，願效軍鋒"，没有提到迴鶻，可見還没有形成一定的勢力。直到中和二年(882)立的《敕河西節度兵部尚書張公德政之碑》，其頌揚張淮深的武功部分仍是"河西創復，猶雜蕃、渾，言音不同，羌、龍、嗢末，雷威慑伏"，[16]仍無迴鶻蹤迹，但此後迴鶻人很快就成爲河西舉足輕重的力量。

《資治通鑑》卷二五二記：

> (咸通十三年)八月，歸義節度使張義潮薨，沙州長史曹義金代領軍府；制以義金爲歸義軍節度使。是後中原多故，朝命不及，回鶻陷甘州，自餘諸州隸歸義者多爲羌、胡所據。

這裏稱曹議金代張議潮而立顯然有誤，這點不辨即明。而一些學者據其後一段文字，認爲迴鶻之據甘州，就在咸通十三年

(872);更有甚者認爲這一年就是甘州迴鶻政權開始成立之年,[17]此則不得不辨。單從《通鑑》的文意來看,迴鶻陷甘州是張議潮死後的事,而不是同時之事,因此不能遽定爲咸通十三年。事實上,西遷迴鶻要在甘州立足,是要經過一段時間的努力的。

《資治通鑑》卷二五二乾符元年(874)記:

> 初回鶻屢求册命,詔遣册立使郗宗莒詣其國。會回鶻爲吐谷渾、嗢末所破,逃遁不知所之,詔宗莒以玉册、國信授靈鹽節度使唐弘夫掌之,還京師。

這裏的迴鶻所在地很難確指,森安孝夫氏以爲在從漠北進入河西走廊的額濟那河一帶,[18]可備一説。退渾和嗢末都是此時河西的勁族,主要活動在甘、涼一帶,因此也可以認爲他們合擊的迴鶻是進入走廊内部而立足未穩的迴鶻。

翌年(875),迴鶻又出現在沙州附近,P. 2570 V(《毛詩故訓傳》卷九寫本背)有小字一行,云:"咸通拾陸年正月十五日,官吏待西同打卻迴鶻至。"[19]咸通十六年即乾符二年,沙州此時顯然與唐朝斷絶交通,因此不知道改元。迴鶻再次進犯敦煌,表明其勢力已逐漸增强。相反,張淮深雖然在西同小勝迴鶻,但實際上已處在各族勢力的夾擊當中。乾符三年,歸義軍所屬的伊州被西州迴鶻僕固天王攻占(詳下章)。乾符四、五年,張淮深派到唐朝的求授旌節使又無功而還。[20]内憂外患,使得歸義軍勢力遽衰。

P. 4660(5)悟真撰《大唐前河西節度押衙銀青光禄大夫檢校太子賓客甘州删丹鎮遏充涼州西界游奕防採(採訪)營田都知兵馬使兼殿中侍御史康公諱通信邈真讚》記:

> 助開河隴,效職轅門。横戈陣面,驍勇虎賁。番禾鎮

將，删丹治人。先公後私，長在軍門。天庭奏事，薦以高勳。姑臧守職，不行遭窀。他鄉殞殁，孤損子孫。……大唐中和元年歲次辛丑(881)仲冬蓂生五葉，從第釋門法師恒安書。[21]

删丹位於甘州東一百二十里，與涼州最西一縣番禾接壤，逝於中和元年十一月五日前後的康通信，此前一直爲歸義軍鎮守在這裏。由此推斷，此時甘州和涼州仍在歸義軍手中，但好景不長，甘、涼二州很快就不歸張淮深所有。

唐長孺先生最早從縮微膠卷中檢出 S. 2589 和 S. 389 兩件《肅州防戍都狀》，並做了透徹的解説，惟因條件所限，未全録文且所録個别處有誤，現將筆者在英國圖書館據原卷所録文字抄出，並做幾點進一步的説明。S. 2589 首殘尾全，文字如下：

(前殘)凡(?)涼州入川(中殘)氾(?)李行思等(中殘)界，共邠寧道兵馬牙相(中殘)州節度使，遂於靈州請兵馬□接，其靈州不與助兵，因兹邠州共靈州亦爲酬(仇)惡。中間兼有党項抄劫，使全過不得，宋輸略等七人從邠州出，於河州路過，到涼州，其同行迴鶻使，並在邠州。先淮詮□(郎)君路上遭賊，落在党項，亦邠州節度贖□邠州，郎君二人及娘子、家累、軍將、常住等廿人，輸略等親自見面，並在邠州。淮詮郎君擬□(從)□(嗢)末使發來，緣裝束不辦，發赴不得。

其草賊黄巢，被尚讓共黄巢弟二人，煞卻於西川進(盡)頭，皇帝迴駕，取今年十月七日，的入長安。

游奕使白永吉、押衙陰清兒等，十月十八日平善已達嘉麟，緣涼州鬧亂，鄭尚書共□□諍(爭)位之次，不敢東行。宋潤盈一行，□□凉州未發。

其甘州共迴鶻和斷未定，二百迴鶻常在甘州左右捉道劫掠，甘州自胡進達去後，更無人來往。

白永吉、宋潤盈、陰清兒各有狀一封，並同封角内，專差官健康清奴馳狀通報，一一謹具如前，謹録狀上。牒件狀如前，謹牒。

中和四年十一月一日，肅州防戍都

營田索漢君、縣丞張勝君等狀。

S. 389 首全尾殘，文字如下：

肅州防戍都狀上：

右當都兩軍軍將及百姓并平善提備，一切仍舊。自十月卅日，崔大夫到城家，軍將索仁安等便將本州印與崔大夫。其大夫稱授防禦使，訖全不授。其副使索仁安今月六日往向東，隨從將廿人，稱於迴鶻王邊充使，將赤騍父馬一疋，白鷹一聯，上與迴鶻王。二(?)乃有妹一人，先嫁與涼州田特囉禄，其妹夫身死，取前件妹，兼取肅州舊人户十家五家。其肅州印，崔大夫稱不將與涼州防禦使，去不得，其索仁安臨發之時，且稱將去，發後，其印避崔大夫，衷私在氾建立邊留下。

又今月七日，甘州人揚略奴等五人充使到肅州，稱：其甘州吐蕃三百，細小相兼五百餘衆，及退渾王撥乞狸等，十一月一日並往歸入本國。其退渾王撥乞狸，妻則牽馱，夫則遮驅，眷屬細小等廿已來隨往，極甚苦切，餘者百姓、奴客，並不聽去。先送崔大夫迴鶻九人，内七人便隨後尋吐蕃蹤亦(迹)往向南，二人牽朧嘉麟，報去甘州共迴鶻和斷事由：其迴鶻王稱，須得龍王弟及十五家只(質)，

> 便和爲定。其龍王弟不聽充只(質):"若發遣我迴鶻内入只(質),奈可(何)自死。"緣弟不聽,龍王更發使一件,其弟推患風疾,不堪充只(質),更有迤次第一人及兒二人内堪者,發遣一人及十五家只(質),得不得,取可汗處分。其使今即未迴,其龍王衷私,發遣僧一人,於涼州嗢末首令(領)邊充使,將文書稱:"我龍家共迴鶻和定,已後恐被迴鶻侵淩,甘州事須發遣嗢末三百家已來,同住甘州,似將牢古(固),如若不來,我甘州便共迴鶻爲一家討你嗢末,莫道不報。"其吐蕃入國去後,龍家三日衆衙商量,城内絶無糧用者,揀得龍家丁壯及細小壹百玖人,退渾、達票、拱榆、昔達票、阿吴等細小共柒拾貳人,舊通頰肆拾人,羌大小叁拾柒人,共計貳百伍拾柒(捌)人,今月九日并入肅州,且令逐糧居。(後殘)

唐先生指出,兩件文書均記甘州與迴鶻和斷事,時間相互銜接,應是先後接着打的報告。[22]可以補充的是,S. 2589 記白永吉和陰清兒已達嘉麟,和 S. 389 記先送崔大夫二人牽朧嘉麟大概也是一回事。從筆迹看,兩件文書似出同一人之手。S. 2589 明記爲中和四年(884)十一月一日的文書,S. 389 尾殘,但從文書中"十月卅日"、"十一月一日"、"今月六日"、"今月七日"、"今月九日"的紀時看,應是同年十二月中旬所寫的文書。

以下把兩件文書中有關迴鶻的記載按時間順序條理出來,不難看出此時的迴鶻已是從肅州到涼州一帶的重要角色:(一)十月中旬,沙州使臣宋輸略等七人從邠州經河州到涼州,有迴鶻使同行,大概都是從長安西歸的使臣。(二)十月下旬,占據甘州城中的吐蕃、退渾、龍家、通頰等"十五家"部落,與迴鶻和斷未定,有二百迴鶻常在甘州左右捉道劫掠。(三)十一月一日,吐蕃與退渾近千人撤離甘州,退還本國。龍家代表甘州十五家殘部與迴鶻可汗議和,又求救於嗢末。(四)十二月六日,肅州防戍都副使索仁安率隨從二十人往東,出使迴鶻,並向迴鶻王進貢。(五)十二月九日,龍家以甘州已無糧用,率各部落二百餘人退出甘州,進入肅州。由此可見,迴鶻已是甘州地區一支不可抗拒的力量,不僅吐蕃、退渾、龍家這些游牧部落怕他們,而且歸義軍屬下的肅州兵將也要給迴鶻王進貢禮品。更重要而且一直爲前人所忽視的是,這支迴鶻已經有了自己的可汗,他們是獨立的一支迴鶻勢力。龍家退出甘州以後,甘州理所當然地被迴鶻占領,但此時的甘州是没有糧用的一座空城,尚未脱離捉道劫掠之遊牧習俗的這支迴鶻是否立刻定居城中,似還很難作肯定的回答,迴鶻可汗的牙帳也未必在甘州城中,但應當在甘州范圍之内,換句話説,甘州已經成爲河西迴鶻的中心。

大概是因爲在迴鶻之前,甘州已經不是歸義軍的天下而爲各蕃部所居,所以起初歸義軍與這支進入甘州的迴鶻並無直接衝突,除了肅州軍將索仁安曾出使迴鶻部之外,光啓元年(885)十二月有靈州安慰使至沙州;[23]光啓二年,張淮深所遣高再盛、張文徹等求節使臣,也都順利通過甘州地區,到達中原,[24]這些事件均可以證明這一點。光啓三年十一月,沙州也迎來了甘州迴鶻的使臣,見 P. 2937 號附斷片一(pièce 1)中第一件文書,現迻録如下,與之相關的第二件文書也一并録出:

A 1.　□(酒)□(司)□(狀)

2.　　□(今)□(月)□□(日),甘州迴鶻一人,每月准例供酒□□(甕),

3.　　未蒙判憑,不敢不申,伏請　　處分。

4.　　　　　　　　丁未年十一月　日曹文晟。

5.　　"准細供,六日,淮深。"

B 1.　酒司

2.　　今月七日,肅州使氾建立等一行進發,

3.　　用頓酒兩甕,未蒙判憑,伏請　　處分。

4.　　　　　　　　光啓三年十一月　日曹文晟。

5.　　"爲憑,十日,淮深。"[25]

這是歸義軍酒司的文書,有節度使張淮深的親筆判詞。由歸義軍酒司供酒的甘州迴鶻使者,一定是官方派來的使臣,人數雖然不多,但反映了甘州迴鶻的外交活動。而且,這是筆者所見所有史料中"甘州迴鶻"稱法的最早一件,此前史料只單稱"迴鶻",這反映了甘州迴鶻政權已經建立,並且得到歸義軍的承認。這件文書中的氾建立,又見於上引 S. 389 號文書,是歸義軍肅州防戍都的軍將之一,副使索仁安走時把印交他保管,知他是肅州的重要守將。光啓三年十一月的文書表明,肅州此時尚在歸義軍手中,P. 3569 V《光啓三年四月官酒户龍粉堆牒》和《押衙陰季豐牒》中與西州迴鶻、涼州嗢末並列記録的肅州使,似也不能當作是肅州脱離了歸義軍之證。[26]

文德元年(888)十月,唐朝授節的使臣也順利通過甘州地區,到達沙州。[27]但遲遲而來的旌節未能鞏固張淮深在境内的統治,大順元年(890)二月,張淮深與夫人及六子同時被害,沙州陷於張、索、李三家爭權的混亂之中,這無疑爲迴鶻在甘州地區的發展提供了時機。

乾寧元年(894),張議潮第十四女、李明振夫人率諸子滅索勳,李氏掌握歸義軍實權。同年十月五日立的《唐宗子隴西

李氏再修功德記》列李氏諸子官位中有：

> 次男使持節甘州刺史兼御史中丞上柱國弘諫，飛馳拔拒，惟慶忌而難儔；七札穿楊，非由基而莫比。洎分符於張掖，政恤惸孤；布皇化於專城，懸魚發詠。

這裏所記不像是誇誇其談，李弘諫之刺甘州似乎實有其事，但敦煌文獻中只此孤證，也和有關甘州歷史的其他史料不相契合。一種可能是李弘諫的確出任甘州刺史，這就是説歸義軍此時又奪回甘州的控制權。[28]另一種可能是李弘諫的頭銜只是遥領，並非實職。此時歸義軍的内部政爭尚未結束，似乎很難想象能够從日益强大的迴鶻手中奪回甘州。據考爲李氏家族執政頌歌的 P. 3552《兒郎偉》中唱道：

> 四方晏然清帖，獫狁不能犯邊。甘州雄身中節，嗢末送款旌旜。西州上拱(貢)寶馬，焉祁(耆)送納金錢。[29]

獫狁即迴鶻，這裏特别講到迴鶻不能入侵，表明歸義軍的主要敵手已是迴鶻人。甘州與嗢末、西州等並列，表明是一個獨立政權無疑，而且大致與此同時，李弘諫以沙州軍使的身份出現在敦煌莫高窟第 9 窟的供養人像中。[30]因此，很難認爲李氏曾重掌甘州政權。《李氏再修功德記》記乾寧元年有唐朝使臣來到沙州；又 P. 3101《書儀・賀天使平善過路》稱："天使進發，已達五涼，道路無危，關河晏靜。"[31]均表明李氏執政時期歸義軍與甘州迴鶻仍保持着良好的關係。

乾寧三年(896)，張承奉真正執掌了歸義軍政權，他統治的時期，也正是甘州迴鶻成長壯大的年代，雙方開始時保持着正常的交往。但好景不長，天復元年(901)迴鶻曾入侵歸義軍領地，到 910 年張承奉建立金山國後，經過幾番較量，金山國終被迴鶻强兵打敗，與天可汗訂立了父子之盟(金山國與甘州迴鶻的爭戰，詳第六章）。

第二節　曹議金與迴鶻的聯姻及其親征甘州之役

大約 914 年五月以後不久，曹議金（名仁貴）取代張承奉掌握瓜沙政權，恢復歸義軍建置，自署爲節度留後。對於曹氏首任節度使來説，應當首先獲得中原王朝的支持，而曹議金改金山國爲歸義軍一事，正表明了他的這種願望。此時通往中原的路上，雄踞着甘州迴鶻、涼州嗢末等强蕃，要想到達中原並不是一件容易的事。因此，曹議金首要的任務無疑是對付甘州迴鶻和涼州嗢末。

北京大學圖書館藏敦煌寫本 102 號《佛説八陽神咒經》題記：

> 甲戌年七月三日，清信佛弟子兵馬使李吉順、兵馬使康奴子二人，奉命充使甘州，久坐多時，發心寫此《八陽神咒》一卷，一爲先亡父母，神生淨土；二爲吉順等一行，無之（諸）災彰（鄣），病患得差；願早迴戈，流傳信士。[32]

池田温先生疑此件寫於 914 年。[33]按 P.2054 V《十二時》文末題："同光貳年甲申歲（924）蕤賓之月（五月）蓂雕（彫）二葉，學子薛安俊書。信心弟子李吉順專持念誦勸善。"[34]卷背有淡墨題"智嚴大師十二時一卷"，饒宗頤先生比定爲同光二年經行沙州的鄜州開元寺僧智嚴。[35]據這件李吉順所用文書的年代，可證池田先生的判斷不誤。由上引李吉順寫經記録得知，曹議金一上任，就派使者出使甘州迴鶻。李吉順等在甘州逗留多時，可推測雙方的交涉並不容易成功；但他們將這卷寫經帶回家鄉,表明甘、沙二州之間卻有着正常的交往。

P. 2945 抄有八件《歸義軍節度兵馬留後使狀》,已由李正宇先生考證爲曹議金於後梁貞明四年(918)寫給靈州令公和涼州僕射的書信抄本,[36]其中第(8)件題《涼州書》,記録了曹氏歸義軍初期與甘州迴鶻的關係,現録有關部分如下:

> 今者使臣迴轍,當軍兼差使人,路次經過大蕃,豈敢輒無狀達。前載得可汗旨教,始差朝貢專人。不蒙僕射恩澤,中路被温(嗢)末剽劫。今乃共使臣同往,望僕射以(與)作周旋,得達前程,往迴平善,此之恩得(德),何慜(敢)忘焉。

這是曹議金給涼州僕射的信,據知貞明二年時,沙州經甘州迴鶻可汗同意,遣使入朝,但在涼州一帶被嗢末剽劫,未達而還。貞明四年,因涼州使臣西來,沙州再次遣使入朝,希望涼州僕射提供幫助,能順利通過嗢末控制的涼州一帶。據同文書第(5)所記“恃賴相公恩照,兼蒙澤漏(露)西天,詔宣荒裔”,知這次使者成功到達梁廷,並且得到後梁的恩詔。

曹議金兩次遣使入朝,均得到甘州迴鶻的准許。此時的甘州迴鶻正處於强盛階段,其統治者可能仍然是 P. 3633 沙州百姓狀上的那位天可汗,據同一狀文,他在位的時間頗長,很可能就是光化年間得到唐朝承認的天睦可汗,也即狀文中所説的金山國天子張承奉的可汗父。甘州可汗是父,沙州天子是子的格局,在曹議金執政伊始,恐怕不會有甚麽改變。曹議金是用甚麽方式使甘州迴鶻同意他遣使中原王朝的呢? 目前還看不到明確的記載,但值得注意的是曹議金的第一夫人是甘州迴鶻可汗之女,其下嫁沙州曹氏至晚在後梁貞明四年之前,因爲記載貞明四年始建莫高窟第 98 窟的 P. 3262 和

P. 3781兩篇功德記中，已有這位天公主，而且這兩篇功德記還提到曹議金的夫人、郎君、小娘子等，[37]説明甘州天公主的下嫁必在貞明四年以前。筆者推測甘州迴鶻之所以讓曹議金在貞明二年時獨自遣使入朝，很可能是因爲曹議金娶了甘州迴鶻可汗之女，從新確立了與甘州迴鶻可汗的父子關係。但曹議金也通過這一和親活動，與中原王朝取得了聯繫，這對於壯大歸義軍的勢力有着決定性的意義，而對於要壟斷絲綢之路貿易的甘州迴鶻來説，不一定是件好事。

S. 5139 V《乙酉年(925)六月涼州節院使押衙劉少晏上歸義軍節度使狀》中稱：

> 經年餘以外(來)，甘州迴鶻兵强馬裝(壯)，不放涼州使人拜奉沙州。昨此迴鶻三、五年來自亂，計作三朋，兼及吐番(蕃)，二人會兵劫取涼州。[38]

從925年上推五年爲貞明六年(920)，文書表明，此時甘州發生内亂，分裂爲三派勢力。而且在此之前，甘州迴鶻就斷絶了涼州和沙州之間的往來，當然不用説也斷絶了歸義軍與中原王朝間的往來。

《舊五代史》卷一三八《回鶻傳》記載："後唐同光二年(924)四月，其本國權知可汗仁美遣都督李引釋迦、副使鐵林、都監楊福安等共六十六人來貢方物，並獻善馬九匹。"同書同卷《吐蕃傳》記："至唐莊宗時，回鶻來朝，沙州留後曹義金亦遣使附回鶻以來。"過去，人們都根據這兩條史料，認爲曹議金是隨甘州迴鶻朝貢使團一起入貢後唐的。然而，細檢《宋本册府元龜》保存的更爲原始的檔案材料，不難看出上述《舊傳》的記載似有未妥之處。按《宋本册府元龜》卷九七二"外臣部・朝貢五"記："是月(同光二年四月)，沙州曹義金進玉三團、硇砂、羚羊角、波斯錦、茸褐、白氎、生黄、金星礬等。”並未説沙州使人是附迴鶻而來。《册府元龜》卷一七〇“帝王部·來遠門”記:“後唐莊宗同光二年五月,以權知歸義軍節度兵馬留後金紫光禄大夫簡較(檢校)尚書左僕射守沙州長史兼御史大夫上柱國曹義金爲簡較(檢校)司空,守沙州刺史,充歸義軍節度瓜沙等〔州〕觀察處置管内營田押蕃落等使。瓜沙與吐蕃雜居,自帝行郊禮,義金間道貢方物,乞受西邊都護,故有是命。”所謂“間道貢方物”,隱含着沙州使人未能走河西大道的意思。同書宋本卷九八〇“外臣部·通好門”記:廣順二年(952)“十月,沙州僧興齋表訴迴紇阻隔。迴紇世世以中國主爲舅,朝廷亦以甥呼之。沙州陷蕃後,有張氏世爲州將。後唐同光中,長史曹義金者,遣使朝貢,靈武韓洙保薦之,乃授沙州刺史,充歸義軍節度、瓜沙等州處置使。其後久無貢奉,至是遣僧訴其事。”由此知曹議金同光二年遣使間道入貢,是繞道靈州,由朔方節度使韓洙保薦而成功到達後唐的,並非附迴鶻而去。另據《舊五代史》卷三二《唐莊宗紀》,同光二年五月乙丑,“以權知歸義軍留後曹義金爲歸義軍節度使、沙州刺史、檢校司空”。六月己丑,“以迴鶻可汗仁美爲英義可汗”。表明後唐也是將同是四月到達的甘、沙使團做了分别的處置,而且優先授沙州節度使銜,這也可以反證二者不是一起來朝的。這是和《劉少晏狀》的上述記載相吻合的。

甘州迴鶻天睦可汗至少有兩個兒子,一個就是911年率軍進攻敦煌的狄銀,P. 3633《沙州百姓上天可汗狀》中稱“豈有未拜其耶,先拜其子”,知狄銀是當時在位的天睦可汗之子;另一個是上引《舊五代史·回鶻傳》所記同光二年四月遣使入朝的權知可汗仁美。同卷下文記:“至其年(同光二年)十一月,仁美卒,其弟狄銀嗣立。”[39]甘州在920年前後發生内亂,原因很可能是汗位的交替問題。920年甘州内亂,924年權知可汗仁美入貢,知仁美是在此期間即可汗位的,但上引金山國時代的文書説明,狄銀在911年打敗張承奉的金山國,可謂是甘州迴鶻的莫大功臣,仁美之即位恐怕不爲狄銀所容,狄銀居功奪權的可能性極大。或許因此纔有仁美於924年遣使後唐,請求册封爲英義可汗之舉,但這並未能挽救仁美的命運,同年十一月,狄銀就取代仁美,登上了可汗的寶位。對於歸義軍來説,甘州迴鶻内亂,正是可乘之時機。

敦煌寫本《邈真讚》《兒郎偉》等文獻中,有一些關於曹議金征甘州迴鶻的珍貴史料,前者是與墓誌銘性質相同的可信資料,後者屬於文學作品,其稱頌歸義軍節度使的豐功偉績,不乏誇張諛美之詞,二者大多没有明確的年代記録。因此,雖然過去個别學者和筆者本人曾就此問題做過簡要的論説,[40]但引證資料不够豐富,對這一事件發生的時間、原因和結果都没有能够做出詳細的解説,因之此一甘、沙關係史上的重要事件一直晦而不明。上述曹議金執政初期歸義軍與甘州迴鶻的關係史實以及甘州迴鶻内部爭鬥的情形,對於我們重新考慮這一問題提供了重要的線索。以下先將有關曹議金征甘州迴鶻的敦煌文書資料整理出來,再做討論。在判定這些文書的大致年份時,除了文中其他可以幫助斷代的詞語外,歸義軍節度使的稱號成爲重要的標誌。筆者在本書第二章第二節中,已經基本弄清了曹議金加官稱號的演變經過,並對下述一些文獻的年代做了考證。簡單説來,曹議金掌權之初稱尚書,約貞明六年(920)稱僕射,同光二年(924)前後稱司空,從同光三年起稱太保,天成三年(928)至長興二年(931)稱令公,長興二年始稱令公大王,清泰二年(935)去世後,仍被瓜沙民衆稱作大王。[41]

S. 5448《渾子盈邈真讚》有關部分如下:

唐故河西歸義軍節度押衙兼右二將頭銀青光禄大夫檢校國子祭酒兼御史中丞上柱國渾厶甲邈真讚并序:

府君諱子盈,字英進。門傳鼎族,歷代名家……念兹公幹,給賜節度押衙,兼百人將務。更能奉公清謹,葺練不闕於晨昏;教訓軍戎,士卒驍雄而捷勇。妙閑弓劍,歷任轅門。習黄公三略之才,蘊韓白六韜之術。眠霜卧磧,經百戰於沙場;匹馬單槍,幾播主於蓮府。明閑禮則,傳戎音得順君情;美舌甜唇,譯蕃語羌渾嘆美。東南奉使,突厥見者而趨迎;西北輸忠,南山聞之而獻頓……方欲盡忠竭節,向主公勤;何期宿業來纏,桑榆競逼。肅州城下,報君主之深恩;白刃相交,乃魂亡於陣下。三軍戀惜,九族悲啼……恩奉邀命,自愧不才,略述芳名,而爲讚曰:……榮遷將務,治理周旋。東收張掖,左入右穿。玉門破敵,血滿平田……肅州城下,擐甲衝先。天何不祐,魂皈(歸)逝川。[42]

渾子盈或即金山國文獻《白雀歌》中"按劍先登"的渾舍人。[43]在曹議金執政初期,他是領兵四處征戰的下層軍官——將頭,他的供養人像繪入莫高窟第98窟曹議金的功德窟中。[44]因爲他大概出身於原河西鐵勒渾部,[45]通曉蕃漢語言,所以也是歸義軍與周邊民族交往的使臣和譯語人。據讚序末尾的"恩奉邀命"一句,知作者是楊繼恩。他還撰有《陰善雄邈真讚》(P. 2970)和《羅盈達邈真讚》(P. 2482—2),前者署銜爲"節度押衙知上司孔目官",後者爲"節度内親從都頭知管内諸司都勾押孔目官兼御史中丞”，並有紀年“大晉天福八年癸卯歲九月朔十五日”，[46]可知他是 943 年前後掌管歸義軍文案的主要官員。楊繼恩未在《渾子盈邈真讚》題目後署名，應是其官位未顯時的作品。據標題的“唐”字，推測應寫於後唐初年。其中記録了渾子盈以節度押衙兼右二將頭的身份，率所部百人從征甘州（張掖），雖破敵於玉門，但卻戰死在肅州（酒泉）城下。

P. 3718(1)《張明集寫真讚》有關部分云：

唐故歸義軍節度押衙銀青光禄大夫檢校國子祭酒兼侍御史上柱國南陽郡張公寫真讚并序

郎君諱明集，字富子，即今河西節度曹太保親外甥也，都頭知内親從張中丞長子矣……南山偷路，公乃先行，對陣臨鋒，前盪後出，凶（匈）奴膽輒（慴），波迸星流。因慈（兹）雄名聲震，美播寰中。太保酬勞，賞遷重疊。去載，大軍開路，公常佐在臺前，晝夜不離，諫陳異計。張掖城下，效勇非輕，左旋右抽，曾何介意。臨機變策，過良將之深謀；洞達英籌，透韜鈐（鈐）之武略。居高當勢，意下心低……天命有限，難捨去留……於時月在林鍾蓂生拾葉題記。[47]

可惜本文題記只記月日而不記年份，無法判定文中的“去載”是指哪一年。從文中稱今河西節度使曹議金爲“曹太保”推斷，此文之作應在 925—928 年議金稱太保期間。據此，張明集輔佐曹議金攻甘州迴鶻一事，必定發生在 928 年以前。張明集出身南陽張氏，與張議潮同族，又是曹議金的親外甥，他從征甘州迴鶻，可見此役之重要。

P. 3518 V(3)（現編號 Pelliot sogdien 7）《張保山邈真讚》

部分文字如下：

大唐河西歸義軍節度左馬步都押衙録(銀)青光禄大夫檢校右散騎常侍兼御史大夫上柱國故張府君邈真讚并序

……我公諱保山，字(原空)……金王會臨，超先拔選。東陲大鎮，最是要關，公之量寬，僉然委任。新城固守，已歷星霜。兹鎮清平，人歌邵(紹)泰……譙公秉節，頭(傾)慕忠貞。公之英奇，頗能擕薦。轅門指拓，須憑盛族之良；軍府把(杞)材，仍藉有功之士。轉遷右馬步都押衙，公幹當世，韜鉗(鈐)滿懷。膽氣出羣，辛勤百戰，不辭寢甲，皓首提戈。常進智謀，再收張掖。洪軍霸戰，四路傳聲，要達皇王，刻名玉案。公之猛列(烈)，不顧艱危。又至天廷，所論不闕。慕公忠赤，報以前勳，乃薦左都押衙……方期岳鎮，舒廉、牧之長材；俄示云亡，不展平生之志……頌曰：……張掖再復，挺劍先衝。五迴奉使，親入九重。[48]

早在張承奉任節度使時，張保山就是節度押衙，見 P. 4640 V《歸義軍軍資庫司布紙破用曆》庚申年(900)九月五日條："奉判，支與押衙張保山畫紙叁拾張。"[49]據讚文，金山國時，他任職於沙州東部的邊鎮新城。羅福萇編《沙州文録補》收有《封書樣》兩條，均係"節度押衙充新城鎮遏使張寶山"的狀封，張寶山應即張保山，所任之職爲新城鎮使。至曹氏掌權後，張保山遷任右馬步都押衙，是歸義軍東征甘州迴鶻的重要軍事統帥之一。戰後，他又充使到中原王朝，因功進升爲左都押衙。又據 P. 3016 V《某人上令公狀》及 P. 3718(12)《梁幸德邈真讚》，他還是清泰二年(935)出使中原王朝的沙州使團首領之一，[50]知讚文説他"五回奉使，親入九重"，並非虚言。從"二十入侍”到“皓首提戈”，張保山可以説是歸義軍的元老重臣了。據讚題，讚文寫於後唐時期，作者應是沙門靈俊。

P. 2970《陰善雄邈真讚》有關部分如下：

唐故河西歸義軍節度使内親從都頭守常樂縣令武威郡

陰府君邈真讚并序

節度押衙知上司孔目官楊繼恩述

府君諱善雄，字良勇……曹王秉節，挺赤心而膺昌期；苦處先登，效忠貞而能定國。久陪軍幕，作我生之腹心；百戰沙場，幾潘生於龍塞。常樂貴縣，國之要衝，睹公良能，鶯遷莅職……達怛犯塞，拔拒交鋒，統領軍兵，臨機變策……東收七郡，意氣侔礬（樊）噲之功；西定六蕃，用軍有燒牛之策。雄豪無敵，不顧微軀，下壁拔城，累彰臣節。通申内外，不戀貨財，攝念冰清，宛然公道……何乃天降妖災，逐風燈而沉逝路。……頌曰：……曹王秉節，抱赤扶忠，沙場静塞，苦處先登。常樂治縣，改俗移風，每施政令，化美一同，戎寇屏迹，外賊無蹤。張掖再復，獨立殊庸；酒泉郡下，直截横衝。威傳四境，名透九重。將謂永壽，岳石長隆。何兮逝逼，水火皆空。[51]

從題目標“唐”和用“曹王”來指稱曹議金來看，此讚應作於931年曹議金稱大王以後，而不晚於後唐滅亡的936年。陰善雄以常樂縣令的身份，統率其手下兵將，參加東征甘州之役。讚文中的“東收七郡”，“西定六蕃”顯然是追求對仗而做的誇大之詞，這表明稍晚成文的邈真讚對此事的記録，不如早些時候的讚文準確可靠。

P. 3718(16)《薛善通邈真讚》云：

晉故歸義軍都頭守常樂縣令銀青光禄大夫檢校國子祭

〔酒〕兼御史大夫上柱國薛府君邈真讚并序

節度上司内外都孔目官兼御史中丞孔明亮撰

府君諱善通,字良達……伏自曹王秉政,收復甘、肅二州,公乃戰効勇於沙場,納忠勤於柳境。初任節度押衙守常樂縣令,主鎋(轄)當人,安邊定塞……於時天福六年辛丑歲二月二十四日題記。[52]

此文寫於941年,薛善通因擊甘州迴鶻功而任常樂縣令,或許就是繼陰善雄之後。

P. 3718(17)《李紹宗邈真讚》云:

晉故歸義軍節度押衙知敦煌郡(鄉)務銀青光禄大夫檢校國子祭酒兼御史中丞上柱國隴西李府君邈真讚并序

府君諱紹宗(原卷旁寫"潤晟"),字繼祖。即前河西一十一州節度使張太保孫使持節墨釐軍諸軍事守瓜州刺史銀青光禄大夫檢校左散騎常侍兼御□(史)大夫李公之長子矣……年芳小俊而出羣,弱冠東征而西敵。加以揮戈塞表,爲國納效於沙場;提劍軍前,拔幟當鋒而獨立。破南山,公托隘寇,衆賴霑功;掃羌戎,白刃相交,不貪軀命。後乃張掖城下,立萬載之高名;酒泉郡前,播雄聲於千古。念兹勞績,僉獎榮班,一舉節度押衙,兼遷敦煌鄉務。……其詞曰:……揮戈塞表,怗伏狼煙。張掖城下,勇猛貞堅;酒泉陣上,拔幟衝先。臨機捷計,如同走丸,彎弧動矢,霜雁聲喧……於時大晉天福七年(942)五月癸未朔十四日丙申題記。[53]

李紹宗是歸義軍首任節度使張議潮的重外孫,即張議潮的女婿李明振次子李弘定的兒子,他也參加了征甘、肅二州之役,並因功遷任節度押衙兼敦煌鄉務。

P. 2482(2)《羅盈達邈真讚》如下：

晉故河西應管内外諸司馬步軍都指揮使銀青光禄大夫檢校工部尚書兼御史大夫上柱國豫章郡羅府君邈真讚并序

節度内親從都頭知管内諸司都勾押孔目官兼御史中丞楊繼恩撰

府君諱盈達，字勝遷……紫亭貴鎮，葺理邊城，撫育疲徒，如同父母。又遷上品，委任馬步都權，統領洪軍，共收河西、隴右。而乃名標三傑，功蓋八元。……於時大晉天福八年癸卯歲(943)九月朔十五日題記。[54]

文中的“共收河西、隴右”，應是對歸義軍進攻甘州迴鶻的另一種誇張説法。據同卷第(3)件抄本《羅盈達墓誌銘》，其“夫人曹氏，即前河西節度使曹大王之貴妹也”，[55]可知羅盈達是曹議金的妹夫，所以擔任了内外諸司馬步軍都指揮使這一僅低於節度使的高官，他大概是這次軍事行動的主要軍事統帥。因爲到羅盈達去世時，甘、沙關係有所改善，征甘州之役已成爲歷史，所以讚文中只輕描淡寫地提了一句，而《墓誌銘》則隻字未提。

P. 3556(7)《慶德邈真讚并序》：

(本件前殘，名缺)

……府君諱慶德，字憂公……後遷紫亭鎮將，數年而控扼南番(蕃)；恒以廉潔奉公，累載〔而〕討除北虜。重僉步卒元帥，又選兵馬都權。職位崇隆，榮超極品。運張良之計，東靜金河；立韓信之謀，北清玉塞。單槍疋馬，捨軀命而(於)張掖河邊；仗劍輪刀，建功勳於燕脂山下。再舉衙内師長，兼任親從行班。每陳王氏之忠言，不失狄公之直諫。方欲分茅列郡，持節邊城，奈何天奪人情，喪我國寶……其詞曰：……西收蕃塞，東靜甘、涼。衙内師長，國下棟樑。[56]

此件抄本無題名和紀年，也不知被讚者的姓，但所記無疑也是歸義軍征甘州事。

以上寫於後唐和後晉時期的八篇歸義軍文臣武將的邈真讚，無疑可以肯定這樣一個事實，即曹議金曾率瓜沙二州的大軍，進攻過甘州迴鶻的都城張掖及其所控制的酒泉城。對於這一歸義軍的重大舉措，當時或稍後的瓜沙文人，在他們撰寫的《兒郎偉》、《歌謡》、《燃燈文》等作品中也大肆鼓吹其成果，其中雖有誇大不實之辭，但也提供了某些不見於邈真讚的情況，二者可以相互印證補充，今一并校録如下。

P. 3270《兒郎偉》第五首云：

蓋聞二儀交運，故制四序奔馳。若説迎新送故，兼及近代是非。總交青龍步(部)領，送過葱嶺海隅。敦煌神砂福地，賢聖助於天威。災疹(癘)永無侵遶(擾)，千門保願安居。皆是太保位分，八方俱伏同知。河西是漢家舊地，中隘獫狁安居。數年閉塞東路，恰似小水之魚。今遇明王利化，再開河隴道衢。太保神威發憤，遂便點輯(集)兵衣。略點精兵十萬，各各盡擐鐵衣。直至甘州城下，迴鶻藏舉(棄)無知。走入樓上乞命，逆者入火墳(焚)尸。大段披髮投告，放命安於城除(池)。已後勿愁東路，便是舜日堯時。内使新降西塞，天子慰曲名師。向西直至于闐，納供(貢)獻玉琉璃。四方總皆跪伏，只是不絶漢儀。太保深信三保(寶)，壽命彭祖同時。[57]

本卷輯抄了五首敦煌地區流行的《兒郎偉》，前四首稱頌的是尚書，與上引稱頌太保的第五首不應是同一時期的作品。這首《兒郎偉》比較詳細地描述了太保征甘州的前前後後。“河西是漢家舊地，中隘獫狁安居”，獫狁是迴鶻的代稱，此處專指定居河西中部之甘州迴鶻。“數年閉塞東路”，指不讓歸義軍使人通過河西舊路東去中原。“明王利化”，應指新立的中原帝王（後唐莊宗）政治清明，歸義軍希望借此時機使沙州與中原再次溝通。於是太保曹議金發憤，率領精兵十萬，進攻甘州迴鶻。“十萬”精兵顯係誇張。戰爭的結果是使中原的使臣（内使）得以親臨沙州，甚至還要遠到于闐。其中强調打通河西道路一點，與上引《張明集邈真讚》中的“大軍開路”正相符合，而天使西來，則是不見於邈真讚材料的珍貴記載。

P. 4011《兒郎偉》云：

> 驅儺之法，送故迎新。且要掃除舊事，建立芳春。便於青陽之節，八方啓（稽）顙來臻。自從太保□□（封爵），千門喜賀殷勤。甘州數年作賊，直擬欺負侵陵。去載阿郎發憤，點集兵鉀（甲）軍人。親領精兵十萬，圍繞張掖狼煙。未及張弓拔劍，他自放火燒然。一齊披髮歸伏，獻納金銀城川。遂便安邦定國，永世欽伏於前。不經一歲未盡，他急逆亂無邊。准擬再覓寸境，便共龍家相煎。又動太保心竟（境），頗（叵）耐欺負仁賢。緝練精兵十萬，如同鐵石心肝。黨（當）便充（衝）山進路，活捉獫狁狼煙。未至酒泉山前，他自魂膽不殘。便獻飛龍白馬，兼及綾羅數般。王子再相慈教，散髮納境相傳。因茲太保息怒，善神護我川原。河西一道清泰，天子尉（慰）曲西邊。六蕃總來歸伏，一似舜日堯年。大都渴仰三寶，惡賊不打歸降。萬性（姓）齊唱快活，家家富樂安眠。比至三月初首，天使只降宣傳。便拜三臺使相，世代共賊無緣。萬性（姓）感

賀太守，直得千年萬年。[58]

這篇《兒郎偉》的内容與上篇大致相同而略有增添，可能是比上篇遲一、二年所寫的驅儺文詞。其中説太保曾先後兩次征討甘州，而且原因是甘州“直擬欺負侵陵”和“准擬再覓寸境，便共龍家相煎”，即甘州迴鶻入侵，並和歸義軍東境的龍家爭戰，而未提“閉塞東路”一事。“天使只降宣傳”，“便拜三臺使相”兩句，應指中原王朝授歸義軍節度使宰相銜事。按後唐長興二年(931)正月，以曹議金兼中書令。[59]但早在此前的天成三年(928)二月，曹議金已在境内號稱令公，自封爲使相了。因此，這篇《兒郎偉》或許是天成二年歲末曹議金即將從太保改稱令公時的産物。其所述史事，較上篇《兒郎偉》更富於誇張，有些難以信憑。

P. 2058 V《兒郎偉》第一首云：

> 今者時當歲暮，新年鬼魅澄清。萬惡潛藏地户，掃蕩積代妖精。自從今夜已後，深山隱〔迹〕無名。況緣敦煌勝境，四鄰戎醜縱横。三五年間作賊，令公親自權兵。一討七州殷厭伏，從兹賊〔寇〕平寧。家家貯積殷實，門門快活豐盈。若説驅儺子弟，國内最是英靈。今夜殄除災孽，合得金盞銀瓶。[60]

文中的令公當指曹議金。用“一討七州厭伏”的誇大説法，指稱進軍甘州迴鶻事，和《陰善雄邈真讚》“東收七郡”的寫法相似。此文和其他《兒郎偉》一樣，都明確説到曹議金是“親自權兵”出征張掖的。

P. 2850《四門散花燃燈文》部分文字如下：

> ……爲誰施作，時則有坐前持爐某官。先奉爲龍天八部，擁護流沙；梵釋四王，保持玉塞。中天帝主，永鎮伍

> 那;連(蓮)府大王,遐延久載。親征張掖,統鴻軍以靜東羌;討伐狼徒,願清平而歸西國……引鴻軍卻歸西塞,大王保壽,共天地而俱存。

這是沙州官吏在佛教法會上所讀的發願文抄本,其中也談到大王親征張掖之事。大王應指曹議金。但文中前後敘述稍有矛盾,前面似是爲東征未歸的大王祈願。曹議金自 931 年始稱大王,這和我們上文從《張明集寫真讚》所知曹議金是在稱太保期間出征張掖的情況相左,但考慮到 P. 2850 寫本係各類祈願文的合集,因此不排除這篇《燃燈文》是 925—928 年間寫成,後人傳抄時將原文的"太保"换上了"大王"的稱號。無論如何,《燃燈文》一類作品的史料價值不能與邈真讚等量齊觀。

把上面輯録的有關記載綜合起來,可以看出這次歸義軍進攻甘州迴鶻事件的部分真相。

(1)戰爭的起因是甘州迴鶻封鎖了歸義軍與中原王朝交往的河西走廊通路(即所謂"數年閉塞東路"),因此,歸義軍出兵的目的,就是要打通這條平直易行的河西老道(即所謂"大軍開路")。

(2)出兵的時間應在曹議金稱太保的 925—928 年前後。據"今遇明王利化"一句推測,當時歸義軍已和後唐王朝取得了某種聯繫,得到中原王朝的支持,但這種聯繫無法通過河西走廊來進行。

(3)歸義軍的遠征軍由節度使曹議金親自統領,其下有内外諸司馬步軍都指揮使羅盈達、節度押衙兼右馬步都押衙張保山、内親從都頭守常樂縣令陰善雄、節度押衙兼右二將頭渾子盈、節度押衙張明集,以及李紹宗、薛善通等文臣武將。所率瓜沙二州軍兵,雖説没有"十萬"之衆,從領兵之將的職級來看,當不在少數。歸義軍要改變前此十餘年來與甘州迴鶻的子父關係,必當傾全力而爲之。

(4)戰爭的第一階段是攻打酒泉城,渾子盈戰死於城下,表明歸義軍出師並不順利,但還是攻打到了甘州迴鶻的心臟張掖城。大多數資料都説歸義軍收復了甘、肅二州,但從我們目前所知的甘州迴鶻史料來看,甘州政權仍然存在。如果説歸義軍打敗了甘州迴鶻,但並没有占領甘州之地,似乎更爲合適一些。

(5)歸義軍基本上達到了戰爭的預期目的,即打通了經甘、肅二州前往中原的河西舊路,因而隨即有張保山的"又至天廷",中原王朝的使者也來到了敦煌。

對於以上我們從直接記録這一事件的文獻所得出的結論,還可以根據中原的史籍和相關的一些敦煌文書,進一步地豐富其内容。

現將上面提到過的 S. 5139 V《乙酉年六月涼州節院使押衙劉少晏上歸義軍節度使狀》同文草稿兩份合校如下:

涼州節院使押衙劉少晏狀

右伏以少晏等,當初總是沙州本體骨肉。自從張太保幕上政直(整治),河西道路安本(泰),弟(遞)牒便流(統)差兵馬,總是本州之人,放首(防守)涼州,數已經年。前般老人,總以(已)不殘,只殘後輩男女,首(守)此本府州城,至今不損失城池。經年餘以外(來),甘州迴鶻兵强馬裝(壯),不放涼州使人拜奉沙州。昨此迴鶻三、五年來自亂,計作三朋,兼及土番(蕃),二人會兵劫取涼州。今經三、五年來,沙州骨子心兒,屈鐵不放下悕(祭)城隍,至今全得好在安樂。後便置(值)太保阿郎政直(整治),開以河西老道,使人内外,亟歸進奉來前。以此涼府之人,總是沙州百姓之人,數奉備番人,教亂劫剥,政此不放,大受飢饉,良(糧)用不充,人民教(叫)窮。伏乞太保阿郎仁恩照察,涼府先郡之人,賜乞(乞賜)候(餱)良(糧)、帖兵及餘二色。不敢不申,伏請公憑裁下處分。牒件狀如前,謹牒。

乙酉年六月　日,涼州節院使押衙劉少晏狀。[61]

唐長孺先生考證此處之"乙酉年"爲925年,"太保阿郎"指曹議金。[62]此説可以信從。劉少晏説到近三、五年來甘州迴鶻内亂,又説後來太保阿郎打通了河西老道,這和《張明集寫真讚》的"大軍開路"正好前後呼應,後者説進軍目的,前者説結果。據此文書,可以進一步確定歸義軍之征甘州迴鶻,是在同光三年(925)六月之前。上文我們推測甘州迴鶻汗位之爭可能是其内亂的原因,而内亂必然削弱其力量。同光二年十一月,狄銀繼仁美爲可汗,這個新主正是沙州官民的死對頭,而汗位的交替無疑爲歸義軍出兵提供了契機。成文於同光三年六月的《劉少晏狀》已經説到打通了河西老道,由此上推,曹議金之征甘州迴鶻應在同光二年秋冬和同光三年初。

戰爭的結果使河西走廊道路通暢,張保山等沙州使臣得以入貢中原,涼州的故吏也能拜奉沙州使府。

歸義軍此次出征的勝利,並不僅僅在於使甘州迴鶻投降,讓沙州使臣前往中原,另一重要成果是改變了以往的甘、沙關係格局。P.2992 V(1)《歸義軍節度兵馬留後使檢校司徒致甘州迴鶻衆宰相書》無紀年和署名,但現在可以比較確切地考訂爲天福八年(943)二月曹元深致甘州迴鶻衆宰相的信(詳下節),其中提到其父王曹議金時代的甘、沙關係:

況衆宰相先以(與)大王結爲父子之分,今者縱然大王奄世,痛熱情義,不可斷絶。

這裏明確記載了曹議金時曾存在過歸義軍節度使是父,甘州迴鶻可汗爲子的關係。這一點還可以舉 P. 3500 V《歌謡》爲證:

二月仲春色光輝,萬户歌謡總展眉。太保應時納福祐,夫人百慶無不宜。三危昨來轉精耀,六郡盡道似堯時。……四面蕃人來跪伏,獻駝納馬没停時。甘州可汗親降使,情願與作阿耶兒。漢路當日無停滯,這回來往亦無虞。

早在 1957 年,《敦煌變文集》的編者將這首《歌謡》附録於《張議潮變文》後,認爲是稱頌張議潮的文字。潘重規先生《敦煌變文集新書》相沿不改。實際上張議潮執政時(851—867),甘州尚在歸義軍治下,無迴鶻可汗,更不可能有降使稱兒之事。《歌謡》稱頌太保迫使甘州可汗遣使到沙州,願作太保之子,並且河西通往漢地的道路因此往來無滯,這些情形與上引《曹元深書》和《劉少晏狀》所述完全吻合。據 P. 2992 V(3)《長興二年(931)曹議金致甘州順化可汗書》,曹議金與 928 年被後唐册封爲順化可汗的仁裕以兄弟相稱,兩地關係平等友善。[63] 所以,《曹元深書》和《歌謡》所記沙州、甘州兩地的父子關係,應是順化可汗之前的事,也就是説,是曹議金征甘州迴鶻的結果。因此可以説,曹議金親征張掖確實取得了相當大的成功,不僅打通了河西老道,達到預期的目的,而且還徹底改變了金山國時代"可汗是父,天子是子"的甘、沙關係,形成沙州歸義軍節度使是父,甘州迴鶻可汗是子的新格局。

《新五代史》卷七四《回鶻傳》載:"同光四年(926),狄銀卒,阿咄欲立。”《舊五代史·唐莊宗紀》載:同光四年正月丙戌,“迴鶻可汗阿咄欲遣使貢良馬”。狄銀的死訊應是阿咄欲所遣使臣報告給後唐王朝的,使臣同光四年正月到達,狄銀之死當在同光三年,這有可能是歸義軍攻打甘州的另一結果,而遣使沙州,稱曹議金爲父的甘州可汗,更有可能是新上臺的阿咄欲。按敦煌莫高窟第 61 窟,即曹議金子曹元忠開的功德窟中,有“姐甘州聖天可汗天公主”供養人像,[64] 曹議金的這個女兒大概就是嫁給阿咄欲的,這樣,曹議金就成爲名正言順的甘州迴鶻可汗的岳父了。

《册府元龜》卷一六九“帝王部·納貢獻”記載:

> (同光四年正月),又沙州節度使曹義全(金)進謝賜旌節官誥玉鞍馬二、玉團、硇(硇)砂、散玉鞍轡鉸具、安西白氎、胡錦、雄黄、波斯國紅地松樹毦褐(褐)、胡桐淚、金星舉(礬)、大鵬沙(砂)。二月,沙州曹義全(金)進和市馬百匹、羚羊角、硇(硇)砂、氂(犛)牛尾。又進皇后白玉符、金青符、白玉獅子指環、金剛杵。瓜州刺史慕容歸盈貢馬。

顯然,對於這些攜有大批珍寶、商貨的沙州使團,甘州迴鶻並未留難,這也説明了歸義軍征甘州的勝利。從另一方面看,曹議金在征服甘州後馬上派出兩批帶着大量奇珍異材的使團前往中原,表明了位於絲綢之路上的沙州歸義軍政權,極希望與中原王朝進行貿易,其出兵甘州,還應具有爭奪絲路上中轉貿易權的意義。

第三節　歸義軍與甘州迴鶻的交往及其通使中原

《舊五代史》卷一三八《回鶻傳》記載：

> 天成三年(928)二月，其權知可汗仁裕遣都督李阿山等一百二十人入貢。明宗召對於崇元殿，賜物有差。其年三月，命使册仁裕爲順化可汗。

這是個龐大的朝貢使團，而且受到後唐明宗的親自接見，新可汗也得到册封，十分圓滿。這似乎表明這位新即位的甘州迴鶻可汗頗有實力。的確，順化可汗時期，甘沙關係有了新的變化，由父子關係改成兄弟關係，見 P. 2992 V(3)《長興二年(931)歸義軍節度使曹議金致甘州順化可汗書》：

> 季夏極熱，伏惟弟順化可汗天子尊體動止萬福，即日兄大王蒙恩，不審近日尊體何似，伏惟順時，倍加保重，遠誠所望。已前西頭所有世界事宜，每有般次去日，累曾申陳，計應上達。自去年兄大王當便親到甘州，所有社稷久遠之事，共弟天子面對商議，平穩已訖，兄大王當便發遣一伴般次入京。昨五月初，其天使以(與)沙州本道使平善達到甘州，弟天子遣宊律伙都督往沙州通報衷私，無意之人稍有些些言語。天使以(與)本道使蒙賜館驛看待，兼改(?)頭並不減損，允過西來。昨六月十二日，使臣以(與)當道〔使〕平善到府，兼賚持衣賜分(信)物，并加兄大王官號者，皆是弟順化可汗天子惠施周備。聖澤曲臨，以(與)弟天子同增歡慶。今遣内親從都頭價榮實等謝賀，輕信上好燕脂、表(鑲)玉壹團重捌斤、白綿綾伍疋、安西

緤兩疋、立機細緤拾捌疋、官布陸拾疋，已（以）前物等，
到，垂檢容。更有懷，並在賈都頭口申陳子細。謹狀。[65]

此件文書的年代、作者以及所述事件，已經由哈密頓教授圓滿地考訂清楚。簡單説來，長興元年夏秋，曹議金親訪甘州，與順化可汗商議兩國間的社稷大事，而後雙方遣使入貢後唐。使臣十二月到達洛陽，此即《舊五代史》卷一三八《回鶻傳》所記："長興元年十二月，遣使翟未（末）思三十餘人，進馬八十匹、玉一團。"和《新五代史》卷六《唐明宗紀》所記：長興元年十二月丁巳，"沙州曹義金遣使者來"。《舊五代史》卷四二《唐明宗紀》稱：長興二年春正月丙子，"以沙州節度使曹義金兼中書令"。此爲這次遣使的重要成果。後唐的天使和甘、沙州的使臣一同西行，至五月初，到達甘州。順化可汗派都督宍律佽先行到沙州報信。六月十二日，天使和沙州使臣一起到達敦煌。曹議金爲感謝順化可汗對此次沙州使人往還的支持，特命内親從都頭賈榮實攜禮品前往甘州答謝。[66]賈榮實又見 S.8683《曹仁裕等算會狀》和莫高窟第 121 窟題記，是歸義軍掌管文案的孔目官，在使衙内地位極高，[67]派他出使迴鶻，亦可見曹議金對這次答謝使團的重視。

由於曹議金與順化可汗建立了比較友好的兄弟關係，此後幾年，沙州使者經常前往中原而不受阻隔。P.3448V《辛卯年（931）董善通等雇駝契》記有："辛卯年九月廿日，百姓〔董〕善通、張善保二人往入京。"[68]這兩人大概是隨歸義軍入謝後唐的使臣一道入京去的。《宋本册府元龜》卷九七二"外臣部·朝貢五"記："長興三年（932）正月，沙州進馬七十五疋、玉三十六團。"可見此後沙州使者能够順利到達中原。

《宋本册府元龜》卷九七二"外臣部·朝貢五"又記：

〔應順元年(934)春正月〕沙州、瓜州遣牙將各以方物朝貢;迴鶻可汗仁美遣使獻故可汗仁裕遺留貢物、鞍馬器械;仁美獻馬、玉團、玉鞦轡、硇砂、羚羊角、波斯寶緤、玉帶。

同書卷九七六"外臣部·褒異三"記:

(應順元年)閏正月,瓜州入貢牙將唐進、沙州入貢梁行通、回鶻朝貢安摩訶等辭,各賜錦袍銀帶物有差。

梁行通等一行應即上記正月到達的使者,此時離去。934年,甘州順化可汗已逝,仁美即位,但甘、沙關係並未改變,雙方使者仍然一同出使中原王朝。

《册府元龜》卷九六五"外臣部·封册三"記:

末帝清泰元年(934)七月癸丑,簡較(檢校)刑部尚書瓜州刺史慕容歸盈,轉簡較(檢校)尚書左僕射。時瓜、沙附迴鶻來朝貢,令(今)使歸,故有斯命。

這一次仍然是瓜、沙州使人與甘州迴鶻同往。《宋本册府元龜》卷九八七"外臣部·征討六"記:"末帝清泰元年七月,以迴鶻朝貢多爲河西雜虜剽掠,詔邠州節度使康福遣將軍牛知柔率禁兵援送至靈武。"敦煌文書P. 2992V(2)《清泰元年朔方節度使張希崇致甘州迴鶻可汗書》詳細記載了這次護送經過,並得知張希崇要求迴鶻可汗派兵到靈州迎接。[69]可見後唐對這次遣使特別重視,其原因之一恐怕是其中有一些重要的人物,沙州右馬步軍都押衙張保山和左馬步都虞候梁幸德應當在這個使團中。上節所引《張保山邈真讚》序中説他在打敗甘州迴鶻之後,曾"又至天廷,所論不闕";而讚文則稱"五回奉使,親入九重",時間均不明確。P. 3718(12)《梁幸德邈真讚》對此記述略詳:

唐故河西歸義軍左馬步都虞候銀青光禄大夫
　檢校左散騎常侍上柱國梁府君邈真讚并序
　　　釋門僧政兼闡揚三教大法師賜紫沙門靈俊撰

　　府君諱幸德，字仁寵。……故得譙王稱美，委薦親從之由……乃加都虞候之列……奉貢東朝，不辭路間之苦。乃遇睿慈合允，累對頻宣，封賜衣冠而難量，恩詔西陲而准奏。面遷左散騎常侍，兼使臣七十餘人，意（衣）著珠珍，不可籌度。一行匡泰，逍遥往還，迴程届此鬼方，忽值姦邪之略。西瞻本府，不期透達烽煙，進使百有餘師，俱時如魚處鏊。遂戀蘇武而授敵，不顧陵公之生降，守節亡軀，攀號殆及。是以内外吏士，叫卞璧而沉湘；九族六姻，悼寒泉而永阻。……讚曰：……後進京洛，累朝聖天。恩宣常侍，内使陲（垂）邊。路隘張掖，獫狁侵纏。翔鸞值網，難免昇乾……於時清泰二年乙未歲四月九日題記。[70]

一般來講，邈真讚作於某人死後數日，但梁幸德是在甘州被人殺害，這裏的清泰二年四月九日只能是他被害消息傳到敦煌的時間，而其被殺的時間應早於此。在此之前最近的一次沙州入貢記録，就是上述清泰元年七月份的一次，因此可以確定梁幸德就是這個使團的重要成員。據 P. 2992 V（2）《張希崇書》，他們到達靈州在八月末九月初，其在甘州地區被害，應在年底左右。梁幸德事件的真相目前尚無法全部弄清，[71]據 P. 2638《清泰三年六月沙州儭司教授福集等狀》記有"乙未年……梁馬步臨壙衣物，唱得布伍伯壹拾尺"，[72]知他是在敦煌安葬的，這似乎表明甘、沙州的關係並未因爲梁幸德的被殺而立刻變壞。

《宋本册府元龜》卷九七二"外臣部・朝貢五"記：

　　〔清泰二年（935）〕七月，迴鶻可汗仁美遣都督陳福海而下七十八人獻馬三百六十疋、玉二十團、白氎、斜褐、犛牛尾、緑野馬皮、野駝峰;沙州刺史曹義金、涼州留後李文謙各獻馬三十疋;瓜州刺史慕容歸盈獻馬五十疋。

曹議金死於本年二月十日,這裏仍以議金名義入貢,表明使者是在二月十日以前出發的。此時沙州仍與甘州迴鶻同行朝貢,證明梁幸德事件對甘、沙關係的影響不大。然而,曹議金的去世恐怕纔真正對甘、沙關係有所影響。

P. 4638(13)《丙申年(936)正月歸義軍馬軍武達兒狀》稱:"去歲甘州爲使破散,比置立鞍馬,中間請官馬壹疋,然後私便買馬。"[73]知 935 年歸義軍使臣出使甘州,破散而歸。雖然我們對這件事的具體情形不甚瞭然,但此後數年,甘、沙關係似乎有些緊張,除了天顯十二年(937)十月和會同三年(940)五月,迴鶻與敦煌的使者一同出現在遼朝的京城外,935 年以後未見有沙州使人經河西大道前往中原的記録。相反,P. 4638(18)和(19)兩件《清泰四年(937)十一月都僧統龍辯等上歸義軍節度使曹元德牒》中稱:

司空(即曹元德)出境,巡歷遐遥。

自從司空出境,天暖似覺重寒,日夜歡娱,心中元生爽切,人人憂色,晨夕無安……伏望迴軍西陲,司空高懸玉鏡,願照衆情,早降於龍沙。[74]

曹元德這次率軍出境,很可能是有打通道路的目的,同一文書中有"大開四路,朝聞投款之聲"的祝願。但以後數年仍不見沙州往中原遣使的記載,説明曹元德此行没有任何成果。

與沙州形成鮮明對照的是甘州迴鶻入貢中原的使團卻没有中斷,如:天福三年(938)三月,"迴鶻可汗王仁美進野馬、獨峰駝、玉團、硇(砜)砂等方物"。[75]同年五月,"迴鶻朝貢使都督翟全福並肅州、甘州專使僧等歸本國，賜鞍馬、銀器、繒帛有差”。[76]九月，“迴鶻可汗又遣使李萬金進馬一百疋、駝十二頭”。[77]天福四年三月，“又遣都督拽里敦來朝，兼貢方物。其月，命衛尉卿邢德昭持節就册爲奉化可汗。五年正月，遣都督石海金等來貢良馬百駟，並白玉團、白玉鞍轡等，謝其封册”。[78]可見，在阻斷沙州遣使中原的同時，甘州迴鶻卻積極進行與中原王朝的朝貢貿易，而且可汗還得到了册封。

大約天福四年冬，後晉册封于闐王李聖天的使臣張匡鄴、高居誨等一行到達敦煌，後者記：“其刺史曹元深等郊迎。”[79]此時歸義軍節度使曹元德已重病不起，故由其弟元深迎接天使。大概此時有部分使人先行回朝，報道了沙州的情況，因此正史中留下了這樣的記載：“天福五年……二月丁酉朔，沙州歸義軍節度使曹義金卒，贈太師，以其子元德襲其位。”[80]實際上，此時曹議金已去世五年，而元德也在天福四年末身亡，由元深繼爲節度使。

天福七年秋冬之際，册封于闐王的後晉使臣張匡鄴等人與于闐使劉再昇一起入朝，曹元深也乘機遣使隨之進貢後晉。十二月丙子，在隔絶數年之後，沙州使者重新到達中原王朝。[81]曹元深對這般使者倍加關注，P. 4046《天福七年十一月二十二日曹元深疏》中，有對他們的祝願：

> 朝廷奉使，早拜天顔，所奏沿邊，果蒙聖允。往來途路，□泰無危，人使通流，關山不滯。狼煙永滅，戈甲不興，勵疾消除，長聞喜慶。[82]

曹元深希望果蒙聖允的，恐怕不只是沿邊情形的處置，一定還有其他的要求。《舊五代史》卷八一《晉少帝紀》載：

> 天福八年春正月庚寅，沙州留後曹元深加檢校太傅，

充沙州歸義軍使。

這纔是曹元深真正要得到的結果。爲了使這批使者順利回到敦煌,曹元深致信甘州迴鶻衆宰相,希望通過他們説動可汗天子,放沙州使人順利歸還,這就是 P. 2992 V(1)《曹元深致甘州迴鶻衆宰相書》的由來。書云:

衆宰相念以兩地社稷無二,途路一家,人使到日,允許西迴,即是恩幸。伏且朝庭〔天使〕,路次甘州,兩地豈不是此件行使,久後亦要往來?其天使般次,希垂放過西來,近見遠聞,豈不是痛熱之名幸矣?今遣釋門僧政慶福、都頭王通信等一行,結歡通好。衆宰相各附:白花綿綾壹拾疋、台緤壹疋,以充父大王留念,到日檢領。況衆宰相先以(與)大王結爲父子之分,今者縱然大王奄世,痛熱情義,不可斷絶。善咨申可汗天子,所有世界之事,並令允就,即是衆宰相周旋之力。不宣,謹狀。

二月　日,歸義軍節度兵馬留後使檢校司徒

兼御史大夫曹。

這件文書是王重民先生最早發現並刊佈的,其功不可没。但王先生指文中的大王爲張承奉、司徒爲曹議金,[83]顯然有誤,現已無人再用其説。然而,這兩人到底是誰?由於以往没有人詳細考查過歸義軍歷任節度使的加官情況,也未能從整體上考慮甘州迴鶻與歸義軍的關係,所以對此衆説紛紜,未有定論。[84]哈密頓考證文中的父大王指曹議金一點,現已逐漸被接受,可成定論。至於司徒,則有曹元德和曹元深兩説。元德在清泰二年二月十日繼其父任節度使前,已稱司空(P. 2704),以後一直以司空爲其檢校官,直到臨去世的 939 年,纔號稱太保。[85]另外,從上面對中原史料和敦煌文書的通盤考查表明,曹元德之世没有如 P. 2992 V(1)所説天使來沙州的記載。因此,P. 2992 V(1)只能是曹元深所寫,由於此前沙州與甘州没有往來,他現在送給甘州衆宰相禮物以充父大王留念是完全合乎邏輯的。再者,終曹元深之世,天使也只有這麼一次降臨沙州賜官與元深,所以,我們將天福八年後晉王朝的贈官與 P. 2992 V(1)所記天使的西來聯繫在一起。從稱號上來看,天福四年曹元深繼任之初,稱司空(P. 2692)。至晚天福七年七月已稱司徒(S. 4363),S. 8583《天福八年二月十九日河西都僧統龍辯牓》證明他此時就以司徒爲號。[86]因此,把這件文書放在天福八年二月,於稱號和史事均無障礙。

這件可定名爲《天福八年二月曹元深致甘州迴鶻衆宰相書》的重要文書的年代一經確定,可以使我們對此時的甘、沙關係有了進一步的認識。顯然,曹元深的遣使甘州,是想用外交手段打通去往中原之路。他派出的釋門僧政慶福,又見於莫高窟第 98 窟供養人題記:"釋門法律臨壇供奉大德沙門慶福一心供養。"[87]這是曹議金於 925 年修成的功德窟,其時慶福只是某寺的法律,這時已升任僧政。都頭王通信又見 S. 6010《衙前轉帖》,知爲歸義軍使衙内的親從官員。一僧一俗兩位要員的出使甘州,結果如何呢?

P. 4065 第(1)、(2)件文書,據李正宇先生考證,係兩種《曹元深上朝廷表文稿本》的抄件,[88]現摘引此表部分文字如下:

> 臣厶言:旌節官告國信使副某至,奉宣聖旨,賜臣手詔一封,贈臣亡父官告一道、告身一通、焚黄一道,故兄贈太保官告身一通、告身一道、焚黄一道者,澤降丹霄,恩及下土。……臣厶(父)早勵顓愚,微陳勳效,叨權節制二十餘年。控扼山河,稍播恩威之詠;撫妥(綏)疲俗,微彰寬

猛之謡。而又向國傾誠,不絶貢輸之道;遐瞻鳳闕,恒堅忠孝之心。是以累忝渥恩,屬遷爵秩;位封列工(公),官品崇隆。豈謂壽限有期,俄歸逝路。兄則監叨軍務,繼續父風。纔申報國之誠,未展勤劬之績,忽染風疾,將(趨)赴逝路。……臣伏限遠歧阻路,不獲稱謝丹陛。臣無任感恩荷聖,激發屏營之至。謹奉表以聞,誠惶誠恐,頓首謹言,具銜厶官姓名等上表。

臣厶言:仲冬嚴寒,伏惟皇帝陛下聖躬萬福。臣伏限遠拘藩鎮,不獲身自蹈舞闕庭。臣無任瞻天戀聖,激切屏營之至,謹奉表起居以聞。臣厶誠營誠懼,頓首謹言。厶年月日厶官具銜上表。

這是曹元深上後晉皇帝的謝表,其中提到除授他本人官外,這次一總得到的還有朝廷賜給他父兄的官告等等,應當是其掌權以後首次得到的朝廷封贈,而且也是其父曹議金逝後歸義軍第一次得到中原王朝的聖旨,符合這些條件的,只有我們上面花了許多筆墨考訂的天福八年天使到沙州的一次,這次除賜曹元深太傅官外,還賜元深父兄官,難怪元深要備厚禮,結好甘州衆宰相,請他們在可汗面前周旋,放天使西到敦煌。旌節官告國信使的到來,表明慶福等出使甘州獲得成功。

曹元深在944年三月去世,他的統治時間雖短,但卻用外交手段成功地打通了甘州阻絶的道路,其於歸義軍的貢獻不應泯滅。用通使而不是兵戎相見的方式處理兩國間的事宜,也爲此後曹元忠時期的甘、沙關係定了基調。

曹元忠即位後不久即遣使中原王朝,《舊五代史》卷八四《晉少帝紀》記:開運三年(946)三月"庚申,以瓜州刺史曹元忠爲沙州留後"。説明沙州使臣順利通過甘州到達晉廷。

從現存的敦煌殘文書資料看，曹元忠時期，歸義軍與甘州迴鶻一直保持交往，雖然歸義軍的東部邊鎮常常受到迴鶻的侵襲，但雙方的關係並没有交惡。

聖彼得堡藏卷 Дx. 1275(M. 1688)《歸義軍軍資庫司紙破曆》記有：

一日，奉判支都衙王文通身故助葬，〔紙〕壹束。同日，支□□司空紙兩帖，付張諫全。……五日，〔封〕甘州何宰相信，紙兩帖，付押衙曹潤成。[89]

都衙王文通又見 P. 3257《開運二年十二月歸義軍左馬步都押衙王文通牒》，此曆記其身亡，必在 946 年以後。此後只有曹元忠在 949 年以司空爲號，[90]因此可定此文書年代在 949 年。這一年五月，曹元忠曾遣使入貢，見 S. 4398《曹元忠牒》：

新授歸義軍節度觀察留後光禄大夫檢校司空兼御史大夫譙縣開國男食邑三百户曹元忠

硇砂壹拾斤

右件砂，誠非異玩，實愧珍纖，冒瀆臺嚴，無任戰越之至。謹差步軍教練使兼御史中丞梁再通等，謹隨狀獻到，望俯賜容納。謹録狀上，牒件狀如前，謹牒。

天福十四年五月日，新授歸義軍節度觀察留後光禄大夫檢校司空兼御史大夫譙縣開國男食邑三百户曹元忠牒。

這一行沙州使者當然也要經過甘州，上引《紙破曆》中有“封甘州何宰相信”，恐怕是請求何宰相幫助經行甘州的書狀，與 P. 2992 V(1)《曹元深致甘州衆宰相書》性質正同。

處於與甘州迴鶻地位相等的沙州歸義軍，也時常有甘州使人來訪。S. 3728《乙卯年(955)歸義軍知柴場司安祐成牒》記：

二月……廿七日,看甘州使,付設司柴兩束。

三月二日……看甘州使,付設司樫刺兩束……十八日,迎甘州使,付設司樫刺叁束。下擔,付設司柴兩束,就驛,柴兩束。十九日……看甘州使,付設司柴壹束,甘州使□料,帖下柴叁束。[91]

可見這一年至少有兩批甘州使人來到沙州,受到歸義軍官府的款待。《册府元龜》卷一七〇“帝王部·來遠門”記:

世宗顯德二年(955)正月,沙州留後曹元忠、知瓜州軍州事曹元(延)恭各遣使進方物。以元忠爲歸義軍節度使簡較(檢校)太保同平章〔事〕;以元(延)恭爲瓜州團練使,仍各鑄印以賜之,皆旌其來王之意也。

據《太平寰宇記》卷一五三所記“顯德二年,甘州可汗、沙州節度觀察留後曹元忠各遣使進方物”,知這次沙州遣使中原是和甘州迴鶻同行的,S. 3728 所記年初甘州使臣到沙州,恐怕與此次共同遣使入貢有關。

然而,事情並不總是一帆風順的。P. 3556(12)《顯德六年十二月曹保昇牒》稱:

右保昇去載臨時差弟保定入奏,喝貸諸人鞍馬物色進路。昨聞消息,身亡。今擬遣弟定德比至甘州迎取故兄骸骨,恐怕行李税斂人門,伏望令公恩造,哀見入奏身不到來,債負廣深,無計還納,且取骸骨,特賜允從。[92]

由此文書知,曹保定入奏途經甘州時身亡,原因不明,對於沙州入朝使來説,甘州顯然仍是畏途。但這件事没有影響到甘、沙之間的關係。不久,沙州使人就又到達新興的宋王朝。《宋會要》“蕃夷五”記:

太祖建隆二年(961)十一月,元忠洎瓜州團練使曹延

> 繼並遣使貢至鞍勒馬。
>
> 三年正月,制推誠奉義保塞功臣歸義軍節度瓜沙等州觀察處置管勾(内)營田押藩(蕃)落等使特進檢校太傅同中書門下平章事沙州刺史上柱國譙郡公食邑一千五百户曹元忠,可依前檢校太傅兼中書令使持節沙州諸軍事行沙州刺史,充歸義軍節度使瓜沙等州觀察處置管勾(内)營田押藩(蕃)落等使,加食邑五百户,實封二伯户,散官勳如故。又以瓜州團練使曹延敬(繼)爲本州防禦使檢校司徒,封譙縣男,食邑三百户,仍賜名延恭。

這證明沙州使臣前往中原之路仍通暢無阻。

反映此時曹元忠與甘州迴鶻可汗關係的一件重要文書是P. 2155 V(2)《曹元忠致甘州迴鶻可汗書》,文字如下:

> 元忠輒有少(小)事,須合咨聞。伏希仁私,必須從允。早者,當道差親從都頭曹延定往貴道復禮。況是兩地一家,並無疑阻,使人去後,只務寬快,並不提防。去五月廿七日,從向東有賊出來,於雍歸鎮下,煞卻一人,又打將馬三兩疋,卻往東去,運後奔趂問訊,言道趁逃人來。又至六月四日,懸泉鎮賊下,假作往來使人,從大道,一半乘騎,一半步行,直至城門,捉將作極小口五人,亦乃奔趂相競。其賊一十八人及前件雍歸鎮下,並是迴鶻,亦稱趁逃人來。自前或有逃人經過,只是有般次行時發書尋問,不曾隊隊作賊偷劫。如今道途開泰,共保一家,不期如此打劫,是何名價?……況且兄弟纔敦恩義,永契歲寒,有此惡弱之人,不要兩地世界。到日,伏希兄可汗天子細與尋問,勾當發遣,即是久遠之恩幸矣。今因肅州人去,謹修狀起居咨聞,伏惟照察,謹狀。

六月　日,弟歸義軍節度使特進檢校大傅兼
中書令曹元忠狀上。[93]

據敦煌文書,曹元忠自956年稱令公,961年稱太傅同中書門下平章事,上引《宋會要》所記建隆三年正月賜元忠檢校太傅兼中書令,無非是對事實的承認。到964年,曹元忠號稱太師令公大王。[94]這件文書大體寫於956—963年間的某年六月,最大的可能是962年的農曆六月。其中曹元忠稱甘州迴鶻可汗爲兄,而且説"兄弟纔敦恩義",表明這種關係剛確立不久。又説"道途開泰,共保一家",應當是建立這種關係的結果。所以當有賊人來抄掠沙州邊城時,曹元忠致信迴鶻可汗,希望細與察問。《續資治通鑑長編》卷二,有建隆二年甘州迴鶻可汗景瓊遣使朝獻的記載,推測這位甘州迴鶻可汗就是景瓊。

曹元忠與甘州迴鶻可汗結爲兄弟,必然促進甘、沙之間的交往。S.4120《壬戌至甲子年沙州某寺布褐等破曆》記有:

癸亥年(963)二月……斜褐兩段、細褐貳仗(丈)肆尺,於甘州使面上買钁用。[95]

知此時有甘州使到敦煌。敦煌研究院藏卷、董希文藏卷和P.2629綴合的《乾德二年(964)歸義軍衙内(?)酒破曆》載有更多消息:

〔四月〕九日,甘州使迎令公,支酒壹甕。十一日,甘州使偏次,酒壹甕。同日,衙内看甘州使,酒五斗。十七日,支甘州使酒壹甕。五月九日,甘州使上窟迎頓,酒半甕。十七日,城南園看甘州使,酒壹斗。廿二日,甕城南園設甘州使,酒壹甕。廿五日,看甘州使,酒貳斗伍升。六月九日,支甘州使酒壹甕。十六日,看甘州使,酒壹甕。廿六日,衙内看甘州使,酒叁斗伍升。七月廿六日,衙内看甘州使及于闐使僧，酒壹角。八月九日，衙内設甘州使，酒壹甕。去正月廿四日供甘州走來胡兩日酒伍升，至八月廿日夜斷，除肆箇月小盡，中間貳伯叁日，計用酒捌甕貳斗柒升伍合。去叁月廿五日供甘州使逐日酒半甕，至八月廿日夜斷，除叁箇月小盡，中間壹伯肆拾叁日，内肆日全斷，叁日斷半，計用酒陸拾捌甕肆斗伍升。廿二日，看甘州使及于闐使，酒半甕。[96]

由這份歸義軍供酒記録可知，這一年從正月到八月，有兩組甘州使人逗留敦煌，受到歸義軍官府的熱情款待，衙内長官曾多次設宴招待。

《長編》卷六記，乾德三年十二月，甘州迴鶻與瓜沙州使者一同入貢。

乾德五年（967）正月，歸義軍遣孔目官閻物成出使甘州，[97]見 P.3272V 文書的如下記載：

丁卯年正月廿四日，甘州使頭閻物成去時書本。

早者因爲有少賊行，已專咨啓。近蒙兼惠厚儀，無任感銘之至。華翰所云："令宰相密六往肅州，再設咒誓，自今已後，若有賊行，當部族内，隨處除剪。"聞此嘉言，倍深感仰。況厶忝爲眷愛，實愜衷誠。永敦久遠之情，固保始終之契。又云在此三五人往貴道偷來之事。況在此因爲西州離亂，惡弱之人極多到來，拘召諸處貧下，並總偷身向貴道偷劫去，厶並不知聞。近者示及，方知子細，當時盡總捉到枷禁訖，使人並總眼見。即便發遣文帖與諸處小鎮：自今已後，若有一人往甘州偷去，逐（隨）處官人，必當刑憲。又去年入京使，到涼州界盡遭劫奪，人總迸散。貴道與涼州接連封境，切望□□，比至涼州尋問，即是（後

缺)[98]

這是閻物成出使甘州時,帶去的一封歸義軍節度使曹元忠致甘州迴鶻可汗的書信抄本。開頭所說的“早者因爲有少賊行,已專咨啓”,應當就是上面 P. 2155 V(2)《曹元忠致甘州迴鶻可汗書》所述之事。由本文書,知甘州迴鶻可汗十分重視此事,專遣宰相密六(迴鶻文 biruq 的音譯,意爲宰相)往與歸義軍接壤的肅州,與當地部族設盟誓,不許抄掠歸義軍領地。與此同時,甘州迴鶻可汗也告知有三五一夥的賊人往甘州迴鶻境内偷劫。曹元忠告知賊人乃來自離亂的西州迴鶻,並且已發出文告,命所屬諸鎮,禁人往甘州偷劫。最後,曹元忠希望通過甘州迴鶻可汗,了解去年沙州入京使在涼州被劫一事,這批被劫的使臣,應是上舉乾德三年十二月入京返回的瓜沙使者。可惜文書下殘,不知更多的細情,但甘、沙統治者間的眷愛衷誠,已充分展現。

曹元忠在這封書信中提到“厶忝爲眷愛”,此點至堪注意,這似乎表明元忠與甘州迴鶻可汗之間的關係已較兄弟更親。P. 2703 V 有兩件《曹元忠致甘州迴鶻可汗書》,一爲介紹西天(印度)大師經甘州前往中原;[99]一爲問候書狀,後者署“舅歸義軍節度使特進檢校太師兼中書令敦煌王曹元忠”。[100]如上所述,這是曹元忠在 964—974 年之間所用的稱號,因此這兩件書信也應寫於這期間,從曹元忠與甘州迴鶻可汗變爲甥舅關係推斷,此時甘州迴鶻可汗已不是景瓊,或許是嫁給甘州迴鶻可汗的曹元忠姐所生的兒子當了新可汗。

甘、沙之間建立了有如迴鶻與唐朝間的甥舅關係,對雙方的交往必然起到促進作用。但由於靈武節度使曾於開寶二年(969)十一月囚縶迴鶻入貢使者,因此以後數年甘州迴鶻不復入貢,宋代史籍中也不見歸義軍的蹤影,表明雙方采用了同樣的對外方針。然而,甘、沙之間並未間斷往來。S. 4884《辛未年(971)梁保德契》記歸義軍押衙梁保德於這一年的四月二日出使甘州;[101] S. 5728《壬申年(972)五月歸義軍酒户曹流德牒》有招待甘州走來迴鶻的記録。[102]

宋太宗太平興國二年(977)閏二月,迴鶻入貢。[103] 冬,宋朝“遣殿直張璨齎詔諭甘、沙州回鶻可汗外甥,賜以器幣,招致名馬美玉,以備車騎琮璜之用”。[104] 這裏把沙州也歸入迴鶻的範圍之内並非偶然,《長編》卷二一記:太平興國五年閏三月“辛未,甘、沙州回鶻遣使來貢方物”。此後《遼史》中亦有“沙州迴鶻”名,但從敦煌文書看,曹氏歸義軍政權一直延續到十一世紀初葉。從十世紀七十年代起,宋、遼人稱“甘沙州迴鶻”或“沙州迴鶻”的意義,學界有不同解説,尚待進一步研究。

注釋

[1] 碑文寫本今裂爲六片,除 S. 11564 外各片綴合後的圖版見饒宗頤《敦煌書法叢刊》第十九卷;全碑録文見拙稿《敦煌寫本〈敕河西節度兵部尚書張公德政之碑〉校考》,《周一良先生八十生日紀念論文集》,北京,1992 年。本書附録。

[2] 參看拙稿《初期沙州歸義軍與唐中央朝廷之關係》,《隋唐史論集》,香港,1993 年。

[3]《敦煌變文集》上,北京,1957 年,114—117 頁。

[4] 孫楷第《敦煌寫本〈張義潮變文〉跋》,原載《圖書季刊》3 卷 3 期,1936 年;此據《敦煌變文論文録》下,上海,1982 年,720 頁。

[5] 森安孝夫《ウイグルと敦煌》,《敦煌の歷史》,東京,1980 年,301 頁。

[6] 孫楷第《敦煌寫本〈張淮深變文〉跋》,原載《史語所集刊》7

本3分,1937年,此據《敦煌變文論文録》下,724—725頁;森安孝夫上引文303頁。

[7] 唐長孺《關於歸義軍節度的幾種資料跋》,《中華文史論叢》第1輯,1962年,277,295頁。

[8] 拙稿《沙州歸義軍歷任節度使稱號研究(修訂稿)》,《敦煌學》第19輯,1992年,28頁。

[9]《敦煌變文集》上,121—127頁。

[10] 同注[6]引文。

[11]《新唐書》卷二一五《突厥傳》。

[12] 參看嚴耕望《唐代交通圖考》第二卷,臺北,1985年,445—448頁。

[13] 鄧文寬《張淮深平定甘州迴鶻史事鈎沉》一文也將這件文書與《張淮深變文》記事聯繫起來,惟其定年與本文不同,見《北京大學學報》1986年第5期。

[14] 拙稿《沙州歸義軍歷任節度使稱號研究(修訂稿)》,27—28頁。

[15] 藤枝晃《敦煌千佛洞の中興》,《東方學報》(京都)第35册,1964年,84頁。

[16] 同注[1]引文。

[17] 程溯洛《〈宋史・回鶻傳〉補正》,《中國社會科學》1989年第5期,120頁。

[18] 森安孝夫上引文306頁。

[19] 此條《敦煌寶藏》無影本,向不爲治迴鶻史者注意,饒宗頤先生據原卷録出,見《敦煌書法叢刊》第六卷(東京,1985年)解題第69頁;參看池田温《中國古代寫本識語集録》,東京,1990年,402頁,No. 1853。

[20] 拙稿《沙州張淮深與唐中央朝廷之關係》,《敦煌學輯刊》1990年第2期,8—9頁。

［21］饒宗頤編《敦煌邈真讚校録並研究》,臺北,No. 36。

［22］唐長孺《關於歸義軍節度的幾種資料跋》,290—292 頁。

［23］見 S. 367《沙州伊州地志》,唐耕耦等編《敦煌社會經濟真蹟釋録》(一),北京,1986 年,41 頁。

［24］見 S. 1156《沙州進奏院上本使狀》,拙稿《沙州張淮深與唐中央朝廷之關係》,9—10 頁。

［25］此件縮微膠卷不清,係筆者在巴黎據原卷録文。

［26］唐長孺先生上引文 294 頁。

［27］見有鄰館文書,拙稿《初期沙州歸義軍與唐中央朝廷之關係》。

［28］唐長孺先生上引文 292 頁。

［29］拙稿《晚唐歸義軍李氏家族執政史探微》,《文獻》1989 年第 3 期,92—93 頁。

［30］《敦煌莫高窟供養人題記》,北京,1986 年,6 頁。

［31］同注[29]拙稿 90 頁。

［32］張玉範《北京大學圖書館藏敦煌遺書目》,北京大學中國中古史研究中心編《敦煌吐魯番文獻研究論集》第 5 輯,北京,1990 年,537 頁。

［33］池田温《中國古代寫本識語集録》,東京,1990 年,457 頁,No. 2166。

［34］同上書 467 頁,No. 2216。

［35］饒宗頤《敦煌曲》,巴黎,1971 年,13 頁。

［36］參看李正宇《曹仁貴歸奉後梁的一組新資料》,《魏晉南北朝隋唐史資料》第 11 輯,1991 年,274—281 頁。

［37］關於 98 窟的始建年代,見拙稿《關於曹氏歸義軍首任節度使的幾個問題》,《敦煌研究》1993 年第 2 期;兩篇功德記的内容,見馬德《曹氏三大窟營建的社會背景》,《敦煌研究》1991 年第 1 期,19—21 頁。

［38］本文書年代據唐長孺上引文 293—294 頁的考證。

［39］按上引王重民《金山國墜事零拾》22 頁和 P. Demiéville, *Le concile de Lhasa*（Paris 1952），p. 216 均認爲此狄銀即 S. 3633 中提到的狄銀，J. Hamilton, *Les Ouighours à l'epoque des Cinq Dynasties*（Paris 1955），p. 70 曾予反駁，現在看來，他反駁的根據是不可靠的，"狄銀"的語源來自突厥語 tegin 當無疑義，但在此應是專指，並非可汗子弟的泛稱，因爲狄銀與其前兩任的可汗輩份是十分清楚的。

［40］史葦湘《絲綢之路上的敦煌與莫高窟》，敦煌文物研究所編《敦煌研究文集》，蘭州，1982 年，91 頁；拙稿《歸義軍及其與周邊民族的關係初探》，《敦煌學輯刊》1986 年第 2 期，32 頁；蘇哲《伯二九九二號文書三通五代狀文的研究》，《敦煌吐魯番文獻研究論集》第 5 輯，北京，1990 年，44—54 頁。

［41］拙稿《沙州歸義軍歷任節度使稱號研究》，35—42 頁。

［42］《敦煌邈真讚校録並研究》No. 56。

［43］見王重民上引文。

［44］敦煌研究院編《敦煌莫高窟供養人題記》，北京，1986 年，35 頁。

［45］參看拙稿《唐代河西地區鐵勒部落的入居及其消亡》，費孝通主編《中華民族研究的新探索》，北京，1991 年，281—304 頁。

［46］《敦煌邈真讚校録並研究》No. 74，79。

［47］《敦煌邈真讚校録並研究》No. 58。

［48］《敦煌邈真讚校録並研究》No. 72。

［49］池田温《中國古代籍帳研究》，東京，1979 年，609 頁。

［50］參看下節。

［51］《敦煌邈真讚校録並研究》No. 74。

［52］《敦煌邈真讚校録並研究》No. 76。

［53］《敦煌邈真讚校録並研究》No. 78。

［54］《敦煌邈真讚校録並研究》No. 79。

［55］羽田亨與伯希和編《敦煌遺書》活字本第1集，京都，1926年。

［56］《敦煌邈真讚校録並研究》No. 68。

［57］參看周紹良《敦煌文學“兒郎偉”并跋》，《出土文獻研究》，北京，1985年，177—178頁；黄征《敦煌文學〈兒郎偉〉輯録校注》，《杭州大學學報》1988年增刊，95頁。

［58］參看周紹良先生上引文179頁。此卷承黄征先生信告所校結果，謹致謝忱。

［59］《舊五代史》卷四二《唐明宗紀》。

［60］參看 D. Eliasberg, “Quelques aspects du grand exorcisme no à Touen-houang”, *Contributions aux études de Touen-houang*, III. ed, by M. Soymié, Paris 1984, p. 244；黄征上引文90—91頁。

［61］録文參看唐長孺上引文289，293頁；鄧文寬《〈涼州節院使押衙劉少晏狀〉新探》，《敦煌學輯刊》1987年第2期，62—63頁。

［62］唐長孺先生上引文293—294頁；森安孝夫《ウイグルと敦煌》306—307頁對此有所補充。

［63］J. Hamilton 上引書117—121頁；森安孝夫上引文316—318頁。

［64］《敦煌莫高窟供養人題記》，21頁。

［65］録文參看藤枝晃《沙州歸義軍節度使始末》（三），《東方學報》（京都）第13册，1943年，61頁；Hamilton 上引書117—121頁無録文，但有法文譯文和注釋，他指出的“玉壹”二字中的“境”字旁有“卜”號，當削除，但後人不察，仍誤録入；陳祚龍《敦煌學園零拾》上，347—349頁；蘇哲上引文463—465頁；唐耕耦等《敦煌社會經濟文獻真蹟釋録》（四），395—396頁。

［66］Hamilton 上引書117—121；森安孝夫上引文317—

318 頁。

［67］參看拙稿《關於曹氏歸義軍首任節度使的幾個問題》,《敦煌研究》1992 年第 2 期。

［68］T. Yamamoto and O. Ikeda, *Tunhuang and Turfan Documents concerning Social and Economic History*, III, Contracts, (B). Tokyo 1987, pp. 123—124, No. 396.

［69］Hamilton 上引書 122—125 頁。

［70］《敦煌邈真讚校録並研究》No. 69。按 P. 3564《釋門僧政願清修窟功德記》中,亦記其父梁幸德遇害事:"更有題邈未竟,父入秦涼,卻值回時,路逢國難,破財物於逆旅,害自己於他方,不達本鄉,中途殞歿。"參看賀世哲《從供養人題記看莫高窟部分洞窟的營建年代》,《敦煌莫高窟供養人題記》,220 頁。

［71］按孫修身《敦煌文書伯三〇一六號卷背第二件文書有關問題考》(《敦煌學輯刊》1988 年第 1、2 期)25—43 頁,將 P. 3016V《某人致令公書》中所記事件,定爲梁幸德被殺事件,並做了詳細的考證。但這件文書没有明記寫作的時間、地點、人物,有許多疑問不能解決,如信中稱"自前載當軍遂差都押衙某等兩行人使入京奏事",如指梁幸德等,則當寫於 936 年,時曹議金已死,令公大王又指誰呢? 而且文中提到梁幸德時,似尚在世。因爲我們對這件文書尚未通解,對前人有關此文書的解説也難苟同,所以暫置不論,以俟再考。

［72］池田温《中國古代籍帳研究》,648 頁。參看鄭炳林、梁志勝《〈梁幸德邈真讚〉與梁願清〈莫高窟功德記〉》,《敦煌研究》1992 年第 2 期,67 頁。

［73］蔣斧《沙州文録》。

［74］同上。

［75］《舊五代史》卷七七。

［76］《宋本册府元龜》卷九七六"外臣部·褒異三"。

［77］《宋本册府元龜》卷九七二"外臣部·朝貢五"。

［78］《舊五代史》卷一三八。

［79］《新五代史》卷七四《四夷附録》引高居誨《于闐國行程録》。

［80］《舊五代史》卷七九。

［81］《新五代史》卷九。

［82］參看饒宗頤《敦煌書法叢刊》第十五卷解説。

［83］王重民上引文18—21頁。

［84］現將有代表性的諸家觀點列表如下：

作者	大王	司徒	出處
藤枝晃	曹元德	曹元深或元德	注［65］引文59—61頁
Hamilton	曹議金	曹元德或元深	注［39］引書125—126頁
土肥義和		曹元深	《敦煌の歷史》238頁
森安孝夫	曹議金	曹元德	同上318—319頁
蘇哲	曹議金	曹元德	注［40］引文440—444頁

［85］拙稿《沙州歸義軍歷任節度使稱號研究》，42—44頁。

［86］同上44—45頁。

［87］《敦煌莫高窟供養人題記》，39頁。

［88］李正宇《歸義軍曹氏"表文三件"考釋》，《文獻》1988年第3期，4頁。

［89］此係筆者1991年7月在列寧格勒（今稱聖彼得堡）時抄録。

［90］拙稿《沙州歸義軍歷任節度使稱號研究》，47頁。

［91］張廣達、榮新江《關於敦煌出土于闐文獻的年代及其相關問題》，《紀念陳寅恪先生誕辰百年學術論文集》，北京，1989年，293頁。

［92］陳祚龍《敦煌學園零拾》上，85—86頁。

［93］參看饒宗頤《敦煌書法叢刊》第十五卷圖版並解説。

［94］拙稿《沙州歸義軍歷任節度使稱號研究》，49—50頁。

［95］唐耕耦等《敦煌社會經濟文獻真蹟釋録》（三），213頁。

［96］施萍亭《本所藏〈酒帳〉研究》，《敦煌研究》創刊號，1983年，146—150頁。

［97］閻物成之爲歸義軍孔目官，見 P. 3627(1)＋P. 3867《漢八年楚滅漢興王陵變》題記："天福四年(939)八月十六日孔目官閻物成寫記。"《敦煌變文集》，47 頁。

［98］陳祚龍《敦煌文物隨筆》，臺北，1979 年，278 頁；唐耕耦上引書(四)，411 頁。

［99］參看拙稿《敦煌文獻所見晚唐五代宋初的中印文化交往》，《季羨林教授八十華誕紀念論文集》下，南昌，1991 年，964 頁。

［100］録文參看陳祚龍《敦煌學園零拾》上，357—359 頁；唐耕耦等《敦煌社會經濟文獻真蹟釋録》(四)，399—400 頁。

［101］Yamamoto and Ikeda, *op. cit.*, No. 362。

［102］唐耕耦等《敦煌社會經濟文獻真蹟釋録》(三)，625 頁。

［103］《宋會要》"蕃夷七"引《玉海》。

［104］《宋史》卷四九〇《回鶻傳》。

第十一章　歸義軍與西州迴鶻之關係

沙州歸義軍與西州迴鶻王國轄境毗連，兩者之間有着密切的關係。敦煌張氏統治歸義軍時期(851—914 年)，也是西州迴鶻勢力擴張的時代，雙方時戰時和，爭奪的焦點是位於哈密的伊州。到 920 年前後，伊州已經牢固地掌握在西州迴鶻的手中，與此同時，接替張氏任歸義軍節度使的曹氏，采取了與西州迴鶻相友善的態度。

第一節　迴鶻西遷後天山東部的形勢

八世紀末，唐朝勢力退出西域，南面的吐蕃王國和漠北的迴鶻汗國經過幾番較量，到九世紀初，吐蕃占領了河西走廊、伊州和塔里木盆地南緣；迴鶻則控制了北庭、西州(吐魯番)和塔里木盆地北緣各國。

唐文宗開成五年(840)，迴鶻内亂，渠長句録莫賀勾引迴鶻勁敵黠戛斯，合兵十萬，攻破迴鶻都城，殺可汗，稱雄漠北乃至西域的迴鶻汗國破滅。近可汗衙帳的十三部以特勤烏介爲可汗，南下附唐。迴鶻相伮職則擁可汗外甥龐特勤率十五部西遷,其中部分散衆半路南下,經花門山進入河西走廊,而主力隨龐特勤到達天山東部地區,希望在這塊迴鶻汗國的舊領地内求得生存和發展。據唐朝史料記載,武宗會昌二年(842)十月,黠戛斯遣使向唐朝報告擊破迴鶻的情況,並稱“將徙就合羅川,居回鶻故國,兼已得安西、北庭、達靼等五部落”。[1]黠戛斯派兵追擊西遷迴鶻並取得一定的成果是肯定的,但其所得並非原安西、北庭都護府的全境,因爲大約與此同時,龐特勤已在焉耆立足,號稱葉護。[2]大中元年(847),烏介可汗被殺,其弟遏捻被立爲可汗,投依奚王。翌年,唐幽州節度使張仲武令奚王送遏捻來幽州。遏捻懼,與妻、子等西奔,不知所終。龐特勤隨後在安西地區稱可汗,據有“磧西諸城”,[3]但史書未明言諸城何指。

同是在大中二年,與天山東部地區毗鄰的敦煌,興起了張議潮的勢力。敦煌寫本《敕河西節度兵部尚書張公(張淮深)德政之碑》(以下簡稱《張淮深碑》)記張議潮初起時的事迹云:

> 殘燼星散,霧卷南奔。敦煌、晉昌收復已訖,時當大中二載。題箋修表,紆道馳函,沙州既破吐蕃,大中二年遂差押牙高進達等,馳表函入長安城,已(以)獻天子。上達天聞。……圖謀得勢,轉益雄豪,次屠張掖、酒泉,攻城野戰,不逾星歲,克獲兩州。再奏天階,依前封賜。[4]

可見,大中二、三年,張議潮首先攻占了沙、瓜、肅、甘四州,鞏固了自己的根據地,隨後就將勢力伸向西北。S. 367《沙州伊州地志》殘卷伊州條記:

> 大中四年張議潮收復,因沙州册户居之,羌龍雜處,約一千三百人。[5]

另外，P. 2854 有《豎幢傘文》，其中有“奉爲尚書北征，保無災難之所爲也……士馬無傷，旋還本郡”的祝願。“北征”即指張議潮遠征伊州一事。[6]

至於伊州的西鄰西州，向達先生早年撰《羅叔言〈補唐書張議潮傳〉補正》一文，稱：“然據倫敦藏石室本 S. 936 號光啓元年張大慶書《沙州伊州地志》殘卷，議潮收復西州在大中四年。”[7]由於向先生是敦煌學研究的先驅者和權威，所以此言一出，既成定論，學者翕然相從，迄今未變。[8]按 S. 936 即上引新編號 S. 367《沙州伊州地志》殘卷，正如其名稱所示，該卷所記只是沙州、伊州的情況，根本没有張議潮收復西州的文字。意者向達先生文中之“收復西州”只不過是“收復伊州”的筆誤或印刷時錯排的文字，遺憾的是後人不檢原卷，而使謬説流傳。[9]今天人們均可以從縮微膠片或《敦煌寶藏》等書刊中見到《沙州伊州地志》殘卷，此點應及時予以糾正。事實上，没有史料證明張議潮曾經收復過西州。

大中五年，張議潮先後派遣的幾路沙州使者都到達了唐朝都城長安，並以瓜、沙、伊、肅、鄯、甘、河、西、蘭、岷、廓十一州天寶舊圖進獻。無獨有偶，西州迴鶻使者也同時到達長安。杜牧《樊川文集》卷二〇收録有《西州迴鶻授驍衛大將軍制》和《沙州專使押衙吴安正等二十九人授官制》，現將前者抄録如下，再做討論：

敕：古者天子守在四夷，蓋以恩信不虧，羈縻有禮。《春秋》列潞子之爵，西漢有隰陰之封，考於經史，其來尚矣。西州牧首頡干(于)伽思俱宇合逾越密施莫賀都督宰相安寧等，忠勇奇志，魁健雄姿，懷西戎之腹心，作中夏之保障。相其君長，頗有智謀。今者交臂來朝，稽顙請命。

文組寸印,高位重爵,舉以授爾,用震殊鄰。無忘敬恭,宜念終始。可雲麾將軍守左驍衛大將軍〔員〕外置同正員,餘如故。[10]

此制大約作於大中五年冬。[11]對於安寧的歸屬,學者們有許多爭議,主要觀點有二:一是認爲安寧係由焉耆的龐特勤派遣治理西州的;[12]一是認爲安寧受張議潮控制。[13]如果安寧果真是龐特勤的屬部,此次西州使者入朝,應當已經把龐特勤的消息報告給唐朝,但據《唐大詔令集》卷一二八所載《大中十年二月議立迴鶻可汗詔》,唐朝在大中十年方纔得到安西龐特勤的消息。因此,安寧不應是龐特勤的部屬。[14]從西州此前的歷史背景來看,安寧等很可能是原漠北迴鶻汗國的守土封臣。另外,上面已經指出張議潮並没有攻占西州,也没有直接控制吐魯番盆地。人們常將制文中的"交臂來朝"一句解釋爲西州、沙州使者一起入朝。《樊川文集》將授西州、沙州使者官的制文録在一起,似表明兩地使者一起入朝,但制文中稱西州"交臂來朝"是和"稽顙請命"對仗成句的,意爲拱手前來投降請罪,與沙州使臣入朝性質不同,兩者事實上没有關聯。而且,即使兩地使者一同入朝,也不能據以説明張議潮直接或間接控制了西州。P. 3554 V 悟真撰《謹上河西道節度公德政及祥瑞五更轉兼十二時序》稱:

伏惟我尚書渥洼龍種,丹穴鳳鶵,稟氣精靈,生便(辯)五色。討憑陵而開一道,奉獻明王;封秘策而通二庭,安西來貢。[15]

文書中的尚書指張議潮。[16]"二庭"一般指伊、西、庭三州之境。[17]這裏似乎透露出張議潮大概是通過外交手段與西州的迴鶻取得聯繫,並招引其與之一起向唐朝入貢。這就是大中五年西州、沙州使者可能同到唐朝而受封的緣故。這樣一來，張議潮就給唐朝一個他有能力控制包括西州在内的河隴十一州的印象。同年十一月，唐朝於沙州設立歸義軍，以議潮爲節度使、一十一州觀察使。

此時的天山東部地區，既有原迴鶻汗國的屬部舊臣，也有隨龐特勤而來的西遷迴鶻主力部衆，還有一些散在各處以盜劫爲生的小族帳。P. 2962《張議潮變文》記大中十年(856)時，有迴鶻部衆與吐谷渾一起占據伊州西納職城，並不斷抄掠伊州百姓。張議潮於同年六月親自率兵前往討伐，雖然取勝，但並未攻克納職城。[18] 同年冬十一月，唐朝因得知龐特勤已在安西稱可汗，於是派使臣王端章等往安西册龐特勤爲懷建可汗。王端章等一行半路被伊州一帶的“背叛迴鶻”劫走了國信，無功而回。《張議潮變文》又記：“至十一年八月五日，伊州刺史王和清差走馬使至，云：有背叛迴鶻五百餘帳，首領翟都督等將迴鶻百姓已到伊州側。”[19] 可惜《變文》後殘，不知結果如何。這些事實表明，西遷迴鶻開始了對伊州的滲透，但此時伊州仍在歸義軍手中。P. 4660(22)有《故前伊州刺史改授左威衛將軍銀青光禄大夫檢校太子賓客殿中侍御〔史〕臨甾(淄)左公讚》，文曰：

> 嘉謀濟代，承旨階墀。封疆受土，典郡西陲。四方使達，君命應期。盡忠奉國，盡節衆推。名高鳳闕，玉塞聲飛。蒸哉古往，赫矣今時。膏肓遘疾，俄謝而痿。(下略)
>
> 法師恒安書。[20]

按同卷又有惠菀述《敦煌唱導法將兼毗尼藏主廣平宋律伯彩真讚》，尾題“維大唐咸通八年歲次丁亥(867)六月庚午朔五日甲戌題記，弟子比丘恒安書”。[21] 據此知《左公讚》是恒安在咸通八年以後升任法師之後所寫，當時伊州仍爲歸義軍所守。

大中、咸通之際，正當西遷迴鶻部衆各自爲政，互相爭奪地盤之時，張議潮也將主要精力放在河西經營上，無暇西顧。咸通二年（861），張議潮率軍收復河西重鎮涼州。《張淮深碑》稱頌此事道：

姑臧雖衆，勍寇堅營，忽見神兵，動地而至，無心掉戰，有意逃形，奔投星宿嶺南，苟偷生於海畔。我軍乘勝逼逐，虜羣畜以川量；掠其郊野，兵糧足而有剩；生擒數百，使乞命於戈前；魁首斬腰，僵尸染於蓁莽。良圖既遂，攄祖父之沉冤。西盡伊吾，東接靈武，得地四千餘里，户口百萬之家，六郡山河，宛然而舊。

所謂六郡，當指涼、甘、肅、瓜、沙、伊六州。“西盡伊吾，東接靈武”是歸義軍歷史上實際控制的最大版圖，這也證明西州不在其管轄範圍之内。P. 4640(8)《住三窟禪師伯沙門法心讚》記收涼州事云“東收神武（烏）（涼州縣名，代指涼州），西接二庭”，[22]同樣證明了此點。涼州的收復標誌着歸義軍的勢力達到全盛期，但隨之也就和唐朝中央政府産生了矛盾，雖然此後張議潮在涼州設官立職，積極經營河西東部，但卻得不到唐朝的支持。[23]

第二節　伊州的易手

《資治通鑑》卷二五〇記：

咸通七年（866）春二月，歸義節度使張義潮奏北庭回鶻〔僕〕固俊克西州、北庭、輪臺、清鎮等城。

又《通鑑考異》引《實録》記同一件事云：

> 義潮奏俊收西河及部落，胡漢皆歸伏，並表賀收西州等城事。

此事《舊唐書》卷一九上《懿宗本紀》記作：

> 十月，沙州張義潮奏：差迴鶻首領僕固俊與吐蕃大將尚恐熱交戰，大敗蕃寇，斬尚恐熱，傳首京師。

《新唐書》卷二一七下《回鶻傳》則作：

> 懿宗時，大酋僕固俊自北庭擊吐蕃，斬論尚熱，盡取西州、輪臺等城，使達干米懷玉朝，且獻俘，因請命，詔可。

學者們對上述記載尚有不同的解説。根據最原始的《實録》，把僕固俊收西州等城和拓跋懷光斬論恐熱兩件事區别開來，已經是普遍爲人們接受的觀點，[24]此不復贅。至於張議潮奏報僕固俊的勝利是否表示僕固俊爲張議潮部下的問題，我們從上節所述西州的背景情況中看不到能肯定這種説法的迹象，最原始的《實録》也不能證明此點。從僕固俊出身於天山北麓的北庭地區來看，他在占領西州之前恐怕與張議潮没有來往。張議潮奏報其事，大概是因爲他身爲河隴一十一州觀察使，雖不能領有西州，但那裏發生的事情他有責任向唐朝報告，這並不能説明僕固俊歸他管轄。當然，剛剛在西州立足的僕固俊承認沙州的統府地位也是完全有可能的，這對於鞏固新建的西州迴鶻政權是有益的。另一點值得注意的是，上引《新唐書》所記而不見於他處的米懷玉入朝獻俘一事，表明在張議潮奏報的同時，僕固俊也遣使報告了他的勝利成果。

僕固俊初步統一了天山地區的迴鶻各部，創建了西州迴鶻王國。正當西州迴鶻勢力蒸蒸日上的時候，咸通八年張議潮入朝長安，被唐朝優養起來，其侄淮深代守歸義軍領地，但唐朝卻不給予張淮深歸義軍節度使的官位。因此，張淮深雖然四處出擊，以求立功建節，但卻一直得不到唐朝的有力支持，[25]因而也影響了歸義軍在西北地區的地位。

P.3451《張淮深變文》記其討伐迴鶻事。[26]過去，人們多遵從孫楷第先生的説法，認爲所記是乾符(874—879)、中和(881—885)年間張淮深抗擊安西迴鶻之事。[27]從文中稱張議潮爲司徒、張淮深爲尚書來判斷，《變文》應寫成於咸通八年至十三年議潮入朝、淮深代守歸義期間。[28]其所記史實主要應是對付進入河西走廊並活動於酒泉、瓜州一帶的迴鶻散衆，而不應是西州迴鶻屬下的部衆，因爲《變文》開頭處被作爲論據的"安西"二字下殘，未必就是地名。説咸通末年曾有安西迴鶻南下騷擾沙州西部，尚難肯定。《變文》後補寫的詩句中有"西取伊□□□□"一句，似乎透露出張淮深曾用兵伊州境内，所攻擊的對象或許是納職城一帶的迴鶻，可惜下殘，不得其詳。

唐朝遲遲不授予張淮深歸義軍節度使銜，而進入河西甘州地區的迴鶻勢力劇增，侵奪原歸義軍的領地，使歸義軍内外交困，張淮深處在内憂外患之中。西州迴鶻乘機東進，擴充地盤。P.5007所抄詩有殘題文字如下："僕固天王乾符三年四月廿四日打破伊州(中殘)録打劫酒泉後卻和斷(後殘)"，詩文僅存六字："爲言迴鶻倚凶(下殘)"。筆者曾經指出，這首敦煌人寫的詩歌記録了乾符三年(876)西州迴鶻攻取沙州歸義軍所轄伊州城的歷史真相，僕固天王即僕固俊或其後繼者。[29]對於伊州的失陷，張淮深似乎未能采取甚麼積極的措施加以挽救，因爲進入中和年間，淮深迫於應付進入甘州一帶的迴鶻，只得對西州迴鶻采取温和的態度。S. 367《沙州伊州地志》是沙州張大慶於光啓元年(885)抄自靈州安慰使的一件文書,其内容主要是抄自唐朝前期編寫的《沙州圖經》和《伊州圖經》,因此不能據以認爲光啓元年時伊州又爲歸義軍所有。

P. 3569 V《光啓三年四月歸義軍官酒户龍粉堆牒》與《押衙陰季豐牒》,並有節度使張淮深判詞,現摘引如下:

A 1.　官酒户馬三娘、龍粉堆:
2.　　去三月廿二日已後,兩件請本粟叁拾五馱,
3.　　合納酒捌拾柒甕半,至今月廿二日,計卌一日,
4.　　伏緣使客西庭、璨微及涼州、肅州蕃
5.　　使繁多,日供酒兩甕半已上,今准本數
6.　　欠三五甕,中間緣在四、五月艱難之□,□
7.　　濟本省全絶,家貧無可炊飲,朝
8.　　憂敗闕。伏乞
9.　　仁恩,支本少多,充供客使,伏請
10.　　處分。
11.　　牒件狀如前,謹牒。
12.　　　　　　光啓三年四月　日,龍粉堆牒。
13.　"付陰季豐算過。廿二日,淮深。"

B 1.　　押衙陰季豐:
2.　　右奉　判令算會,官酒户馬三娘、龍糞堆
3.　　從三月廿二日於官倉請酒本粟貳拾馱,
4.　　又四月九日請酒本粟壹拾伍馱,兩件共
5.　　請粟叁拾伍馱。准粟數合納酒捌拾柒
6.　　甕半。諸處供給使客及設會賽神,一一
7.　　逐件算會如後:

8. 西州迴鶻使上下叁拾伍人,每一日供酒捌斗陸升,

9. 從三月廿二日至四月廿三日,中間計叁拾貳日,

10. 計供酒肆拾伍甕伍斗貳勝。

（中略）

23. 〔四月〕廿二日,西衙設迴鶻使用酒叁甕。已上諸處

24. 供給,計用酒捌〔拾〕壹甕半貳勝。准粟數

25. 使用外,餘欠酒伍甕伍斗捌勝。

26. 右通前件酒一一檢判憑算會如前,

27. 伏請處分。

28. 牒件狀如前,謹牒。

29. 光啓三年四月　日,押衙陰季豐牒。

30. “西州使今月廿五日發□,

31. □酒甕自供,廿三日。”[30]

據此可知,西州迴鶻在光啓三年曾派出較大的一個使團出使沙州,上下共三十五人,他們三月二十二日到達敦煌,逗留一個多月,於四月二十五日離開。沙州官府對這些西州迴鶻使者供以酒食,做了很好的招待,臨行前沙州首腦還在西衙設宴款待,這表明此時雙方的關係是友好的。

大順元年(890)二月,張淮深死於沙州兵變,張淮鼎繼任歸義軍節度使,不久亦亡。索勳繼之,並取代張淮鼎所托孤子張承奉而自任節度使,至乾寧元年(894)被張議潮第十四女、李明振夫人及其諸子推翻。李氏諸子獨攬歸義軍政權,在其權勢達到頂點時(約895年末)産生的一首《兒郎偉》(P. 3552)稱:

四方宴然清帖,獫狁不能犯邊。甘州雄身中節,嗢末送款旌壇。西州上拱(貢)寶馬,焉祁(耆)送納金錢。從

> 此不聞梟鴟，敦煌太平〔萬年〕。[31]

這裏顯然是文學作品的誇張炫耀之詞。自張淮深末期，沙州陷於内部政爭之中，削弱了本身的力量，歸義軍原有的城鎮尚不能保有，更不可能驅使西州迴鶻來貢馬納錢了。這幾句頌詞或許僅僅是表示沙州與西州之間存在着商品交易關係而已。

第三節　金山國的努力與失敗

乾寧三年(896)，張承奉奪回對歸義軍的控制權，正式繼任爲節度使。隨着政權的鞏固，張承奉的野心也漸漸地大了起來。與此同時，唐朝也走向滅亡(907 年)，歸義軍節度使已經完全自行其是，在對外關係上，張承奉開始鋌而走險。

P. 4640 V《己未至辛酉年(899—901)歸義軍軍資庫司布紙破用曆》，記有這三年間歸義軍與中原、甘州、肅州、于闐、璨微等政權或部族往來的情況，惟獨不見西州迴鶻之名，[32]似表明兩地關係已經逐漸疏絶。莫高窟第 148 窟中保存的《唐宗子隴西李氏再修功德記》碑末，有張淮深、張淮鼎、張承奉三任節度使的銜名，但不見於 P. 4640(3)此碑稿本中，可能是張承奉任使職期間補刻的。三人結銜中均有“瓜沙伊西等州節度”字樣(個別有殘缺)，[33]這種稱呼不見於此前資料，似乎反映了張承奉企圖得到伊、西二州的願望。

唐朝滅亡後，張承奉建立金山國，自號金山白衣帝，希圖占有歸義軍名義上所領有的十一州之地。P. 3633 V(1)金山國宰相張某撰《龍泉神劍歌》中唱道：

> 神劍新磨須使用，定疆廣宇未爲遲。東取河蘭廣武城，西取天山瀚海軍。北掃燕然□(葱)嶺鎮，南盡戎羌邏

莎平。三軍壯,甲馬興,萬里横行河湟清。……蕃漢精兵一萬强,打御甘州坐五涼。東取黄河第三曲,南取□(武)威及朔方。通同一個金山國,子孫分付坐敦煌。□(六)蕃從此永歸投,撲滅狼星壯斗牛。北庭今載和□□,兼獲瀚海以西州。改年號,挂龍衣,築壇拜御南郊後,始號沙州作京畿。[34]

其中“西取天山瀚海軍”、“兼獲瀚海以西州”等句顯爲誇大之詞,但表現了金山國君臣爭奪西州迴鶻領地的願望。從現存的敦煌文書來看,張承奉確實曾向這方面努力。S. 4654 沙門福祐撰《唐故歸義軍節度衙前都押衙充内外排□使銀青光禄大夫檢校左散騎常侍兼御史大夫上柱國豫章羅公(通達)邈真讚并序》稱:

洎金山王西登九五,公乃倍(陪)位臺階,英高國相之班,寵獎股肱之美。遂乃閈(于)闐路阻,璨微艱危,驍雄點一千精兵,公以權兩旬便至。於是機宣韓白,謀運張陳。天祐助盈(赢),神軍佐勝。指青蛇未出於匣,蕃醜生降;表白虎纔已臨旗,戎虻伏死。彎□一擊,全收兩城。回劍征西,伊吾殄掃。方保延齡固壽,輔主輸忠,奈何疾遽伏牀,掩歸大夜。[35]

這篇讚文撰於後唐年間,所述爲金山國時事。又 P. 3718(4)《唐河西節度右馬步都押衙銀青光禄大夫檢校國子祭酒兼御史大夫上柱國閻公(子悦)生前寫真讚并序》稱:

弱冠之際,主鄉務而無差;成立之年,權軍機而有則。仿設雲龍之勢,拒破樓蘭;決勝伊吾之前,凶徒膽裂。東西奉使,無思路間之憂;南北輸忠,擅播亞夫之勇。……於時天成四年歲次己丑(929)大族之月蓂生十二葉題記。[36]

同卷(3)《唐河西節度押衙知應管内外都牢城使銀青光禄大夫檢校國子祭酒兼御史大夫上柱國清河郡張公(良真)生前寫真讚并序》稱：

> 金山王時，光榮充紫亭鎮主……是時西戎起萬里之危，域土隘千重之險……公則權機決勝，獲收樓蘭三城……此日仍充〔應〕管内外都牢城使。自居崇列，纔經三五之秋；晝警夜巡，堅衞郭郛雉堞。累率少卒，多傷淳維之孫。敵毳幕於雪嶺之南，牽星旗於伊吾之北。元戎節下，不辜毫隟之非；異郡遐方，數受欽悊之捧……於時天成肆年歲當赤奮若(929)律中夾鐘蓂生壹葉題記。[37]

綜合以上三篇邈真讚所述，知金山國時，張承奉曾派國相羅通達、應管内外都牢城使張良真等，率領一千精兵，進擊伊州，企圖奪回歸義軍早已失掉的這個西陲重鎮。然而，三篇讚文對此役的結果含糊其詞，顯然是因爲没有達到預期的目的。敦煌發現的約 925 年前後所寫的于闐語文書《鋼和泰藏卷》地名部分，將伊州歸入西州迴鶻王國所轄諸城鎮的範圍之内，[38] 證明伊州並没有爲歸義軍所得。

914 年，張承奉的金山國結束，曹氏繼爲歸義軍節度使。在大約同光三年(925)修建的敦煌莫高窟第 98 窟中，節度使曹議金的題銜中有"河西隴右伊西庭樓蘭金滿等州〔節度使〕"，[39] 其中的"伊、西、庭、樓蘭、金滿"都是張承奉時進攻過的地方，可以看作是金山國時期軍事行動所遺留下來的痕迹，對於曹氏歸義軍節度使來説，這純屬虚名而已，絲毫不表示他對這些地區擁有控制權。曹氏歸義軍僅保有瓜沙二州六鎮之地，終十世紀，其與西州迴鶻王國之間，始終保持着良好的關係。

第四節　曹氏歸義軍與西州迴鶻的文化交往

近年來，森安孝夫先生在一系列論文中，揭示了十世紀沙州與西州關係的某些方面；[40]哈密頓教授刊佈了反映當時兩地交往的迴鶻語文書。[41]本節就是在學者們研究的基礎上，進一步系統地收集有關資料，首先根據敦煌文書，排列出兩地使者往來的年表，然後就兩地流行的佛典和講唱文學作品，來探討兩地之間的文化交往。

（1）沙州、西州間的使節往來

有關十世紀沙州歸義軍與西州迴鶻王國之間使節往來的記載，主要見於敦煌寫本中的雇駝、貸絹類契約和沙州官府、寺院的入破曆帳單中，前者間接記録了沙州使者前往西州、伊州的情況；後者則多爲西州、伊州使者在敦煌受到款待的記録。這些文書多用六十甲子紀年，但大多數能够考證清楚它們的公元紀年。以下按年表的方式，第一，先列出歸義軍遵從的中原王朝年號紀年，下附月日，然後對使者往來情況做簡要敍述；第二，摘抄年表該條所據的原始文書的有關文字；第三，對年代考證等情況略作説明。

貞明九年(923)三月二十八日，沙州王悉多敦出使伊州。

〔資料〕殷 41 號《癸未年(923)三月廿八日王悉多敦貸絹契》："癸未年三月廿八日立契。王多敦欠□(少)□(絹)□(帛)，遂於押衙沈弘禮面上，貸生絹壹疋，長四十尺，幅闊壹尺八寸二分。伊州使到來之日，限十五日，便須田(填)還。悉多敦身故，東西不在，一仰口承人丈白面上，顧爲本絹。”[42]

〔考證〕下引同卷所抄契約中提到的“押衙價延德”，又見於 P. 2049 V(2)《長興二年(931)正月沙州淨土寺直歲願達手下諸色入破曆計會》第 133 行：“黄麻伍斗，賈延德利潤入。”[43]據此知殷 41 號所寫諸契之癸未年爲 923 年。

同年四月十五日，沙州張修造出使西州。

〔資料〕殷 41 號《癸未年(923)四月十五日張修造雇駝契》：“癸未年四月十五日，張修造遂於西州充使，欠闕駝棄(乘)，遂於押衙王通通面上，雇五歲父駝壹碩(頭)。斷作駝價，官布十六疋，長柒捌，到日還納。駝若路賊打病死，一仰要同行見。”[44]按許國霖録有殷 41 號《癸未年(923)七月十五日張修造雇駝契》：“癸未年七月十五日，張修造王(往)於西州充使，欠闕駝棄(乘)，遂於押衙價延德面上，雇六歲父駝一頭。”[45]今檢原卷，“七月十五”實爲“四月十五”之誤。

長興元年(930)，有西州使僧來至沙州。

〔資料〕P. 2049 V(2)《長興二年(931)正月沙州淨土寺直歲願達手下諸色入破曆計會》第 308—309 行：“油貳斗，納官供志明及西州僧食用。”又第 378—379 行：“麵柒斗，納官供志明及西州僧食用。”[46]

〔考證〕此處記西州僧的供應，係歸義軍官府自淨土寺抽調，知該僧由官家供給，應有使者性質，似非通常往來之行脚僧也。

長興二年(931)，沙州武達兒弟出使西州。

〔資料〕P. 4638(13)《丙申年(938)正月歸義軍馬軍武達兒

狀》:"右伏以達兒先送皇后年,其弟名管馬軍,奉命西州充使,不達鄉際亡歿。"[47]

〔考證〕武達兒弟出使西州的時間,是在武達兒奉命"送皇后年"。這位皇后,藤枝晃先生正確地指出係嫁給于闐國皇帝李聖天的歸義軍節度使曹議金之女,但他卻把文書中的"西州"和"于闐"混爲一談,而誤認爲武達兒弟送皇后至"西部之州"——于闐。[48]在這一點上,我們同意森安孝夫氏的觀點,認爲敦煌文書中的西州不指于闐。[49]狀文明記武達兒弟出使西州,而武達兒本人則送皇后到于闐。同卷《武達兒狀》後,接抄有《馬軍宋和信雇駝狀》兩件,其一稱"右和信先辛卯年,有柒歲駁駝壹頭,押衙氾潤寧雇將于闐充使。"[50]辛卯年即931年,應即武達兒隨氾潤寧出使于闐送皇后之年,也即武達兒弟出使西州之年。

清泰二年(935?)正月一日,沙州靈圖寺僧善友出使西州。

〔資料〕S. 4504 V(6)《乙未年(935?)正月一日善友貸絹契》:"乙未年正月壹日,靈圖寺僧善友往於西州充使,欠少帛絹,遂於押衙全子面上,貸生絹壹疋。"[51]

〔考證〕本件年代未能確定。

同年三月七日,歸義軍節度押衙龍弘子出使西州。

〔資料〕S. 4504 V(5)《乙未年(935?)三月七日龍弘子貸絹契》:"乙未年三月七日立契,押衙就(龍)弘子往於西州充使,欠少絹帛,遂於押衙閻全子面上,貸生絹壹疋……其絹彼至西州迴來之日還。"[52]

〔考證〕本件年代未能確定。

天福四年(939)四月六日,沙州索僧正去西州。

〔資料〕S. 5937《庚子年(940)十二月廿二日都師願通沿常住破曆》:“四月六日……索僧正西州去時麩肆斗,馬吃用。”

〔考證〕本件年代據翟林柰和土肥義和的考證。[53]

此後不久,有西州僧來沙州,住佛寺中。

〔資料〕P. 2642《某寺諸色斛斗破曆》:“十一月十三日,粟陸斗沽酒,西州就寺來吃用。”

〔考證〕唐耕耦先生指出此文書上之署名,又見於 S. 5937《庚子(940)十二月廿二日都師願通沿常住破曆》和 P. 3997《庚子年(940)辛丑年(941)布入曆》,[54]姑列此文書於 S. 5937 號一條下。

天福六年(941)十月二十五日,沙州賈彥昌出使西州。

〔資料〕P. 3453《辛丑年(941)十月廿五日賈彥昌貸絹契》:“辛丑年十月廿五日,賈彥昌緣往西州充使,遂於龍興寺上座心善面上,貸生絹壹疋,長叁拾柒尺貳寸,幅壹尺捌寸。又貸帛拖(絁)綿綾壹疋,長貳杖(丈)叁尺陸寸,幅壹尺玖寸半。自貸後西州迴日,還利頭好立機兩疋,各長貳杖(丈)伍尺。若路上般次不善者,仰口承人弟彥祐於尺數還本綾。”[55]

〔考證〕本契年代據陳國燦的考證。[56]

開運三年(? 946)正月二十二日,沙州洪潤鄉百姓宋蟲□出使西州。

〔資料〕P. 2652 V《丙午年(946?)正月廿二日宋蟲□雇駝契》:“丙午年正月廿二日,洪潤鄉百姓宋蟲□充使西州,欠少駝畜,遂於同鄉百姓厶專甲面上,故(雇)八歲駁駝一頭,斷作駝價,生絹一疋。正月至七月,便須填還……如若瘡出病死者，得同行三人徵見。”[57]

〔考證〕本件年代未能確定。

天福十三年（948）四月十六日，歸義軍兵馬使徐留通出使西州。

〔資料〕P. 3472《戊申年（948）四月十六日徐留通兄弟欠絹契》：“戊申年四月十六日，兵馬使徐留通往於西州充使，所有些些小事，兄弟三人對面商儀（議）。”[58]

〔考證〕本契年代據陳國燦的考證。[59]

乾祐四年（951）四月十八日，歸義軍節度押衙康幸全出使伊州。

〔資料〕P. 2504 附斷片（2）《辛亥年（951）四月十八日康幸全貸絹契》：“辛亥年四月十八日，押衙康幸全往於伊州充使，欠少貨物，遂於耆壽郭順子面上，〔貸〕白絲生絹壹疋……本絹幸全到城日，限至九月填還。”[60]

〔考證〕本契年代據陳國燦的考證。[61]

顯德二年（955）二月十三日至二十四日，西州使者在敦煌逗留。三月十九日，又有西州使至沙州，住館驛中。二十三日，歸義軍官府於大廳内設宴，款待西州來使。

〔資料〕S. 3728《乙卯年（955）二月至三月歸義軍押衙知柴場司安祐成牒》共五件，其中 A 件記：二月十三日，“供西州走人逐日柴壹束，至貳拾肆日斷。”D 件記：三月十九日，“迎西州使，付設司檉刺叁束；下擔，付設司柴叁束；就驛下擔，檉刺伍束。”E 件記：三月廿三日，“大廳設使客，付設司檉刺拾束”。

〔考證〕此爲歸義軍官府之一柴場司供應柴草的記録。A 件的“西州走人”雖未明稱其爲使者，但因受官府供給，恐怕是途經敦煌的西州使人。D件記西州使從抵達敦煌，到於館驛安下，共三次供柴。E件只記宴設使客，其中應包括新來的西州使者。本件年代據張廣達、榮新江的考證。[62]

顯德三年(956)三月二十三日，沙州三界寺僧法寶出使西州。

〔資料〕P. 3051 V《丙辰年(956)三月廿三日法寶貸絹契》："丙辰年三月廿三日，三界寺僧法寶往於西州充使，欠〔闕絹帛〕，遂於同寺法〔律〕戒德面上，貸黄絲生絹壹疋。"[63]

〔考證〕本契年代據陳國燦的考證。[64]

顯德五年(958)四月二十五日，沙州康員奴出使伊州。

〔資料〕P. 3501 V(9)《戊午年(958)四月廿五日伊州使頭康員奴牒》(本文略)。

〔考證〕本件爲P. 3501 V同筆連寫的十件文書之一，其中有顯德五年四月的文書，可以據知此件之戊午年爲958年。[65]按"伊州使頭"並非指伊州來使，而是指歸義軍派往伊州的使團首領。如P. 3272 V記有"丁卯年正月廿四日甘州使頭閻物成去時書本"，[66]閻物成又見於P. 3627(1)+P. 3867《漢八年楚滅漢興王陵變》題記："天福四年(939)八月十六日，孔目官閻物成寫記。"[67]知其曾任歸義軍孔目官，而非甘州人。又，P. 4044(2)《歸義軍節度使處分甘州使頭帖》中"汝甘州充使"云云，[68]更能證明此點。

同年六月十六日，歸義軍兵馬使康員進出使西州。

〔資料〕P. 3501 V(1)《戊午年(958)六月十六日康員進貸絹契》："戊午年六月十六日立契，兵馬使康員進往於西州充使，欠少疋帛，遂於兵馬使索兒兒面上，貸生絹壹疋……其絹西州到來,限一月填還。"[69]

〔考證〕本契年代據陳國燦的考證。[70]

乾德二年(964)正月二十四日,西州使至敦煌。四月二十五日返回。五月十八日,伊州使至敦煌。二十一日,歸義軍官府於南城設宴招待伊州使者。二十五日,歸義軍長官看望伊州使者。

十月八日,又有伊州使至敦煌,歸義軍官府於十日、十四日,兩次宴請伊州來使。

〔資料〕敦煌研究院藏卷 001+董希文藏卷+P. 2629《歸義軍官府酒破曆》:"去正月貳拾肆日,供西州使逐日酒壹斗,至肆月貳拾伍日夜斷,除月小盡,中間玖拾壹日,内兩日全斷,兩日斷半,計用酒壹拾肆甕肆斗。五月十八日,支伊州使酒壹斗。廿一日,南城設伊州使酒貳斗伍升。廿五日,看伊州使酒伍升。十月八日,迎伊州使酒貳斗;下擔酒貳斗。九日,比料帖下供伊州使酒貳斗。十日,設伊州使酒壹甕。十四日,設伊州使酒貳斗。"[71]

〔考證〕本件年代據施萍亭的考證。[72]

開寶四年(971)六月一日,沙州塑匠馬報達在伊州作客。

〔資料〕北圖新 1013《天請問經》題記:"辛未年六月一日,塑匠馬報達在伊州作客寫記之耳。"[73]

〔考證〕此件當即羅福萇《古寫經尾題録存》(《永豐鄉人雜著續編》所收,1923 年版)葉 17V 所録未詳藏所的馬報達題記,池田温《中國古代寫本識語集録》(東京,1990 年)第 503 頁 No. 2395 繫在 971 年下,但 456 頁 No. 2159 又將北圖新 1013 繫在 911 年下,均加問號。馬報達自稱作客伊州,而此本又出土於敦煌,表明他本是沙州人。如上節所述，911 年正當金山國時，沙州和西州之間正在伊州一帶爭戰，不太可能有沙州人作客伊州之事，故繫在 971 年。

太平興國五年（980），有西州使、伊州使至沙州，並巡禮莫高窟。

〔資料〕S. 1366《歸義軍宴設司麵、油破曆》第 18—19 行："新來伊州使下擔，細供兩分，麵五升，用麵八升八合，油一合六勺。"第 23—25 行："西州使及伊州使上窟迎頓，細供二十五分，中次料十五分，用麵六斗五升五合，油二升六合。"

〔考證〕此文書首尾俱殘，無年代。唐耕耦考證此文書可能與 S. 2474《庚辰至壬午年（980—982）間麵油破用曆》是同一件文書。[74]其説大致不誤，而 S. 2474 可據其中的閏三月，定在太平興國五年。[75]

太平興國七年（982）正月前後，沙州遣使赴西州。

〔資料〕S. 6452（2）《辛巳年（981）十二月十三日周僧正於常住庫借貸油麵物曆》："麵玖秤，還，西州使頭邊買褐用。九日，麵兩秤，還，連麵壹斗，於西州使頭邊買褐用。壬午年正月十日，麵肆秤，還，於西州使頭邊買褐用。"

〔考證〕本件文書年代據土肥義和的考證。[76]此處記西州使頭在行前或回來後與沙州寺院貿易事，時間在辛巳年至壬午年初，估計這批沙州使人出使西州在太平興國七年正月前後。

雍熙二年（985），沙州神沙鄉百姓吴保住等出使西州，使者般次路上被賊人打劫，保住被俘至伊州界内。至十一月，由沙州使安都知一行贖回。

〔資料〕P. 3579《雍熙五年(988)十一月吴保住牒》:“(前殘)差着西州奉使,當便去來,至(中殘)賊打破般次,驅拽直到伊州界内。(中殘)後到十一月,沙州使安都知般次(中殘)押衙曹閏成收贖。……今經三年……”又本卷背面有殘文云:“十一月廿七日,將取西州去物色目。”下列諸色物品,略。

〔考證〕正背面文書均已殘,但文意仍可大致搞清。吴保住牒爲雍熙五年所上,據文中“今經三年”,上推其出使年份當在雍熙二年。背面應是當時所寫文書,月份大體相合。

端拱三年(? 990)十月一日之後不久,沙州住兒自西州返回。

〔資料〕P. 3156 斷片(4)《庚寅年(990?)十月一日已後住兒西州到來破緤數》。正文列各色緤數,略。

〔考證〕本件年代未能確定。

淳化四年(993)九月二日,歸義軍先都頭令狐願德出使西州。

〔資料〕P. 2737(4)《癸巳年(993)九月歸義軍駝官馬善昌牒》:“伏以今月二日,先都頭令狐願德將西州去羣上大駁駝壹頭,未蒙判憑,伏請處分。”後有歸義軍節度使於三日寫的判文及鳥形畫押,上鈐“歸義軍節度使之印”。[77]

〔考證〕本件文書年代據艾麗白的考證。[78]

以上是大致可以給出年代的沙州與西州使者往來的情況。在屬於十世紀的一些没有紀年的文書中,也保存了一些同類的資料,如 P. 2032 V《淨土寺諸色入破曆算會稿》中,記有“麪伍升,伊州客僧來時看用。”[79]此外,P. 2700 V 有《某年五月一日比丘法真上禪闍梨狀》,記録了法真出使伊州的情況。S. 4685 爲《沙州兄李醜兒致伊州弟李奴子書》,[80]知當時有兄弟兩人分在兩國者。又 S. 1284《某年二月西州昌富上沙州靈圖寺陳和尚狀》記："昨者龍都頭到來，切審和尚平善。"知曾有沙州龍都頭出使西州。而這封西州人的信和森安孝夫曾詳細研究的 P. 3672 bis《某年十一月十日西州都統大德上沙州宋僧政等狀》，[81]都是由兩地間往來的使者帶到沙州的。

除了漢文史料之外，敦煌發現的迴鶻語文書，也提供了兩地交往的明證。其中，Pelliot ouigour 4 是伊州 Qar Ärdäminal 致沙州 Taŋquš Ärdäm ögä 的信。[82] Pelliot ouigour 12 則是沙州某人致西州迴鶻王國中某人的信，但不知何因没有發送出去，信中還提到伊州（Qamil）。[83]這兩件文書和森安孝夫提到的 P. 3134V 迴鶻語毛織物入破曆，[84]都是有關兩地商業往來的記録。此外，P. 2988＋P. 2909 是西州迴鶻使臣在敦煌寫的發願文，其中提到 täŋri taβŋač xan"聖天桃花石汗"（中國皇帝）、täŋri uyrur xan"聖天迴鶻汗"和沙州之 täŋri taypü bäg"聖天太傅匐"等。沙州太傅必指十世紀曹氏歸義軍節度使中某人無疑。這批使臣中有吐魯番的安姓粟特人（turpan-lir An enaï），並有許多人是高級官吏，如都督（totoq）、地略（tiräk）、將軍（saŋun）、啜（čor）、刺史（čigši）、特勤（tegin）等，可見這個使團之龐大。[85]

自後周廣順元年（951）至十世紀末，西州和龜兹兩地的迴鶻經常向中原入貢，[86]其中也應有不少使者經過敦煌並在那裏逗留。

從以上所舉敦煌漢語和迴鶻語文書的記録，我們可以得出以下幾點認識：第一，公元十世紀，沙州歸義軍與西州迴鶻王國間始終没有中斷相互的往來，沙州有時一年當中派出幾批使者出使西州。而在敦煌留住的西州使臣，有的常住數月之久。

第二,雙方擔任使者的人員都各不相同,有時是由官吏充使,甚至西州可汗子弟特勤也曾作爲使臣來到沙州。沙州所遣使人則有節度押衙、兵馬使和一般百姓。其中值得注意的是雙方都曾派僧人出使,這實際是中古佛教諸王國間交往的通例,十世紀西北各地方政權間更是如此。

第三,一個使團的人數時多時少,P. 2988 所記西州迴鶻使者有數十人;開運三年(946)沙州宋蟲□一行,大概只有四人而已。

第四,沙州使者往往要在行前雇駱駝,以便翻逾沙磧,長途跋涉。[87]另外,他們行前經常借貸絹絲,以便在執行政治和外交使命之外,做一些絲絹買賣,[88]反映了直到十世紀,漢地的絲絹仍是西北各族人民喜愛的物產。

第五,從敦煌到西州的道路有三條,即直通西州的大海道和經過伊州的稍竿道及莫賀延道(又稱第五道),[89]此時主要應走後兩道。沙磧中有賊人出没,因此往來使人有被劫持的危險,甚者殞没他鄉。

第六,雙方使節出使的主要目的幾乎没有記載,推測應當主要是政治、外交和商業貿易。但是,一些有文化的僧人充作使者往來於兩地之間,似乎透露出敦煌漢人和西州迴鶻人之間,一定存在着密切的文化交往。

(2) 敦煌佛典的西傳

吐魯番盆地和焉耆、龜兹等地,自古以來就是西域佛教文化的中心,西遷迴鶻占據天山東部地區後,受當地强大的佛教文化的感染,逐漸把佛教當作正統的宗教,大力加以扶植。十世紀初,西州迴鶻已在天山東部地區站穩脚跟,疆域的固定,戰事的減少,使當地的佛教文化得以迅速發展,佛教典籍也開始大量地被譯成迴鶻文了。

迴鶻人到來之前的焉耆、龜兹和吐魯番地區，除了傳統的梵文佛典之外，主要流行着以所謂"吐火羅語"（A方言又稱焉耆語，B方言又稱龜兹語）和漢語所寫的佛典。目前學界公認的屬於最早期的迴鶻文佛典，即敦煌發現的《天地八陽神咒經》（Or. 8212—104）和吐魯番勝金口發現的《彌勒會見記》，就是分别譯自漢語和吐火羅語A方言的。[90]可以説，吐火羅語佛典和漢語佛典是迴鶻語佛典的主要根源，當然，這並不是説没有譯自梵文、藏文、于闐文、粟特文的例證。

作爲西州迴鶻佛教文獻來源之一的漢文佛典，其來歷主要有三個途徑。第一是原在高昌郡、高昌王國和唐西州時期陸續寫成的佛典。[91]這些佛典作爲寺院的圖書，應當一直保存到西州迴鶻時期。北宋初王延德的《使高昌記》稱，當地有"佛寺五十餘區，皆唐朝所賜額。寺中有《大藏經》、《唐韻》、《玉篇》、《經音》等"。[92]這些在唐朝所賜額的寺院中與《唐韻》、《玉篇》等漢文典籍一起保存的《大藏經》，其中主要部分應是唐或唐以前寫成的漢文佛典。這些漢文佛典對後來的迴鶻佛教一定産生過不小的影響。第二是中原王朝送來的漢文佛典。九世紀後半，迴鶻西遷建國時，雖曾和唐朝有過接觸，但當時根本不存在文化交流的環境。十世紀初以來，據現存史料記載，遲到後周廣順元年（951）二月，纔有首批西州使者來到中原王朝，其中有摩尼師，而未見佛教徒。[93]入宋以後，西州迴鶻佛教徒也曾多次來到汴梁。[94]熙寧元年（1068）七月，西州迴鶻可汗遣使朝貢，並乞買金字《大般若經》，宋朝准給。[95]在此之前，宋朝還曾賜給西州迴鶻境内的龜兹迴鶻人"佛一藏"。[96]從上述史料來看，中原王朝向西州迴鶻輸送佛典，主要是十一世紀以後的事情。第三是我們在此要重點討論的敦煌漢文佛典的西傳，可以説，十世紀西州迴鶻所得到的漢文佛典，主要應當來自敦煌。

敦煌佛典的西傳吐魯番地區，實際是文化交流中的一種“倒流”現象。季羡林先生曾舉吐火羅文 A waṣtaṣ lät/länt、B ost(a) meṃ lät 是譯自漢文“出家”一例來説明這一問題。[97]另外，他還舉出宋人贊寧《宋高僧傳・含光傳》系詞的有關議論，强調了這種文化的倒流現象。[98]《含光傳》系曰：

> 又夫西域者，佛法之根幹也。東夏者，傳來之枝葉也。世所知者，知枝葉，不知根幹。而不知枝葉殖土，亦根生幹長矣。[99]

敦煌作爲中原王朝的邊境城鎮，與西域接壤，佛教文化早已在這裏殖根長葉。八世紀中葉，吐蕃乘唐朝安史之亂後的虚弱無力，沿河西走廊，從東向西陸續攻占了武威、張掖、酒泉、敦煌。在這一過程中，河西地區的一些高僧和一般僧衆，大量湧入敦煌，受學於長安西明寺的建康沙門曇曠，就是其中之一。[100]吐蕃占領敦煌以後，大力扶持這裏的佛教教團，創建了一些新的寺院，使僧尼數量大增。敦煌不僅避過了唐武宗時的會昌法難，而且産生了法成這樣的唯識學大師，[101]使敦煌的佛教處於河西的領導地位。歸義軍建立後，河西的最高僧官都僧統即住錫沙州，維持着擁有數千僧衆的龐大佛教教團。[102]相比於被迴鶻占據的西、伊、甘、肅和漢蕃混居的涼州，十世紀的敦煌無疑代表了西北地區漢化佛教的最高水平。而且，沙州的佛教教團一直保持着與中原王朝的關係，不斷補充着自己欠闕的漢文佛典。[103]因此，在西北各民族政權的佛教徒眼中，敦煌又是中原漢化佛教在西北地區的代表。可以説，此時敦煌的漢化佛教,已是根生幹長,並開花結果的時代,具備了向西域倒流佛教文化的基礎。

在斯坦因攜回倫敦的敦煌文書中,有一件因爲背面繪有圖畫而被作爲藝術品存放在英國博物館中,該卷編號 Ch. 00207,正面寫有《乾德四年(966)歸義軍節度使曹元忠夫婦修功德記》,現摘抄有關部分文字如下:

> 大宋乾德四年歲次丙寅五月九日,敕歸義軍節度使特進檢校太師兼中書令托西大王曹元忠,與敕授涼國夫人潯陽翟氏,因爲齋月,届此仙巖。……兼請僧俗數人,選簡二十四個,□□□大王窟内,抄寫《大佛名經》文,一十七寺之中,每寺各施一部。内擿一部,發遣西州。所欠《佛名》,誓願寫畢。[104]

這裏明確記載了沙州歸義軍首腦在請人抄寫《佛名經》時,特别爲西州迴鶻抄寫一部,並遣使送去,以補西州《大藏經》所欠《佛名》。這説明沙州官府十分了解西州經藏的情況,也間接得知西州迴鶻曾經有過向沙州乞經的活動。這是佛典由敦煌倒傳到吐魯番的一個最好例證。吐魯番出土的漢文《佛名經》大多數是屬於十世紀的寫本,[105]其中是否包含着敦煌送去的寫本,是值得注意的。將來若根據原卷對敦煌、吐魯番兩地發現的十世紀的佛典的紙質、書法、内容等方面作對比研究,將是一項有意義的工作。

敦煌佛典西傳吐魯番的另一個例證,是《妙法蓮華經玄贊》。《法華玄贊》是唐代法相唯識學權威、玄奘弟子、慈恩大師窺基(632—682)的著作。敦煌發現的該書漢文寫本的年代,從曇曠講經的八世紀中葉,一直延續到歸義軍時期,説明了此書在敦煌流行的情況。在吐魯番出土的漢文寫本中,也有一件《法華玄贊》的抄本(Ch. 1215 r),抄寫時代爲九、十世紀(Periode D),因此,很可能是從敦煌傳過去的。[106]

漢文本《法華玄贊》的西傳吐魯番,對西州迴鶻的佛教産生了直接的影響。德國探險隊在吐魯番交河故城發現的一件迴鶻語佛典寫本(T Ⅱ Y 21),[107]由百濟康義氏比定爲《法華玄贊》的譯本。[108]百濟氏還進一步推測,該書的譯者很可能就是翻譯漢文《金光明最勝王經》、《大慈恩寺三藏法師傳》等書的迴鶻高僧、出身别失八里(北庭)的勝光闍梨都統(Šïŋqo Säli Tutuŋ),[109]其活躍的年代,據考在十世紀末到十一世紀初。[110]值得注意的是,在這件迴鶻文寫本的第一葉,寫着一句與本文内容無關的話:"bo šačiu bägdä-si ol(此是沙州之紙)",[111]也透露出該迴鶻語寫本與敦煌的某種關係。在吐魯番發現的迴鶻語佛典中,有利用《端拱三年(990)沙州户口受田簿》的官文書背面寫迴鶻語佛典的例子,[112]這説明十世紀的西州佛教徒,不僅在佛教教學上從沙州吸取營養,而且在抄寫佛典的紙張上,也部分地依賴從敦煌輸入的産品。

在屬於蒙元時期的迴鶻語寫本中,百濟氏進而找到了兩種寫本共計三十五葉《法華玄贊》,其出土地很可能是敦煌莫高窟第446窟(伯希和編號181窟)。[113]它説明了《法華玄贊》對迴鶻佛教的深遠影響。

以上我們舉出兩個例證,來説明十世紀敦煌佛典傳到西州迴鶻王國的事實。隨着敦煌寫本研究的進步,特别是吐魯番地區發現的漢、迴鶻、粟特文寫本的整理與研究的進展,一定會有更多的例證,證明十世紀沙州歸義軍政權爲西州迴鶻王國佛教典籍的增加,佛教文化的發展,作出了不小的貢獻。

(3) 兩地講唱文學作品的交互影響

印度佛教經中亞傳到中原，給西域和中原文化增添了豐富的色彩和内容，産生了一大批各種文體的譯文和撰著。佛教在西域和中原的發展，都走着庶民化的同樣道路。唐朝法相唯識之學的失傳和淨土、禪宗的盛行，最有力地説明了這一點。與這一發展趨勢相適應的佛教文獻，也從供僧人誦讀的枯燥乏味的經論，演化出適用於爲大衆宣講的俗講經文、變文、戲劇等等通俗文學作品。

佛典的通俗文學化，在西域地區很早就開始了。僧祐(445—518)《出三藏記集》卷九引《賢愚經記》曰：

> 河西沙門釋曇學、威德等，凡有八僧，結志遊方，遠尋經典，於于闐大寺，遇般遮于瑟之會。般遮于瑟者，漢言五年一切大衆集也。三藏諸學各弘法寶，説經講律，依業而教。學等八僧，隨緣分聽。於是競習胡音，折以漢義，精思通譯，各書所聞，還至高昌，乃集爲一部。[114]

從漢譯《賢愚經》來看，是用譬喻故事來説因緣。因爲原是由幾位于闐高僧分别講説，不是嚴格的講經，因此可以推測是對所集一切大衆所做的俗講。我們希望這些于闐三藏法師所講的因緣故事的原本，將能在和闐地區出土的古于闐語（Old Khotanese)佛教文獻中找到，但目前尚不得而知。有幸的是我們在作爲西州迴鶻佛教文化主要來源之一的吐火羅語文獻中，讀到大量的佛教文學作品，其中最著名的是吐火羅文A方言所寫的《彌勒會見記劇本》(Maitreyasamitināṭaka)。

《彌勒會見記劇本》是焉耆小乘毗婆沙派大師聖月（Āryacandra)編譯而成的，[115]在焉耆地區十分流行，其文體屬於劇本當無疑義。[116]早年，德國吐魯番探險隊在焉耆碩爾楚克遺址曾發現該劇本的部分殘片。[117]1974 年冬，又在焉耆七個星（錫克沁）千佛洞北大寺的一個灰坑中，發現了該劇本的殘片共四十四葉。[118]經季羡林先生多年研究的結果，這四十四葉八十八面殘片，是屬於該劇本的第一、二、三、五幕，用散韻相間的文體寫成。[119]該寫本第一幕最後，有題記稱：

Cor 命令 Kāṣṣar、Kalyāna、Gautamin 來抄寫此書，願我們都成爲佛天。[120]

Cor 是突厥語čor 的借詞，漢文音譯作"啜"，是突厥較高官員的一種稱號。[121]此詞又見於德國收集的吐火羅語 A382 號文書中。[122]"啜"在此應指某位在焉耆居住的突厥人或突厥化的焉耆人。從焉耆的歷史背景來看，該殘本的抄寫年代應在六世紀末或七世紀初西突厥或鐵勒控制焉耆時，[123]也不排除寫於九世紀以後迴鶻勢力控制焉耆時的可能性。[124]

這部流行於焉耆的吐火羅語劇本直接影響了迴鶻文佛教文學作品的發展。大約在十世紀，這部戲劇由出身高昌的佛教大師智護（Prajñārakṣita）從吐火羅語譯成迴鶻語。[125]迴鶻語文本的《彌勒會見記》保存下來的殘片較多，現已弄清它總共有二十七幕，德國探險隊曾在吐魯番勝金口等地發現了一些迴鶻語文本的殘卷，[126]是屬於較早時期的寫本。1959 年，新疆哈密又發現了同一文獻的寫本二百九十三葉。[127]其抄寫年代，即序章所記"羊年閏三月二十二日"，森安孝夫氏推測應是 1067 年。[128]根據已刊的迴鶻語《彌勒會見記》，對比吐火羅語本，可知兩者内容基本對應，但迴鶻語譯者在翻譯時有所增減。在吐火羅語本散韻交接處的詞牌名稱，迴鶻語本均删除了，其後的韻文也基本用散文體譯出。[129]但迴鶻語本每幕之前後用朱筆標寫的演出場地，以及它的對話形式，都表明它繼承了吐火羅語文本的戲劇形式。

德國突厥語權威葛瑪麗教授在《高昌迴鶻王國》一書中寫到：

> 在古突厥語(即迴鶻語)譯本中,《彌勒會見記》是戲劇藝術的開端。在正月十五日這個公衆節日裏,信徒們聚集在寺院裏禮拜聖地。他們懺悔罪過,奉獻物質的、精神的或是象徵性的東西,舉行拯救亡靈的宗教儀式。晚上,他們聆聽教誨性的故事,或者高興地觀看展示的圖畫,欣賞頗富才華的啞劇演員和朗誦者在按照各自不同的角色,演出一些像《彌勒會見記》一類的作品,或是聽法師與弟子們之間的學術交談。[130]

西州迴鶻王國節日裏舉行的這種戲劇表演,一定也會吸引當時經常來訪的沙州使人,具有變文講唱傳統的敦煌人,對此也一定樂而忘返。

以敦煌變文和講經文爲代表的通俗敍事文學作品,有着複雜的來歷,迄今學者們對此仍有許多不同的看法,此不贅述。[131]俗講變文的活動,至遲在唐玄宗時就開始了,[132]這一傳統一直在敦煌延續下來,敦煌發現的講唱文學作品大多數是在歸義軍時期抄成的,[133]説明當時講唱變文的風氣十分盛行。沙州變文講唱的活動,對於從西州迴鶻王國來訪的使人,也應不無感染。在兩地相似的佛教文化背景下,沙州和西州之間講唱文學作品的交流是不可避免的。在敦煌寫本中,我們發現了這種交往的一些證據。

本文第一章第一節列舉兩地使者往來年表時,曾據 P. 3051V《丙辰年(956)三月廿三日三界寺僧法寶貸絹契》,指出這一年沙州僧法寶曾出使西州。同號寫本的正面,寫有《頻婆娑羅王后宫綵女功德意供養塔生天因緣變》,尾部題記作:“維大周廣顺叁年癸丑歲(953)肆月廿日,三界寺禪僧法保自手寫紀。”[134]此處之法保,應即契約中的法寶。[135]他抄寫的這篇變文顯然一直放在身邊,當三年後要出使西州時,就用這件變文抄本的背面,寫了向同寺法律戒德貸絹契約的草稿。可以設想,法寶很可能帶着這篇變文前往西州,這不由得使我們聯想起梅維恒教授根據敦煌白畫所謂“玄奘圖”,指出的那種身背一卷卷圖文而到處講經的“巡行變文講唱者”(itinerant transformation performers)。[136]《功德意供養塔生天因緣變》押座文後有祈願文:

> 内宫爾時以此開讚功德,我府主太保千秋萬歲,永蔭龍沙;夫人松柏同貞,長永(承)貴寵。

太保是指953年的歸義軍節度使曹元忠,祈願文是法寶增加的,[137]説明法寶不僅是本文的抄寫者,而且也可能是本文的講唱者,所以題記稱“自手寫紀”,意即自己親手抄寫自己講唱的變文。因此,我們不難把法寶看作是一位巡行變文講唱者,他在沙州與西州講唱文學交流中,扮演着重要的角色。

除了敦煌僧人前往西州時有可能將敦煌講唱文學作品傳入吐魯番之外,前來敦煌的西州迴鶻使者,也可能在敦煌抄譯當地流行的漢文講經文或變文作品。1971年,法國哈密頓教授轉寫、翻譯了巴黎收藏的P.3509迴鶻文册子本和倫敦收藏的Or.8212—118號迴鶻文寫本,他認爲這是譯自漢文的《大方便佛報恩經·惡友品》,但卻有許多詞句對應不上。[138]翌年,蘇聯孟列夫先生刊佈了列寧格勒藏本《雙恩記》,也即《大方便佛報恩經講經文》,其中包括相應於《報恩經·序品》的卷三和《惡友品》的卷七和十一。[139]藤枝晃教授後來指出,哈密頓所刊迴鶻文本,實際是譯自孟列夫發表的《雙恩記》。[140]

從盛唐晚期開始,經吐蕃統治到歸義軍時期,敦煌莫高窟壁畫中流行《報恩經》變相圖,但僅限於《序品》、《孝養品》、《論議品》、《惡友品》和《親近品》。據統計,《惡友品》在九、十世紀最爲盛行,計有二十五鋪,五代諸窟《報恩經》變相均有此品。[141]《雙恩記》大概就是在這樣的背景下産生的,時間約在十世紀初。[142]迴鶻文寫本的年代,哈密頓據語言和字體的特徵,判斷在十世紀前半。[143]在 P. 3509 册子本的葉邊,寫有一些迴鶻文的人名或雜記,其中兩次提到 Küsän čor,意爲"龜兹的啜",[144]表明該寫本是來自西州迴鶻的一些人在敦煌譯寫的。雖然藤枝晃的比定尚待仔細驗證,但該寫本迴鶻文正字法十分不統一,反映了作爲民俗佛教文學作品受口語影響較大的特點。[145]因此,P. 3509 迴鶻文本很可能是根據漢文《雙恩記》編譯而成的,譯者在翻譯過程中有所增減,因此某些細節對應不上,這是可以理解的。

除了敦煌發現的 Or. 8212—118 是這篇文獻的異本外,德國探險隊在交河故城發現的一件迴鶻文寫本(T ⅡY,新編號 U 120),是該文獻的另一個異本,[146]説明來自敦煌的這部迴鶻文佛教文學作品,受到了當地民衆的喜愛,抄本在當地流行起來。

至於從西州傳到沙州的講唱文學作品,在敦煌寫本中也有一個很好的例證,即 S. 6551 V《佛説阿彌陀經講經文》。我們曾在《有關西州迴鶻的一篇敦煌漢文文獻》中,整理校録了該文獻的部分文字,並考證出這是一位西行求法中途折返的漢族和尚,在西州迴鶻王國内講經時所寫的文本,其中的一些迴鶻語借詞，如“鄧林”，我們已一一找出它們的迴鶻文對應詞。[147]通讀這篇講經文，不難得出這樣的印象，雖然是漢族僧人寫下的一篇講經文，但因爲是在西州迴鶻開講，因此在語言上顯然受到當地迴鶻語的影響。[148]這篇講經文的散韻相間連續講説的方法，也與一般敦煌講經文、變文不同，而和吐火羅文《彌勒會見記劇本》的散韻相間的方式相似，這是值得注意的現象。這篇敦煌發現的西州迴鶻王國的講經文作品至少説明了兩個事實，一是西州境内存在着與敦煌同樣的俗講活動；二是西州的講唱文學作品也曾傳到敦煌，並且一定會影響到那裏的民俗文藝的發展。

在敦煌出土的迴鶻文佛典中，有一篇《阿離念彌本生故事》(Araṇemi Jātaka，編號 Pelliot ouigour 1)，年代屬於十世紀。[149]因爲在漢文文獻中没有完全對應的佛典，而在吐火羅語寫本中和更西的圖木舒克(今巴楚東北)發現的中古伊朗語寫本中，都找到了同樣的本生故事寫本，[150]因此，該迴鶻文本應是譯自吐火羅語本，其傳播到敦煌，也會對當地的文學創作産生影響。應當説明的是，在歸義軍官府中，有一些通迴鶻語的官吏，如本文第一節引用的 964 年《歸義軍官府酒破曆》中，記有“孔目官修西州文字”(23 行)，“案司修甘州文字”(46 行)，“供修甘州文字孔目官”(85 行)，“案司修西川(州)文字”(92 行)等，沙州案司孔目官所修西州或甘州文字，即指迴鶻文無疑。上文提到的 P. 3627(1)《王陵變》，即歸義軍孔目官之一閻物成於天福四年(939)八月十六日所寫。因此，敦煌發現的迴鶻語或粟特語佛教文學作品，其讀者不僅有留居那裏的迴鶻、粟特人，也應有歸義軍使府的文秘官員和一些通胡語的僧人。這是西州迴鶻佛教文學作品影響敦煌的另一條途徑。

以上通過使者的往來、敦煌佛典的西傳和兩地講唱文學作品的交流，説明了十世紀沙州歸義軍與西州迴鶻王國之間文化交往的一般情況和某些事例，這也爲絲綢之路上的兩個緑洲之間的文化交往提供了佳例。

注釋

[1]《資治通鑑》卷二四六。

[2]《新唐書》卷二一五《突厥傳》。

[3]《舊唐書》卷一九五《回紇傳》。

[4] 以下此碑録文，均見拙稿《敦煌寫本〈敕河西節度兵部尚書張公德政之碑〉校考》，《周一良先生八十生日紀念論文集》，北京，1992 年。又見本書附録。

[5] 此卷圖版和録文均見唐耕耦等編《敦煌社會經濟文獻真迹釋録》(一)，北京，1986 年，39—41 頁。

[6] 譚蟬雪《統一河西的功臣——張議潮》，《文史知識》1988 年第 8 期，78 頁。

[7] 原載 1947 年出版的《遼海引年集》；此據《唐代長安與西域文明》，北京，1957 年，418 頁。

[8] J. R. Hamilton, *Les ouighours à l'èpoque des Cinq Dynasties*, Paris 1955, p. 12, n. 1; p. 47, n. 1；唐長孺《關於歸義軍節度的幾種資料跋》，《中華文史論叢》第 1 輯，1962 年，此據《山居存稿》，北京，1989 年，440—441 頁；姜亮夫《唐五代瓜沙張曹兩世家考》，《中華文史論叢》1979 年第 3 輯，40 頁；陳國燦《八、九世紀間唐朝西州統治權的轉移》，《魏晉南北朝隋唐史資料》第八輯，1986 年，18 頁；錢伯泉《歸義軍與安西回鶻的關係》，《1983 年全國敦煌學術討論會文集文史遺書編》上，蘭州，1987 年，49 頁；又《回鶻在敦煌的歷史》，《敦煌學輯刊》1989 年第 1 期，64 頁。

[9] 按蘇瑩輝《張義潮》文稱："又據倫敦藏石室本光啓元年張大

慶書西州地志殘卷，義潮收復在大中四年。”（《敦煌論集》，臺北，1983年修訂版，235 頁。）又同作者《論張義潮收復河隴州郡之年代》文稱：“又西州地志殘卷云：‘大中四年，收復西州。’”（《敦煌論集續編》，臺北，1983 年，10 頁）其説當來自向文，惟改“伊”作“西”，卻謬稱作原文引用，大誤。其實此卷極好的録文和圖版早已公佈，見羽田亨《唐光啓元年書寫沙州伊州地志殘卷》，《小川博士還曆記念史學地理學論叢》，京都，1930 年；有萬斯年漢譯本，載《唐代文獻叢考》，開明書店，1947 年，72—94 頁；原文則收入《羽田博士史學論文集》上，1957 年，585—605 頁；又 L. Giles, “A Chinese Geographical Text of the Ninth Century”, *Bulletin of the School of Oriental Studies*, VI—4, 1932。

［10］《樊川文集》，上海，1987 年，304—305 頁。

［11］向達先生上引文 427 頁注［9］。

［12］森安孝夫《ウイグルの西遷について》，《東洋學報》第 59 卷1.2號，1977 年，120 頁。

［13］劉美崧《論歸義軍與迴鶻關係中的幾個問題》，《中南民族學院學報》1986 年第 3 期，131 頁。

［14］華濤《迴鶻西遷及東部天山地區的政治局勢》，《西北民族研究》1990 年第 1 期，116 — 118 頁。

［15］拙稿《沙州歸義軍歷任節度使稱號研究（修訂稿）》，《敦煌學》第 19 輯，1992 年，18 頁。

［16］同上。

［17］參看唐長孺《唐肅代期間的伊西北庭節度使及留後》，《山居存稿》，411—428 頁所引文獻及解説。

［18］《敦煌變文集》上，北京，1957 年，115—117 頁。

［19］同上。

［20］饒宗頤編《敦煌邈真讚校録並研究》No. 19。

［21］《敦煌邈真讚校録並研究》No. 17。

[22]《敦煌邈真讚校録並研究》No. 42。

[23] 拙稿《初期歸義軍與唐中央朝廷之關係》,《隋唐史論集》,香港,1993年。

[24] 藤枝晃《沙州歸義軍節度使始末》(二),《東方學報》(京都)第12册第4分,1942年,54—55頁,劉美崧上引文129頁。按錢伯泉《回鶻在敦煌的歷史》64—65頁仍持僕固俊殺尚恐熱的説法,但無力證解釋原始史料,也未考慮前人已有的研究成果。

[25] 拙稿《沙州張淮深與唐中央朝廷之關係》,《敦煌學輯刊》1990年第2期,1—13頁。

[26]《敦煌變文集》上,121—127頁。

[27] 孫楷第《敦煌寫本張淮深變文跋》,《歷史語言研究所集刊》第7本第3分,1937年,386頁;P. Demiéville, *Le concile de Lhasa*, Paris 1952, p. 213;森安孝夫《ウイグルと敦煌》,《敦煌の歷史》,東京,1980年,303頁;劉美崧上引文131頁。

[28] 拙稿《沙州歸義軍歷任節度使稱號研究》,28頁。

[29] 拙稿《歸義軍及其與周邊民族的關係初探》,《敦煌學輯刊》1986年第2期,33頁。

[30] 盧向前《關於歸義軍時期一份布紙破用曆的研究》,《敦煌吐魯番文獻研究論集》第三輯,北京,1986年,455—458頁。

[31] 拙稿《晚唐歸義軍李氏家族執政史探微》,《文獻》1989年第3期,93頁。

[32] 盧向前上引文394—408頁。

[33] 李永寧《敦煌莫高窟碑文録及有關問題》(一),《敦煌研究》試刊第1期,1981年,68頁。

[34] 録文參看了張輝《歷代河西詩選》,酒泉,1987年,183—184頁。

[35]《敦煌邈真讚校録並研究》,No. 51。

[36]《敦煌邈真讚校録並研究》No. 64。

[37]《敦煌邈真讚校録並研究》No. 65。

[38] 森安孝夫《ウイグルの西遷について》,124 頁。

[39]《敦煌莫高窟供養人題記》,北京,1986 年,32 頁。

[40] 森安孝夫《ウイグルと敦煌》,297—338 頁;同作者《チベット文字で書かれたウイグル文佛教教理問答(P. t. 1292)の研究》,《大阪大學文學部紀要》第 25 卷,1985 年,1—85 頁;同作者《敦煌と西ウイグル王國——トウルフアンからの書簡と贈り物を中心に》,《東方學》第 74 輯,1987 年,58—74 頁。

[41] J. R. Hamilton, *Manuscrits ouigours du IXe-Xe siècle de Touen-houang*, I-II, Paris 1986.

[42] T. Yamamoto and O. Ikeda (co-ed.), *Tun-huang and Turfan Documents concerning Social and Economic History*, III, *Contracts* (*A*) (*B*), The Toyo Bunko 1986—1987, No. 340。以下引此書時,簡稱 *TTD* III,下接編號數字。

[43] 池田温《中國古代籍帳研究》,東京,1979 年,634 頁。

[44] *TTD* III, 391.

[45] *TTD* III, 392.

[46] 池田温上引書,638,640 頁。

[47] 蔣斧《沙州文録》,羅振玉編《敦煌石室遺書》本。

[48] 藤枝晃《沙州歸義軍節度使始末》(四),《東方學報》(京都)第 13 册第 2 分。1943 年,71 頁。

[49] 森安孝夫《敦煌と西ウイグル王國》,10—11 頁。

[50] *TTD* III, 397.

[51] *TTD* III, 347.

[52] *TTD* III, 348.

[53] L. Giles, *Descriptive Catalogue of the Chinese Manuscripts from Tunhuang in the British Museum*, London 1957, p. 264, No. 7700. 土肥義和編《西域出土漢文文獻分類目録初稿・非佛

教文獻之部·古文書類》II,東洋文庫,1967 年,100 頁。

［54］ 唐耕耦等編《敦煌社會經濟文獻真蹟釋録》(三),北京,1990 年,209 頁。

［55］ *TTD* III, 352.

［56］ 陳國燦《敦煌所出諸借契年代考》,《敦煌學輯刊》1984 年第 1 期,6 頁。

［57］ *TTD* III, 405.

［58］ *TTD* III, 355.

［59］ 陳國燦上引文,7 頁。

［60］ *TTD* III, 356.

［61］ 陳國燦上引文,9 頁。

［62］ 張廣達、榮新江《關於敦煌出土于闐文獻的年代及其相關問題》,《紀念陳寅恪先生誕辰百年學術論文集》,北京,1989 年,293 頁。

［63］ *TTD* III, 357.

［64］ 陳國燦上引文,7—8 頁。

［65］ 同上文,8 頁。

［66］ 陳祚龍《敦煌文物隨筆》,臺北,1979 年,278 頁。

［67］ 潘重規《敦煌變文集新書》下,臺北,1984 年,886 頁。

［68］ 拙稿《歸義軍及其與周邊民族的關係初探》,《敦煌學輯刊》1986 年第 2 期,31 頁。

［69］ TTD III, 358.

［70］ 陳國燦上引文,8 頁。

［71］ 本件的綴合及前二斷片録文及 P. 2629 照片,均見施萍亭《本所藏〈酒帳〉研究》,《敦煌研究》創刊號(1983 年),142—145,147—148 頁;參看 Shi Pingting, "Description généralé des manuscrits conservès à Dunhuang", *Les peintures murales et les manuscrits de Dunhuang*, Paris 1984, p. 123.

［72］ 施萍亭上引文,146—150 頁;Shi Pingting, *op. cit.*, pp.

123—125.

［73］《敦煌劫餘録續編》，北京圖書館善本部，1981 年，62 葉 a 面。

［74］唐耕耦等編《敦煌社會經濟文獻真蹟釋録》（三），286 頁。

［75］参看張廣達、榮新江《關於敦煌出土于闐文獻的年代及其相關問題》，293—294 頁。

［76］《西域出土漢文文獻分類目録初稿》II，157 頁。参看池田温《敦煌の便穀曆》所考同卷便穀曆的年代，文載《日野開三郎博士頌壽記念論集》，東京，1987 年，373—374 頁。

［77］劉復《敦煌掇瑣》中。

［78］D. Eliasberg，"Les signatures en forme d'oiseau dans les manuscrits chinois de Touen-houang"，*Contributions aux études sur Touen-houang*，Genève-Paris 1979，pp. 34—35；参看陳祚龍《古代敦煌及其他地區流行之公私印章圖記文字録》，《敦煌學要籥》，臺北，1982 年，330 頁。

［79］唐耕耦等編《敦煌社會經濟文獻真蹟釋録》（三），507 頁。

［80］唐耕耦等編《敦煌社會經濟文獻真蹟釋録》（四），北京，1990 年，40 頁。

［81］森安孝夫《敦煌と西ウイグル王國》59 頁。

［82］Hamilton，*Manuscrits ouigours* …，I，pp. 143—146.

［83］*Ibid.*，pp. 136—139.

［84］森安孝夫《ウイグル語文獻》，山口瑞鳳編《講座敦煌》第 6 卷《敦煌胡語文獻》，東京，1985 年，24 頁。

［85］Hamilton，*op. cit.*，pp. 83—92.

［86］参看程溯洛《論迴鶻與五代宋遼金的關係》，《民族研究論文集》三，北京，1984 年，298—338 頁。

［87］J. Gernet，"Location de chameaux pour des voyages，à Touen-houang"，*Mélanges des Sinologie offerts à Monsieur Paul*

Demiéville, I, Paris 1966, pp. 41—51.

[88] 池田温《敦煌の流通經濟》,《講座敦煌》第 3 卷《敦煌の社會》,東京,1980 年,323 頁。

[89] 參看嚴耕望《唐代交通圖考》第二卷河隴磧西區,臺北,1985 年,445—452,477—478 頁。

[90] 前者見 W. Bang, A. von Gabain und G. R. Rachmati, "Das buddhistische Sūtra Säkiz yükmäk" (*Türkische Turfan-Texte* VI), *SPAW 1934*, pp. 93—192。後者見 A. von Gabain und H. Scheel, *Maitrisimit: Faksimile der alttürkischen Version eines Werkes der buddhistischen Vaibhāṣika-Schule*, I, Wiesbaden 1957; A. von Gabain und R. Hartmann, *Maitrisimit*, II, Berlin 1961。最近, J. P. Laut 據迴鶻文佛典中的粟特語借詞,提出粟特來源的假設,見所著 *Der frühe türkische Bud-dhismus und seine literarischen Denkmäler*. Wiesbaden 1986。森安孝夫對此論點進行了批判,並重新强調了吐火羅語和漢語來源的主導地位,見所著《トルコ佛教の源流と古トルコ語佛典の出現》,《史學雜誌》第 98 編第 4 號,1989 年,1—35 頁。

[91] 此類佛典斷片主要收藏在德國、中國、日本、芬蘭、英國等地,已公佈的主要資料有香川默識《西域考古圖譜》,國華社,1915 年; *Katalog chinesischer buddhistischer Textfragmente*, I, ed. by G. Schmitt und T. Thilo, Berlin 1975; II, ed. by T. Thilo, Berlin 1985.

[92] 王明清《揮麈録·前録》卷四,中華書局上海編輯所,1961 年,37 頁。

[93]《舊五代史》卷一一一《周太祖紀》;《新五代史》卷一一《周太祖紀》。

[94]《宋史》卷四九〇《高昌傳》;《宋會要輯稿》蕃夷四之十四、十五。

[95]《宋會要輯稿》蕃夷四之九。

[96]《宋史》卷四九〇《龜兹傳》。

[97] 季羨林《説"出家"》,《出土文獻研究》,北京,1985 年,184—190 頁。

[98] 季羨林《中印智慧的彙流》,周一良編《中外文化交流史》,鄭州,1987 年,167—168 頁;同作者《交光互影的中外文化交流》,《中外文化比較研究》(《中國文化書院講演録》第二集),北京,1988 年,19—20 頁。

[99]《宋高僧傳》,北京,1987 年,679 頁。

[100] 上山大峻《曇曠と敦煌の佛教學》,《東方學報》(京都)第 35 册,1964 年。

[101] 上山大峻《大蕃國大德三藏法師沙門法成の研究》,《東方學報》,(京都)第 38—39 册,1967—1968 年。

[102] 參看竺沙雅章《敦煌の僧官制度》,《中國佛教社會史研究》,京都,1982 年,331—360 頁;拙稿《關於沙州歸義軍都僧統年代的幾個問題》,《敦煌研究》1989 年第 4 期,70—78 頁。

[103] 土肥義和《歸義軍時代》,《敦煌の歴史》268—276 頁;方廣錩《敦煌遺書〈沙州乞經狀〉研究》,《敦煌研究》1989 年第 4 期,73—83 頁。

[104] 全卷圖版見 M. A. Stein, *Serindia*, IV, Oxford 1921, pl. 96;松本榮一《敦煌畫の研究・圖像編・附圖》,東京,1937 年,圖版 224;R. Whitfield, *The Art of Central Asia: The Stein Collection in the British Museum*, II, Tokyo 1984, fig. 84;英譯文見 A. Waley, *A Catalogue of Paintings Recovered from Tunhuang by Sir Aurel Stein*, London 1931, pp. 316—319. 録文見史葦湘《世族與石窟》,《敦煌研究文集》,蘭州,1982 年,156—157 頁;金榮華《敦煌寫卷拾遺》,《大陸雜誌》第 66 卷第 1 期,1983 年,10 頁;陳祚龍《敦煌學園零拾》下,臺北,1986 年,461—465 頁。

［105］ *Katalog chinesischer buddhistischer Textfragmente*, Ⅰ, *pp.* 143—145 II, p. 73.

［106］ *Ibid.*, p. 181. 上山大峻《唐代佛典の西域流傳の一面——〈法華玄贊〉の出土寫本をめぐつて》,《隋唐帝國と東アジア世界》,東京,1979年,455—467頁。

［107］ W. Bang und A. von Gabain, "Aus buddhistischen Schriften", (*Türkische Turfan-Texte* V), SPAW 1931, pp. 20—36。

［108］ 百濟康義《ウイグル譯〈妙法蓮華經玄贊〉(1)》,《佛教學研究》第36號,1980年,49—65頁。

［109］ 百濟康義《〈妙法蓮華經玄贊〉のウイグル譯斷片》,護雅夫編《内陸アジア・西アジアの社會そ文化》,東京,1983年,200—210頁; K. Kudara, "Uigurische Fragmente eines Kommentars zum Saddharmapuṇḍarīka-Sūtra", *Der türkische Buddhismus in der japanischen Forschung*, ed. by J. P. Laut und K. Röhrborn, Wiesbaden 1988, pp. 50—51.

［110］ P. Zieme, "Sïngqu Säli Tutung-Übersetzer buddhistischer Schriften ins Uigurische", *Tractata Altaica*, Wiesbaden 1976, pp. 767—775; 森安孝夫《チベット文字で書かれたウイグル文佛教教理問答(P. t. 1292)の研究》,58—60頁。

［111］ Bang und von Gabain, *op. cit.*, pp. 20—21.

［112］ T. Thilo, "Fragmente chinesischer Haushaltsregister aus Dunhuang in der Berliner Turfan-Sammlung", *Mitteilungen des Instituts für Orientforschung*, XIV(1968), pp. 303—313; T. Yamamoto and Y. Dohi, *Tun-huang and Turfan Documents concerning Social and Economic History*, II *Census Registers* (*B*), The Toyo Bunko 1984, pp. 155—157.

［113］ 百濟康義上引文,200頁; Kudara, *op. cit.*, pp. 49—50. 參

看劉永增《迴鶻文寫本與莫高窟第二藏經洞》,《敦煌研究》1988 年第 4 期,40—44 頁。

[114]《大正新修大藏經》第 55 卷,67 頁。

[115] W. B. Henning,"The Name of the 'Tocharian' Language",*Asia Major*,*new series*,Ⅰ. 2,1949,pp. 158—162;E. Moerloose,"The Way of Vision (darśanamārga) in the Tocharian and Old Turkish Versions of the Maitreyasamitināṭaka",*Central Asiatic Journal*,XXIII. 3—4,1979,pp. 241—242;耿世民與張廣達合撰《唆里迷考》,《歷史研究》1980 年第 2 期,147—159 頁。

[116] W. Winter,"Some Aspects of 'Tocharian' Drama: form and techniques",*Studia Tocharica*,Paznan 1984,pp. 47—64.

[117] E. Sieg und W. Siegling,*Tocharische Sprachreste*,Ⅰ,Berlin-Leipzig 1921.

[118] 李遇春與韓翔合撰《新疆焉耆縣發現吐火羅文 A(焉耆語)〈彌勒會見記劇本〉》,《文物》1983 年第 1 期,39—41 頁。

[119] 季先生已刊的譯注成果,第一幕見 *Studia Indogermanica et Slavica. Festgabe für Werner Thomas zum* 65. *Geburtstag*,München 1988,pp. 141—151;《中國文化》創刊號,1989 年,36—43 頁;《敦煌吐魯番文獻研究論集》第 2 輯,北京,1983 年,43—70 頁;《中亞學刊》第 4 輯,待刊;第二幕見《敦煌語言文學研究》,北京,1988 年,23—39 頁;《紀念陳寅恪先生誕辰百年學術論文集》,北京,1989 年,71—74 頁;《中國歷史博物館館刊》第 13—14 期,1989 年,250—259 頁;第三幕見《西北民族研究》1989 年第 2 期,4—15 頁;第五幕見《敦煌吐魯番文獻研究論集》第 3 輯,北京,1986 年,1—7 頁;*Tocharian and Indo-European Studies*,I,1987,pp. 70—76. 又參看季先生的概述文《談新疆博物館藏吐火羅文 A〈彌勒會見記劇本〉》,《文物》

1983 年第 1 期,42—44 頁。

［120］上注引《中亞學刊》第 4 輯所載季羡林文。

［121］A. von Gabain, *Alttürkische Grammatik*, Wiesbaden 1974, p. 335.

［122］W. Winter, "Tocharians and Turks", *Studia Tocharica*, p. 31.

［123］参看《隋書》卷八三《西域傳》;《舊唐書》卷一九八《西戎傳》;《新唐書》卷二二一上《西域傳》。

［124］森安孝夫《增補:ウイグルと吐蕃の北庭爭奪戰及びその後の西域情勢について》,《アジア文化史論叢》三,東京,1979 年,199—338 頁。

［125］年代據 *Oriantalistische Literaturzeitung*, 80(1985, Nr. 6), pp. 591—592 所刊 J. R. Hamilton 的書評。

［126］Sinasi Tekin, *Maitrisimit nom bitig*, I-II, Berlin 1980.

［127］主要研究成果見伊斯拉菲爾·玉素甫、多魯坤·闞白爾、阿不都克由木·霍加《迴鶻文彌勒會見記》一,烏魯木齊,1987 年; Geng Shimin und H. J. Klimkeit, *Das Zusammentreffen mit Maitreya. Die ersten fünf Kapitel der Hami-Version der Maitrisimit*, Wiesbaden 1988.

［128］森安孝夫《トルコ佛教の源流と古トルコ語佛典の出現》,21 頁。

［129］季羡林《吐火羅語研究導論》,臺北,1993 年。

［130］A. von Gabain, *Das Uigurische Königreich von Chotscho*, Berlin 1961, pp. 73—74; Cf. V. H. Mair, *Painting and Performance. Chinese Picture Recitation and its Indian Genesis*, Honolulu 1988, pp. 40—41.

［131］参看周紹良與白化文合編《敦煌變文論文集》上,上海,1982 年;潘重規《敦煌變文論輯》,臺北,1981 年;V. H. Mair, *T'ang*

Transformation Texts, Cambridge, Massachusetts 1989.

[132] 冉雲華《俗講開始時代的再探討》,香港"國際敦煌吐魯番學術會議"(1987 年 6 月 25—27 日)論文。

[133] V. H. Mair, "Lay Students and the Making of Written Vernacular Narrative: An Inventory of Tun-huang Manuscripts", *Chinoperl Papers* 10, 1981, pp. 5—96.

[134]《敦煌變文集新書》下,750 頁。

[135] 陳國燦上引文,7—8 頁。

[136] V. H. Mair, "The Origins of an Iconographical Form of the Pilgrim Hsüan-tsang", *T'ang Studies* 4, 1986, pp. 9—41, pls. 1—7.

[137] 拙稿《沙州歸義軍歷任節度使稱號研究(修訂稿)》,《敦煌學》第 19 輯,1992 年,48 頁。

[138] J. R. Hamilton, *Le conte bouddhique du Bon et du Mauvais Prince en version ouigoure*, Paris 1971.

[139] L. N. Men'shikov, *Byan'ven'o Vozdayannii za Milosti*, 2 vols., Moscow 1972. 新刊本有《敦煌變文集新書》上,21—63 頁;周紹良、白化文、李鼎霞合編《敦煌變文集補編》,北京,1989 年,1—32 頁。

[140] 藤枝晃《敦煌學導論》,南開大學歷史系,1981 年油印本,61 頁。

[141] 李永寧《報恩經和莫高窟壁畫報恩經變》,《中國石窟・敦煌莫高窟》四,北京,1987 年,190—203 頁。

[142] 白化文與程毅中合撰《對〈雙恩記〉講經文的一些推測》,《敦煌學論集》,蘭州,1985 年,120—129 頁。

[143] Hamilton, *op. cit.*, p. 4.

[144] *Ibid.*, p. 50.

[145] 小田壽典《龍谷大學圖書館藏ウイグル文八陽經の斷片拾遺》,《內陸アジア・西アジアの社會と文化》,177 頁,注 26。

[146] P. Zieme, " Ein uigurisches Turfanfragment der Erzählung vom guten und vom Bösen Prinzen", *Acta Oriantalia* (*Hungaricae*) 28. 2,1974,pp. 263—268.

[147]《北京大學學報》1989 年第 2 期,24—36 頁。

[148] 梅維恒意識到這一點,但因沿向達"于闐和尚講經文"之誤,指爲于闐語,見所撰"Oral and Written Aspects of Chinese Sutra Lectures",《漢學研究》第 4 卷第 2 期(敦煌學國際研討會論文專號),1986 年,324 頁。

[149] Hamilton, *Manuscrits ouigours* …I,pp. 1—20.

[150] E. Sieg und W. Siegling, *Tocharische Sprachreste*, *A*, Nr. 71-106; H. W. Bailey, *Saka Documents*, *text volume*, London 1968,p. 44.

附録　敦煌寫本《敕河西節度兵部尚書張公德政之碑》校考

由於敦煌寫本大多是殘篇斷簡，因此，在運用這些原始材料做歷史研究時，材料本身的整理一直是與歷史研究並行的一項重要工作。對於缺乏傳世史料記載的歸義軍史來説，敦煌殘卷的整理關涉到正確地將之應用到適當的年代以説明有關的歷史問題，只有正確地認識這些殘篇斷簡的性質、産生年代和地點，纔能揭出隱而不明的史事原貌。本文謹就敦煌寫本所謂《張淮深碑》現存的六件殘片加以校録，並參照其他敦煌文書，考證該碑的原名、立碑年代以及作者等不明之點。

一　引言

《張淮深碑》原石早已不知所在，所幸當時的抄本還殘存在敦煌藏經洞中，可惜被裂爲六個斷片而分藏於英法兩國。巴黎國立圖書館所藏 P. 2762 號寫本存字較多，早在 1926 年就由伯希和與羽田亨録入《敦煌遺書》活字本第一集中，擬名爲“張氏勳德記”。1957 年，翟林奈（L. Giles）在所編《英國博物館藏敦煌漢文寫本注記目録》中，指出 S. 3329 後接 P. 2762。[1] 1964 年，藤枝晃先生在《敦煌千佛洞的中興》一文中，進而將 S. 6161 和 S. 6973 二號寫本所存三殘片與 S. 3329 和 P. 2762 綴合成一篇文獻，雖然首尾仍殘，但該碑的主要文字被連貫起來;他還按綴合後的圖版,將所殘全文校録出來,並據碑文以讚頌張淮深一代爲主,擬名爲“張淮深碑”。[2]此後,饒宗頤先生又據原件校訂了藤枝録文的部分文字,刊於所編《敦煌書法叢刊》第十九卷,並附有全部清晰照片。1990年出版的《敦煌社會經濟文獻真迹釋録》第五輯,又刊出唐耕耦先生的録文。筆者1991年在英國圖書館編目期間,發現S. 11564號殘片,正好是S. 3329V第12—15行中間所殘缺的那片小紙塊,雖僅有九個字,卻使上下文句連成一氣。

目前所能見到的五號六片,實爲一件抄本的不同部分。原件文字工整,有朱筆句讀;正文遇“龍顔”、“天階”等詞,則闕字,但不平出;漏抄之字用小字補於行間;正文言簡意賅,古典今典則用雙行小字注出。以下將該碑所存文字據原卷加以重新校録,爲節省篇幅,便於閱讀使用,不按行録文,並據内容分段;雙行小注放在括弧中,原朱筆句讀改爲現代標點,抄本别字徑改爲正字。

二　校録

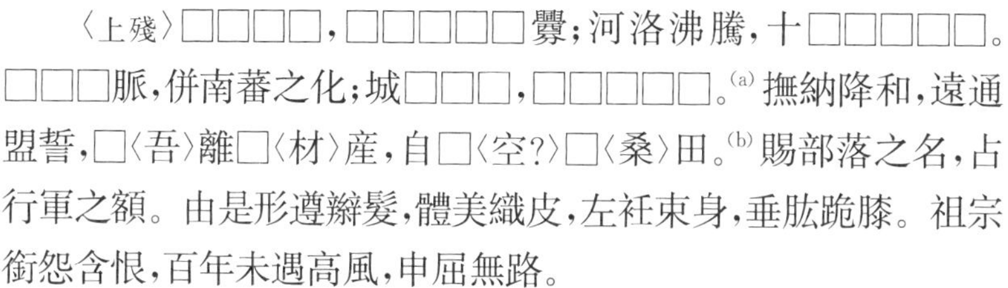

〈上殘〉□□□□,□□□□□舋;河洛沸騰,十□□□□□。□□□脈,併南蕃之化;城□□□,□□□□□。[a]撫納降和,遠通盟誓,□〈吾〉離□〈材〉産,自□〈空?〉□〈桑〉田。[b]賜部落之名,占行軍之額。由是形遵辮髮,體美織皮,左衽束身,垂肱跪膝。祖宗銜怨含恨,百年未遇高風,申屈無路。

其叔故前河西節度,諱某乙。俠少奇毛,龍驤虎步,論兵講劍,藴習武經。得孫武白起之精,見韜鈐之骨髓。[c]上明乾象,[d]下達坤形。觀熒惑而芒衰,知吐蕃之運盡。誓心歸國,決意無疑。盤桓卧龍,(卧龍者,蜀將諸葛亮也,字孔明。能行兵,時人號曰卧龍是也。)候時而起。(孔明既遇蜀王劉備,其時方起也。)率貔貅之衆,(貔貅者,即勇猛將士名曰貔貅也。)募敢死之師。(敢死之師者,即秦王苻堅敗亡之後,苻弘匡佐王業,募得勇猛將士,脊背上皆書敢死之字。)俱懷合轍之歡,引陣雲而野戰;(既得軍勢而引士卒合於野戰。)六甲運孤虛之術,三宫顯天一之神;(九宫子爲天一。)吞陳平之六奇,[(e)](前漢創業之將,獻六奇策以破楚項軍。)啓武侯之八陣;[(f)](諸葛武侯能用八般陣法,天下傳名。)縱燒牛之策,(田單者,齊國之將也。守即墨之城,收城中,得千頭牛,灌脂束葦於牛尾上,以火爇之,七千將士率縱牛奔突,齊軍大破之,復齊七十城。)破吐蕃之圍。白刃交鋒,横尸遍野。殘燼星散,霧卷南奔。敦煌、晉昌收復已訖,時當大中二載。題箋修表,紆道馳函,(沙州既破吐蕃,大中二年,遂差押牙高進達等,馳表函入長安城,已〈以〉獻天子。)上達天聞。皇明披覽,龍顔嘆曰:“關西出將,豈虚也哉!”百辟歡呼,抃舞稱賀。(表達天庭,大中大悦,嘆曰:“關西出將。”將者,即祁連古往出於名將盧思道之輩是也。)便降馹騎,(馹騎者,即驛馬傳遞是也。)使送河西旌節,賞賚功勳,慰諭邊庭收復之事,授兵部尚書萬户侯。圖謀得勢,轉益雄豪,次屠張掖、酒泉,攻城野戰,不逾星歲,克獲兩州。再奏天階,依前封賜,加授左僕射。官高二品,日下傳芳,史策收功,名編上將。姑臧雖衆,(姑臧者,涼州郡縣名。)勍寇堅營,(勍寇者,强壯之賊兵是也。)忽見神兵,動地而至,無心掉戰,有意逃形,奔投星宿嶺南,苟偷生於海畔。我軍乘勝逼逐,虜羣畜以川量;掠其郊野,兵糧足而有剩;生擒數百,使乞命於戈前;魁首斬腰,僵尸染於蓁莽。良圖既遂,攄祖父之沉冤。西盡伊吾,東接靈武,得地四千餘里,户口百萬之家,六郡山河,宛然而舊。修文獻捷,萬乘忻歡,讚美功臣,良增驚嘆。便馳星使，重賜功勳；甲士冬春，例沾衣賜。轉授檢校司空，食實封二百户。事有進退，未可安然，須拜龍顔，東身歸闕。朝庭偏寵，官授司徒，職列金吾，位兼神武。（司徒自到京師，官高一品，兼授左神武統軍，[g]朝庭偏獎也。）宣陽賜宅，廩實九年之儲；（司徒宅在左街宣陽坊，天子所賜糧料，可支持九年之實。）錫壤千畦，地守義川之分。（錫者，賜也。義谷川有莊，價直百千萬貫。）忽遘懸蛇之疾，（忽遘懸蛇之疾者，《事林》云："古有人，衝熱歸家，房中飲水，水既入口，乃見碗中有蛇，和水入喉，因而得病。後有友人，因來問疾，見病者房中壁上，有一張弓，懸在壁牙。乃索水一碗，因與病人曰：[h]'可飲之。'病者乃飲，即見碗中有蛇。友人曰：'此蛇是否？'病者曰：'是也。''君可視壁上弓，願來入碗，非是蛇也。'"）行樂往而悲來；俄驚夢奠之災，（則孔夫子得夢奠之兆，染疾而終，七十有四。）諒有時而無命。春秋七十有四，壽終於長安萬年縣宣陽坊之私第也。詔贈太保，敕葬於素滻南原之禮。（滻水在長安東南，以渭河相連。）

皇考諱議潭，前沙州刺史、金紫光禄大夫、檢校鴻臚大卿、守左散騎常侍、賜紫金魚袋。入陪龍鼎，出將虎牙，武定文經，語昭清史。（龍鼎者，大唐寶鼎是也。其鼎九枚，在天子大殿之前，非重臣不得見也。虎牙者，節度使之策名也。文經天地，武定禍亂。）推夷、齊之讓，（夷、齊者，遼東孤竹君之子，父死讓位與同母弟，而來歸周，遇武王罰〈伐〉桀〈紂〉。百〈伯〉夷、叔齊攔馬陳〈諫〉曰："爲臣伐君，豈可得乎？"武王怒，欲煞之，吕尚諫，獲免。乃入首陽山苛，衣食木實。周人入山采樵，偶見二子，曰："汝何人也？"叔齊曰："我遼東人也，父死讓位與弟，故來歸周。武王爲臣伐君，我諫不覽，吾誓不食周粟，故入此山，采果支命。”周人曰：“此山乃周之分野，所生草木，皆我武王所有，以食粟何别？”百〈伯〉夷、叔齊曰：“此亦實爾。”兄弟乃不食累日，偕至餓死是也。）戀荊樹之榮。（昔古者兄弟三人，欲擬生分，其長兄語其弟曰：“汝之不守志意，而欲生分，遂感庭前荊樹枯槁。”其兄入房，繫髮於梁，欲自盡取死。[i] 小弟見兄如此，皆收罪犯，願不生離。上感蒼天，荊樹再生花葉。）手足相扶，（兄弟如手如足是也。）同營開闢。先身入質，表爲國之輸忠；葵心向陽，俾上帝之誠信。一人稱慶，五老呈祥。（葵心向陽者，葵能護根，頭隨日轉是也。五老者，即五星是也。天子有感，五星不失其位，往往呈祥。）寵寄殊功，榮班上列，加授左金〔吾〕衛大將軍。每參鳳駕，接對龍輿；毬樂御場，馬上奏策；兼陪内宴，召入蓬萊；如斯覆燾，今昔罕有。仍賜莊宅，寶器金銀，錦綵瓊珍，頗籌其數。功成身退，否泰有時。烏集昏巢，哀鳴夜切。春秋七十有四，壽終於京永嘉坊之私第。詔贈工部尚書。

夫人，鉅鹿郡君索氏，晉司徒靖十七代孫。連鑣歸覲，承雨露於九天；鴻澤滂流，占京華之一媛。於戲！晡西萱草，巨壑淪悲；異畝嘉禾，傷岐碎穗。敕祔葬於月登閣北塋之禮也。嗚呼！白日有潛移之運，[j] 黄泉無重返之期；徒哀泣血之悲，遐思蒸嘗之戀。

公則故太保之貴侄也。芝蘭異馥，美徹窗聞。詔令承父之任，充沙州刺史、左驍衛大將軍。初日桃蹊，三端繼政，琴臺舊曲，一調新聲。嫡嗣延英，承光累及，筌修貴秩，忠懇益彰，加授御史中丞。河西創復，猶雜蕃渾，言音不同，羌龍嗢末，雷威懾伏，訓以華風，咸會馴良，軌俗一變。加授左散騎常侍，兼御史大夫。太保咸通八年歸闕之日，河西軍務，封章陳款，總委侄男淮深，令守藩垣。靡獲同邁，則秣馬三危，横行六郡。屯戍塞天驕飛走，計定郊陲；斥候絶突騎窺窬，邊城緩帶。兵雄隴上，守地平原，姦宄屏除，塵清一道。加授户部尚書，充河西節度。心機與宫商遞運，量達共智水壺圓。坐籌帷幄之中，決勝千里之外。四方獷悍，卻通好而求和；八表來賓，列階前而拜舞。北方獫狁，款少駿之駃蹄；南土蕃渾，獻崑崗之白璧。九功惟敍，黎人不失於寒耕；七政調和，秋收有豐於歲稔，加授兵部尚書。恩被三朝，官遷五級。

爰因蒐練之暇，善業遍修，處處施功，筆述難盡。乃見宕泉北大像，建立多年，棟樑摧毁。若非大力所製，諸下孰敢能爲？退故朽之摧殘，葺昤曨之新樣。於是杍匠治材而朴斵，郢人興役以施功。先豎四牆，後隨締搆。曳其栿〈桁〉檩，憑八股之轆轤；上墼運泥，斡雙輪於霞際。舊閣乃重飛四級，靡稱金身；新增而横敞五層，高低得所。玉豪揚采，與旭日而連暉；結脊雙鴟，對危峰而爭聳。更欲鐫龕一所，躊躇瞻眺，餘所竟無，惟此一岑，嵯峨可劈。匪限耗廣，務取工成。情專穿石之殷，志切移山之重。於是稽天神於上，激地祇於下。龜筮告吉，揆日興功。鑿鑿纔施，其山自坼。未經數日，裂兆轉開，[k]再禱焚香，飛沙時起，於初夜分，欻爾崩騰，驚駭一川，發聲雷震，豁開青壁，崖如削成。此則十力化造，八部冥資，感而遂通，助成積善。是用宏開虚洞，三載功充，廓落精華，正當顯敞。龕内素釋迦牟尼像，並事〈侍〉從一鋪；四壁圖諸經變相一十六鋪。參羅萬象，表化迹之多門；攝相歸真，總三身而無異。方丈室内，化盡十方；一窟之中，宛然三界。簷飛五采，動户迎風，碧澗清流，森林道樹。榆楊慶設，齋會無遮；剃度僧尼，傳燈鹿苑。七珍布施，果獲三堅；十善聿修，圓成五福。

又見龍興大寺,〈下殘〉

三　校記

原卷别字、誤字凡經前人改正者不再出校。□爲殘字,〈　〉爲前字推補。

(a) 寫本首部三行上段全殘,空字數據文意推補。(b)“空?”,唐録作“定?”。(c)“孫武”原作“孫吴”,今訂正。藤枝、唐録文斷句在“見”字下,並在“韜”字前補一“□”,今不取,而據原卷之朱筆句讀。(d)“象”,原卷作“像”。(e)以上數句中之“勇猛將”、“引陣”、“虚之”、“之六”九字,據 S. 11564 補。(f)“陣”,藤枝、唐録作“陳”。(g)“統軍”,藤枝、唐均誤作“將軍”。(h)“與”,藤枝作“迄”;唐作“乞”,均誤。(i)“盡”,原文作“奮”,當是形近而誤。(j)“白日”,藤枝、唐作“日月”。(k)“兆”,藤枝作“孔”,唐作“圵”,均誤。

四　原名

由於抄本首殘,原名不得而知。今人擬名,除上述“張氏勳德記”和“張淮深碑”外,尚有多種,如《敦煌遺書總目索引》,將 S. 3329 稱作“張氏修功德記”,S. 6161 作“殘表狀”,S. 6973 作“張議潮别傳”,P. 2762 作“張淮深修功德記”;1986 年出版的黄永武編《敦煌遺書最新目録》,一仍其舊。直到最近,尾崎康在爲《講座敦煌》第 5 卷《敦煌漢文文獻》所寫的《史籍》一章中,仍傾向於把它看作傳記。從已知的内容來看,藤枝晃先生擬爲“張淮深碑”,定性爲碑,並指出碑主是張淮深,其説大致不誤。但“張淮深碑”一名顯然不是該碑原名,因爲歸義軍所立之碑,不應直呼使主姓名。

按北圖芥 91(膠卷序號 8506)《大方等大集經》卷第八寫本背面,有字一行,文曰“敕河西節度兵部尚書張公德政知碑”，字迹拙劣，當是學童所抄，“知”字爲“之”字之訛無疑。這條材料向未引起人們注意，我們認爲它正是所謂“張淮深碑”的原名，試舉理由如下。第一，稱河西節度張公，碑主必爲自稱河西節度的某位張氏歸義軍節度使。第二，張氏歷任歸義軍節度使中帶兵部尚書銜者，只有上録碑文所記之張議潮和張淮深二人。我們曾論證該碑所記議潮之兵部尚書銜的年代有誤，即使議潮曾有此稱，必在大中五年建立歸義軍之前，[3]那時兵荒馬亂，似不可能有立德政碑之舉；而該碑所記淮深加官情形甚詳，恰好最高就到兵部尚書一級，不難推斷此碑題正是上記碑文的原名。第三，上録碑文以張淮深爲主人公，雖亦述及張議潮兄弟事迹，但重點在稱頌張淮深的文治武功和他的崇佛善事。葉昌熾《語石》卷三立碑總例條稱：“郡邑吏民，爲其府主伐石頌德，統謂之德政碑。”“張淮深碑”正好可以説是一任節度的德政之碑。現存敦煌市博物館的《大唐河西道歸義軍節度索公紀德之碑》是同類碑文的另一例證。最後，關於碑文和題目分别由不同的人來抄寫的現象，在敦煌文書中還有一個同樣的例子。P. 4640《碑讚集》中，有題爲竇良驥撰的《吴僧統碑》全文（4640—5），但碑名顯然不是原名。藤枝晃先生發現 S. 779 V《毘沙門天功德記》後，有兩行文字，作“大蕃國沙州釋門教授和尚洪辯修功德”、“大蕃國子監博士竇良驥”，因而復原了《吴僧統碑》的原名爲《大蕃國沙州釋門教授和尚洪辯修功德〔碑〕》。[4]所考至確，但“碑”字很可能原是“記”字。這種情形與我們所要説明的問題完全相同。由此我們認爲，所謂“張淮深碑”原本的正式名稱是《敕河西節度兵部尚書張公德政之碑》，屬於此碑的五件敦煌抄本均應以此定名。值得指出的是，這五件殘片綴合而成的抄本，因有朱筆句讀，可以將其正文部分視作碑文原文,但雙行小注似乎不是入碑的文字,而是抄録碑文者補入,以備在某種場合講解。藤枝氏在上引文注(45)中指出,P. 4615 V 有碑文一篇,亦有朱筆句讀,筆迹與此抄本正同,兩者似是同一抄本。可以據此認爲,這件抄本並非碑文原貌,而是加注的文本。

五　立碑年代和地點

據碑題和内容,該碑立於張淮深加兵部尚書銜後不久,但碑文未明記此次加官的具體年份。我們曾據 P. 2913《張淮深墓誌銘》所記"乾符(874—879)之政,以功再建節旄",推測與授兵部尚書有關,而從光啓三年(887)始,張淮深又稱僕射。[5]因此,此碑大致應立於乾符至光啓初年。

按 P. 3126 顔之推《還冤記》寫本上端葉邊,有與寫本内容無關的小字題記一行,文云:"中和二年(882)四月八日下手鐫碑,五月十二日畢手。索中丞已下三女夫,作設於西牙碑畢之會。尚書其日大悦,兼賞設僧統已下四人,皆沾鞍馬縑細,故記於紙。"這裏所記的立碑一事,時間正好在乾符至光啓間;其中提到的尚書,指張淮深無疑;而索中丞以下三女夫,當指張議潮的女婿索勳、李明振等。時間與人物均與上記碑文相符,題記中所記之碑,應當就是《敕河西節度兵部尚書張公德政之碑》。"設"指設酒食招待,[6]因本軍節度德政碑鐫畢,索勳等設宴慶賀。尚書張淮深因此大悦。由此可知,該碑始鑿於中和二年四月八日,至五月十二日完成。立碑地點即題記所説的西牙。按唐朝公府稱作公牙,[7]此處之西牙當是歸義軍節度使的使衙所在地。稍晚於此的《索公紀德之碑》一直保存在敦煌城中,表明這類節度使德政碑即應立於城中,最合適的地點當然就是使衙。它們與保存在莫高窟的《吴僧統碑》、《唐宗子隴西李氏再修功德記》等性質不同，立碑地點也不一樣。

六　作者推測

藤枝晃先生在《敦煌千佛洞的中興》一文注(55)中指出，碑文中的“攄祖父之沉寃”一句，又見於大中五年洪辯《敕牒碑》第5行，而此碑文字當出自其弟子悟真之手；又“晡西萱草，巨壑淪悲；異畝嘉禾，傷岐碎穗”一句，見於悟真撰的《索法律窟銘》。可惜他當時不明立碑年份和悟真死期，認爲立碑時悟真已逝，可能是當時的歸義軍文士張景球所作，上述文句係借用了悟真的文章。事實上，悟真死於乾寧二年(895)三月，見P.2856《乾寧二年三月十一日都僧統悟真遷化營葬牓》，可知較張淮深還晚。悟真從大中二年張議潮起義，即代表都僧統洪辯，與沙州使人一道入京報捷。咸通十年(869)由張淮深奏請唐朝，出任河西都僧統，成爲沙州僧團領袖。大中五年悟真入朝時，長安薦福寺内供奉大德栖白以《奉贈河西真法師》詩相贈，其中有“知師遠自敦煌至，藝行兼通釋與儒”句，[8]此並非浮誇之詞，因爲悟真的確是當時沙州第一大手筆。悟真與張淮深都是大中初年隨張議潮起義的沙州元勳，其任都僧統後，與節度使張淮深分掌歸義軍僧俗二衆，碑文中所記張淮深擬修的龍興大寺，就是河西都僧統司的所在地，位於節度使府所在的子城旁，[9]兩者關係密切；而下手刻碑的四月八日，又是佛誕日。[10]凡此種種，均可爲張淮深請悟真撰碑的可能性提供依據。加之悟真又是當時敦煌首屈一指的文章家，把《敕河西節度兵部尚書張公德政之碑》看作是出自他手，比出自張景球更合適。該碑與《敕牒碑》、《索法律窟銘》中的部分文字相同，正可作爲明證。此外，上引P.3126題記説道碑畢之會上，尚書張淮深曾“賞設僧統已下四人，皆沾鞍馬縑細”。此僧統即悟真。按唐時請人撰碑而報以馬、絲之屬，似爲一種習俗。[11]《舊唐書》卷一九〇《李邕傳》記：“初，邕早擅才名，尤長碑頌。雖貶職在外，中朝衣冠及天下寺觀，多賫持金帛，往求其文。前後所製，凡數百首，受納饋遺，亦至巨萬。”又《白居易集》卷三四《東林寺經藏西廊記》云：“予作《景雲律師塔碑》成，景雲弟子饋絹百匹。”又《新唐書》卷一七六《皇甫湜傳》記：“〔東都〕留守裴度辟〔湜〕爲判官。度修福先寺，將立碑，求文於白居易。湜怒曰：‘近捨湜而遠取居易，請從此辭。’度謝之。湜即請斗酒，飲酣，援筆立就。度贈以車馬繒綵甚厚，湜大怒曰：‘自吾爲《顧況集序》，未常許人。今碑字三千，字三縑，何遇我薄邪?’度笑曰：‘不羈之才也。’從而酬之。”[12]由此可以説明尚書張淮深以鞍馬縑細賞賜悟真，大概就是因爲請他撰碑；而同時受賞的三人，可能是書碑、篆額、刻字之流。由以上理由，我們推測碑文的作者當是悟真。陳祚龍《悟真的生平與著作》一書，搜羅有關悟真的著作和文書至富，惜不及此碑。[13]

以上在校録碑文的基礎上，力圖考證出所謂“張淮深碑”實爲河西都僧統悟真所撰的《敕河西節度兵部尚書張公德政之碑》，於中和二年五月十二日，立於沙州歸義軍節度使府衙。

注釋

［1］ L. Giles, *Descriptive Catalogue of the Chinese Manuscripts from Tunhuang in the British Museum*, London 1957, pp. 233—234, No. 7132.

［2］《東方學報》(京都)第35册，1964年，63—77頁。

［3］參看拙稿《沙州歸義軍歷任節度使稱號研究》,《敦煌吐魯番學研究論文集》,上海漢語大詞典出版社,1990年,770—773頁。

［4］同上注［2］,92—97頁。

［5］同上注［3］,778—781頁。

［6］見周一良先生《魏晉南北朝史札記》,北京中華書局,1985年,12—14頁設主人條。

［7］參看封演《封氏聞見記》公牙條。

［8］見P. 3720和P. 3886V寫本,録文見Chen Tsu-lung,*La vie et les oeuvres de Wou-Tchen (816—895)*, Paris 1966, p. 41.

［9］此據S. 1438V《書儀》推斷。

［10］［11］以上兩點,承趙和平先生教示,謹此致謝。

［12］參看《太平廣記》卷二四四皇甫湜條。

［13］見同上注［8］引書125頁所列悟真著作一覽表。

本書所引敦煌文獻編號索引

法國國立圖書館伯希和漢文文獻

法國國立圖書館伯希和迴鶻語文獻

法國國立圖書館伯希和粟特語文獻

法國國立圖書館伯希和藏語文獻

英國圖書館斯坦因編號文獻

英國圖書館斯坦因編號印本

敦煌遺書散録

上海圖書館

書道博物館

安西榆林窟編號

安西榆林窟編號(張編)

再版後記

大約從上個世紀的八十年代初到九十年代初，我一邊與業師張廣達先生合作研究于闐歷史，一邊獨自考察晚唐五代宋初的歸義軍史，因爲歸義軍史的澄清也有助於構建于闐史的許多方面。由於歸義軍的材料非常豐富，所以歸義軍的研究慢慢地成爲主要的方面了，這當然還有其他一些因素。

我原本計劃的歸義軍史研究是"三部曲"，第一步先弄清歸義軍的政治史和對外關係史，這也就是 1993 年底基本告一段落而在 1996 年 11 月出版的《歸義軍史研究——唐宋時代敦煌歷史考索》一書。這是一本非常專門的書，雖然我力圖把它放在整個唐宋史和中古西北史的脈絡中去闡述，但大多數人仍然只是把它當作一本敦煌學的專著。第二步是歸義軍的"志書"，藉助傳統史學的思路，打算考訂編寫歸義軍的職官志、兵志、藝文志、寺觀志等等，曾撰《唐五代歸義軍武職軍將考》，就屬於這個思路下的產物，但後來覺得敦煌學的發展日新月異，研究者層出不窮，且有些方面已經有很好的成果，所以決定放棄。第三步是歸義軍的"編年史"，打算在學界相關研究的基礎上，把歸義軍乃至公元九世紀中葉到十一世紀中葉整個西北地區的歷史寫成一部編年體的史書，又仿《資治通鑑》的做法，對於繫年史事做出"考異"，並給出經過校録的相關史料。這個想法後來在香港和饒宗頤教授談起，因此列入他主編的“補資治通鑑史料長編稿系列”。由於自己不能全力以赴，所以邀約余欣君一起編撰，目前仍在進行當中。

在我寫這本《歸義軍史研究》的時候，敦煌寫本資料尚未全面公佈，雖然可以通過縮微膠卷或《敦煌寶藏》看到英、法、中三大館藏的文書，但膠片和照片的質量較差，而且也不完整。由於我在1984—1985、1990—1991年兩度有機會周遊歐洲、日本，所以抄録了一些對於我的研究最爲重要的材料。九十年代以後，在中國學者和出版界的共同努力下，大多數海外所藏的敦煌文書都以大型圖録的形式出版。今天我們幾近可以看到全部敦煌文書了，反觀拙著《歸義軍史研究》的取材，基本上没有大的遺漏。新的材料對於歸義軍政治史來説，貢獻不大，此後的相關研究在某些問題上有些進步，但也有不少屬於猜測。因此，考慮再三，我決定這次再版，除了個别錯字以及繁體字的異寫稍作統一之外，不做任何改動，這也是因爲拙著已經定型，後來的研究者不論是補充還是商榷，都是對應於拙著的原貌而進行的，爲了遵從學術規範，我覺得還是不做任何改訂爲好。至於是否同意後來的補充和商榷意見，那將在我和余欣的歸義軍編年史中一一作出回應。

感謝上海古籍出版社將拙著列入“中華學術叢書”，爲此我感到十分榮幸。本書原是鉛字排版，這次換成電腦製作，還是增加了很多麻煩，感謝姚崇新、雷聞、王靜、游自勇、朱麗雙、裴成國、文欣幾位年輕人幫我校訂電子文本；也感謝本書的責任編輯蔣維崧先生再次幫我董理舊文，讓拙著煥發青春。

榮新江
2013年8月4日於北大朗潤園